分析化学

主　编　陈怀侠
副主编　黄建林　葛伊莉　党雪平

科学出版社
北　京

内 容 简 介

本书主要是基础分析化学部分，内容包括绪论、分析化学中的误差与数据处理、酸碱滴定法、配位滴定法、氧化还原滴定法、沉淀滴定法、重量分析法、分光光度法、分析化学中常用的分离和富集方法。各章后附有思考题和习题。

本书可作为综合性大学、师范院校及其他理工院校的化学、化学生物学、应用化学、化学工程与工艺、制药工程、药学等专业的分析化学教材，也可供相关专业师生及分析测试工作者参考。

图书在版编目（CIP）数据

分析化学／陈怀侠主编．—北京：科学出版社，2019.10
ISBN 978-7-03-062677-6

Ⅰ．①分…　Ⅱ．①陈…　Ⅲ．①分析化学　Ⅳ．①O65

中国版本图书馆 CIP 数据核字（2019）第 233571 号

责任编辑：丁　里／责任校对：杨　赛
责任印制：吴兆东／封面设计：迷底书装

科学出版社 出版
北京东黄城根北街 16 号
邮政编码：100717
http://www.sciencep.com

北京中科印刷有限公司印刷
科学出版社发行　各地新华书店经销

*

2019 年 10 月第　一　版　开本：787 × 1092　1/16
2024 年 12 月第五次印刷　印张：16
字数：420 000

定价：59.00 元

（如有印装质量问题，我社负责调换）

前　　言

分析化学是一门既经典又现代的学科，是化学学科的重要分支，也是化学及其相关专业的重要基础课程。通过本课程的学习，要求学生掌握分析化学的基本理论、基本方法和基本技能，建立分析化学学科的思维方式，领悟分析化学“量”的概念，以及正确理解和处理“量”与“误差”的关系。并且，在熟悉分析化学各种方法的基础上，初步了解仪器分析方法，能够应用分析化学学科知识解决相关的科学问题，进而具有一定的发现问题、分析问题和解决问题的科研素质和创新能力。

本书是根据教育部高等学校化学类专业教学指导委员会制定的关于化学、应用化学、环境科学和药学等专业化学教学基本内容的要求，结合多年来湖北大学分析化学专业教师在该课程教学中的经验积累和思考，并参考国内外相关教材编写而成，可作为综合性大学、师范院校和理工院校等的分析化学基础课程的教材。

本书是配合湖北大学分析化学 MOOC 线上教学和线上线下混合式教学而编写。为了突出信息化教学模式下的教学特点，在本书编写过程中遵循以下几点：

(1) 知识内容的逻辑性。各章节都有知识内容的框架介绍，层次清晰，突出重要知识点，展示知识的递进关系、条理性和逻辑性，让新概念、新知识的学习层层深入，更易理解，解决分析化学课程内容繁杂、抓不住重点的问题。

(2) 文字表述的简洁化。为了更好地适用于学生的线下或课前学习，本书的文字表述尽量做到简洁、易懂、规范，使知识内容的线条更加清晰。

(3) 前呼后应的类比性。从基准物质到误差，再到四大平衡、四大滴定等内容，前后很多知识点存在相同或相似的含义，以类比的方法介绍新概念，将知识内容进行串联比较，学生更容易理解新内容，也使得分析化学课程的内容更具有系统性。

编者还录制了与本书配套的知识点讲解视频，读者扫描各章首二维码即可观看。

本书是由湖北大学长期从事分析化学理论和实验教学工作的一线教师共同编写，是集体智慧的结晶，是老师们共同思考、共同努力的成果。参加编写工作的有陈怀侠(第 1、5、9 章)、黄建林(第 2、3 章)、葛伊莉(第 4、8 章)和党雪平(第 6、7 章)四位老师，书稿的整理和定稿工作由陈怀侠完成。在本书编写过程中，也得到了湖北大学化学化工学院分析化学研究室王升富、叶勇、张修华、周吉、何瑜，以及河南科技学院化学化工学院王天喜等老师的帮助和支持，在此表示衷心的感谢。

感谢湖北大学化学国家特色专业建设经费、化学湖北省重点学科建设经费和湖北大学现代分析化学课程群建设经费的资助。在本书的编写过程中参考了相关的教材和资料，在此向这些教材和资料的作者表示衷心的感谢。同时，也感谢科学出版社对本书出版工作的支持。

尽管进行了多次修改，但由于编者水平有限，本书难免存在不足之处，敬请读者批评指正。

湖北大学分析化学 MOOC 已在“学堂在线”和“优课联盟”上线。读者可扫描二维码，登录“学堂在线”，参与并学习“分析化学”课程。

编　者

2019 年 6 月

目　录

前言
第 1 章　绪论……1
1.1　分析化学概述……1
1.1.1　分析化学的定义、任务和作用……1
1.1.2　分析方法的分类与选择……1
1.1.3　分析化学的发展简史和发展趋势……3
1.2　分析过程及分析结果的表示方法……4
1.2.1　分析过程……4
1.2.2　分析结果的表示方法……8
1.3　滴定分析法概述……9
1.3.1　滴定分析法分类及滴定方式……10
1.3.2　基准物质和标准溶液……11
1.3.3　滴定分析中的有关计算……12
思考题和习题……17
第 2 章　分析化学中的误差与数据处理……19
2.1　准确度与精密度……19
2.1.1　误差与准确度……19
2.1.2　偏差与精密度……19
2.1.3　误差的分类……21
2.1.4　准确度与精密度的关系……22
2.2　随机误差的分布规律……23
2.2.1　频数分布……23
2.2.2　正态分布……24
2.2.3　标准正态分布……25
2.2.4　t 分布……27
2.3　有限次测量数据的统计处理……28
2.3.1　平均值的置信区间……28
2.3.2　显著性检验……29
2.3.3　可疑值的取舍……32
2.4　有效数字……33
2.4.1　有效数字的位数……33
2.4.2　有效数字的修约规则……34
2.4.3　有效数字的计算规则……34

2.5　提高分析结果准确度的方法 …… 35
2.5.1　选择合适的分析方法 …… 35
2.5.2　减小测量的相对误差 …… 35
2.5.3　减小随机误差 …… 36
2.5.4　消除系统误差 …… 36
2.6　一元线性回归分析 …… 37
思考题和习题 …… 38
第 3 章　酸碱滴定法 …… 41
3.1　酸碱反应与平衡 …… 41
3.1.1　共轭酸碱对 …… 41
3.1.2　酸碱反应及平衡常数 …… 41
3.2　溶液中的其他平衡 …… 44
3.2.1　物料平衡 …… 44
3.2.2　电荷平衡 …… 44
3.2.3　质子平衡 …… 45
3.3　溶液中酸碱型体的分布 …… 46
3.3.1　分析浓度、平衡浓度与酸度 …… 46
3.3.2　酸碱型体的分布分数 …… 46
3.4　溶液中 H^+浓度的计算 …… 49
3.4.1　强酸和强碱溶液 …… 49
3.4.2　弱酸和弱碱溶液 …… 50
3.4.3　弱酸混合溶液 …… 53
3.4.4　两性物质溶液 …… 54
3.5　酸碱缓冲溶液 …… 55
3.5.1　缓冲溶液的组成 …… 56
3.5.2　缓冲溶液 pH 的计算 …… 56
3.5.3　缓冲容量 …… 57
3.5.4　常见的 pH 缓冲溶液 …… 57
3.6　酸碱指示剂 …… 58
3.6.1　酸碱指示剂的变色原理 …… 58
3.6.2　影响酸碱指示剂变色范围的因素 …… 59
3.6.3　混合酸碱指示剂 …… 61
3.7　酸碱滴定原理 …… 61
3.7.1　强酸(碱)的滴定 …… 61
3.7.2　一元弱酸(碱)的滴定 …… 64
3.7.3　多元酸(碱)和混合酸(碱)的滴定 …… 67
3.8　酸碱滴定的终点误差 …… 69
3.8.1　强酸(碱)滴定的终点误差 …… 69
3.8.2　一元弱酸(碱)滴定的终点误差 …… 71
3.8.3　多元酸(碱)和混合酸(碱)滴定的终点误差 …… 72

3.9 酸碱滴定法的应用 …… 74
3.9.1 CO_2对酸碱滴定法的影响 …… 74
3.9.2 酸碱标准溶液的配制和标定 …… 75
3.9.3 酸碱滴定法的应用示例 …… 76
3.10 非水溶液中的酸碱滴定 …… 80
3.10.1 溶剂与溶质的酸碱性 …… 80
3.10.2 非水滴定应用示例 …… 83
思考题和习题 …… 84
第4章 配位滴定法 …… 86
4.1 概述 …… 86
4.1.1 分析化学中的配合物 …… 86
4.1.2 EDTA与金属离子配合物的特点 …… 88
4.2 配位平衡常数 …… 89
4.2.1 配合物的稳定常数 …… 89
4.2.2 溶液中各级配合物的分布 …… 90
4.3 副反应系数和条件稳定常数 …… 91
4.3.1 副反应和副反应系数 …… 92
4.3.2 条件稳定常数 …… 95
4.4 配位滴定法的基本原理 …… 96
4.4.1 配位滴定曲线 …… 96
4.4.2 金属离子指示剂 …… 101
4.4.3 配位滴定的终点误差 …… 105
4.5 准确滴定金属离子的条件 …… 107
4.5.1 单一金属离子准确滴定判别式 …… 107
4.5.2 分别滴定判别式 …… 108
4.6 配位滴定中酸度的控制 …… 108
4.6.1 单一金属离子配位滴定的酸度控制 …… 109
4.6.2 分别滴定中的酸度控制 …… 111
4.7 提高配位滴定选择性的措施 …… 111
4.7.1 控制酸度法 …… 111
4.7.2 掩蔽法 …… 111
4.7.3 选用适宜的滴定剂 …… 112
4.8 配位滴定方式及其应用 …… 114
4.8.1 直接滴定法 …… 114
4.8.2 返滴定法 …… 114
4.8.3 置换滴定法 …… 115
4.8.4 间接滴定法 …… 116
4.8.5 配位滴定法的应用 …… 116
思考题和习题 …… 117

第 5 章 氧化还原滴定法 …… 119
5.1 氧化还原平衡 …… 119
5.1.1 概述 …… 119
5.1.2 条件电极电位及其影响因素 …… 120
5.1.3 氧化还原反应进行的程度 …… 124
5.1.4 氧化还原反应速率及其影响因素 …… 127
5.2 氧化还原滴定原理 …… 129
5.2.1 氧化还原滴定曲线 …… 129
5.2.2 氧化还原指示剂 …… 132
5.2.3 氧化还原滴定的终点误差 …… 134
5.3 氧化还原滴定中的预处理 …… 135
5.4 常用的氧化还原滴定法 …… 137
5.4.1 高锰酸钾法 …… 137
5.4.2 重铬酸钾法 …… 140
5.4.3 碘量法 …… 141
5.4.4 其他氧化还原滴定法 …… 146
5.5 氧化还原滴定结果的计算 …… 147
思考题和习题 …… 149
第 6 章 沉淀滴定法 …… 152
6.1 沉淀滴定法的基本原理 …… 152
6.1.1 沉淀滴定曲线 …… 152
6.1.2 沉淀滴定的终点误差 …… 154
6.1.3 沉淀滴定终点的指示方法 …… 154
6.2 常见的沉淀滴定法 …… 155
6.2.1 莫尔法 …… 155
6.2.2 福尔哈德法 …… 156
6.2.3 法扬斯法 …… 157
6.3 沉淀滴定法的应用 …… 157
6.3.1 标准溶液的配制 …… 157
6.3.2 沉淀滴定法的应用示例 …… 158
思考题和习题 …… 158
第 7 章 重量分析法 …… 160
7.1 重量分析法概述 …… 160
7.1.1 重量分析法的分类和特点 …… 160
7.1.2 重量分析法对沉淀的要求 …… 161
7.1.3 重量分析法中沉淀剂的选择 …… 161
7.2 沉淀的溶解度及其影响因素 …… 162
7.2.1 溶解度和溶度积 …… 163
7.2.2 影响沉淀溶解度的因素 …… 164
7.3 沉淀的类型及形成过程 …… 170

7.3.1 沉淀的类型 ……170
7.3.2 沉淀的形成过程 ……170
7.4 影响沉淀纯度的主要因素 ……172
7.4.1 共沉淀 ……172
7.4.2 后沉淀 ……174
7.4.3 减少沉淀沾污的方法 ……174
7.5 沉淀条件的选择 ……174
7.5.1 晶形沉淀的沉淀条件 ……174
7.5.2 无定形沉淀的沉淀条件 ……175
7.5.3 均匀沉淀法 ……175
7.6 称量形式的获得与重量分析法的计算 ……176
7.6.1 称量形式的获得 ……176
7.6.2 重量分析法的计算 ……177
思考题和习题 ……178
第 8 章 分光光度法 ……181
8.1 物质对光的选择性吸收和光吸收基本定律 ……181
8.1.1 物质对光的选择性吸收 ……181
8.1.2 光吸收基本定律 ……183
8.2 分光光度计 ……186
8.2.1 光源 ……186
8.2.2 单色器 ……186
8.2.3 吸收池 ……186
8.2.4 检测器及数据处理系统 ……186
8.3 分光光度法的误差控制 ……187
8.3.1 仪器的测量误差 ……187
8.3.2 对朗伯-比尔定律的偏离 ……189
8.4 显色反应及其影响因素 ……190
8.4.1 显色反应 ……190
8.4.2 显色反应的影响因素 ……192
8.5 分光光度法分析 ……194
8.5.1 分光光度法测量条件的选择 ……194
8.5.2 标准曲线 ……195
8.6 其他分光光度法 ……196
8.6.1 示差分光光度法 ……196
8.6.2 双波长分光光度法 ……198
8.7 分光光度法的应用 ……199
8.7.1 痕量组分分析 ……199
8.7.2 其他应用 ……200
思考题和习题 ……202

第 9 章　分析化学中常用的分离和富集方法……203
9.1　沉淀分离法……204
9.1.1　无机沉淀剂分离法……204
9.1.2　有机沉淀剂分离法……205
9.1.3　共沉淀分离富集法……205
9.2　结晶与重结晶法……206
9.3　挥发和蒸馏分离法……206
9.4　萃取分离法……207
9.4.1　液液萃取分离法……207
9.4.2　液相微萃取……210
9.4.3　固相萃取……211
9.4.4　固相微萃取……212
9.5　离子交换分离法……212
9.5.1　离子交换剂的种类……212
9.5.2　离子交换剂的性质……213
9.5.3　离子交换亲和力……213
9.5.4　离子交换分离的操作方法……214
9.5.5　离子交换分离法的应用……216
9.6　经典色谱分离法……216
9.6.1　柱色谱法……217
9.6.2　纸色谱法……217
9.6.3　薄层色谱法……218
9.7　电泳分离法……219
9.7.1　电泳分离原理……220
9.7.2　电泳分离分类……221
9.7.3　电泳分离法的应用……221
9.8　膜分离法……221
思考题和习题……222
参考文献……223
附录……224
附录 1　相对原子质量(2005 年)……224
附录 2　常用化合物的相对分子质量……225
附录 3　弱酸及其共轭碱在水中的解离常数(25℃，I=0)……226
附录 4　常用浓酸、浓碱的浓度和密度……229
附录 5　离子的 $\mathring{a}$ 值……229
附录 6　离子的活度系数……230
附录 7　常用缓冲溶液……231
附录 8　酸碱指示剂……232
附录 9　混合酸碱指示剂……232

附录 10　配合物的累积稳定常数(18～25℃)……232
附录 11　氨羧配位剂配合物的稳定常数(18～25℃，I=0.1 mol · L^{-1})……234
附录 12　EDTA 的 $\lg\alpha_{Y(H)}$……236
附录 13　常见金属离子的水解效应副反应系数 $\lg\alpha_{M(OH)}$……236
附录 14　铬黑 T 和二甲酚橙的 $\lg\alpha_{In(H)}$及 pM_t……237
附录 15　标准电极电位(18～25℃)……238
附录 16　一些氧化还原电对的条件电极电位……242
附录 17　微溶化合物的溶度积常数(18～25℃，I=0)……243

第1章 绪 论

1.1 分析化学概述

1.1.1 分析化学的定义、任务和作用

分析化学是最早发展起来的化学分支学科，是一门兼具经典和现代内容的化学二级学科。随着该学科的快速发展，分析化学的定义也在不断拓展和延伸。分析化学是一门表征和测量的信息科学。具体而言，分析化学是一门发展和应用各种理论、方法、仪器和策略以获得物质相对时空内的组成和性质相关信息的科学，即分析化学不仅要完成物质的定性、定量和结构分析的基本任务，而且要提供物质结构与性能关系的信息，提出处理和解决化学问题的策略等。

分析化学是一门应用广泛、几乎渗透到所有自然科学的多学科交叉的综合性基础学科，其理论与实践紧密结合，在化学及其相关领域如生物、医学、药学、材料、环境、农学、能源和地矿等学科发展中起着十分重要的作用，是进行科学研究和工农业生产的基础，对科技发展、国民经济提升、国防建设和人民生活质量提高，以及社会进步等起着举足轻重的作用。因为涉及多学科的相互关联、交叉和渗透，并且相互促进和发展，更重要的是解决了众多学科发展中的关键问题，所以分析化学又称为分析科学。

1.1.2 分析方法的分类与选择

分析化学研究的内容十分广泛，分析方法多种多样，根据分析任务、分析对象、分析原理、试样用量、待测组分含量和作用的不同，可将分析方法分为不同类别。

1. 定性分析、定量分析和结构分析

根据分析任务的不同，可将分析方法分为定性分析(qualitative analysis)、定量分析(quantitative analysis)和结构分析(structural analysis)。

定性分析是指鉴定物质的化学组成，如元素、原子团或化合物等。

定量分析是指测定物质有关成分的含量。

结构分析是指研究物质的分子结构、晶体结构或物质形态等。

2. 无机分析和有机分析

根据分析对象的不同，可将分析化学分为无机分析(inorganic analysis)和有机分析(organic analysis)。

无机分析的对象是无机物。

有机分析的对象是有机物。

分析对象不同，分析方法也有所不同。无机物所含元素种类繁多，所以无机分析大多是定性或定量测定试样的元素、离子、原子团、离子团或化合物的组成，以及组分存在形式等。有机物的特点是组成元素种类不多，但结构复杂、种类繁多，所以有机分析不仅要进行元素

种类和含量分析，而且要进行官能团分析和结构分析等。结合不同的实际情况，分析化学按分析对象不同，也可以进一步分类，如食品分析、药物分析、环境分析、生物分析、冶金分析、材料分析和地质分析等。

3. 化学分析和仪器分析

根据分析原理的不同，可将分析方法分为化学分析(chemical analysis)和仪器分析(instrumental analysis)。这是最常见的分类方法，也是分析化学学科两大分支的分类依据。

化学分析法是以物质化学反应及其计量关系为基础的分析方法。化学分析法是分析化学的基础，又称为经典分析法，包括滴定分析(titrimetric analysis)和重量分析(gravimetric analysis)。其特点是仪器设备简单、准确度高、数据处理简单、应用范围广、适合于含量在1%以上的高、中含量组分(常量组分)分析，是重要的例行分析方法，也是本书的主要内容。

仪器分析法是指以物质的物理性质或物理化学性质为基础的分析方法，因为测试物理或物理化学性质的过程中需要特殊的仪器，故而得名，又称为物理化学分析方法。仪器分析法是分析化学的前沿部分，发展快速，包括光分析法、电分析法、分离分析法和热分析法、元素分析法、放射分析法等众多方法。其特点是操作简便、测试和数据处理自动化程度高、灵敏度和选择性高、适合于低含量组分分析，只是有的仪器价格昂贵，维护成本高，限制了这些方法的应用。

4. 常量分析、半微量分析、微量分析和超微量分析

根据分析所需试样量的多少，可将分析方法分为常量分析(macro analysis)、半微量分析(semimicro analysis)、微量分析(micro analysis)和超微量分析(ultramicro analysis)，见表1-1。

表1-1 基于试样用量的分析方法分类

分析方法	试样用量/mg	试样体积/mL
常量分析	＞100	＞10
半微量分析	10～100	1～10
微量分析	0.1～10	0.01～1
超微量分析	＜0.1	＜0.01

5. 常量组分分析、微量组分分析、痕量组分分析和超痕量组分分析

根据待测组分含量的不同，可将分析方法分为常量组分分析(macro component analysis)、微量组分分析(micro component analysis)、痕量组分分析(trace component analysis)和超痕量组分分析(ultratrace component analysis)，见表1-2。

表1-2 基于组分含量的分析方法分类

分析方法	组分含量/%
常量组分分析	＞1
微量组分分析	0.01～1
痕量组分分析	＜0.01
超痕量组分分析	～0.0001

本书中的化学分析法为常量(组分)分析，在分光光度法中采用的是微量(组分)分析。

6. 例行分析和仲裁分析

根据分析结果的作用不同，可将分析方法分为例行分析(routine analysis)和仲裁分析(referee analysis)。例行分析又称为常规分析，是指实验室对生产流程中产品的质量指标进行常规检测分析。仲裁分析又称为裁判分析，是指不同部门或单位之间对产品质量和分析结果有争议时，请权威分析部门用制定的方法对产品进行的可靠和准确分析，以判断原分析结果是否正确或评价准确度的高低。

在应用于实际样品分析时，需要在种类繁多的分析方法中进行合理的选择或多种方法相互配合，才能更好地完成分析任务。选择分析方法时，主要依据以下几个方面综合考虑，制订实验方案：

(1) 测定的实际要求，以及待测组分的性质、含量范围等。

(2) 了解共存状况，选择合适的分离富集方法。

(3) 准确度、灵敏度的要求和解决方法。

(4) 实验条件、测定成本及实验时间等。

1.1.3　分析化学的发展简史和发展趋势

分析化学学科的发展历史悠久，其起源可追溯到中世纪甚至远古时期，那时候的人们就有了分离和分析检验的初级活动，如冶炼金属过程中对矿石的鉴别、识别天然矿物用作药物治病等。在化学乃至整个自然科学的发展历程中，分析化学起着十分关键的作用，如化学元素的发现、相对原子质量的测定、定比定律和倍比定律等化学基本定律的确立、农产品的改良、地矿资源的勘探和环境污染治理等。

一般认为，分析化学的发展经历了三次重大的变革。

第一次变革发生在 20 世纪初，基于当时物理化学的溶液化学平衡理论、动力学理论，如沉淀的生成、指示剂变色原理、滴定曲线和滴定误差、缓冲溶液的缓冲原理等，极大地丰富了分析化学的内容，建立了溶液四大平衡理论及其对应的滴定分析方法，使得分析化学由一门技术发展成为一门科学。

第二次变革发生在 20 世纪中叶，物理学和相关电子技术的发展，以及原子能技术的发展和半导体技术的兴起，促进了各种分析仪器的研制和仪器分析方法的建立。而且，各应用学科领域进一步要求提升分析的灵敏度、准确度和速度，使得仪器分析方法蓬勃发展，改变了经典分析化学以化学分析为主的局面。

第三次变革开始于 20 世纪 70 年代，主要标志是以计算机应用的信息化时代的到来。由于生命科学、食品科学、环境科学和材料科学发展的需要，特别是分析化学基础理论和测试技术的完善，现代分析化学能够提供各种物质的组成、含量、结构、分布和形态等信息，因此微区分析、表面分析、在线分析、无损分析和活体分析等应运而生，解决了化学及其相关学科的众多难题，成为现代科学中最富有活力的学科之一。

随着现代科学技术的快速发展，分析化学的内容和任务更加复杂和广阔。同时，生命科学、环境科学、食品科学和材料科学等发展过程中需要分析化学帮助解决相关难题，而且分析化学与生物学、信息学、计算机技术等学科之间的交叉及融合，产生了新理论、新技术、新方法、新仪器和新应用等，使得分析化学成为获取物质部分或全部信息，进一步认识物质世界、改造自然的重要科学。具体来说，分析化学未来的主要发展趋势有：

(1) 分析理论的完善。化学、物理、数学及计算机技术等多学科的相互交叉融合，促使分析化学学科新理论的产生，使得分析化学能够成为获取物质全面信息的综合性学科。

(2) 分析技术的发展。分析化学新技术能够在灵敏度、选择性、速度和成本等指标有效提升，建立复杂样品分析、分子和原子水平分析、微区分析、形态分析、活性物质分析、原位分析、无损分析等实用方法。

(3) 分析仪器的研制。伴随着物理学和相关电子技术的发展，分析仪器必将朝着更加自动化、数字化、智能化、仿生化、微型化以及无损分析和仪器联用等方向快速发展，从而广泛应用到自然科学各个领域，解决更多的科学难题。

1.2 分析过程及分析结果的表示方法

1.2.1 分析过程

针对不同的样品、不同的组分和不同的分析任务等，分析过程会有不同，步骤多种多样。本书主要描述定量分析过程，即测定样品中某种或某些组分的含量，其分析过程一般包括取样和制样、试样的分解与预处理、分析测定、数据处理和结果评价四个步骤。

1. 取样和制样

从整体的分析对象中抽取有代表性的部分作为分析试样的过程称为取样。其主要原则是保证所取试样具有高度的代表性，即保证分析试样的组成能代表整批物料的平均组成。取样过程是分析过程的一个重要环节，取样不正确，分析结果不可靠，定量分析的结果毫无意义。

分析试样的储存和运输方式也有严格要求，要防止杂质的混入和化学组成的变化。对于变异性大的样品，取样后要及时测定。试样的保存通常有不同的措施，如对取样器皿的严格处理、冷藏或加细菌抑制剂等。

环境、食品、生物或医药等不同类型的样品，气态、液态或固态等不同形态的样品有不同的标准取样方法，参见相应国家标准或行业标准。

下面对不同形态的样品取样过程进行简述。

1) 气体样品

环境分析、工业分析等领域涉及气体样品的取样，如大气、汽车尾气、管道气、工业废气、反应气体等，通常是将气体泵入取样容器中，一定时间后密封即可直接进行分析。

当储存困难或需要浓缩富集时，可以使用吸收液或固体吸附剂对气体样品进行吸收、浓缩，然后进行分析，或者加热脱附、溶剂溶解洗脱后进行分析。

2) 液体样品

液体样品是一类常见的样品形态，如水样、酒类、牛奶、工业溶剂等。对于体积较小的液体样品，直接摇动或搅拌均匀后，用试样瓶或取样管取样分析。对于大体积的液体样品，需要从不同位置和不同深度采样混合，以保证取样的代表性。

不同的液体样品也有不同的国家标准和行业标准，应严格按照标准的要求进行采样和分析。需要强调的是，必须选择合适液体样品的采集容器，避免造成干扰或减少容器吸附的影响。通常使用塑料或玻璃材质的容器进行液体试样的采样，当检测样品中的有机物时，宜选用玻璃容器；而检测样品中的无机物，如测定金属元素时，应选用塑料容器。

同样，采集后的液体样品最好能够及时分析，如果需要储存，一般要采取合适的保护措施，防止其成分变化。通常通过控制溶液酸度、加入化学稳定剂、冷藏或避光等方法。

大部分分析检测方法具有灵敏度高、选择性好等优点，所以液体样品一般都可以直接分析。对于特别复杂的实际样品或超痕量组分分析，需要将液体样品进行分离富集处理。

3) 固体样品

固体样品种类繁多，形态各异，是最常见的样品类型，如食品分析中的果蔬、粮食，环境分析中的土壤、污泥，生物分析中的内脏组织、毛发，工业分析中的矿石、合金等。为保证取样的代表性，不同行业中的不同固体样品的采样方法不同，一般都有国家标准或行业标准。

通常固体样品的组成不均匀，所以应根据原料的堆放状况，从不同位置和深度选取多个取样点，将取得的样品混合后进行制备，即破碎、过筛、混匀和缩分四步，可多次循环进行，以获取所需要的试样量。

破碎是指用人工或机械方式将试样逐步粉碎，历经粗碎、中碎和细碎等过程，分别过4～6号、20号和100～200号筛，以获得所需粒径的样品。因为固体样品的化学成分分布往往不均匀，所以粗颗粒和细颗粒样品的化学成分通常不同，需要把取得的样品从粗颗粒分步粉碎至所需粒径的细颗粒，不可中途丢弃粗颗粒或中颗粒。另外，样品的粒径大小影响其分解过程，所以破碎后的样品一般要求通过100～200号筛。

筛子的材料一般是细铜合金丝，常用筛号(网目)表示筛孔大小，各种筛孔规格见表1-3。

表1-3 筛号与筛孔直径对应表

筛号(网目)	3	6	10	20	40	60	80	100	120	140	200
筛孔直径/mm	6.72	3.36	2.00	0.83	0.42	0.25	0.177	0.149	0.125	0.105	0.074

混合与缩分是指样品每经一次破碎后，使用机械分样器或人工方式取出有代表性的一部分试样，继续进行破碎，从而使得样品量逐渐缩小。最常用的手工缩分方法是“四分法”，即将样品粉碎后混合均匀，堆成圆锥形后压成圆饼形状，从圆饼中心按“十字”形分成四等份，移去任意对角两份后将剩余的两份混合均匀，试样缩减为原来的一半，称为一次缩分。可多次缩分，直至制成100～300 g的分析样品，供下一步分析使用。

2. 试样的分解与预处理

在实际样品分析时，除红外光谱、差热分析等少数方法可以进行固体样品的直接干法分析外，大多数分析需要溶液状态的样品进行分析测定，即湿法分析。所以，需要将固体样品转化为溶液，即进行样品的分解或溶解。

在分解试样时，必须遵循几个原则：①必须使试样分解完全，而且得到的溶液中不存在原固体试样的小颗粒或粉末，确保待测组分完全转入溶液中；②分解过程中待测组分不应挥发或残留损失；③不应引入待测组分和干扰物质。

分解试样的方法很多，主要根据分析目的、试样组成、待测组分性质等选择合适的方法进行分解。常用的方法有溶解法、熔融法、灰化法、消化法和微波辅助消解法。

1) 溶解法

溶解法是指使用适当的溶剂溶解试样的方法，其特点是操作简便、快速。该方法主要有分别以水、酸和碱为溶剂的水溶法、酸溶法和碱溶法等。需要强调的是，对于有机组分的溶解或提取，主要利用相似相溶原则，使用有机溶剂，如常用的乙醇、丙酮、石油醚、苯、甲苯、氯仿等。这里主要介绍前者。

(1) 水溶法：水是最环保的溶剂，所以水溶法是首选方法，也是最常用的方法。主要应用于碱金属盐、铵盐、无机硝酸盐等可溶性无机盐和可溶性有机物。

对于不溶于水的试样，可以考虑使用酸、碱或混合酸(碱)，甚至添加过氧化氢等氧化剂进行溶解。

(2) 酸溶法：利用无机酸的酸性、氧化还原性、配位性或脱水性溶解试样的方法称为酸溶法。下面对常用于溶样的无机酸进行介绍。

盐酸是分解试样的重要强酸之一，主要应用于溶解金属活泼性顺序中氢之前的铁、钴、镍、铬和锌等活泼金属，以及大多数金属氧化物、氢氧化物、碳酸盐、磷酸盐和多数硫化物等。除了强酸性，盐酸中的 Cl^- 还具有配位性，可以利用配位反应增强试样的溶解性。因此，盐酸常用于溶解赤铁矿(Fe_2O_3)、辉锑矿(Sb_2S_3)、铅丹($2PbO \cdot PbO_2$)、软锰矿(MnO_2)等试样。

硝酸兼具强酸性和氧化性，溶解能力强而且速度快。除铂族金属、金和某些稀有金属外，浓硝酸几乎能够溶解所有的金属试样及其合金、大多数氧化物、氢氧化物和几乎所有的硫化物等。需要注意的是，铁、铝、铬等会被硝酸钝化，溶解时要加入盐酸等非氧化性酸，以除去金属表面致密的氧化膜，才能保障继续溶解完全。溶解硫化物时也需要先加入盐酸，使硫以 H_2S 的形式挥发除去，以免单质硫包裹试样颗粒，影响分解效率。

硫酸具有强酸性，热浓硫酸还具有强氧化性和脱水作用，而且除了钙、锶、钡和铅的硫酸盐外，其他金属的硫酸盐都溶于水。所以，硫酸可用于溶解铁、钴、镍和锌等金属及其合金，以及铝、铍、锑、锰、钍、铀、钛等矿石，还可用于将试样中的有机组分炭化除去。另外，硫酸沸点较高(338℃)，可在高温下分解试样，当盐酸、硝酸或氢氟酸等低沸点酸对测定有干扰时，可选择硫酸溶样并蒸发至冒白烟(SO_2)，注意加热冒白烟后应停止加热，避免生成难溶于水的焦硫酸盐。

磷酸是中强酸，PO_4^{3-} 具有很强的配位能力，绝大多数矿样都溶于磷酸，包括不溶于其他酸的钛铁矿、铬铁矿、铌铁矿、铝矾土、金红石和高岭土、长石、云母等许多硅酸盐矿物。磷酸也能够溶解含有高碳、高铬和高钨的合金钢试样。需要注意的是，单独用磷酸溶样时，应控制温度在 500～600℃，时间控制在 5 min 内，否则过高温度和长时间的加热会析出难溶性的焦磷酸盐，或生成聚硅磷酸黏附在器皿底部或内壁，影响溶解程度。

高氯酸也是一种强酸，热的浓高氯酸具有很强的氧化性和脱水性，能迅速溶解钢铁和各种铝合金，能将铬、钒、硫等元素氧化成最高氧化值。高氯酸的沸点为 203℃，蒸发至冒白烟时，可去除低沸点酸，残渣易溶于水，高氯酸也常作为重量分析法中测定 SiO_2 的脱水剂。使用高氯酸时，应避免与有机物接触，以免发生爆炸。因此，处理含有机物和具有还原性的样品时，需要先在加热条件下用硝酸将其破坏，再用高氯酸分解，或者直接用硝酸和高氯酸的混合物分解，且一直保证足够量的硝酸存在。

氢氟酸是一种弱酸，但 F^- 具有较强的配位能力。通常用氢氟酸和硫酸混合溶液分解硅酸盐和含硅化合物，生成挥发性的 SiF_4 而逸出。用氢氟酸分解试样时，应在铂器或聚四氟乙烯器皿(250℃以下)中进行。应该注意的是，氢氟酸有毒，使用时一定要注意安全。

混合酸具有比单一酸更强的氧化能力和溶解能力。例如，王水(浓 HNO_3 和浓 HCl 以 1∶3 体积比混合)可以溶解贵金属金、铂和 HgS；H_2SO_4-H_3PO_4 混合酸可以分解合金钢、铁矿、钒钛矿和含钨、钽和铌的矿石等；H_2SO_4-HNO_3 混合酸可以分解锆、钼、锡等金属，以及锌矿样、黄铁矿和方铅矿等；H_2SO_4-$HClO_4$ 混合酸可以分解金属镓、金属铬矿石等；HNO_3-$HClO_4$ 混合酸用于分解有机物；HCl-H_2O_2 用来分解金属铜及铜合金。

(3) 碱溶法：碱溶法一般使用 NaOH、KOH 溶液或加入适量的 Na_2O_2、K_2O_2 助溶，主要用来溶解两性金属铝、锌及其合金、氧化物、氢氧化物等，以及酸性氧化物如 WO_3、MoO_2、V_2O_5 等。

碱溶法需要使用银、铂或聚四氟乙烯器皿。

2) 熔融法

熔融法是指将试样与酸性或碱性固体熔剂进行混合，加热至高温而发生反应，使待测组分转变为溶于水或酸的化合物。熔融法温度高，分解能力强，一般用于分解不溶于水、酸和碱的无机试样。但是，该方法使用大量熔剂(一般为试样的 6～12 倍)，会引入杂质。

根据熔剂的性质和操作条件的不同，熔融法分为酸熔法、碱熔法和半熔法。

酸熔法适用于碱性试样的分解，如铝、铁、钛等金属氧化物，以及煤灰、硅酸盐、钛铁矿、镁砂等。常用的熔剂有 $K_2S_2O_7$、$KHSO_4$(灼烧后生成 $K_2S_2O_7$)、KHF_2 等。

碱熔法适用于分解酸性试样，如磷酸盐矿物、钼矿石、酸性矿渣、酸性炉渣等。常用的熔剂有 Na_2CO_3、K_2CO_3、NaOH、KOH、Na_2O_2 或其混合物。

半熔法即烧结法，是指在低于熔点的温度下，将试样和熔剂均匀混合，加热反应烧结，再用水或酸浸取熔块，制备成分析试液。半熔法的加热温度较低，不易损坏坩埚而引入杂质，可以不用贵金属坩埚，在瓷坩埚中即可进行分解，但加热反应的时间较长。

3) 灰化法

灰化法又称为干式灰化法，是利用高温使样品中的有机质分解、灰化，再用酸对灰分进行浸取溶解而制备样品溶液的方法。该法适用于生物、食品等有机样品中金属、硫及卤素成分的分析测定，但不适用于土壤和矿质样品的测定。一般是将试样置于坩埚中，在电炉上预烧炭化至无烟后，再放进冷的马弗炉中，缓缓升温至预定温度。通常在灰化前加入 H_2SO_4、HNO_3 等助剂，以促进有机物氧化分解，降低灰化温度和缩短时间。

灰化温度和时间是该方法的重要操作条件，一般选取灰化温度为 400～700℃，灰化时间为 4～8 h，直至灰分呈白色或灰白色但不含炭粒，即灰化完全。高温条件下，汞、铅、镉、锡、硒等易挥发损失，干式灰化法不适用。

灰化法的特点是不需要或只需要加入少量的辅助试剂，处理样品量较大(干样 10 g 以内，鲜样 50 g 以内)，操作简便、安全。其缺点是有些元素易挥发或黏附坩埚内壁而造成损失。

4) 消化法

消化法又称为湿法消化法或湿氧化法，是指向样品中加入硝酸、硫酸、高氯酸或过氧化氢等氧化剂，并加热消煮，有机物被氧化为二氧化碳、水及其他挥发性产物，呈气态逸出，待测组分转化为无机酸或无机盐存在于消化液中待测。

消化法是一种常用的试样分解方法，其优点是分解速度快，因加热温度低可减少金属的挥发逸散损失。该方法的缺点是使用试剂多，易引入杂质，空白值偏高，消化过程中产生大量有害气体，需在通风橱中进行。

5) 微波辅助消解法

微波辅助消解法是指将试样置于消解罐中，加入适量的酸，利用微波加热的特性，对试样进行微波加热辅助消解的方法。其特点是溶液内外同时加热，升温快速，加热均匀，消化高效，能够消解常规消化法不能有效消解的试样。

微波辅助消解法有密闭式和开罐式两种仪器操作类型。前者同时升高温度和压力，可同时处理多个样品，分解效率高，使用试剂少，易挥发组分损失少，但存在一定的安全隐患。后者为常压操作，安全性高，以微波聚焦方式提高消解效率，但一次只能处理一个试样。

需要强调的是，实际样品各式各样，分析对象五花八门，应根据实际情况选择合适的方法进行样品的制备。前面介绍的是分析无机物时的样品分解方法，如果分析样品中的有机物，就不能采用这些分解方法，而是使用溶剂萃取、超声辅助萃取、加速溶剂萃取和色谱分离等方式进行样品的制备，同时结合分离富集方法，去除干扰，实现样品的有效预处理，提高分析方法的灵敏度和准确度。该内容见第 9 章。

3. 分析测定

分析方法种类繁多，应根据实际样品的分析目的及准确度、灵敏度等具体要求，待测组分性质及含量，干扰物质，实验室的实际分析条件和成本等选择合适的方法进行样品的分析测定。

4. 数据处理和结果评价

不同的分析方法有各自处理数据的方法。例如，化学分析方法根据称量的质量或标准溶液浓度、消耗的体积，依托化学反应计量比进行待测组分含量的计算；而分光光度法则是制作标准曲线，依据样品溶液的吸光度值进行含量的计算。分析化学中数据的书写、计算、结果的表达、误差的表示等详见第 2 章。

1.2.2 分析结果的表示方法

分析结果的表示包含待测组分化学形式的正确书写和分析数据的科学表达两个方面。因为随机误差的客观存在，分析结果需要使用数理统计方法进行计算处理，并正确表达结果。现代分析化学除了用数据表达分析结果外，更重要的是能够运用计算机技术，从分析数据中获取有用的化学信息并进行处理，从而指导解决实际问题。

1. 待测组分的化学表示形式

分析结果通常以待测组分的实际存在形式的含量表示。例如，试样中氮含量分析，可以根据氮的实际存在情况，分别以 NH_3、NO_3^-、N_2O_5、NO_2^- 或 N_2O_3 等形式的含量表示分析结果。

如果待测组分实际存在形式不清楚，或存在形式比较复杂，分析结果可以以元素或氧化物形式的含量表示，如有机物或矿样中的 Fe、Cu、C、H、O、P、N 等含量分析，矿石中 MgO、Fe_2O_3、P_2O_5 的含量分析等。

电解质溶液的含量测定中，通常以待测离子的含量表示，如 Ca^{2+}、Mg^{2+}、Al^{3+}、Cl^-、NO_3^- 等。

2. 待测组分含量的表示方法

1) 气体试样

气体试样的分析结果通常用体积分数和质量分数表示。

(1) 体积分数：指每立方米气体中所含待测组分的体积(mL)，单位为 $mL \cdot m^{-3}$。

(2) 质量分数：指每立方米气体中所含待测组分的质量(mg)，单位 $mg \cdot m^{-3}$。

2) 液体试样

液体试样分析结果的数据通常有以下几种表达方式。

(1) 物质的量浓度：指单位体积试液中所含待测组分的物质的量，单位为 $mol \cdot L^{-1}$。

(2) 质量摩尔浓度：指单位质量溶剂中所含待测组分的物质的量，单位为 $mol \cdot kg^{-1}$。

(3) 质量分数：指单位质量试液中所含待测组分的质量，用%表示。

(4) 体积分数：指单位体积试液中所含待测组分的体积，用%表示。

(5) 摩尔分数：指单位物质的量试液中所含待测组分的物质的量，用%表示。

(6) 质量浓度：指单位体积试液中所含待测组分的质量，用 $g \cdot L^{-1}$、$mg \cdot L^{-1}$、$\mu g \cdot L^{-1}$、$ng \cdot L^{-1}$、$pg \cdot L^{-1}$ 等表示。

3) 固体试样

固体试样的分析结果通常用待测组分的质量分数 w 表示。例如，在测定组分 A 的样品分析中，试样的量用 m_s 表示，组分 A 的质量用 m_A 表示，则该试样中 A 的质量分数 w_A 表示为

$$w_A = \frac{m_A}{m_s} \tag{1-1}$$

实际工作中，质量分数常用百分含量表示：

$$w_A = \frac{m_A}{m_s} \times 100\% \tag{1-2}$$

例如，某铝矿石中 Al_2O_3 的质量分数为 0.2278，也可以表示为 22.78%。

当待测组分含量很低时，为了书写方便，质量分数也可以用 $mg \cdot g^{-1}$、$\mu g \cdot g^{-1}$、$ng \cdot g^{-1}$、$pg \cdot g^{-1}$ 等表示。

1.3　滴定分析法概述

滴定分析法是化学分析中一类重要的分析方法。该方法是将已知准确浓度的试剂溶液通过滴定管滴加到待测试样溶液中，直至标准溶液和待测组分按化学计量关系进行定量反应，然后根据标准溶液的浓度和消耗的体积计算待测组分的含量。

在滴定分析中，通常把已知准确浓度的试剂溶液称为“标准溶液”或“滴定剂”、“滴定液”，把标准溶液从滴定管中滴加到待测溶液中的过程称为“滴定”。当加入的标准溶液与待测组分按化学反应式所表示的化学计量关系定量完全反应时，称反应到达了“化学计量点”或“等量点”，简称“计量点”(以 sp 表示)。许多滴定反应到达计量点时，没有外观特征的改变，需要借助仪器测试，或在待测溶液中加入“指示剂”，观察其颜色变化来确定，指示剂发生颜色变化的转变点称为“滴定终点”(以 ep 表示)。滴定终点和化学计量点不一致而引起的分析误差称为“终点误差”。为减小终点误差，提高分析结果的准确性，应选择合

适的指示剂，使滴定终点尽可能接近化学计量点。

滴定分析法是以化学反应为基础的定量分析方法，并不是所有的化学反应都能够应用于滴定分析法，适用于滴定分析法的化学反应必须具备以下几个条件：

(1) 反应要严格按确定的化学反应式进行，无副反应发生，即反应物之间有确定的化学计量关系，这是定量计算的基础。

(2) 反应必须定量完成，反应完成的程度应要达到 99.9%以上。

(3) 反应速率快。对于速率较慢的反应，可通过加热或加入催化剂等方法提高反应速率。

(4) 有适当简便的方法确定终点，如指示剂法或仪器法。

(5) 反应有良好的选择性，即共存物不干扰测定，或者有合适的消除干扰的方法。

滴定分析法的特点是简便快速、准确度高(相对误差≤0.2%)、用途广泛(可适用于多种化学反应类型的测定)，常用于测定含量大于 1%的常量组分。

1.3.1 滴定分析法分类及滴定方式

1. 滴定分析法分类

按照滴定反应类型的不同，滴定分析法可分为酸碱滴定法、配位滴定法、氧化还原滴定法和沉淀滴定法四种类型。

1) 酸碱滴定法

以酸碱反应为基础的滴定分析方法称为酸碱滴定法。一般是强酸(碱)滴定强碱(酸)或弱碱(酸)，实现定量分析。

酸碱滴定反应的过程可以表示为

$$H^+ + A^- \rightleftharpoons HA$$

式中，A^-代表酸碱质子理论中的碱。

2) 配位滴定法

以配位反应为基础的滴定分析方法称为配位滴定法或络合滴定法。通常以乙二胺四乙酸二钠盐(EDTA 二钠盐，简写为 Na_2H_2Y)为标准溶液，滴定多种金属离子，如 M^{2+}或 M^{3+}：

$$M^{2+} + H_2Y^{2-} \rightleftharpoons MY^{2-} + 2H^+$$

$$M^{3+} + H_2Y^{2-} \rightleftharpoons MY^- + 2H^+$$

3) 氧化还原滴定法

以氧化还原反应为基础的滴定分析方法称为氧化还原滴定法。可用氧化剂作标准溶液测定还原性物质，也可用还原剂作标准溶液测定氧化性物质，结合不同的滴定方式，也可以测定非氧化还原性的物质。常见的氧化还原滴定法有高锰酸钾法、碘量法和重铬酸钾法等。例如，高锰酸钾法测定 Fe^{2+}：

$$MnO_4^- + 5Fe^{2+} + 8H^+ \rightleftharpoons Mn^{2+} + 5Fe^{3+} + 4H_2O$$

4) 沉淀滴定法

以沉淀反应为基础的滴定分析方法称为沉淀滴定法。常用的是以生成难溶性银盐为滴定反应基础的银量法：

$$Ag^+ + X^- \rightleftharpoons AgX \downarrow$$

式中，X^-代表 Cl^-、Br^-、I^-或 SCN^-。

2. 滴定方式

1) 直接滴定法

凡是能满足滴定分析法要求的化学反应都可采用直接滴定法，即用标准溶液直接滴定待测物质，利用指示剂法(或仪器法)指示终点，根据标准溶液的浓度及其消耗体积计算出待测组分含量。例如，用盐酸标准溶液滴定 NaOH 含量，用 EDTA 标准溶液滴定 Ca^{2+}含量等。

直接滴定法是最基本和最常用的滴定方式，其特点是简便、快速、误差小。对于不符合滴定分析要求的化学反应，只能根据实际情况选择其他滴定方式进行滴定分析，从而扩大滴定分析法的应用范围。

2) 返滴定法

当标准溶液与待测物质的反应速率较慢或反应物难溶于水、无合适的指示剂时，可先在待测溶液中准确加入适量且过量的标准溶液，待反应完成后，再用另一种标准溶液滴定剩余部分的标准溶液，从而计算出待测组分的含量，这种滴定方式称为返滴定法。例如，EDTA 与 Al^{3+}反应速率慢，Al^{3+}易水解，且无合适的指示剂，可以在待测 Al^{3+}溶液中加入过量的 EDTA 标准溶液，加热 5 min，使反应完全，然后加入二甲酚橙指示剂，用 Zn^{2+}标准溶液滴定过量的 EDTA，从而计算出试液中 Al^{3+}的含量。

3) 置换滴定法

对于没有定量关系或伴有副产物生成的反应，可先用适当的试剂与待测物质反应，使其定量置换出一种能被标准溶液直接滴定的物质，再以合适的标准溶液滴定该生成物，实现定量分析，这种方式称为置换滴定法。例如，$Na_2S_2O_3$ 易被 $K_2Cr_2O_7$ 氧化成 $S_4O_6^{2-}$、SO_4^{2-} 等不同价态的产物，所以标定 $Na_2S_2O_3$ 溶液浓度时不能使用直接滴定法，而是采用置换滴定法，即将 $K_2Cr_2O_7$ 与过量的 KI 反应，定量生成 I_2，再用 $Na_2S_2O_3$ 溶液滴定 I_2，从而求出 $Na_2S_2O_3$ 标准溶液的浓度。

4) 间接滴定法

当待测组分不与标准溶液直接反应时，可采用间接滴定法，即首先通过其他化学反应使待测组分定量转化为能够被定量滴定的化合物，再用标准溶液滴定该反应产物。例如，Ca^{2+}没有氧化还原性，无法用氧化还原滴定法直接测定，可以将 Ca^{2+}定量沉淀为 CaC_2O_4，经过过滤、洗涤后，用 H_2SO_4 溶解，再用 $KMnO_4$ 标准溶液滴定 $C_2O_4^{2-}$，实现试样中 Ca 的含量测定。

1.3.2　基准物质和标准溶液

滴定分析结果的计算是依据标准溶液的浓度和体积。因此，标准溶液的配制及其准确浓度的获得是滴定分析的基础。

1. 基准物质

基准物质是指能用于直接配制标准溶液或标定溶液浓度的物质。

基准物质必须符合下列要求：

(1) 实际组成(包括结晶水含量)与化学式完全相同。

(2) 纯度足够高，即纯度在 99.9%以上。

(3) 性质稳定，即不风化、不潮解、不吸收空气中的二氧化碳，不与空气中的氧气作用，加热干燥时不分解。

(4) 最好具有较大的摩尔质量，以减小称量的相对误差。

在分析化学中，常用的基准物质有纯金属和纯化合物，如锌、银、铜、镉和铁等金属，以及邻苯二甲酸氢钾、硼砂($Na_2B_4O_7 \cdot 10H_2O$)、二水合草酸($H_2C_2O_4 \cdot 2H_2O$)、无水 Na_2CO_3、$CaCO_3$、$Na_2C_2O_4$、$K_2Cr_2O_7$、As_2O_3、NaCl 等。这些基准物质的纯度可达 99.9%以上，甚至达到 99.99%以上。

需要说明的是，有些标识为高纯、超纯或光谱纯试剂，只是表明其中的特定杂质含量很低，并不代表其主成分含量超过 99.9%，甚至有的还含有不确定组成的水分和气体杂质，以及本身组成固定等而使主成分可能低于 99.9%，所以不可随意认定基准物质。

2. 标准溶液

标准溶液是指浓度准确已知的溶液。标准溶液的配制方法有直接法和间接法(或标定法)两种。

1) 直接法(基准物质)

准确称取一定质量的基准物质，溶解后定量转移到一定体积的容量瓶中，稀释至刻度，摇匀。根据基准物质的质量和容量瓶的体积计算出溶液的浓度。例如，准确称取 2.4515 g 基准物质 $K_2Cr_2O_7$，用水溶解完全，定量转移至 500 mL 容量瓶中，稀释至刻度，摇匀，即得到 $0.01667\ mol \cdot L^{-1}$ $K_2Cr_2O_7$ 标准溶液。

直接法配制标准溶液，简便快速、误差小。

2) 间接法(非基准物质)

对于非基准物质，无法应用直接法配制标准溶液，就要使用间接法或标定法，即先粗称、粗配，获得近似浓度的溶液，再用基准物质或另一种标准溶液标定其准确浓度。

间接法配制非基准物质的标准溶液有以下三种方式。

(1) 基准物质标定法：即利用基准物质标定未知浓度的标准溶液。例如，以邻苯二甲酸氢钾标定 NaOH 溶液的浓度、以无水碳酸钠标定 HCl 的浓度等。

(2) 标准溶液比较法：即以已知浓度的标准溶液标定未知浓度的标准溶液。例如，以已知浓度的 HCl 标准溶液标定未知浓度的 NaOH 溶液。

(3) 标准试样标定法：实际样品分析时，为减少共存物的干扰，可以使用与待测试样组成一致或相似的“标准试样”进行标准溶液浓度的标定，以提高准确度。

与直接法相比，间接法需要滴定步骤，误差较大。

另外，标准溶液也需要妥善地保存和正确地使用，以保证分析结果的准确度。

1.3.3 滴定分析中的有关计算

1. 标准溶液浓度的表示方法

1) 物质的量浓度

物质的量浓度是指单位体积溶液所含溶质的物质的量。例如，物质 A 的物质的量浓度以符号 c_A 表示：

$$c_A = \frac{n_A}{V_A} \tag{1-3}$$

式中，n_A 为溶液中溶质 A 的物质的量，单位为 mol 或 mmol；V_A 为溶液的体积，单位为 L 或

mL；浓度 c_A 的单位为 $mol \cdot L^{-1}$。

例如，$c_{HCl}=0.1027\ mol \cdot L^{-1}$ 代表每升该盐酸溶液中含有 0.1027 mol HCl，又可写为 $c(HCl)=0.1027\ mol \cdot L^{-1}$。

2) 滴定度

滴定度(titer)是指每毫升标准溶液相当于待测组分的质量，单位为 $g \cdot mL^{-1}$。滴定度是实际生产单位例行分析中对标准溶液的一种浓度表示方式，目的是简化计算过程。例如，$K_2Cr_2O_7$ 标准溶液的浓度表示为 $T_{Fe/K_2Cr_2O_7}=0.005000\ g \cdot mL^{-1}$，表示每毫升 $K_2Cr_2O_7$ 标准溶液恰好能与 0.005000 g Fe^{2+} 反应，若某待测溶液滴定分析中消耗该标准溶液 23.56 mL，则该待测溶液中铁的质量为 0.005000×23.56=0.1178(g)。

物质的量浓度和滴定度之间可以互相换算。例如，以物质 B 的标准溶液测定待测组分 A 含量时，若反应式为

$$aA + bB \rightleftharpoons cC + dD$$

则

$$T_{A/B} = \frac{\frac{a}{b} c_B M_A}{1000} \quad (g \cdot mL^{-1}) \tag{1-4}$$

式中，M_A 为 A 的摩尔质量。

2. 滴定分析计算的依据

滴定分析过程伴随着化学反应，所以物质之间的反应比即是滴定分析结果的数据计算依据。

1) 直接滴定法的计算依据

直接滴定法只涉及标准溶液 B 和待测组分 A 直接反应生成 C 和 D 的过程：

$$aA + bB \rightleftharpoons cC + dD$$

当滴定到化学计量点时，a mol 待测组分 A 和 b mol 标准溶液 B 刚好完全反应，即

$$\frac{n_A}{n_B} = \frac{a}{b} \tag{1-5a}$$

由此得出

$$n_A = \frac{a}{b} n_B$$

$$n_B = \frac{b}{a} n_A \tag{1-5b}$$

例如，在酸性溶液中，用基准物质标定溶液的浓度，其反应式为

$$2MnO_4^- + 5C_2O_4^{2-} + 16H^+ \rightleftharpoons 2Mn^{2+} + 10CO_2 + 8H_2O$$

所以

$$n_{KMnO_4} = \frac{2}{5} n_{Na_2C_2O_4}$$

2) 间接滴定法的计算依据

返滴定法、置换滴定法和间接滴定法的计算中都涉及多步反应过程，统称为间接滴定法，

其分析结果的计算只需要从多步反应中找出滴定剂与待测物之间的量的关系即可。

例如，以置换滴定法用基准物质 $K_2Cr_2O_7$ 标定 $Na_2S_2O_3$ 溶液浓度时，涉及两步反应。首先，在酸性溶液中，一定量的 $K_2Cr_2O_7$ 与过量 KI 反应，析出定量的 I_2：

$$Cr_2O_7^{2-} + 6I^- + 14H^+ \rightleftharpoons 2Cr^{3+} + 3I_2 + 7H_2O$$

再以 $Na_2S_2O_3$ 溶液滴定析出的 I_2：

$$I_2 + 2S_2O_3^{2-} \rightleftharpoons 2I^- + S_4O_6^{2-}$$

第一步反应中，1 mol $K_2Cr_2O_7$ 氧化 KI 生成 3 mol I_2，而第二步反应的化学计量点时，1 mol I_2 和 2 mol $Na_2S_2O_3$ 等量反应，所以 $K_2Cr_2O_7$ 和 $Na_2S_2O_3$ 的物质的量比是 1 ∶ 6，即

$$n_{Na_2S_2O_3} = 6n_{K_2Cr_2O_7}$$

3. 标准溶液浓度的计算

1) 直接配制法

直接法配制标准溶液，其浓度的计算依据基准物质的称量质量和定容的体积。如果基准物质 B 的称量质量为 m_B(g)，摩尔质量为 M_B(g · mol^{-1})，可以计算出 B 的物质的量为

$$n_B = \frac{m_B}{M_B} \tag{1-6a}$$

如果配制标准溶液的体积为 V_B(L)，则该标准溶液的浓度为

$$c_B = \frac{n_B}{V_B} = \frac{m_B}{V_B M_B} \tag{1-6b}$$

例 1-1 准确称取 150℃烘干 2 h 的基准物质 $K_2Cr_2O_7$ 1.2786 g，用适量水完全溶解后，定量转移至 250 mL 容量瓶中，用水稀释至刻度，摇匀，求此标准溶液的浓度。

解 $K_2Cr_2O_7$ 是基准物质，可以用直接法配制标准溶液。查附录 2，得 $M_{K_2Cr_2O_7} = 294.19$ g · mol^{-1}，所以

$$c_B = \frac{n_B}{V_B} = \frac{m_B}{V_B M_B} = \frac{1.2786}{0.2500 \times 294.19} = 0.01738\ (\text{mol} \cdot \text{L}^{-1})$$

例 1-2 欲配制 0.1000 mol · L^{-1} 草酸标准溶液 500 mL，应称取草酸($H_2C_2O_4 \cdot 2H_2O$)多少克？

解 草酸是标定 NaOH 标准溶液浓度的常用基准物质。查附录 2，得 $M_{H_2C_2O_4 \cdot 2H_2O}$ =126.07 g · mol^{-1}，由

$$c_B = \frac{m_B}{V_B M_B}$$

得

$$m_B = c_B V_B M_B = 0.1000 \times 0.5000 \times 126.07 = 6.304\ (\text{g})$$

2) 间接配制法

用基准物质 A 标定非基准物质 B 的标准溶液浓度时，若两者的反应式为

$$aA + bB \rightleftharpoons cC + dD$$

则 B 标准溶液浓度的计算式为

$$c_B = \frac{\frac{b}{a} n_A}{V_B} = \frac{\frac{b}{a}\frac{m_A}{M_A} \times 1000}{V_B} \tag{1-7}$$

用已知浓度的标准溶液 A 和非基准物质 B 的标准溶液浓度进行比较并进行标定时，B 标准溶液浓度的计算式为

$$n_B = \frac{b}{a} n_A$$

$$c_B = \frac{\frac{b}{a} c_A V_A}{V_B} \tag{1-8}$$

例 1-3 为标定 NaOH 标准溶液浓度，准确称取 100℃干燥后的邻苯二甲酸氢钾 0.5212 g，溶于水，用待标定 NaOH 溶液滴定至终点时，消耗 NaOH 溶液 25.48 mL，求该 NaOH 标准溶液的浓度。

解 该滴定反应式：

$$HC_8H_4O_4^- + OH^- \rightleftharpoons C_8H_4O_4^{2-} + H_2O$$

即

$$n_{NaOH} = n_{KHC_8H_4O_4}$$

$$c_{NaOH} V_{NaOH} = \frac{m_{KHC_8H_4O_4}}{M_{KHC_8H_4O_4}}$$

查附录 2，得 $M_{KHC_8H_4O_4}$ =204.23 g · mol^{-1}，所以

$$c_{NaOH} = \frac{m_{KHC_8H_4O_4}}{M_{KHC_8H_4O_4} V_{NaOH}} = \frac{0.5212}{204.23 \times 25.48} \times 1000 = 0.1002\ (\text{mol} \cdot \text{L}^{-1})$$

4. 待测组分含量的计算

如果试样的取样量为 m_s，待测组分 B 的滴定分析结果为质量 m_B，则待测组分 B 的质量分数为

$$w_B = \frac{m_B}{m_s} = \frac{n_B M_B}{m_s \times 1000} = \frac{\frac{b}{a} c_A V_A M_B}{m_s \times 1000} \tag{1-9}$$

式中各项的单位分别是 m(g)、V(mL)、c(mol · L^{-1})、M(g · mol^{-1})。

同样，分析结果也可以用待测组分 B 的百分数表示，即上述结果乘以 100%。

例 1-4 称取某铁矿样 0.6883 g，以盐酸溶样，并将铁定量还原为 Fe^{2+}，再以 0.01637 mol · L^{-1} $K_2Cr_2O_7$ 为标准溶液，滴定该试样溶液至化学计量点，消耗 $K_2Cr_2O_7$ 标准溶液 28.90 mL，求该铁矿样中待测组分分别以 Fe 和 Fe_2O_3 表示的质量分数。

解 该滴定反应式：

$$6Fe^{2+} + Cr_2O_7^{2-} + 14H^+ \rightleftharpoons 6Fe^{3+} + 2Cr^{3+} + 7H_2O$$

即

$$n_{Fe^{2+}} = 6n_{Cr_2O_7^{2-}}$$

所以，试样中 Fe 的质量分数为

$$w_{Fe} = \frac{n_{Fe^{2+}} M_{Fe}}{m_s} = \frac{6n_{Cr_2O_7^{2-}} M_{Fe}}{m_s} = \frac{6c_{Cr_2O_7^{2-}} V_{Cr_2O_7^{2-}} M_{Fe}}{m_s}$$

$$= \frac{6 \times 0.01637 \times 28.90 \times 55.85}{0.6883 \times 1000} = 0.2303$$

同样，试样中Fe_2O_3的质量分数为

$$w_{Fe_2O_3}=\frac{n_{Fe_2O_3}M_{Fe_2O_3}}{m_s}=\frac{6n_{Cr_2O_7^{2-}}M_{Fe_2O_3}}{2m_s}=\frac{6c_{Cr_2O_7^{2-}}V_{Cr_2O_7^{2-}}M_{Fe_2O_3}}{2m_s}$$

$$=\frac{6\times0.01637\times28.90\times159.69}{2\times0.6883\times1000}=0.3293$$

例 1-5　求 0.01637 mol · L^{-1} $K_2Cr_2O_7$标准溶液对 Fe 和 Fe_2O_3的滴定度。

解　由例 1-4 已知，$K_2Cr_2O_7$滴定 Fe^{2+}的反应式：

$$6Fe^{2+}+Cr_2O_7^{2-}+14H^+\rightleftharpoons6Fe^{3+}+2Cr^{3+}+7H_2O$$

即

$$n_{Fe^{2+}}=6n_{Cr_2O_7^{2-}}$$

所以，由式(1-4)计算该 $K_2Cr_2O_7$标准溶液对 Fe 的滴定度

$$T_{Fe/K_2Cr_2O_7}=\frac{6c_{K_2Cr_2O_7}M_{Fe}}{1000}=\frac{6\times0.01637\times55.85}{1000}=0.005486\ (g\cdot mL^{-1})$$

同样，计算该 $K_2Cr_2O_7$标准溶液对 Fe_2O_3的滴定度

$$T_{Fe_2O_3/K_2Cr_2O_7}=\frac{3c_{K_2Cr_2O_7}M_{Fe_2O_3}}{1000}=\frac{3\times0.01637\times159.69}{1000}=0.007842\ (g\cdot mL^{-1})$$

例 1-6　欲以 KIO_3为基准物质标定 0.02 mol · L^{-1} $Na_2S_2O_3$标准溶液浓度，计算需要称取固体 KIO_3多少克，并说明如何将称量的相对误差控制在 ± 0.1%以内。

解　这是一种置换滴定法，涉及两个反应式：

$$IO_3^-+5I^-+6H^+\rightleftharpoons3I_2+3H_2O$$

$$I_2+2S_2O_3^{2-}\rightleftharpoons2I^-+S_4O_6^{2-}$$

即

$$n_{KIO_3}=\frac{1}{6}n_{Na_2S_2O_3}$$

为减少体积读数的相对误差，常量滴定管消耗体积应为 20～30 mL。因此，以消耗 20 mL $Na_2S_2O_3$标准溶液计算得出 KIO_3的称取质量为

$$m_{KIO_3}(1)=n_{KIO_3}M_{KIO_3}=\frac{1}{6}c_{Na_2S_2O_3}V_{Na_2S_2O_3}M_{KIO_3}=\frac{1}{6}\times0.02\times20\times10^{-3}\times214.00=0.014\ (g)$$

同样，以消耗 30 mL $Na_2S_2O_3$标准溶液计算

$$m_{KIO_3}(2)=n_{KIO_3}M_{KIO_3}=\frac{1}{6}c_{Na_2S_2O_3}V_{Na_2S_2O_3}M_{KIO_3}=\frac{1}{6}\times0.02\times30\times10^{-3}\times214.00=0.021\ (g)$$

所以，应称取 KIO_3的质量为 0.014～0.021 g。

万分之一电子天平的读数绝对误差为 ± 0.0001 g，差减法称量样品时需要两次读数，所以每个样品称量的绝对误差为 ± 0.0002 g，若使样品质量的相对误差控制在 ± 0.1%以内，则样品的称量质量必须不小于 0.2 g。如果需要样品的质量不足 0.2 g，可以用取大样方法，如解决本题中误差较大的做法，就是称取 0.20 g 左右的固体 KIO_3，溶解定容于 250 mL 容量瓶中，每次用移液管准确移取 25.00 mL 该溶液于锥形瓶中进行滴定，从而使得称样的相对误差控制在 ± 0.1%以内。

思考题和习题

1. 简述分析化学的基本任务和作用。

2. 依据取样量大小可将分析方法分为哪几类?

3. 分析过程主要包括哪些步骤?

4. 对于无机试样和有机试样，其分解过程有什么区别?

5. 标准溶液的配制方法有哪些? 各有什么特点?

6. 下列物质中，能够用直接法配制标准溶液的有哪些? 为什么?

(1) HCl　(2) NaOH　(3) EDTA　(4) $CaCO_3$　(5) $K_2Cr_2O_7$　(6) $Na_2S_2O_3$

7. 取大样分析的特点是什么?

8. 能用于滴定分析的化学反应必须具备哪些条件?

9. 判断下列基准物质的处理方法是否正确，并说明理由。

(1) 将 Na_2CO_3 干燥后再于 500℃灼烧。

(2) 将草酸于 100℃烘干 2 h 后使用。

(3) 将硼砂置于干燥器中存放。

10. 用于标定 NaOH 标准溶液浓度的基准物质有邻苯二甲酸氢钾和草酸，通常优先选择哪一种? 说明理由。

11. 已知浓盐酸的密度为 1.19 $g \cdot cm^{-3}$,HCl 的含量约为 37%,计算 HCl 的物质的量浓度。若想配制 500 mL 0.10 $mol \cdot L^{-1}$ HCl 溶液，应量取该浓盐酸多少毫升?

(12 $mol \cdot L^{-1}$；4.2 mL)

12. 为配制锌标准溶液，现称取纯金属锌 0.6502 g，以盐酸溶解，稀释定容于 500 mL 容量瓶中，求该锌标准溶液的浓度。

(0.01989 $mol \cdot L^{-1}$)

13. 计算下列标准溶液的滴定度($mg \cdot mL^{-1}$):

(1) 0.1002 $mol \cdot L^{-1}$ HCl 标准溶液对 CaO 的滴定度。

(2) 2.721 $g \cdot L^{-1}$ $K_2Cr_2O_7$ 标准溶液对 Fe_3O_4 的滴定度。

(2.810 $mg \cdot mL^{-1}$；4.282 $mg \cdot mL^{-1}$)

14. 标定 0.1 $mol \cdot L^{-1}$ NaOH 标准溶液浓度,以邻苯二甲酸氢钾为基准物质时,需要称取的质量为多少克? 如改用二水合草酸为基准物质，应称取多少克?

(0.4～0.6 g；0.20～0.25 g)

15. 已知 $KMnO_4$ 标准溶液对 Fe 的滴定度 $T_{Fe/KMnO_4} = 0.1117\ g \cdot mL^{-1}$，而 10.00 mL $KHC_2O_4 \cdot H_2C_2O_4$ 溶液在酸性条件下刚好与 2.00 mL 该 $KMnO_4$ 标准溶液完全反应，则该 10.00 mL $KHC_2O_4 \cdot H_2C_2O_4$ 溶液会与多少毫升 0.2000 $mol \cdot L^{-1}$ NaOH 溶液完全反应?

(15.00 mL)

16. 国家标准规定，试剂 $FeSO_4 \cdot 7H_2O$ 含量在 99.50%～100.5%为一级(GR)，在 99.00%～100.5%为二级(AR)，在 98.00%～101.0%为三级(CP)。现有硫酸亚铁试样以高锰酸钾法测定其纯度，称样 0.6492 g，在酸性条件下滴定消耗 0.01904 $mol \cdot L^{-1}$ $KMnO_4$ 标准溶液 24.37 mL，求该试剂中 $FeSO_4 \cdot 7H_2O$ 含量，并判断试剂纯度符合哪一级国家标准。

(99.35%；二级)

17. 称取某碳酸钙试样 0.2106 g，加入 0.1306 mol · L^{-1} HCl 标准溶液 50.00 mL，加热煮沸，反应完全后，以 0.1100 mol · L^{-1} NaOH 标准溶液返滴定过量的 HCl，消耗 22.60 mL，求试样中 $CaCO_3$ 含量。

(96.11%)

18. 准确称取 0.5856 g 铝试样，溶解后，在酸性条件下加入 50.00 mL 0.02006 mol · L^{-1} EDTA 标准溶液，加热煮沸 5 min，冷却后，以 0.01885 mol · L^{-1} Zn^{2+}标准溶液返滴定，消耗 21.02 mL。求该铝试样中 Al_2O_3 的质量分数。

(5.284%)

第 2 章　分析化学中的误差与数据处理

定量分析的任务是以实验测量的方式确定试样中目标化合物的含量。然而，由于测量过程不可避免地存在误差，实验测量数据与目标化合物的真实含量往往并不一致。因此，有必要了解定量分析中的误差，掌握误差的来源及特性，从而采取措施将测量误差减小到可接受的范围内。对分析测量数据进行统计处理，是为了找出随机误差的分布规律，进而估计测量值与真值接近的程度，评价分析结果的可靠性。

2.1　准确度与精密度

2.1.1　误差与准确度

测量值(x)和真值(x_T)之间的差值称为绝对误差(absolute error，E)，数学表达式为

$$E = x - x_T \tag{2-1}$$

真值是某一物理量本身具有的客观存在的真实数据。然而，由于实验测量存在误差，绝对的真值无法获得。在实际测量中，通常用标准值替代真值计算误差。标准值是由多个有资质的实验室的分析人员，采用可靠的分析方法，对同一样品进行反复多次测定所获得的大量分析数据的统计结果，具有很高的准确度。例如，相对原子质量、物理化学常数以及由公认的权威机构提供的标准物质的数据等。

绝对误差与真值的比值称为相对误差(relative error，E_r)，常以百分数表示

$$E_r = \frac{E}{x_T} \times 100\% = \frac{x - x_T}{x_T} \times 100\% \tag{2-2}$$

当测量值大于真值时，误差为正值；当测量值小于真值时，误差为负值。

在实际测量过程中，有时需要在绝对误差已知但真值未知的情况下估算相对误差，此时可用测量值替代真值进行计算，即

$$E_r = \frac{E}{x} \times 100\% \tag{2-3}$$

准确度(accuracy)是指测量值接近真值的程度，其高低用误差的大小衡量。误差的绝对值越小，说明测量值越接近真值，即测量的准确度越高；反之，测量的准确度越低。

2.1.2　偏差与精密度

为了减小测量误差对分析结果的影响，通常在相同条件下对样品进行多次平行测量，以若干平行测量数据的平均值表示分析结果。若平行测量次数为 n，相应的测量值分别为 x_1、x_2、…、x_n，则这组数据的平均值为

$$\bar{x}=\frac{\sum_{i=1}^{n} x_i}{n} \tag{2-4}$$

精密度(precision)是指平行测量数据之间相互接近的程度，反映分析结果的重现性。精密度的高低用平均偏差、标准偏差或极差的大小来衡量。

一组平行测量数据中各个测量值的偏差(deviation)为测量值与平均值之差，即

$$d_i = x_i - \bar{x} \qquad (i=1, 2, \cdots, n) \tag{2-5}$$

个别测量值偏差的绝对值的平均值为平均偏差($\bar{d}$)

$$\bar{d}=\frac{\sum_{i=1}^{n}|d_i|}{n} \tag{2-6}$$

平均偏差与平均值的比值为相对平均偏差($\bar{d}_{\mathrm{r}}$)

$$\bar{d}_{\mathrm{r}}=\frac{\bar{d}}{\bar{x}}\times 100\% \tag{2-7}$$

平均偏差或相对平均偏差越小，说明平行测量数据相互接近的程度越大，即精密度越高；平均偏差或相对平均偏差越大，则平行测量数据越分散，精密度越低。

精密度更常用标准偏差或相对标准偏差来表示。标准偏差(standard deviation，s)的定义式为

$$s=\sqrt{\frac{\sum_{i=1}^{n}(x_i-\bar{x})^2}{n-1}} \tag{2-8}$$

相对标准偏差(relative standard deviation，RSD，s_{r})也称变异系数(CV)，是标准偏差与平均值的比值，即

$$s_{\mathrm{r}}=\frac{s}{\bar{x}}\times 100\% \tag{2-9}$$

在一组平行测量数据中，有些测量值比平均值大，有些测量值则比平均值小，因此个别测量值偏差的加和值为零。计算标准偏差时，是对偏差的平方进行加和，这样不仅可以避免正、负偏差相抵，而且能使大偏差更显著地表现出来，因而标准偏差能更灵敏地反映平行测量数据的分散程度。

一组平行测量数据中的最大值与最小值之差称为极差(R)，即

$$R = x_{\max} - x_{\min} \tag{2-10}$$

虽然极差的大小也可以反映精密度的高低，但极差的计算没有充分利用平行测量数据，故实际工作中较少应用。

在日常分析工作中，重现性通常指同一分析人员多次平行测量所得分析结果的精密度。但在建立标准方法和研制标准物质时，重现性还需要反映不同分析人员、不同实验室所得分析数据间相互接近的程度。

例 2-1 甲、乙两人分别测定辛芩颗粒中黄芩苷的含量，甲平行测定 6 次的结果为(单位：mg，下同)32.9、33.6、33.3、33.5、32.8、33.1，乙平行测定 6 次的结果为 32.6、33.1、33.9、33.2、33.3、33.1。分别计算甲和乙测量结果的平均值、平均偏差、相对平均偏差、标准偏差、相对标准偏差，并比较甲和乙分析结果的精密度。

解　甲数据的计算结果如下：

$$\bar{x} = \frac{1}{6}(32.9 + 33.6 + 33.3 + 33.5 + 32.8 + 33.1) = 33.2 \text{ (mg)}$$

$$\bar{d} = \frac{|32.9 - 33.2| + |33.6 - 33.2| + |33.3 - 33.2| + |33.5 - 33.2| + |32.8 - 33.2| + |33.1 - 33.2|}{6} = 0.27 \text{ (mg)}$$

$$\bar{d}_r = \frac{0.27}{33.2} \times 100\% = 0.81\%$$

$$s = \sqrt{\frac{(-0.3)^2 + 0.4^2 + 0.1^2 + 0.3^2 + (-0.4)^2 + (-0.1)^2}{6-1}} = 0.32 \text{ (mg)}$$

$$s_r = \frac{0.32}{33.2} \times 100\% = 0.96\%$$

乙数据的计算结果如下：

$$\bar{x} = \frac{1}{6}(32.6 + 33.1 + 33.9 + 33.2 + 33.3 + 33.1) = 33.2 \text{ (mg)}$$

$$\bar{d} = \frac{|32.6 - 33.2| + |33.1 - 33.2| + |33.9 - 33.2| + |33.2 - 33.2| + |33.3 - 33.2| + |33.1 - 33.2|}{6} = 0.27 \text{ (mg)}$$

$$\bar{d}_r = \frac{0.27}{33.2} \times 100\% = 0.81\%$$

$$s = \sqrt{\frac{(-0.6)^2 + (-0.1)^2 + 0.7^2 + 0^2 + 0.1^2 + (-0.1)^2}{6-1}} = 0.42 \text{ (mg)}$$

$$s_r = \frac{0.42}{33.2} \times 100\% = 1.3\%$$

虽然甲和乙的平均偏差及相对平均偏差相同，但就标准偏差和相对标准偏差而言，甲比乙小，所以甲的分析结果的精密度更高。在反映分析结果的精密度方面，标准偏差比平均偏差更灵敏。因此，在实际工作中，基本上都用相对标准偏差(RSD)表示分析结果的精密度。

2.1.3　误差的分类

在定量分析中，根据误差的性质将其分为系统误差和随机误差两大类。

1. 系统误差

由固定原因引起的误差称为系统误差(systematic error)。它具有重复性、单向性和可测性。平行测量时系统误差将重复出现，而且它的符号(正或负)通常固定。由于系统误差对分析结果的影响比较固定，其大小也有一定的规律性，因此它是可测量的。

根据产生误差的具体原因和来源，系统误差又可分为以下几类。

(1) 方法误差：是指测量所用分析方法本身带有的缺陷而产生的误差。例如，滴定分析中由于指示剂变色点与化学计量点不一致所造成的误差；重量分析中由于沉淀的溶解导致目标分析物损失及共存杂质发生共沉淀所造成的误差。

(2) 仪器误差：是指分析过程中使用的仪器不够准确而产生的误差。例如，滴定管、吸量管及仪器仪表刻度不准确产生的误差。

(3) 试剂误差：试剂误差的产生源于分析试样所使用的试剂及溶剂不纯。

(4) 操作误差：由分析人员操作不够正确造成。例如，称样时未注意防潮导致试样吸湿；洗涤沉淀次数不足或过多。分析人员本身的一些主观因素也可能产生操作误差。例如，采用目测法确定滴定终点时，对终点颜色的判断，有些人深一些，有些人则浅一些。又如，有些分析操作不熟练的人为提高分析数据的精密度，主观上往往将测量数据尽量靠近自认为测量准确的某个数据，从而引起个人误差。

2. 随机误差

随机误差(random error)也称偶然误差，由实验测定中无法控制和避免的偶然因素造成。例如，测定过程中环境温度、湿度、气压及供电电压等的微小波动；分析人员测定各份试样时操作上的微小差别等。即使是训练有素、操作熟练规范的分析人员对试样进行平行测定时，所获得的测量数据也不会完全相同，即说明随机误差的存在。

仅凭少量数据无法看出随机误差的规律，它的大小不一，符号忽正忽负，因此无法测量也不能校正。但当测量次数足够多且不存在系统误差时，随机误差遵循统计分布规律，可以用数理统计方法进行处理。

2.1.4 准确度与精密度的关系

如前所述，准确度是指测量值接近真值的程度，而精密度是指多次平行测量数据之间相互接近的程度。准确度和精密度在评价分析结果好坏方面的关系通过以下示例说明。

某软锰矿中 MnO_2 的百分含量真值为 60.81%，甲、乙、丙、丁 4 人采用同一方法同时对该软锰矿进行 4 次平行测量，其结果如图 2-1 所示。

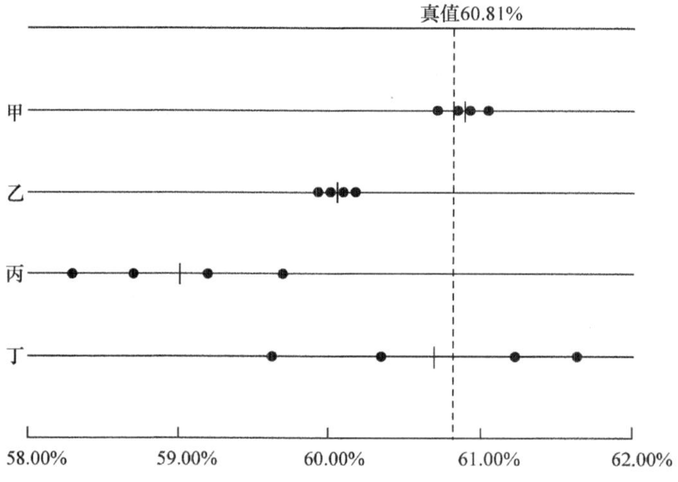

图 2-1 MnO_2 百分含量测定结果

图 2-1 显示，甲的 4 次平行测量数据相互间非常接近，即偏差小，精密度高；同时甲数据的平均值与真值也很接近，说明测量的随机误差和系统误差均很小，准确度高。因此，甲的分析结果是可靠的。乙数据的精密度也很高，但其平均值与真值相差甚远，说明测量的准确度低。之所以会出现精密度高但准确度低的现象，是因为偏差小只能说明测量条件波动小，操作比较一致，也就是说测量的随机误差小，但偏差的大小和系统误差没有关系。显然，乙的测量值远离真值，是由测量过程中大的系统误差造成的。丙测量的精密度和准确度都很低，分析结果不可靠。丁的测量数据很分散，精密度很低，测量的随机误差大；虽然其数据的平均值很接近真值，但这只是因为大的正、负误差相抵产生的巧合，分析结果并不可靠。

上例说明精密度高是保证准确度高的必要条件，但不是充分条件。准确度高的分析结果意味着测量的随机误差和系统误差均控制在允许的范围内。精密度高，只能说明测量的随机误差小，并不能反映系统误差的大小，也就不能保证有高的准确度。在精密度差的情况下，讨论测量的准确度是无意义的。

2.2　随机误差的分布规律

随机误差不同于系统误差，其大小和方向均随机变化，所以少量数据看起来杂乱、毫无规律。只有对大量测量数据进行统计处理，随机误差的规律性才会表现出来。

2.2.1　频数分布

采用酸碱滴定法测定草酸的摩尔质量，获得 100 个随机测量值，其中最大值为 127.5 $g \cdot mol^{-1}$，最小值为 125.3 $g \cdot mol^{-1}$，平均值为 126.2 $g \cdot mol^{-1}$。为了获得这些数据的频数分布，先将它们按大小顺序排列，再以 0.2 的组距分成 12 组。为了避免出现跨组数据，各组的边界值比测量值多取一位有效数字，如第一组的边界值为 125.25 和 125.45。数出每一组的频数，即测量值的数量，再以频数除以测量值的总数，得到相对频数，用相对频数除以组距，则得到频率密度。将以上数据一一对应列出，得到表 2-1，即频数分布表。

表 2-1　频数分布表

分组/ ($g \cdot mol^{-1}$)	频数	相对频数	频率密度
125.25～125.45	1	0.01	0.05
125.45～125.65	3	0.03	0.15
125.65～125.85	6	0.06	0.3
125.85～126.05	11	0.11	0.55
126.05～126.25	26	0.26	1.30
126.25～126.45	25	0.25	1.25
126.45～126.65	12	0.12	0.60
126.65～126.85	7	0.07	0.35
126.85～127.05	5	0.05	0.25
127.05～127.25	2	0.02	0.10
127.25～127.45	1	0.01	0.05
127.45～127.65	1	0.01	0.05
Σ	100	1.00	

完成这个频数分布表的过程，就是在对测量数据进行简单的统计处理。在频数分布表中，测量数据表现出既分散又集中的分布特点。分散是指这些测量值的大小不完全相同，而是在某个范围内波动。集中则是指数据的分布具有向平均值集中的趋势。测量值在各组中出现的次数并不均等，测量值的大小越接近平均值，出现的次数就越多；测量值偏离平均值越远，出现的次数就越少。平均值所在的组中测量值出现的次数最多，即频数或相对频数最大。

以频率密度为纵坐标，测量值为横坐标作图，得到图 2-2，即频率密度直方图。随机测量值既分散又集中的分布特点在频率密度直方图中表现得更为直观。

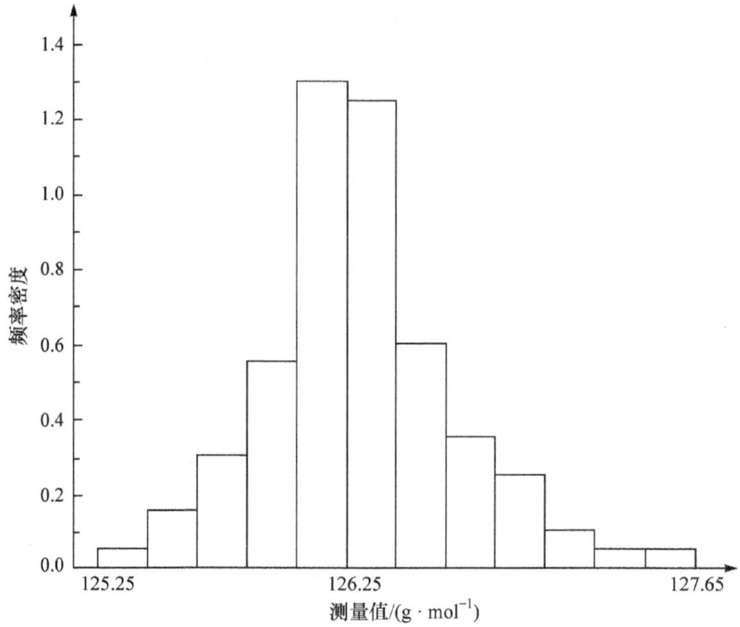

图 2-2　频率密度直方图

2.2.2　正态分布

当进行无限多次的平行测量且分组组距无限小时，图 2-2 的直方图形状则变为平滑的曲线，如图 2-3 所示。在没有系统误差的情况下，测量值出现的概率密度与测量值之间的关系可以用正态分布概率密度函数(高斯函数)来描述。

$$y = f(x) = \frac{1}{\sigma\sqrt{2\pi}} e^{-\frac{(x-\mu)^2}{2\sigma^2}} \tag{2-11}$$

式中，y 表示测量值出现的概率密度，x 表示个别测量值，μ 表示总体平均值，σ 表示总体标准偏差。

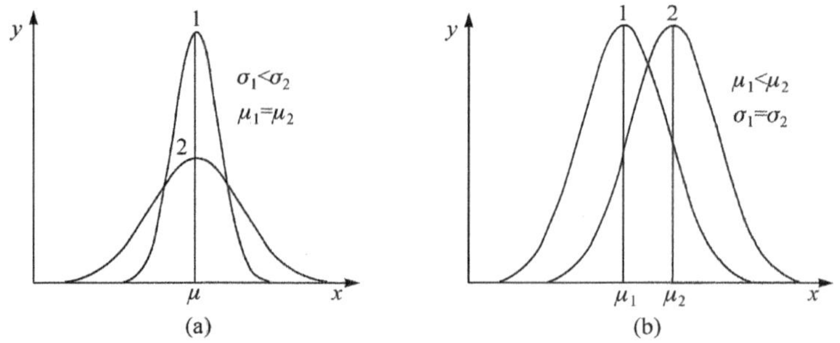

图 2-3　随机测量值的正态分布曲线

(a) μ 相同，σ 不同；(b) μ 不同，σ 相同

σ 和 μ 是正态分布曲线的两个重要参数。总体标准偏差 σ 用于描述测量数据分布的离散程度，其数学定义式为

$$\sigma = \sqrt{\frac{\sum_{i=1}^{n}(x_i - \mu)^2}{n}} \tag{2-12}$$

σ 大，数据的分散程度也大，相应的正态分布曲线形状较为矮胖；σ 小，数据的分散程度也小，相应的正态分布曲线形状则较为高瘦，如图 2-3(a)所示。

μ 反映测量数据的集中趋势，其数学表达式为

$$\mu = \lim_{n\to\infty} \frac{1}{n}\sum_{i=1}^{n} x_i \tag{2-13}$$

正态分布曲线的最高点与μ对应，而且概率密度随着测量值 x 向μ靠近而增加，说明测量数据具有向μ集中的趋势。μ的大小会影响分布曲线的位置，但不会影响正态分布曲线的形状，如图 2-3(b)所示。μ和σ一定时，正态分布曲线的形状和位置随之确定，所以正态分布记作 $N(\mu, \sigma^2)$。

系统误差不存在时，μ等于真值，$x-\mu$ 就是随机误差。若以随机误差的概率密度对 $x-\mu$ 作图，就得到随机误差的正态分布曲线，如图 2-4 所示。

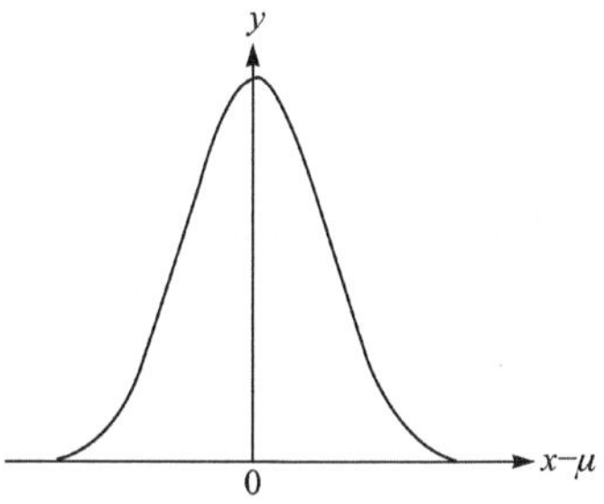

图 2-4　随机误差的正态分布曲线

由图 2-4 可见随机误差的分布规律：

(1) 曲线以误差为零的横轴垂线为对称轴，说明绝对值相等的正、负误差出现的概率相等。

(2) $x-\mu=0$ 时，y 值最大。$x-\mu$ 的绝对值越小，y 值越大，说明小误差出现的概率大于大误差出现的概率。

(3) 当横坐标趋向于 ±∞ 时，y 趋近于零，说明极大误差出现的概率极小。

2.2.3　标准正态分布

正态分布曲线的位置和形状分别取决于μ和σ的大小，不同的μ和σ对应不同的正态分布。对于使用以测量值 x 为变量的高斯函数去计算测量值或误差在某区间内出现的概率而言，这是很麻烦的。

为了方便地获取测量值或误差在某区间内出现的概率，将图 2-4 中的横坐标变换为 u。令

$$u = \frac{x-\mu}{\sigma} \tag{2-14}$$

由式(2-14)可知，u 实际上是以σ为单位的随机误差。u 为变量的高斯函数的数学表达式为

$$y = \phi(u) = \frac{1}{\sqrt{2\pi}} e^{-\frac{u^2}{2}} \tag{2-15}$$

式(2-15)称为标准正态分布函数，其曲线形状和位置不受σ和μ的影响，它等同于$\mu=0$、$\sigma=1$ 的正态分布(图 2-5)，因而标准正态分布记作 $N(0, 1)$。

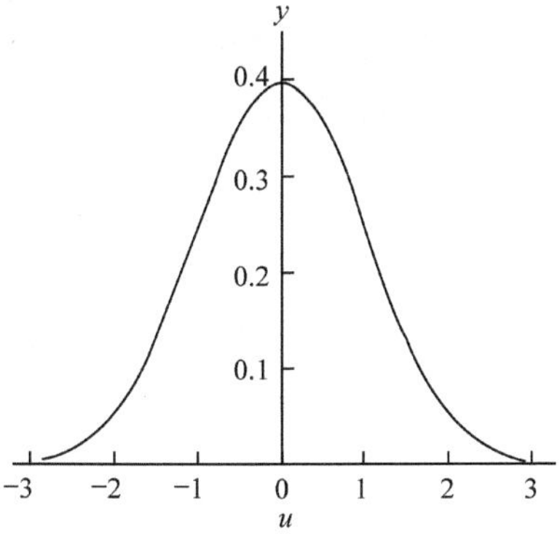

图 2-5　标准正态分布曲线

测量值或误差在某区间内出现的概率即为 y 在该区间内的积分值。u 在$-\infty\sim+\infty$的区间内出现的概率 P 为所有数据出现的概率总和，其值等于 1，即

$$P=\int_{-\infty}^{+\infty}\phi(u)\mathrm{d}u=\int_{-\infty}^{+\infty}\frac{1}{\sqrt{2\pi}}\mathrm{e}^{-\frac{u^2}{2}}\mathrm{d}u=1 \tag{2-16}$$

因为正态分布曲线以 y 轴为对称轴，所以 u 在 $-\infty$～0 和 0～$+\infty$ 的区间内出现的概率均为 0.5。

由于积分运算比较麻烦，实际运用中，通常采取数值计算方法将不同 u 值对应的积分值计算出来并制成积分表(表 2-2)，然后通过查表及简单计算获取测量值或误差在某区间内出现的概率。引入变量 u 将 σ 和 μ 不同的各种正态分布进行标准化处理的好处是，这些不同的正态分布可以使用同一个积分表解决区间概率问题。

表 2-2　正态分布概率积分表(单侧)

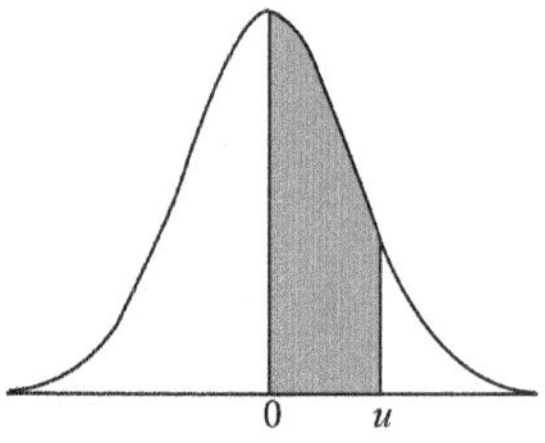

$$概率=面积=\int_0^u\frac{1}{\sqrt{2\pi}}\mathrm{e}^{-\frac{u^2}{2}}\mathrm{d}u$$

$\|u\|$	面积	$\|u\|$	面积	$\|u\|$	面积
0.0	0.0000	1.0	0.3413	2.0	0.4773
0.1	0.0398	1.1	0.3643	2.1	0.4821
0.2	0.0793	1.2	0.3849	2.2	0.4861
0.3	0.1179	1.3	0.4032	2.3	0.4893
0.4	0.1554	1.4	0.4192	2.4	0.4918
0.5	0.1915	1.5	0.4332	2.5	0.4938
0.6	0.2258	1.6	0.4452	2.6	0.4953
0.7	0.2580	1.7	0.4554	2.7	0.4965
0.8	0.2881	1.8	0.4641	2.8	0.4974
0.9	0.3159	1.9	0.4713	3.0	0.4987

在表 2-2 中，面积是指 $u=0$ 和 $u=|u|$ 两条直线之间的标准正态分布曲线下的面积，即表头图中阴影部分的面积，它等于 u 在 0～$|u|$ 区间内出现的概率。由于表 2-2 中的 u 仅为正值，所以为单侧表。由正态分布曲线的对称性可知，u 在 $-|u|$～$|u|$ 区间内出现的概率等于某 $|u|$ 值下的面积的 2 倍。

根据式(2-14)和表 2-2，$-1\sigma\leqslant$ 随机误差 $\leqslant 1\sigma$ 的测量值出现的概率为 $0.3413\times2=0.6826$，亦即测量值落在区间 $\mu\pm1\sigma$ 内的概率为 0.6826。

例 2-2　求随机误差的绝对值＞3σ 的测量数据出现的概率。

解　$|x-\mu|=3\sigma$ 时

$$u=\frac{x-\mu}{\sigma}=\frac{\pm3\sigma}{\sigma}=\pm3$$

由表 2-2 可知，$|u|=3$ 时，面积为 0.4987。$u<-3$ 和 $u>3$ 的概率加和即为随机误差绝对值＞3σ 的测量数

据出现的概率，即

$$P = (0.5\text{–}0.4987)\times 2 = 0.0026$$

从计算结果可知，误差绝对值大于 3σ 的测量数据出现的概率很低。因此，可以认为，在有限次的测量中，误差特别大的数据是不可能出现的，一旦出现，则可以舍弃。

例 2-3　已知某补钙制剂中 Ca 含量的标准值为 9.12%，$\sigma = 0.18\%$。某学生对该补钙制剂中的钙含量进行测定，若测定过程中无系统误差，求测量结果落在 8.76%～9.21%区间的概率。

解　左边界：$x_1 = 8.76\%$时，$u_1 = \dfrac{x-\mu}{\sigma} = \dfrac{8.76\% - 9.12\%}{0.18\%} = -2$

根据表 2-2，$|u| = 2$ 时，面积为 0.4773，由此可知，x 出现在 8.76%～9.12%区间的概率 $P_1 = 0.4773$。

右边界：$x_2 = 9.21\%$时，$u_2 = \dfrac{x-\mu}{\sigma} = \dfrac{9.21\% - 9.12\%}{0.18\%} = 0.5$

根据表 2-2，$|u| = 0.5$ 时，面积为 0.1915，由此可知，x 出现在 9.12%～9.21%区间的概率 $P_2 = 0.1915$。

所以，测量结果落在 8.76%～9.21%区间的概率 $P = 0.4773 + 0.1915 = 0.6688$。

2.2.4　*t* 分布

随机误差的正态分布规律是以无限多次测量数据为基础建立起来的。然而，在实际工作中，对样品只能进行少量有限次的测量，其数据的分布与正态分布并不完全一致。为了避免使用正态分布处理有限次测量数据而产生偏差，英国统计学家和化学家戈塞特引入 t 因子对标准正态分布(u 分布)进行修正来解决少量实验数据的统计处理问题。t 因子的定义式为

$$t = \frac{x-\mu}{s} \tag{2-17}$$

与式(2-14)比较可知，t 与 u 的不同之处仅在于 s 与 σ 的差别。s 为有限次测量数据的标准偏差，可根据式(2-8)计算得到。t 分布反映的是测量次数 n＜20 时测量数据或随机误差的分布规律。

如图 2-6 所示，在 t 分布曲线中，纵坐标依然是概率密度，横坐标则由变量 u 改成了变量 t。图中的 f 为自由度，通常情况下 $f = n-1$。t 分布曲线与正态分布曲线一样具有对称性。同时，t 分布曲线的形状与自由度 f 相关，也就与测量次数 n 有关。f 越小，曲线越矮胖，说明少量测量数据的分散程度更大。当 $f \to \infty$时，t 分布曲线与 u 分布曲线完全重合。

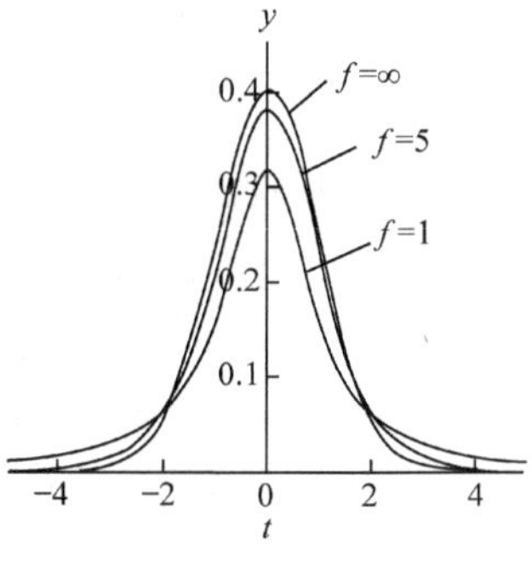

图 2-6　*t* 分布曲线

与正态分布曲线相同，一定区间内 t 分布曲线下的面积也是测量值或随机误差出现的概率。但标准正态分布所对应的概率只取决于横坐标 u 值，而与 t 分布对应的概率不仅与横坐标 t 值相关，还受自由度 f 的影响。因此，如表 2-3 所示，不同的概率或自由度对应的 t 值也不同。表中置信度 P 是指直线 $t = -t_{表}$和 $t = t_{表}$之间所夹曲线下的面积，也就是测量值落在($\mu \pm ts$)范围内的概率。测量值落在此范围外的概率称为显著性水准，用α表示。显然，$\alpha = 1-P$。因为 t 值与置信度和自由度有关，所以表示为$t_{\alpha,f}$。

表 2-3　$t_{\alpha,f}$ 值表

f	置信度，显著性水准		
	$P=0.90,\ \alpha=0.10$	$P=0.95,\ \alpha=0.05$	$P=0.99,\ \alpha=0.01$
1	6.31	12.71	63.66
2	2.92	4.30	9.92
3	2.35	3.18	5.84
4	2.13	2.78	4.60
5	2.02	2.57	4.03
6	1.94	2.45	3.71
7	1.90	2.36	3.50
8	1.86	2.31	3.36
9	1.83	2.26	3.25
10	1.81	2.23	3.17
20	1.72	2.09	2.84
∞	1.64	1.96	2.58

2.3　有限次测量数据的统计处理

定量分析的目的是通过测量获得物质含量的真值。在没有系统误差时，无限多次测量数据的平均值，即总体平均值μ就等于真值。然而，在实际工作中，不可能进行无限多次的测量，也就得不到总体平均值μ。实际上，定量分析只能用少量有限次的测量值去估计真值。由于随机误差客观存在，测量值x与真值往往并不相等。因此，用测量值x估计真值时，需要判断这种估计的可靠程度。

2.3.1　平均值的置信区间

少量有限次的测量值遵循t分布规律，由式(2-17)可得

$$\mu = x \pm t_{\alpha,f}s \tag{2-18}$$

式(2-18)表示以测量值x为中心的可能包含真值的范围。其中，$t_{\alpha,f}$值的大小与置信度有关。置信度是人们对所作判断的有把握程度，本质上也是某事件出现的概率。根据表 2-3，当$P=0.95$，$f=5$时，$t_{0.05,5}=2.57$，则有 95%的把握说在$(x-2.57s)\sim(x+2.57s)$这个区间内包含真值，也就是在$(x-2.57s)\sim(x+2.57s)$这个区间内包含真值的概率为 0.95。利用t分布估计真值，不仅能判断测量值与真值接近的程度，而且能给出这个判断的可靠程度。

由于平均值的精密度高于个别测量值，所以定量分析更常用一组平行测量数据的平均值而不是个别测量值来估计可能包含真值的区间。在一定置信度下，以平均值为中心的包含真值的可靠性范围称为平均值的置信区间。其数学表达式为

$$\mu = \overline{x} \pm t_{\alpha,f}s_{\overline{x}} \tag{2-19}$$

式中，$s_{\overline{x}}$为平均值的标准偏差。在实际工作中，通常从样品总体中抽出一个样本进行平行测量，由这一组数据计算得到的标准偏差为单个样本的测量结果的标准偏差，记作s。若从样品

总体中抽出 m 个样本，每个样本平行测量 n 次，则会得到 m 个平均值，由这 m 个平均值计算得到的标准偏差便是平均值的标准偏差 $s_{\bar{x}}$。若这 m 个样本测量的精度相等，即 $s_1 = s_2 = \cdots = s_m = s$，统计学证明 $s_{\bar{x}}$ 与 s 的关系为

$$s_{\bar{x}} = \frac{s}{\sqrt{n}} \tag{2-20}$$

因此，平均值的置信区间也常表示为

$$\mu = \bar{x} \pm t_{\alpha,f} \frac{s}{\sqrt{n}} \tag{2-21}$$

置信区间的宽窄反映真值估计的精确程度，而置信度的高低反映估计真值的置信区间的可靠程度。从 t 值表可以查到，$t_{0.90,3}$=2.35，置信区间的范围是($\bar{x} \pm 2.35s_{\bar{x}}$)；如果自由度不变，将置信度提高到 0.99 时，t 值增大到 5.84，置信区间的范围则是($\bar{x} \pm 5.84s_{\bar{x}}$)，约为前者的 2.5 倍。这说明，置信区间的可靠性提高的同时，它的精确性却在降低。所以，置信区间的精确性和可靠性是两个相互矛盾又相互制约的因素。在实际工作中，兼顾置信区间的精确性和可靠性，一般把置信度定为 0.90 或 0.95。

例 2-4　用碘量法测定葡萄糖注射液中葡萄糖的含量，共测定 5 次，测得葡萄糖含量分别为 4.982%、4.959%、4.978%、4.966%和 4.974%，计算置信度分别为 90%和 99%时的平均值的置信区间。

解

$$\bar{x} = \frac{4.982 + 4.959 + 4.978 + 4.966 + 4.974}{5}\% = 4.972\%$$

$$s = \sqrt{\frac{(4.982-4.972)^2 + (4.959-4.972)^2 + (4.978-4.972)^2 + (4.966-4.972)^2 + (4.974-4.972)^2}{5-1}}\% = 0.0093\%$$

置信度为 90%时，$t_{0.10,4} = 2.13$，平均值的置信区间为

$$\mu = 4.972\% \pm 2.13 \times \frac{0.0093}{\sqrt{5}}\% = (4.972 \pm 0.009)\%$$

置信度为 99%时，$t_{0.01,4} = 4.60$，平均值的置信区间为

$$\mu = 4.972\% \pm 4.60 \times \frac{0.0093}{\sqrt{5}}\% = (4.972 \pm 0.019)\%$$

2.3.2　显著性检验

采用成熟且可靠的分析方法完成样品的测量后，可以用平均值的置信区间表示分析结果。但在建立新的分析方法时，给出分析结果前，应该检验新方法是否存在系统误差。显著性检验是统计检验的方法，可以用来判断数据间的差异是否具有显著性，其目的是检验测量中是否存在系统误差。t 检验法和 F 检验法是分析测试中常用的两种显著性检验方法。

1. 平均值与标准值的比较(t 检验法)

t 检验法用来判断平均值和标准值之间是否具有显著性差异。标准值来自检验用的标准样品，平均值则来自用新方法测量标准样品获得的 n 个平行测量值。检验的第一个步骤是用 n 个平行测量值计算相应的平均值 $\bar{x}$ 和标准偏差 s，然后计算 t 值

$$t_{计} = \frac{|\bar{x} - \mu|}{s_{\bar{x}}} = \frac{\sqrt{n}|\bar{x} - \mu|}{s} \tag{2-22}$$

式中，μ 为标准样品的标准值。

若 $t_{计} \leqslant t_{\alpha,f}$，则测量平均值与标准值的差异不显著，测量过程中只存在随机误差；若 $t_{计} > t_{\alpha,f}$，平均值与标准值的差异显著，说明测量过程中存在系统误差。

根据平均值的置信区间，平均值的随机误差区间为 $\pm t_{\alpha,f}\frac{s}{\sqrt{n}}$。当 $t_{计} \leqslant t_{\alpha,f}$ 时，实际测量误差落在由 t 分布界定的随机误差区间内。因此，可以认为，用新方法测量得到的平均值与标准值的差异单纯由随机误差造成。如果 $t_{计} > t_{\alpha,f}$，实际测量误差则落在由 t 分布界定的随机误差区间之外，在 95%的置信水平下，这个概率只有 5%，是小概率事件，因此可以认为在少量有限次的测量中不应该发生。而一旦发生，则说明实际测量误差不符合随机误差的分布规律，即测量得到的平均值与标准值的差异就不能只归因于随机误差，这个差异还有系统误差的贡献。

例 2-5 使用一合金钢标准样品检验某个分析方法是否可靠。已知该合金钢样品中锰含量的标准值 μ 为 2.09%，用待检验分析方法获得的 5 个锰含量的平行测定值为 2.10%、2.12%、2.14%、2.10%和 2.11%。若置信度为 95%，待检验分析方法的分析结果是否存在系统误差？

解

$$\bar{x} = \frac{2.10 + 2.12 + 2.14 + 2.10 + 2.11}{5}\% = 2.11\%$$

$$s = \sqrt{\frac{(2.10-2.11)^2 + (2.12-2.11)^2 + (2.14-2.11)^2 + (2.10-2.11)^2 + (2.11-2.11)^2}{5-1}}\% = 0.017\%$$

$$t_{计} = \frac{|\bar{x} - \mu|}{s_{\bar{x}}} = \frac{\sqrt{5}|2.11 - 2.09|}{0.017} = 2.63$$

$$t_{0.05,4} = 2.78$$

$$t_{计} < t_{0.05,4}$$

置信度为 95%时，$\bar{x}$ 与 μ 之间无显著性差异，待检验分析方法不存在系统误差。

2. 两组测量数据的比较

标准方法(或公认可靠的成熟方法)也可以用来检验新方法是否存在系统误差。分别用标准方法(或公认可靠的成熟方法)和待检验的新方法测量同一个样品，获得两组平行测量数据，通过计算得到各自的平均值和标准偏差。要判断新方法是否存在系统误差，首先应该通过 F 检验判断两组数据的精密度是否有显著性差异。

1) F 检验

F 检验法用于检验不同方法、不同仪器或不同人员的分析数据的精密度之间是否具有显著性差异。F 检验的第一步是用两组数据的标准偏差计算 F 值

$$F_{计} = \frac{s_1^2}{s_2^2} \quad (s_1 > s_2) \tag{2-23}$$

然后，将 $F_{计}$ 与表 2-4 中的 F_{α,f_1,f_2} 比较，如果 $F_{计} \leqslant F_{\alpha,f_1,f_2}$，则说明两组数据的精密度间的差异不显著，需要继续用 t 检验法判断两组数据的平均值之间是否具有显著性差异。

表 2-4　置信度 95%时的 F_{α, f_1, f_2} 值表

f_2 \ f_1	2	3	4	5	6	7	8	9	10	∞
2	19.00	19.16	19.25	19.30	19.33	19.36	19.37	19.38	19.39	19.50
3	9.55	9.28	9.12	9.01	8.94	8.88	8.84	8.81	8.78	8.53
4	6.94	6.59	6.39	6.26	6.16	6.09	6.04	6.00	5.96	5.63
5	5.79	5.41	5.19	5.05	4.95	4.88	4.82	4.78	4.74	4.36
6	5.14	4.76	4.53	4.39	4.28	4.21	4.15	4.10	4.06	3.67
7	4.74	4.35	4.12	3.97	3.87	3.79	3.73	3.68	3.63	3.23
8	4.46	4.07	3.84	3.69	3.58	3.50	3.44	3.39	3.34	2.93
9	4.26	3.86	3.63	3.48	3.37	3.29	3.23	3.18	3.13	2.71
10	4.10	3.71	3.48	3.33	3.22	3.14	3.07	3.02	2.97	2.54
∞	3.00	2.60	2.37	2.21	2.10	2.01	1.94	1.88	1.83	1.00

注：f_1是大方差数据的自由度；f_2是小方差数据的自由度。

2) t 检验

进行 t 检验时，先计算合并标准偏差

$$s_{合并}=\sqrt{\frac{s_1^2(n_1-1)+s_2^2(n_2-1)}{n_1+n_2-2}} \tag{2-24}$$

再计算 t 值

$$t_{计}=\frac{|\bar{x}_1-\bar{x}_2|}{s_{合并}}\sqrt{\frac{n_1n_2}{n_1+n_2}} \tag{2-25}$$

将$t_{计}$与表 2-3 中的$t_{\alpha,f}$进行比较，此处的$f=n_1+n_2-2$，如果$t_{计}\leqslant t_{\alpha,f}$，则两个平均值之间的差异不显著；当$t_{计}>t_{\alpha,f}$时，两个平均值之间的差异显著，说明新方法存在系统误差。

例 2-6　分析人员分别采用新方法和药典方法对阿司匹林中的乙酰水杨酸含量进行测定，两种方法的平行测量次数相同，均为 5 次，药典方法的平均值为 52.14%，标准偏差为 0.21%；新方法的平均值为 51.78%，标准偏差为 0.15%。测量乙酰水杨酸的新方法是否可靠(置信度 95%)?

解

$$F_{计}=\frac{s_1^2}{s_2^2}=\frac{(0.21\%)^2}{(0.15\%)^2}=1.96$$

$$F_{0.05,4,4}=6.39$$

$F_{计}<F_{0.05,4,4}$，两组数据的精密度之间不存在显著性差异。

$$s_{合并}=\sqrt{\frac{s_1^2(n_1-1)+s_2^2(n_2-1)}{n_1+n_2-2}}=\sqrt{\frac{(0.21\%)^2\times(5-1)+(0.15\%)^2\times(5-1)}{5+5-2}}=0.18\%$$

$$t_{计}=\frac{|\bar{x}_1-\bar{x}_2|}{s_{合并}}\sqrt{\frac{n_1n_2}{n_1+n_2}}=\frac{|52.14\%-51.78\%|}{0.18\%}\sqrt{\frac{5\times5}{5+5}}=3.16$$

$$t_{0.05,8}=2.31$$

$t_{计}>t_{0.05,8}$，说明新方法与药典方法之间存在显著性差异。因此，新方法可能存在系统误差，不可靠。

2.3.3 可疑值的取舍

在实际工作中，一组平行测量值中会有个别数据与其他数据相差较大，这种数据称为可疑值(也称为极端值或离群值)。如果确定可疑值的出现是由操作失误造成的，则可以舍弃它。否则，应该用统计检验的方法来决定可疑值的取舍，而不能随意舍弃或保留，因为可疑值的取舍对平均值的影响很大。可疑值取舍的统计方法很多，下面介绍两种。

1. Q 检验法

进行 Q 检验时，先按大小顺序排列测量数据，确定可疑值，然后计算极差 R

$$R = x_{\max} - x_{\min}$$

再计算 Q 值

$$Q_{计} = \frac{\left|x_{可疑} - x_{相邻}\right|}{x_{\max} - x_{\min}} \tag{2-26}$$

如果 $Q_{计}$ 大于表 2-5 中的临界值 $Q_{\alpha,n}$，就舍弃可疑值，否则保留。

表 2-5　Q 值表

n	α		
	0.10	0.05	0.01
3	0.94	0.97	0.99
4	0.76	0.83	0.93
5	0.64	0.71	0.82
6	0.56	0.62	0.74
7	0.51	0.57	0.68
8	0.47	0.53	0.63
9	0.44	0.49	0.60
10	0.41	0.47	0.57

2. 格鲁布斯法

格鲁布斯(Grubbs)法的第一步也是按大小顺序排列测量数据，确定可疑值。然后，计算平均值和标准偏差，再计算 T 值

$$T_{计} = \frac{\left|\overline{x} - x_{可疑}\right|}{s} \tag{2-27}$$

如果 $T_{计}$ 大于表 2-6 中的临界值 $T_{\alpha,n}$，就舍弃可疑值，否则保留。

表 2-6　T 值表

n	显著性水平 α		
	0.05	0.025	0.01
3	1.15	1.15	1.15
4	1.46	1.48	1.49
5	1.67	1.71	1.75
6	1.82	1.89	1.94

续表

n	显著性水平α		
	0.05	0.025	0.01
7	1.94	2.02	2.10
8	2.03	2.13	2.22
9	2.11	2.21	2.32
10	2.18	2.29	2.41
11	2.23	2.36	2.48
12	2.29	2.41	2.55
13	2.33	2.46	2.61
14	2.37	2.51	2.66
15	2.41	2.55	2.71
20	2.56	2.71	2.88

2.4 有 效 数 字

在定量分析中，无论是与实验测量数据还是与用测量数据计算得到的分析结果有关的数字，都应该既能表示数值的大小，又能反映测量的精度，这样的数字称为有效数字。在实际分析工作中，原始数据的记录和分析结果的计算都应该遵循有效数字规则。

2.4.1 有效数字的位数

有效数字的位数是使测定结果的大小与测量精度表达一致所需要的数字个数。

对于通过测量直接得到的数据来说，有效数字的位数与测量仪器的精度有关。例如，在图 2-7 中，根据量筒中溶液弯月面最低点的位置可以读出对应的体积为 23.5 mL，有效数字的位数是 3 位；而在滴定管中，溶液弯月面最低点对应的体积是 23.45 mL，有 4 位有效数字。这两个体积读数的大小差不多，但有效数字的位数却不同，这是因为量筒和滴定管的测量精度不同。量筒的分度值为 1 mL，量筒整数部分的体积可以根据经过校正的刻度读出来，是准确的数字，但小数点后的数字只能用估计的方法读出，所以量筒只能测出 3 位有效数字，其中的 23 是确定无疑的，而小数点后的 5 则具有不确定性，是可疑数字。一般认为可疑数字可能有±1 个单位的误差，所以量筒读出来的有效数字的绝对误差是±0.1 mL。滴定管的分度值为 0.1 mL，精度比量筒高一个数量级。对于滴定管来说，小数点后第二位才是估读出来的可疑数字，而整数部分和小数点后第一位都可以根据刻度读出，是确定无疑的数字，所以滴定管能测量出 4 位有效数字，它的绝对误差是±0.01 mL。

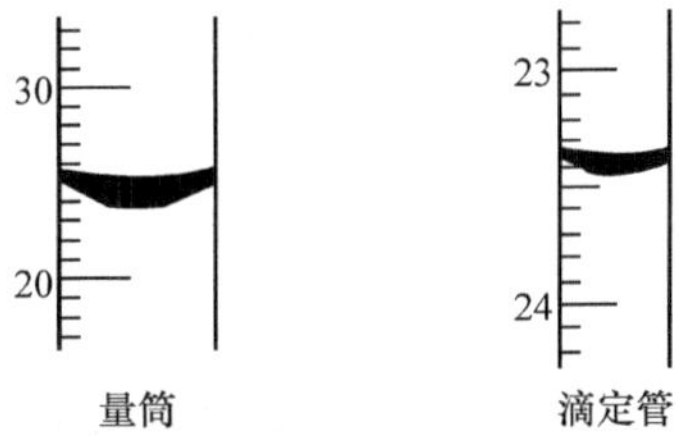

图 2-7　量筒和滴定管的读数

有效数字的位数也与测量值的大小有关。例如，对 50 mL 的滴定管而言，只有当体积≥10 mL 时，体积读数的有效数字位数是 4 位；当 1≤体积＜10 mL 时，体积读数的有效数字位数则只有 3 位。

确定有效数字的位数时，特别要注意 0 的特殊性。例如，0.0380 这个数字中有 3 个 0，但只有最后一个 0 是有效数字，它反映了测量的精度，是不能省略的；而前面的两个 0 都不是有效数字，它们的作用是定位。是否有这两个 0，只与所采用的单位有关，而与测量精度无关，所以 0.0380 的有效数字位数是 3 位而不是 5 位。末尾为零的整数，应该以指数形式表达，以明确有效数字的位数。例如，100 这个数字，如果 1 后面的两个零都是有效数字，就应该写成 1.00×10^2，明确有 3 位有效数字。因变更单位而引入的零则不能算作有效数字。例如，1.1 m 若要改为以 cm 表示，应该写成 1.1×10^2 cm，而不是 110 cm，因为后者的有效数字位数不明确，易让人误以为有 3 位有效数字。

pH、pM、p*K*、lg*K* 这类对数值的有效数字位数等于小数部分数字的位数，而与整数部分无关。例如，pH=11.52 的有效数字位数是 2 位，而不是 4 位。

计算中若遇到倍数或分数这类自然数，可将它们的有效数字视为无限多位。

2.4.2　有效数字的修约规则

计算分析结果时，往往会有多个测量数据参与。如果这些测量数据的有效数字位数不同，就需要对它们进行修约，也就是把末尾多余的数字去掉，使有效数字的位数符合运算规则的要求。

对有效数字进行修约时，所遵循的规则是“四舍六入五成双”。

在多余的数字中，最左边的数字小于等于 4 时，直接去掉多余的数字，而且应该一次性舍弃。例如

$$45.3148 \xrightarrow{\text{修约成4位有效数字}} 45.31$$

在多余的数字中，最左边的数字大于等于 6 时，则进位。例如

$$1.587 \xrightarrow{\text{修约成3位有效数字}} 1.59$$

多余的数字刚好为 5 时，进位还是舍弃，取决于 5 前面那个数字的奇偶性。若 5 前面那个数字为奇数，应进位；若 5 前面那个数字为偶数，则去掉多余数字。如果应舍弃的 5 后面还有非零数字，则 5 前面那个数字不论奇偶，都进位。例如

$$0.7835 \xrightarrow{\text{修约成3位有效数字}} 0.784$$

$$24.25 \xrightarrow{\text{修约成3位有效数字}} 24.2$$

$$3.54253 \xrightarrow{\text{修约成4位有效数字}} 3.543$$

2.4.3　有效数字的计算规则

1. 加减运算

在参与计算的数字中，小数位数最少的那个数字的绝对误差最大，计算结果的小数位数应与此数字一致。例如

$$0.5271 + 8.2 + 19.69 = 28.4$$

小数点的位数越多，绝对误差越小。在参与计算的数字中，0.5271、8.2 和 19.69 的绝对误差分别为±0.0001、±0.1 和±0.01，计算结果的绝对误差为±0.1 才是合理的，所以计算结果只能保留一位小数。

2. 乘除运算

在参与计算的数字中，有效数字位数最少的那个数字的相对误差最大，计算结果的有效

数字位数应与此数字一致。例如

$$\frac{0.004925\times 7.21\times 176.12}{42.1573}=0.148$$

有效数字的位数越多，相对误差越小。在参与计算的数字中，7.21 的有效数字位数最少，相对误差最大，为

$$\frac{\pm 0.01}{7.21}\times 100\%=\pm 0.14\%$$

计算结果的相对误差不应小于此误差，所以计算结果只能保留 3 位有效数字。

分析中的各类误差一般保留一到两位有效数字。

使用计算器进行运算时，在运算过程中不必对每一分步的计算结果进行修约，但需要正确保留最终计算结果的有效数字。

2.5　提高分析结果准确度的方法

2.5.1　选择合适的分析方法

选择分析方法时，要将待测组分的含量以及对分析结果准确度的要求与分析方法的灵敏度和准确度结合起来考虑分析方法是否合适。例如，虽然滴定分析法和分光光度法都可以用来测定铁的含量，但它们适用的样品并不相同。对于铁含量为 40%～50%的铁矿石样品来说，应该选择滴定分析法测量其中的铁含量。因为铁矿石中的铁含量处于常量范围，测量时对灵敏度的要求低，对准确度的要求高，虽然滴定分析法的灵敏度低，但准确度高，可将测量的相对误差控制在 ± 0.2%以内。分光光度法则不适合测量铁矿石中的铁，因为分光光度法测量的相对误差约为 2%，不满足常量组分分析对准确度的要求。但分光光度法可以用来测量电解精盐水中的铁含量。电解精盐水中的铁含量≤0.006 $g\cdot L^{-1}$，滴定分析法测不出来，而分光光度法的测量灵敏度高，适合测量微量组分。虽然分光光度法测量的相对误差较大，但由于电解精盐水中铁的含量很低，所以测量的绝对误差并不大，可以满足准确度的要求。

2.5.2　减小测量的相对误差

在化学分析法中，质量和体积是最重要的两个测量参数。虽然分析天平和滴定管测量的绝对误差是固定的，但可以通过样品的称取质量和滴定剂的消耗体积来控制相对误差，满足测量准确度的要求。

测量精度为万分之一的分析天平的称量绝对误差为± 0.0001 g，称取一份样品需要读两次数，所以样品称量的绝对误差是± 0.0002 g。如果要将称量的相对误差控制在± 0.1%以内，则要求样品的称取质量≥0.2 g。

对于 50 mL 的滴定管来说，体积读数的绝对误差为± 0.01 mL，完成一次滴定需要读两次数，所以消耗的滴定剂体积的绝对误差为± 0.02 mL。如果要将由滴定管的读数不确定导致的相对误差控制在± 0.1%以内，则滴定消耗的体积应该≥20 mL。

2.5.3 减小随机误差

根据式(2-20)和表 2-3，增加测量次数不仅可以减小 $s_{\bar{x}}$，也可以减小一定置信度下的 t 值，从而收窄平均值的置信区间，提高真值估计的精确性。因此，增加测量次数可以减小随机误差，提高分析结果的准确度。

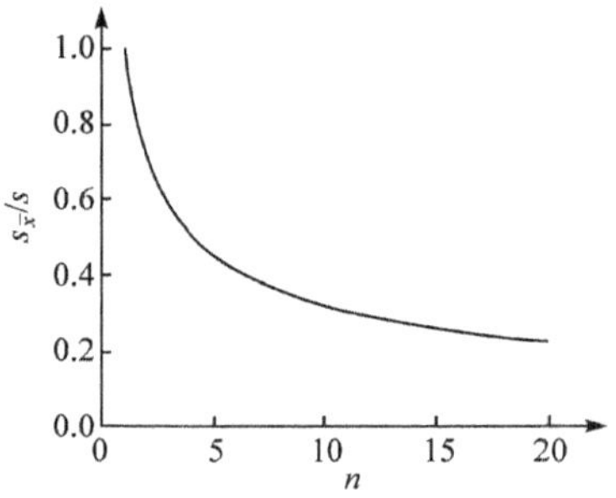

图 2-8　平均值的标准偏差与测量次数的关系

但从图 2-8 来看，测量次数在不同范围时，每增加一次测量所获得的精密度的提高幅度是不一样的。测量次数小于 5 时，每增加一次测量，平均值的标准偏差都显著减小。当测量次数大于 5 时，平均值的标准偏差减小的速度趋缓，而当测量次数大于 10 时，平均值标准偏差的变化就很小了，这说明过多的增加测量次数并不合适，因为精密度不会显著提高，但却要花费更多的时间、消耗更多的试剂。

在实际工作中，一般平行测定 3～5 次。

2.5.4 消除系统误差

系统误差由固定原因造成，具有可测性，所以采取适当的方法可以消除它对测定结果的影响。

1. 系统误差的检验方法

1) 对照试验

用于检验是否存在方法误差的对照试验有两种，一种是用待检验分析方法测量标准样品，采用 t 检验法比较测量值和标准值，判断是否存在系统误差；另一种是用标准方法或公认准确可靠的方法与待检验方法同时测量同一样品，然后用显著性检验方法比较两种方法的测量结果，判断是否存在系统误差。

2) 空白试验

空白试验可以用来检验测量中是否存在试剂误差。空白试验是用去离子水替代试样，按照与试样测定相同的分析条件和步骤进行的试验。

3) 回收试验

回收试验是将待测组分的标准品加至含量已测的试样中进行测量，计算回收率

$$\text{回收率} = \frac{\text{标准品测得量}}{\text{标准品加入量}} \times 100\% \tag{2-28}$$

要求常量组分的回收率≥99%，微量组分的回收率为 90%～110%。回收试验适用于检查组成复杂的试样的测量过程中是否存在系统误差。

2. 系统误差的消除方法

1) 校正分析结果

空白试验的分析结果称为空白值。当空白值较小时，可以从试样的测定结果中减去空白值，消除试剂误差。

当一种分析方法满足不了测量准确度的要求时，可以用两种方法测量，再对分析结果进

行校正。例如，用电重量法测定含量大于 99.9%的铜时，因电解不完全而导致测定结果偏低，这种情况下，可以再用光度法测量电解液中的残余铜量，最后合并两种方法的测量结果。

2) 校准仪器

由于测量仪器的状态会受到外界环境和使用条件的影响，所以天平、滴定管、容量瓶和滴定管这些计量仪器需要定期进行校准，以消除仪器误差对分析结果的影响。

2.6　一元线性回归分析

仪器分析通常根据分析信号与组分含量之间的关系来定量。例如，在分光光度法中，朗伯-比尔定律给出了分析信号吸光度 A 与吸光物质浓度 c 之间的定量关系

$$A = Kbc$$

通过控制实验条件，可以让 Kb 在测量过程中保持不变，这种情况下，若以 A 为纵坐标、c 为横坐标作图，将得到一条通过原点的直线。但由于测量误差客观存在，实验测出来的数据点往往不会全部分布在符合朗伯-比尔定律的直线上。线性回归分析的目的是要找到一条对所有的测量点来说误差最小的回归直线，确定分析信号和组分含量之间的定量关系。

一元线性回归直线的方程为

$$y = a + bx \tag{2-29}$$

回归直线的截距 a 和斜率 b 确定后，分析信号和组分含量之间的定量关系随之确定。

$$Q = \sum_{i=1}^{n}[y_i - (a + bx_i)]^2 \tag{2-30}$$

式中，y_i 为与组分含量 x_i 对应的分析信号测量值，$(a+bx_i)$为回归直线上与 x_i 对应的 y 值，Q 为差方和。根据最小二乘法原理，使 Q 取最小值的 a 和 b 即是回归直线的截距和斜率。根据微积分求极值原理，使 $\dfrac{\partial Q}{\partial a} = 0$ 和 $\dfrac{\partial Q}{\partial b} = 0$ 的 a 和 b 能使 Q 取最小值，由此推导出

$$a = \frac{\sum_{i=1}^{n} y_i - b\sum_{i=1}^{n} x_i}{n} = \overline{y} - b\overline{x} \tag{2-31}$$

$$b = \frac{\sum_{i=1}^{n}(x_i - \overline{x})(y_i - \overline{y})}{\sum_{i=1}^{n}(x_i - \overline{x})^2} \tag{2-32}$$

其中

$$\overline{y} = \frac{1}{n}\sum_{i=1}^{n} y_i \tag{2-33}$$

$$\overline{x} = \frac{1}{n}\sum_{i=1}^{n} x_i \tag{2-34}$$

相关系数 r 用于检验回归方程是否有意义，它的计算式为

$$r = b\sqrt{\frac{\sum_{i=1}^{n}(x_i-\overline{x})^2}{\sum_{i=1}^{n}(y_i-\overline{y})^2}} = \frac{\sum_{i=1}^{n}(x_i-\overline{x})(y_i-\overline{y})}{\sqrt{\sum_{i=1}^{n}(x_i-\overline{x})^2\sum_{i=1}^{n}(y_i-\overline{y})^2}} \tag{2-35}$$

r =1 和 r =0 是两种极端情况，前者说明两个变量存在完全的线性关系，后者则是两个变量完全不存在线性关系。当 r 的取值范围为 0～1 时，需要与表 2-7 中的临界值 $r_{\alpha,f}$ 进行比较，如果 $r_{计} > r_{\alpha,f}$，则可以认为两个变量间的线性相关性显著，回归方程有意义，否则回归方程无意义。

表 2-7　$r_{\alpha,f}$ 值表

$f=n-2$	置信度，显著性水准			
	$P=0.90, \alpha=0.10$	$P=0.95, \alpha=0.05$	$P=0.99, \alpha=0.01$	$P=0.999, \alpha=0.001$
1	0.988	0.997	0.9998	0.99999
2	0.900	0.950	0.990	0.999
3	0.805	0.878	0.959	0.991
4	0.729	0.811	0.917	0.974
5	0.669	0.755	0.875	0.951
6	0.622	0.707	0.834	0.925
7	0.582	0.666	0.798	0.898
8	0.549	0.632	0.765	0.872
9	0.521	0.602	0.735	0.847
10	0.497	0.576	0.708	0.823

很多计算和绘图软件都具有线性拟合功能，只要输入测量数据，就能快速获得 a、b 和 r 这些参数，非常方便。

思考题和习题

1. 名词解释：

系统误差、随机误差、准确度、精密度、平均值的置信区间、显著性检验。

2. 简述精密度和准确度在评价分析结果优劣方面的关系。

3. 比较 u 分布与 t 分布的异同。

4. 下列情况各引起什么误差？如是系统误差，需要区分方法误差、仪器误差、试剂误差和操作误差。

(1) 移液管管尖破损。

(2) 配制滴定剂溶液的溶剂中含有被测组分。

(3) 使用敞口容器称量易吸潮样品。

(4) 滴定管最后一位数字估读不准确。

(5) 待测组分与基体成分的色谱峰重叠。

5. 在下列数字中，哪些 0 是有效数字？

(1) 0.00231　(2) 1.0320　(3) 0.890　(4) pH=12.01

6. 将下列数字修约为 3 位有效数字。

(1) 2.318　　(2) 57.35　　(3) 41.0523　　(4) 1.8546

(2.32；57.4；41.1；1.85)

7. 下列算式的计算结果应保留几位有效数字？

(1) $\dfrac{0.01120\times 7.51\times 56.077}{100.0}\times 1000$

(2) $3.679+2.54-0.1+6.73$

(3) $\dfrac{(21.78-15.23)\times 0.01125\times 178.05}{3.2156}$

(4) $\lg K_{稳}=16.46$，$K_{稳}=$ ？

(3 位；3 位；3 位；2 位)

8. 某铁矿石标准样品中的铁含量为 49.51%，某学生用氧化还原滴定法测定该铁矿石样品中的铁含量，5 次平行测定的结果为 48.97%、50.65%、51.36%、49.33%和 48.74%。计算：

(1) 这组数据的平均值、极差、平均偏差、相对平均偏差、标准偏差和相对标准偏差。

(2) 测定结果的绝对误差和相对误差。

(49.81%；2.62%；0.96%；1.9%；1.1%；2.3%；0.30%；0.61%)

9. 某牛奶样品中蛋白质含量的标准值为 6.12%，σ=0.20%，现对该样品中的蛋白质含量进行测定。若测定过程中不存在系统误差，求分析结果落在 6.12%±0.10%的概率。

(38.3%)

10. 某标准样品中氮含量的标准值为 1.63%，σ=0.10%，现对该样品中的氮含量进行测定。若测定过程中不存在系统误差，求氮含量小于 1.38%的分析结果出现的概率。

(0.62%)

11. 在某酊剂中，乙醇含量的标准值为 68.92%。现对该酊剂中的乙醇含量进行了 120 次测量，若分析结果符合正态分布，标准偏差σ= 0.15%，求测量结果落在 68.83%～69.10%的次数。

(73 次)

12. 某中药复方制剂中绿原酸含量的 5 次测定值分别为 2.75%、2.62%、2.85%、2.58%和 2.90%，计算置信度为 0.95 时平均值的置信区间。

(2.74%±0.17%)

13. 测定某胃舒平药片中的 $Al(OH)_3$ 含量，测得其平均值为 82.93%，标准偏差为 0.35%，计算平行测定次数分别为 3 次和 6 次的平均值的置信区间(置信度为 0.95)。

(82.93%±0.87%；82.93%±0.37%)

14. 当置信度为 0.95 时，若要使平均值的置信区间宽度不超过±1.6s，至少应平行测定几次？

(4 次)

15. 分析人员采用一种新方法测定某白云石标准试样中的 CaO 含量，4 次平行测量的结果为 32.62%、32.69%、32.57%和 32.48%，已知白云石标准试样中 CaO 含量的标准值为 32.11%。置信度为 95%时，新方法的分析结果是否存在系统误差？

(存在)

16. 为检验新的谷胱甘肽合成工艺是否能有效提高谷胱甘肽的产量，分析人员采集了 5 个新工艺合成样品，测得谷胱甘肽的产量分别为 1.154 $g\cdot L^{-1}$、1.142 $g\cdot L^{-1}$、1.148 $g\cdot L^{-1}$、1.145 $g\cdot L^{-1}$和 1.151 $g\cdot L^{-1}$。已知原有合成条件下的谷胱甘肽产量为 1.085 $g\cdot L^{-1}$，则新的合成工艺能否显著提高谷胱甘肽的产量(P= 95%)?

(能)

17. 用氧化还原滴定法和库仑滴定法测定同一复合维生素片剂中的维生素 C 含量，氧化还原滴定法的测定结果为 15.92%、15.88%、15.93%、16.01%和 15.86%，库仑滴定法的测定结果为 15.85%、15.79%、15.97%、15.91%和 15.77%。库仑滴定法能否替代氧化还原滴定法测定复合维生素片剂中的维生素 C 含量(P= 95%)?

(能)

18. 用光度法测定血清中的葡萄糖含量，5 次平行测定的结果为 128 mg · dL^{-1}、127 mg · dL^{-1}、121 mg · dL^{-1}、125 mg · dL^{-1} 和 126 mg · dL^{-1}，用 Q 检验法判断是否有应剔除的可疑值(P= 90%)。

(没有)

19. 槐米中芦丁含量的 5 个平行测量值为 18.8%、18.6%、18.5%、17.2%和 18.4%，用格鲁布斯检验法判断 17.2%这个数据是否应该保留(P= 95%)。

(舍)

20. 用高效液相色谱法(HPLC)测定饮料中的咖啡因含量，标准溶液的测定数据如下：

$c_{咖啡因}$ /(μg · mL^{-1})	15.0	30.0	45.0	60.0	75.0	饮料
A(峰面积)/ (μV · s)	1.01×10^4	2.19×10^4	3.11×10^4	3.99×10^4	5.33×10^4	2.93×10^4

求：

(1) 一元线性回归方程。

(2) 相关系数。

(3) 饮料中的咖啡因含量。

($A = 6.96\times10^2\, c - 60$；$r^2$=0.9947；42.2 μg · mL^{-1})

第 3 章　酸碱滴定法

酸碱滴定法(acid-base titration)是以酸碱反应为基础的滴定分析方法，即基于酸碱平衡理论，通过直接滴定、返滴定、置换滴定和强化间接滴定等方式，测定化工、医药、环境和食品等众多行业中酸、碱物质的含量。掌握酸碱平衡对滴定反应进行程度的影响，以及滴定突跃和指示剂变色范围在滴定终点指示剂选择中的重要性，对获得准确可靠的滴定分析结果至关重要。

本章内容主要有酸碱平衡、滴定及应用三个部分：

(1) 酸碱平衡：以酸碱质子理论为基础，学习质子平衡等衡式的书写，并据此推导出各种酸碱溶液的 pH 计算公式。

(2) 酸碱滴定：通过滴定过程中 pH 的计算，展示滴定过程 pH 变化规律——滴定曲线，由此获得滴定过程中的 pH 突跃范围，据此选择合适的指示剂。

(3) 酸碱滴定法的应用：主要介绍强酸、强碱标准溶液配制与标定及其应用实例。

3.1　酸碱反应与平衡

3.1.1　共轭酸碱对

布朗斯特-劳里(Brønsted-Lowry)酸碱理论指出，酸是能给出质子的物质，碱则是能接受质子的物质。如果酸 HA 给出一个质子后变为碱 A^-，或者反过来，碱 A^-接受一个质子后变为酸 HA，HA 与 A^-就称为共轭酸碱对(conjugate acid-base pair)，它们之间的转变用酸碱半反应(half reaction)表示：

$$HA \rightleftharpoons H^+ + A^-$$

例如

共轭酸		质子		共轭碱
H_2CO_3	$\rightleftharpoons$	H^+	+	HCO_3^-
HCO_3^-	$\rightleftharpoons$	H^+	+	CO_3^{2-}
$^+NH_3CH_2COOH$	$\rightleftharpoons$	H^+	+	$^+NH_3CH_2COO^-$
H_6Y^{2+}	$\rightleftharpoons$	H^+	+	H_5Y^+

由以上示例可见，无论是中性分子、正离子还是负离子都可以成为酸，或成为碱。像 HCO_3^- 这类既可以接受质子又可以给出质子的物质称为酸碱两性物质(amphiprotic species)。

3.1.2　酸碱反应及平衡常数

酸碱反应发生于两个共轭酸碱对之间，其本质是质子转移。

1. 质子自递反应

相同共轭酸碱对之间的质子转移反应称为质子自递反应。一些酸碱两性溶剂，如 H_2O、HAc、NH_3 和 CH_3CH_2OH 等可以发生质子自递反应。

例如，水的质子自递反应如下：

$$H_2O + H_2O \rightleftharpoons H_3O^+ + OH^-$$

H_2O 既能给出质子，也能接受质子，是酸碱两性物质。在上述反应中，一个水分子作为酸给出质子后转变为它的共轭碱 OH^-，而另一个水分子则作为碱接受质子后转变为它的共轭酸 H_3O^+。

为了简便，一般情况下，H_3O^+简写成 H^+，反应中作为碱的 H_2O 也略掉不写。因此，水的质子自递反应可简写为

$$H_2O \rightleftharpoons H^+ + OH^-$$

水的质子自递反应的活度平衡常数，即热力学常数(thermodynamic constant)为

$$K_w^\circ = \frac{a_{H^+} a_{OH^-}}{a_{H_2O}}$$

在纯水和稀溶液中，水的活度取值为 1，即 $a_{H_2O}=1$，则

$$K_w^\circ = a_{H^+} a_{OH^-}$$

K_w° 也称为水的活度积常数，25℃时，其数值为 1×10^{-14}。

活度是某一组分在化学反应中表现出来的有效浓度。在电解质溶液中，离子之间的静电吸引力使离子周围环绕着带相反电荷的离子而受到屏蔽，所以离子的有效浓度与其平衡浓度之间存在差异。组分 i 的活度与其平衡浓度的关系是

$$a_i = \gamma_i[i] \tag{3-1}$$

式中，γ_i 和$[i]$分别为组分 i 的活度系数(activity coefficient)和平衡浓度(equilibrium concentration)。

由此可知，水的质子自递反应的活度平衡常数(K_w°)和浓度平衡常数(K_w)的关系为

$$K_w^\circ = a_{H^+} a_{OH^-} = \gamma_{H^+}[H^+]\gamma_{OH^-}[OH^-] = \gamma_{H^+}\gamma_{OH^-}K_w$$

在稀溶液中，离子的浓度及价态均会影响离子的活度系数，而离子强度可以体现两者的综合影响。离子强度的定义式为

$$I = \frac{1}{2}\sum_{i=1}^{n} c_i z_i^2 \tag{3-2}$$

式中，I 代表离子强度(ionic strength)，c_i 和 z_i 分别为离子组分 i 的浓度和价数。

不带电荷的中性分子的活度系数受离子强度的影响不大，其数值取 1。离子的情况则比较复杂，在较稀的电解质溶液中，离子活度系数的计算公式不是唯一的，需要根据离子强度的范围选择使用；而当电解质浓度很高时，除了离子强度外，还要考虑溶剂化效应对活度系数的影响，活度系数的计算更为复杂。由此可见，离子活度系数的精确值并不容易获得。因此，在涉及酸碱平衡计算时，一般忽略离子强度的影响，即使用活度常数时，不考虑活度与浓度的差别，以平衡浓度代替活度进行计算；只有在精确计算时，如标准缓冲溶液 pH 的计算，才考虑离子强度对平衡的影响。

2. 酸碱解离反应

酸碱溶质与溶剂间的反应即是酸碱解离反应。例如，水溶液中的乙酸解离反应

$$HAc + H_2O \rightleftharpoons H_3O^+ + Ac^-\text{(一般简写为}HAc \rightleftharpoons H^+ + Ac^-\text{)}$$

其平衡常数为

$$K_a = \frac{[H^+][Ac^-]}{[HAc]}$$

K_a称为酸的解离常数，其值的大小用于判断酸性的强弱。

又如，水溶液中氨的解离反应

$$NH_3 + H_2O \rightleftharpoons NH_4^+ + OH^-$$

反应的平衡常数为

$$K_b = \frac{[NH_4^+][OH^-]}{[NH_3]}$$

K_b称为碱的解离常数，其值的大小用于判断碱性的强弱。

若以 HA 表示酸，A^-表示其共轭碱，HA 和 A^-的解离常数分别为

$$K_a = \frac{[H^+][A^-]}{[HA]}$$

$$K_b = \frac{[HA][OH^-]}{[A^-]}$$

HA/A^-这对共轭酸碱对的酸碱解离常数存在以下关系:

$$K_aK_b = [H^+][OH^-] = K_w$$

或

$$pK_a + pK_b = pK_w$$

由此可见，HA 的 K_a值越大，酸性越强，其共轭碱的 K_b值就越小，碱性越弱；同样，A^-的 K_b值越大，碱性越强，其共轭酸的 K_a值就越小，酸性越弱。此外，共轭酸碱对的酸碱解离常数可以利用以上关系进行换算。

例 3-1 已知$(CH_2)_6N_4$的 K_b为 1.4×10^{-9}，求$(CH_2)_6N_4H^+$的解离常数 K_a。

解 $(CH_2)_6N_4$的碱式解离反应为

$$(CH_2)_6N_4 + H_2O \rightleftharpoons (CH_2)_6N_4H^+ + OH^-$$

由此可知，$(CH_2)_6N_4H^+$是$(CH_2)_6N_4$的共轭酸，所以

$$K_a = \frac{K_w}{K_b} = \frac{1.0\times10^{-14}}{1.4\times10^{-9}} = 7.1\times10^{-6}$$

例 3-2 已知 H_2CO_3 的 pK_{a_1} 和 pK_{a_2} 分别为 6.38 和 10.25，求 HCO_3^- 的解离常数 pK_b。

解 HCO_3^- 的碱式解离反应为

$$HCO_3^- + H_2O \rightleftharpoons H_2CO_3 + OH^-$$

$$pK_b = pK_w - pK_{a_1} = 14.00 - 6.38 = 7.62$$

3. 酸碱中和反应

酸碱中和反应是酸碱溶质之间的反应。例如

$$H^+ + OH^- \rightleftharpoons H_2O$$

$$K_t = \frac{1}{[H^+][OH^-]} = \frac{1}{K_w}$$

$$HAc + OH^- \rightleftharpoons H_2O + Ac^-$$

$$K_t = \frac{[Ac^-]}{[HAc][OH^-]} = \frac{K_a}{K_w}$$

$$H^+ + H_2BO_3^- \rightleftharpoons H_3BO_3$$

$$K_t = \frac{[H_3BO_3]}{[H^+][H_2BO_3^-]} = \frac{K_b}{K_w}$$

K_t称为酸碱反应常数。对于有弱酸或弱碱参与的中和反应，K_t的大小受K_a和K_b的影响，即中和反应进行的程度与参与反应的酸碱的强弱相关。酸碱滴定反应中涉及的K_a和K_b不能太小，否则滴定反应进行不完全，定量分析结果的误差大。

3.2　溶液中的其他平衡

3.2.1　物料平衡

物质在化学反应中遵守质量守恒定律，所以在一个化学平衡体系中，某一组分的总浓度c等于该组分有关型体的平衡浓度之和，与其对应的数学表达式称为物料平衡方程(material balance equation)，简写为 MBE。例如，在浓度为$c\ mol \cdot L^{-1}$的$Na_2C_2O_4$溶液中，与Na^+和$C_2O_4^{2-}$有关的的两个 MBE 为

$$[Na^+] = 2c$$

$$[H_2C_2O_4] + [HC_2O_4^-] + [C_2O_4^{2-}] = c$$

3.2.2　电荷平衡

电荷平衡方程(charge balance equation，用 CBE 表示)依据电中性原理列出，在平衡溶液中，阳离子所带正电荷的浓度之和与阴离子所带负电荷的浓度之和相等。例如，在NH_4Cl溶液中，存在下列反应：

$$NH_4Cl \rightleftharpoons NH_4^+ + Cl^-$$

CBE 为

$$[H^+] + [NH_4^+] = [Cl^-] + [OH^-]$$

列 CBE 时，用离子的平衡浓度表示该离子所带电荷的浓度，而对于高于 1 价的离子来说，离子的价数乘以离子的平衡浓度才是该离子所带电荷的浓度。例如，在$CaCO_3$的饱和水溶液中，根据下列反应：

$$CaCO_3 \rightleftharpoons Ca^{2+} + CO_3^{2-}$$

$$CO_3^{2-} + H_2O \rightleftharpoons HCO_3^- + OH^-$$

$$HCO_3^- + H_2O \rightleftharpoons H_2CO_3 + OH^-$$

$$H_2O \rightleftharpoons H^+ + OH^-$$

列出 CBE

$$2[Ca^{2+}]+[H^+]=[OH^-]+[HCO_3^-]+2[CO_3^{2-}]$$

在上面这个 CBE 中，Ca^{2+}和CO_3^{2-}所带电荷的浓度是它们的平衡浓度的 2 倍，所以$[Ca^{2+}]$和$[CO_3^{2-}]$的系数为 2。

3.2.3 质子平衡

质子平衡是指酸碱反应达到平衡时，酸失去的质子数量与碱得到的质子数量相等。根据质子平衡原则列出的得失质子产物浓度间的关系式称为质子平衡方程(proton balance equation)或质子条件式，用 PBE 表示。质子平衡方程是计算溶液 pH 的依据，通常用以下两种方法列出。

1. 由质子转移关系直接列出 PBE

采取这种方法列质子平衡方程时，应先确定参考水准(reference level 或 zero level)，以便判断哪些是得质子产物，哪些是失质子产物。需要注意的是，对于同一物质，只能选择其中一种型体作为参考水准。与参考水准相比，质子数较少的是失质子产物，质子数较多的则是得质子产物。然后，根据质子平衡原则列出质子平衡方程。

例 3-3 写出 HCOOH 水溶液的质子平衡方程。

解 以 HCOOH 和 H_2O 为参考水准，则得质子产物为 H_3O^+(简写为 H^+)，失质子产物有 $HCOO^-$和 OH^-。H_2O 得到 1 mol 质子产生 1 mol H^+；H_2O 失去 1 mol 质子产生 1 mol OH^-，HCOOH 失去 1 mol 质子产生 1 mol $HCOO^-$。所以，PBE 为

$$[H^+] = [OH^-] + [HCOO^-]$$

例 3-4 写出柠檬酸铵$[(NH_4)_3Cit]$水溶液的质子平衡方程。

解 以NH_4^+、Cit^{3-}和 H_2O 为参考水准，则得质子产物为 $HCit^{2-}$、H_2Cit^-、H_3Cit 和 H^+，失质子产物有 NH_3 和 OH^-。H_2O 得、失质子分别产生等量的 H^+和 OH^-；NH_4^+失去 1 mol 质子产生 1 mol NH_3；Cit^{3-}得到 1 mol 质子产生 1 mol $HCit^{2-}$，但只能产生 1/2 mol H_2Cit^-、1/3 mol H_3Cit。所以，PBE 为

$$[H^+] + [HCit^{2-}] + 2[H_2Cit^-] + 3[H_3Cit] = [NH_3] + [OH^-]$$

2. 结合物料平衡和电荷平衡列出 PBE

例 3-5 写出 c_1 mol · L^{-1} HAc- c_2 mol · L^{-1} NaAc 水溶液的质子平衡方程。

解 MBE：

$$[Na^+]=c_2 \tag{3-3}$$

$$[HAc]+[Ac^-]=c_1+c_2 \tag{3-4}$$

CBE：

$$[Na^+] + [H^+] = [Ac^-] + [OH^-] \tag{3-5}$$

将式(3-3)代入式(3-5)消去$[Na^+]$，得到以 H_2O 和 HAc 为参考水准的 PBE：$[H^+]+c_2=[Ac^-]+[OH^-]$。

由式(3-5)得$[Ac^-] = [H^+] + [Na^+] - [OH^-]$，将此关系式和式(3-3)代入式(3-4)，则得到以 H_2O 和 Ac^-为参考水准的 PBE：$[H^+]+[HAc]=c_1+[OH^-]$。

3.3 溶液中酸碱型体的分布

3.3.1 分析浓度、平衡浓度与酸度

溶液中溶质的浓度称为分析浓度(analytical concentration)或总浓度，常以物质的量浓度表示，符号为 c。溶质因在溶液中发生反应而产生一系列型体(species)，反应达到平衡时，每种型体的浓度称为该型体的平衡浓度，以型体的化学式加[ ]表示。例如，乙酸在水溶液中发生酸碱解离反应达到平衡时，以 HAc 和 Ac^-两种酸碱型体存在，它们的平衡浓度分别为[HAc]和[Ac^-]，溶液中的物料平衡方程为$[HAc] + [Ac^-] = c_{HAc}$。

溶液酸度的高低用溶液中氢离子的平衡浓度($[H^+]$)或 pH 的大小衡量。pH 的定义是氢离子活度的负对数，即

$$pH = -\lg a_{H^+}$$

如前所述(详见 3.1.2)，在较稀的电解质溶液中，忽略离子强度的影响，用浓度代替活度计算能够满足一般工作的要求。因此，在分析化学中，处理溶液平衡的计算问题时通常不区分 a_{H^+} 与$[H^+]$，大多数情况下，pH 其实指的是$-\lg[H^+]$。溶液的碱度用 pOH 表示，pOH 一般指$-\lg[OH^-]$。由于 $K_w = [H^+][OH^-]$，所以 $pH + pOH = pK_w$。

3.3.2 酸碱型体的分布分数

弱酸和弱碱在溶液中存在多种酸碱型体，这些型体的平衡浓度随 H^+浓度的变化而变化。溶液中某酸碱型体的平衡浓度与其总浓度的比值称为分布分数(distribution fraction)，用 δ_i 表示，下标 i 指示该型体所含有的可解离的质子数。总浓度已知时，分布分数可用于计算一定酸度下酸碱型体的平衡浓度。分布分数的大小则能定量说明溶液中各种酸碱型体的分布状态。

1. 一元弱酸溶液

设 HA 代表一元弱酸，其解离反应为

$$HA \rightleftharpoons H^+ + A^- \qquad K_a = \frac{[H^+][A^-]}{[HA]}$$

由此可见，一元弱酸在溶液中存在 HA 和 A^- 两种酸碱型体。若 HA 的总浓度为 $c\ mol \cdot L^{-1}$，HA 的分布分数为

$$\delta_1 = \frac{[HA]}{c} = \frac{[HA]}{[HA]+[A^-]} = \frac{[HA]}{[HA]+\dfrac{K_a[HA]}{[H^+]}} = \frac{[H^+]}{[H^+]+K_a} \tag{3-6}$$

A^-的分布分数为

$$\delta_0 = \frac{[A^-]}{c} = \frac{[A^-]}{[HA]+[A^-]} = \frac{[A^-]}{\dfrac{[H^+][A^-]}{K_a}+[A^-]} = \frac{K_a}{[H^+]+K_a} \tag{3-7}$$

$$\delta_0 + \delta_1 = 1$$

以上分布分数的计算公式也适用于一元弱碱。例如，NH_3 在水溶液中存在 NH_4^+ 和 NH_3 两种酸碱型体，式(3-6)和式(3-7)可分别用于计算 NH_4^+ 和 NH_3 的分布分数，两式中的 K_a 是 NH_4^+ 的解离常数。

例 3-6　在 pH = 5.00、总浓度为 0.50 mol · L^{-1} 的六亚甲基四胺溶液中，$(CH_2)_6N_4$ 和 $(CH_2)_6N_4H^+$ 的平衡浓度各为多少？已知 $(CH_2)_6N_4$ 的 $K_b = 1.4\times10^{-9}$。

解　$(CH_2)_6N_4H^+$ 的解离常数为

$$K_a = \frac{K_w}{K_b} = \frac{1.0\times10^{-14}}{1.4\times10^{-9}} = 7.1\times10^{-6}$$

$$\delta_0 = \frac{K_a}{[H^+]+K_a} = \frac{7.1\times10^{-6}}{1.0\times10^{-5}+7.1\times10^{-6}} = 0.42$$

$$[(CH_2)_6N_4] = \delta_0 c = 0.42\times0.50 = 0.21\ (mol\cdot L^{-1})$$

$$[(CH_2)_6N_4H^+] = c - [(CH_2)_6N_4] = 0.50 - 0.21 = 0.29\ (mol\cdot L^{-1})$$

若以 δ 对 pH 作图，则得到各种酸碱型体的分布分数曲线。HAc 和 Ac$^-$ 的分布分数曲线如图 3-1 所示，pH 升高时，δ_0 增大，δ_1 则减小。当 pH = pK_a 时，$\delta_0 = \delta_1 = 0.5$，两条分布分数曲线相交。pH＜p$K_a$ 时，HAc 是溶液中的主要存在型体；pH＞pK_a 时，Ac$^-$ 是主要的存在型体。

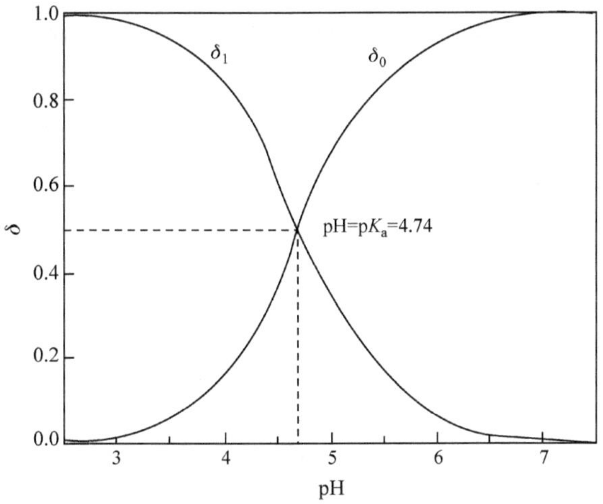

图 3-1　HAc 与 Ac$^-$ 的分布分数曲线

2. *多元酸溶液*

在二元弱酸溶液中，存在三种酸碱型体。例如，草酸有 $H_2C_2O_4$、$HC_2O_4^-$ 和 $C_2O_4^{2-}$ 这三种型体。

$$H_2C_2O_4 \rightleftharpoons H^+ + HC_2O_4^- \qquad K_{a_1} = \frac{[H^+][HC_2O_4^-]}{[H_2C_2O_4]}$$

$$HC_2O_4^- \rightleftharpoons H^+ + C_2O_4^{2-} \qquad K_{a_2} = \frac{[H^+][C_2O_4^{2-}]}{[HC_2O_4^-]}$$

若草酸的总浓度为 c mol · L^{-1}，$H_2C_2O_4$ 的分布分数为

$$\delta_2=\frac{[H_2C_2O_4]}{c}=\frac{[H_2C_2O_4]}{[H_2C_2O_4]+[HC_2O_4^-]+[C_2O_4^{2-}]}=\frac{\frac{[H^+][HC_2O_4^-]}{K_{a_1}}}{\frac{[H^+][HC_2O_4^-]}{K_{a_1}}+[HC_2O_4^-]+\frac{K_{a_2}[HC_2O_4^-]}{[H^+]}}$$

$$=\frac{[H^+]^2}{[H^+]^2+K_{a_1}[H^+]+K_{a_1}K_{a_2}}$$

同理，$HC_2O_4^-$和$C_2O_4^{2-}$的分布分数分别为

$$\delta_1=\frac{[HC_2O_4^-]}{c}=\frac{K_{a_1}[H^+]}{[H^+]^2+K_{a_1}[H^+]+K_{a_1}K_{a_2}}$$

$$\delta_0=\frac{[C_2O_4^{2-}]}{c}=\frac{K_{a_1}K_{a_2}}{[H^+]^2+K_{a_1}[H^+]+K_{a_1}K_{a_2}}$$

$$\delta_0+\delta_1+\delta_2=1$$

图 3-2 显示，$pH=pK_{a_1}$时，$H_2C_2O_4$和$HC_2O_4^-$两条分布分数曲线相交，$\delta_2=\delta_1$；$pH=pK_{a_2}$时，$HC_2O_4^-$和$C_2O_4^{2-}$的分布分数曲线相交，$\delta_1=\delta_0$；$pH<pK_{a_1}$时，$H_2C_2O_4$是溶液中的主要存在型体；$pK_{a_1}<pH<pK_{a_2}$时，$HC_2O_4^-$是主要的存在型体；$pH>pK_{a_2}$时，$C_2O_4^{2-}$是主要的存在型体。

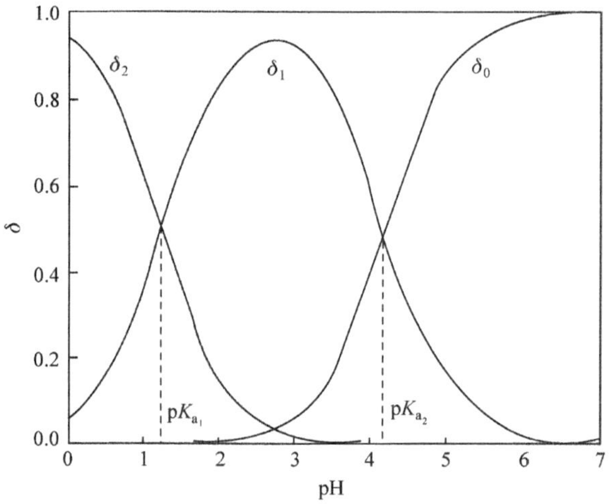

图 3-2　草酸三种酸碱型体的分布分数曲线

其他多元酸可采用同样的方法处理。例如，在三元酸 H_3PO_4 的水溶液中，存在四种酸碱型体，它们的分布分数分别为

$$\delta_3=\frac{[H_3PO_4]}{c}=\frac{[H^+]^3}{[H^+]^3+K_{a_1}[H^+]^2+K_{a_1}K_{a_2}[H^+]+K_{a_1}K_{a_2}K_{a_3}}$$

$$\delta_2=\frac{[H_2PO_4^-]}{c}=\frac{K_{a_1}[H^+]^2}{[H^+]^3+K_{a_1}[H^+]^2+K_{a_1}K_{a_2}[H^+]+K_{a_1}K_{a_2}K_{a_3}}$$

$$\delta_1=\frac{[HPO_4^{2-}]}{c}=\frac{K_{a_1}K_{a_2}[H^+]}{[H^+]^3+K_{a_1}[H^+]^2+K_{a_1}K_{a_2}[H^+]+K_{a_1}K_{a_2}K_{a_3}}$$

$$\delta_0=\frac{[PO_4^{3-}]}{c}=\frac{K_{a_1}K_{a_2}K_{a_3}}{[H^+]^3+K_{a_1}[H^+]^2+K_{a_1}K_{a_2}[H^+]+K_{a_1}K_{a_2}K_{a_3}}$$

$$\delta_0+\delta_1+\delta_2+\delta_3=1$$

综上所述，分布分数是酸碱解离常数和氢离子平衡浓度的函数，与酸碱物质的总浓度无关，同一组分不同型体的分布分数之和等于 1。

在分析化学中，掌握酸碱型体分布与 pH 之间的关系具有实际应用意义。例如，多元酸碱滴定计量关系的确定。用 NaOH 滴定 H_3PO_4，如果用甲基橙作指示剂，滴定到黄色为终点，此时溶液的 pH 为 4.4。由图 3-3 可见，在这个酸度下，$H_2PO_4^-$ 是主要的存在型体，其分布分数趋近于 1，所以 NaOH 与 H_3PO_4 的物质的量比为 1∶1。但如果改用百里酚酞作指示剂，NaOH 与 H_3PO_4 的物质的量比则变为 2∶1，这是因为百里酚酞变色时的 pH ≈ 10，图 3-3 显示，在这个酸度下，HPO_4^{2-} 的分布分数趋近于 1。在测定复杂样品时，调节酸度改变酸碱型体的分布状态是消除共存酸碱组分干扰的一种方法。例如，用碘离子选择性电极测定污水中的 I^- 时，只要将溶液的 pH 调到 7.2 以下，就可消除共存的微量 CN^- 的干扰。HCN 的 pK_a= 9.2，所以 pH＜9.2 时，溶液中主要的存在型体是 HCN 而非 CN^-。当 pH≤pK_a − 2 时，酸式型体的 δ_1 近似等于 1，碱式型体的 δ_0 趋近于 0。由此可知，在 pH≤7.2 的溶液中，CN^- 几乎不存在，对 I^- 的测定干扰自然就消除了。

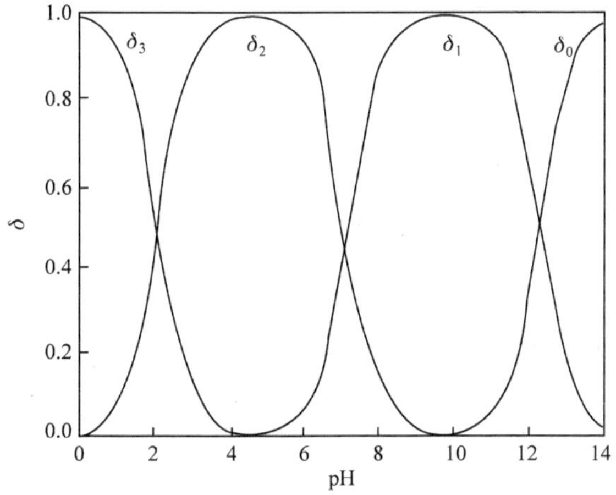

图 3-3　磷酸四种酸碱型体的分布分数曲线

3.4　溶液中 H^+ 浓度的计算

3.4.1　强酸和强碱溶液

强酸在溶液中完全解离，若其浓度 $c_a > 1\times10^{-6}\ mol\cdot L^{-1}$，$H_2O$ 的解离被抑制，产生的 H^+ 可

以忽略不计，所以溶液中强酸的浓度就是氢离子的浓度，即$[H^+] = c_a$。

在很稀的强酸溶液中，当$c_a < 1\times10^{-8}$ mol · L^{-1}时，尽管强酸完全解离，但产生的H^+很少，可以忽略，溶液中的H^+主要来自H_2O的解离，因此$[H^+] = [OH^-]$。

若1×10^{-8} mol · L$^{-1} < c_a < 1\times10^{-6}$ mol · L^{-1}，强酸与水解离产生的H^+量相当，计算H^+浓度时都应考虑。例如，在c_a mol · L^{-1}盐酸溶液中，PBE 为

$$[H^+] = c_a + [OH^-] = c_a + \frac{K_w}{[H^+]}$$

$$[H^+]^2 - c_a[H^+] - K_w = 0$$

$$[H^+] = \frac{c_a + \sqrt{c_a^2 + 4K_w}}{2} \tag{3-8}$$

式(3-8)既考虑了强酸的解离也考虑了H_2O的解离对溶液酸度的影响，是计算强酸溶液中H^+浓度的精确式。

强碱溶液与强酸溶液的处理方法类似，但需要注意的是，强碱溶液计算的是OH^-浓度。在浓度为c_b mol · L^{-1}的强碱溶液中，当$c_b > 1\times10^{-6}$ mol · L^{-1}时，$[OH^-] = c_b$；当$c_b < 1\times10^{-8}$ mol · L^{-1}时，$[H^+] = [OH^-]$；当1×10^{-8} mol · L$^{-1} < c_b < 1\times10^{-6}$ mol · L^{-1}时，用式(3-9)计算$[OH^-]$。

$$[OH^-] = \frac{c_b + \sqrt{c_b^2 + 4K_w}}{2} \tag{3-9}$$

3.4.2 弱酸和弱碱溶液

1. *一元弱酸和弱碱溶液*

设 HA 为一元弱酸，在其浓度为c mol · L^{-1}的水溶液中，存在以下酸碱平衡反应：

$$HA \rightleftharpoons H^+ + A^-$$

$$K_a = \frac{[H^+][A^-]}{[HA]} \tag{3-10}$$

$$H_2O \rightleftharpoons H^+ + OH^-$$

$$K_w = [H^+][OH^-] \tag{3-11}$$

以 HA 和H_2O为参考水准，得到质子平衡方程：

$$[H^+] = [A^-] + [OH^-] \tag{3-12}$$

由式(3-10)得

$$[A^-] = K_a\frac{[HA]}{[H^+]} \tag{3-13}$$

由式(3-11)得

$$[OH^-] = \frac{K_w}{[H^+]} \tag{3-14}$$

将式(3-13)和式(3-14)代入式(3-12)中，得

$$[H^+]=\frac{K_a[HA]}{[H^+]}+\frac{K_w}{[H^+]}$$

$$[H^+]=\sqrt{K_a[HA]+K_w} \tag{3-15}$$

将$[HA]=c\delta_{HA}=c\frac{[H^+]}{[H^+]+K_a}$代入式(3-15)中，整理后得

$$[H^+]^3+K_a[H^+]^2-(K_ac+K_w)[H^+]-K_aK_w=0 \tag{3-16}$$

式(3-16)是计算一元弱酸溶液 H^+浓度的精确式，但代数求解较麻烦。在实际工作中，允许 H^+浓度的计算结果存在一定误差，故通常采用近似方法简化计算。如果 $cK_a \geqslant 20K_w$，式(3-15)中的 K_w 可忽略，于是有

$$[H^+]=\sqrt{K_a[HA]} \tag{3-17}$$

结合 MBE 和 PBE，整理后得

$$[HA]=c-[A^-]=c-[H^+]+[OH^-]\approx c-[H^+]$$

代入式(3-17)，得

$$[H^+]=\sqrt{K_a(c-[H^+])} \tag{3-18}$$

展开，得

$$[H^+]^2+K_a[H^+]-cK_a=0$$

$$[H^+]=\frac{-K_a+\sqrt{K_a^2+4cK_a}}{2} \tag{3-19}$$

式(3-19)是计算一元弱酸溶液中 H^+浓度的近似式。如果 $cK_a \geqslant 20K_w$，且 $c/K_a \geqslant 500$，则不仅可以忽略水的解离，还可认为 HA 解离产生的 A^-的浓度很小，也可以忽略，故 $c=[HA]+[A^-]\approx[HA]$，式(3-17)变为

$$[H^+]=\sqrt{K_ac} \tag{3-20}$$

式(3-20)是计算一元弱酸溶液中 H^+浓度的最简式。如果 $c/K_a \geqslant 500$，但 $cK_a < 20K_w$，则可以忽略[HA]与 c 的差异，但不能忽略水的解离，由式(3-15)得到另一个计算 H^+浓度的近似式

$$[H^+]=\sqrt{K_ac+K_w} \tag{3-21}$$

例 3-7　计算 0.10 mol · L^{-1} 甲酸溶液的 pH。

解　查附录 3 得甲酸的 $K_a=1.8\times10^{-4}$，$cK_a>20K_w$，且 $c/K_a>500$，故可用最简式计算

$$[H^+]=\sqrt{K_ac}=\sqrt{1.8\times10^{-4}\times0.10}=4.2\times10^{-3}\ (\text{mol}\cdot\text{L}^{-1})$$

$$\text{pH}=2.37$$

例 3-8　计算 0.010 mol · L^{-1} HF 溶液中的 H^+浓度。

解　查附录 3 得 HF 的 $K_a=6.6\times10^{-4}$，$cK_a>20K_w$，但 $c/K_a<500$，故应采用近似式(3-19)计算，即

$$[H^+]=\frac{-K_a+\sqrt{K_a^2+4cK_a}}{2}=\frac{-6.6\times10^{-4}+\sqrt{(6.6\times10^{-4})^2+4\times0.010\times6.6\times10^{-4}}}{2}=2.3\times10^{-3}\ (\text{mol}\cdot\text{L}^{-1})$$

例 3-9 已知NH_4^+的$K_a=5.6\times10^{-10}$，计算1.0×10^{-4} mol · L^{-1} NH_4Cl溶液的pH。

解 $cK_a<20K_w$，$c/K_a>500$，应采用式(3-21)计算

$$[H^+]=\sqrt{cK_a+K_w}=\sqrt{5.6\times10^{-10}\times1.0\times10^{-4}+1.0\times10^{-14}}=2.6\times10^{-7}\ (\text{mol}\cdot\text{L}^{-1})$$

$$\text{pH}=6.59$$

一元弱碱溶液OH^-浓度的计算也采用近似方法处理，几种不同条件下的计算式如下：

(1) $cK_b\geqslant20K_w$，$c/K_b\geqslant500$时，$[OH^-]=\sqrt{cK_b}$。

(2) $cK_b\geqslant20K_w$，$c/K_b<500$时，$[OH^-]=\dfrac{-K_b+\sqrt{K_b^2+4cK_b}}{2}$。

(3) $cK_b<20K_w$，$c/K_b\geqslant500$时，$[OH^-]=\sqrt{K_bc+K_w}$。

例 3-10 计算0.050 mol · L^{-1}羟胺(NH_2OH)溶液的pH。

解 羟胺为一元弱碱，查附录3得$K_b=9.1\times10^{-9}$，$cK_b>20K_w$，$c/K_b>500$，可用最简式计算

$$[OH^-]=\sqrt{cK_b}=\sqrt{0.050\times9.1\times10^{-9}}=2.1\times10^{-5}\ (\text{mol}\cdot\text{L}^{-1})$$

$$\text{pOH}=4.68,\ \text{pH}=14.00-4.68=9.32$$

2. 多元酸碱溶液

多元酸碱在溶液中逐级解离，H^+浓度的计算更为复杂，因此依然采取近似方法处理。设H_2A代表二元弱酸，在其浓度为c mol · L^{-1}的水溶液中，存在二级解离平衡：

$$H_2A \rightleftharpoons H^+ + HA^-$$

$$K_{a_1}=\frac{[H^+][HA^-]}{[H_2A]} \tag{3-22}$$

$$HA^- \rightleftharpoons H^+ + A^{2-}$$

$$K_{a_2}=\frac{[H^+][A^{2-}]}{[HA^-]} \tag{3-23}$$

以H_2O和H_2A为参考水准，得到质子平衡方程

$$[H^+]=[HA^-]+2[A^{2-}]+[OH^-] \tag{3-24}$$

运用式(3-11)、式(3-22)和式(3-23)，将质子平衡方程[式(3-24)]变为以$[H^+]$和$[H_2A]$表达的形式

$$[H^+]=\frac{[H_2A]K_{a_1}}{[H^+]}+2\frac{[H_2A]K_{a_1}K_{a_2}}{[H^+]^2}+\frac{K_w}{[H^+]}$$

$$[H^+]=\sqrt{[H_2A]K_{a_1}\left(1+\frac{2K_{a_2}}{[H^+]}\right)+K_w} \tag{3-25}$$

将

$$[H_2A]=\delta_{H_2A}c=\frac{[H^+]^2}{[H^+]^2+K_{a_1}[H^+]+K_{a_1}K_{a_2}}c$$

代入，整理得到H^+浓度的一元四次方程

$$[H^+]^4 + K_{a_1}[H^+]^3 + (K_{a_1}K_{a_2} - K_{a_1}c - K_w)[H^+]^2 - (K_{a_1}K_w + 2K_{a_1}K_{a_2}c)[H^+] - K_{a_1}K_{a_2}K_w = 0 \tag{3-26}$$

式(3-26)是计算二元弱酸溶液 H^+浓度的精确式，但求解方程太复杂，故通常对式(3-25)进行简化处理后再计算。当 $cK_{a_1} \geqslant 20K_w$ 时，忽略 K_w，计算结果的相对误差在±5%之内；当 $\frac{2K_{a_2}}{[H^+]} \approx \frac{2K_{a_2}}{\sqrt{cK_{a_1}}} \leqslant 0.05$ 时，第二级解离对 H^+浓度的贡献很小，可以忽略，所以二元弱酸按一元弱酸处理，式(3-25)简化为

$$[H^+]=\sqrt{K_{a_1}[H_2A]} \approx \sqrt{K_{a_1}(c-[H^+])} \tag{3-27}$$

解方程式(3-27)，得计算二元弱酸溶液中 H^+浓度的近似式

$$[H^+]=\frac{-K_{a_1} + \sqrt{K_{a_1}^2 + 4cK_{a_1}}}{2} \tag{3-28}$$

除满足上述条件外，如果 $c/K_{a_1} \geqslant 500$，则说明第一级的解离程度也比较低，H_2A 的浓度可视为与其总浓度 c 相等，即$[H_2A] \approx c$，因此式(3-27)可简化为

$$[H^+]=\sqrt{cK_{a_1}} \tag{3-29}$$

式(3-29)是计算二元弱酸溶液 H^+浓度的最简式。

同理，计算二元弱碱溶液 OH^-浓度的最简式为

$$[OH^-]=\sqrt{cK_{b_1}} \tag{3-30}$$

例 3-11　室温时，H_2CO_3 饱和溶液的浓度约为 0.040 mol · L^{-1}，计算该溶液的 pH。

解　查附录 3 得 H_2CO_3 的 $K_{a_1} = 4.2\times10^{-7}$，$K_{a_2} = 5.6\times10^{-11}$

$$cK_{a_1} > 20K_w,\quad \frac{K_{a_2}}{\sqrt{cK_{a_1}}} = \frac{5.6\times10^{-11}}{\sqrt{0.040\times4.2\times10^{-7}}} < 0.05,\quad \frac{c}{K_{a_1}} = \frac{0.040}{4.2\times10^{-7}} > 500$$

故用最简式计算

$$[H^+] = \sqrt{cK_{a_1}} = \sqrt{0.040\times4.2\times10^{-7}} = 1.3\times10^{-4}(\text{mol}\cdot\text{L}^{-1})$$

$$\text{pH} = 3.89$$

3.4.3　弱酸混合溶液

设 HA 和 HB 代表两种一元弱酸，c_{HA} 和 c_{HB} 代表它们的浓度。HA 和 HB 的解离反应和平衡常数分别为

$$HA \rightleftharpoons H^+ + A^-$$

$$K_{HA}=\frac{[H^+][A^-]}{[HA]} \tag{3-31}$$

$$HB \rightleftharpoons H^+ + B^-$$

$$K_{HB}=\frac{[H^+][B^-]}{[HB]} \tag{3-32}$$

在 HA 和 HB 的混合溶液中，以 H_2O、HA 和 HB 为参考水准，得到质子平衡方程

$$[H^+]=[A^-]+[B^-]+[OH^-]$$

由于溶液呈弱酸性，$[OH^-]$很小，故忽略，则

$$[H^+]=[A^-]+[B^-]$$

根据式(3-31)和式(3-32)，得

$$[H^+]=\frac{K_{HA}[HA]}{[H^+]}+\frac{K_{HB}[HB]}{[H^+]} \tag{3-33}$$

$$[H^+]=\sqrt{K_{HA}[HA]+K_{HB}[HB]} \tag{3-34}$$

HA 和 HB 解离出来的 H^+彼此抑制，所以只要它们的浓度不是太小，酸性又比较弱时，就能满足 $c/K_a \geqslant 500$ 这个条件。因此，$[HA]\approx c_{HA}$，$[HB]\approx c_{HB}$，式(3-34)简化为

$$[H^+]=\sqrt{K_{HA}c_{HA}+K_{HB}c_{HB}} \tag{3-35}$$

如果 $c_{HA}K_{HA} \gg c_{HB}K_{HB}$，计算式进一步简化为

$$[H^+]=\sqrt{K_{HA}c_{HA}} \tag{3-36}$$

例 3-12 计算 0.10 mol · L^{-1} H_3BO_3 和 0.050 mol · L^{-1} NH_4Cl 混合溶液的 pH。已知 H_3BO_3 的 $K_a=5.8\times10^{-10}$，NH_3 的 $K_b=1.8\times10^{-5}$。

解 H_3BO_3：$c/K_a=0.10/(5.8\times10^{-10})>500$；$NH_4^+$：$K_a=K_w/K_b=5.6\times10^{-10}$，$c/K_a=0.050/(5.6\times10^{-10})>500$。

采用式(3-35)计算

$$[H^+]=\sqrt{0.10\times5.8\times10^{-10}+0.050\times5.6\times10^{-10}}=9.3\times10^{-6}\ (mol\cdot L^{-1})$$

$$pH=5.03$$

3.4.4 两性物质溶液

1. 酸式盐

多元酸与强碱反应产生酸式盐，如碳酸氢钠、磷酸氢钾和磷酸二氢钾等。以 NaHA 表示二元弱酸的酸式盐，在其浓度为 c mol · L^{-1} 的溶液中，选择 HA^-和 H_2O 作参考水准，得质子平衡方程

$$[H^+]=[A^{2-}]+[OH^-]-[H_2A]$$

运用式(3-11)、式(3-22)和式(3-23)，将质子平衡方程变为以$[H^+]$和$[HA^-]$表达的形式

$$[H^+]=\frac{K_{a_2}[HA^-]}{[H^+]}+\frac{K_w}{[H^+]}-\frac{[H^+][HA^-]}{K_{a_1}}$$

整理后得

$$[H^+]=\sqrt{\frac{K_{a_1}(K_{a_2}[HA^-]+K_w)}{K_{a_1}+[HA^-]}} \tag{3-37}$$

HA^-的 K_a 和 K_b 一般都比较小，解离对 HA^-浓度的影响可以忽略不计，所以$[HA^-]\approx c$，于是得到

$$[H^+]=\sqrt{\frac{K_{a_1}(cK_{a_2}+K_w)}{K_{a_1}+c}} \tag{3-38}$$

当 $cK_{a_2} \geqslant 20K_w$ 时，式(3-38)中的 K_W 可忽略，所以

$$[H^+]=\sqrt{\frac{cK_{a_1}K_{a_2}}{K_{a_1}+c}} \tag{3-39}$$

若 $c \geqslant 20K_{a_1}$，则 $K_{a_1}+c \approx c$，由式(3-38)得

$$[H^+]=\sqrt{\frac{K_{a_1}(cK_{a_2}+K_w)}{c}} \tag{3-40}$$

若 $cK_{a_2} \geqslant 20K_w$，且 $c \geqslant 20K_{a_1}$，则式(3-38)简化为

$$[H^+]=\sqrt{K_{a_1}K_{a_2}} \tag{3-41}$$

三元酸酸式盐溶液中的 H^+浓度计算式可依此类推。

例 3-13　计算 5.0×10^{-2} mol · L^{-1} 邻苯二甲酸氢钾溶液的 H^+浓度。

解　查附录 3 得邻苯二甲酸的 $K_{a_1}=1.1\times10^{-3}$，$K_{a_2}=3.9\times10^{-6}$。因为 $cK_{a_2}>20K_w$，$c>20K_{a_1}$，故可采用最简式计算

$$[H^+]=\sqrt{K_{a_1}K_{a_2}}=\sqrt{1.1\times10^{-3}\times3.9\times10^{-6}}=6.5\times10^{-5}\ (\text{mol}\cdot\text{L}^{-1})$$

例 3-14　计算 1.0×10^{-2} mol · L^{-1} Na_2HPO_4 溶液的 pH。

解　查附录 3 得 H_3PO_4 的 $K_{a_2}=6.3\times10^{-8}$，$K_{a_3}=4.4\times10^{-13}$。由于 $cK_{a_3}<20K_w$，$c>20K_{a_2}$，所以

$$[H^+]=\sqrt{\frac{K_{a_2}(cK_{a_3}+K_w)}{c}}=\sqrt{\frac{6.3\times10^{-8}\times(1.0\times10^{-2}\times4.4\times10^{-13}+1.0\times10^{-14})}{1.0\times10^{-2}}}=3.0\times10^{-10}\ (\text{mol}\cdot\text{L}^{-1})$$

$$\text{pH}=9.52$$

2. 弱酸弱碱盐和氨基酸

酸式盐溶液中 H^+浓度的计算式也适用于弱酸弱碱盐或氨基酸溶液。计算时，应先确定与式(3-38)中 K_{a_1} 和 K_{a_2} 对应的解离常数，然后根据溶液所满足的条件选择计算式。

例 3-15　计算 0.010 mol · L^{-1} $HCOONH_4$ 溶液的 H^+浓度。

解　$HCOO^-$的共轭酸为 HCOOH，查附录 3 得其 $K_a=1.8\times10^{-4}$，NH_4^+ 的解离常数用 K_a' 表示，查附录 3 得 $K_a'=5.6\times10^{-10}$。显然，HCOOH 的 K_a 对应式(3-38)中的 K_{a_1}，NH_4^+ 的 K_a' 对应 K_{a_2}。

$cK_a'>20K_W$，且 $c>20K_a$，故可用式(3-41)计算

$$[H^+]=\sqrt{K_aK_a'}=\sqrt{1.8\times10^{-4}\times5.6\times10^{-10}}=3.2\times10^{-7}\ (\text{mol}\cdot\text{L}^{-1})$$

3.5　酸碱缓冲溶液

酸碱缓冲溶液(acid-base buffer solution)是指对溶液的酸度有稳定作用的溶液。当少量酸或碱由化学反应产生或由外部引入溶液，或对溶液稍加稀释时，缓冲溶液的作用是控制溶液的酸度基本不变，使化学和生物化学反应在适合的酸度下进行。

3.5.1 缓冲溶液的组成

常见的缓冲溶液由浓度较大的弱酸及其共轭碱组成，如 HAc-Ac^-、NH_3-NH_4^+ 等。当向这类缓冲溶液中加入少量酸时，共轭碱接受质子转变为弱酸，而当向溶液中加入少量碱时，弱酸又能解离产生 H^+中和外部加入的 OH^-，因此少量外加酸碱对溶液酸度的影响被抵消。

浓度较大的强酸、强碱溶液也具有酸碱缓冲能力，但它们只适合在 pH<2 的高酸度溶液或 pH>12 的高碱度溶液中使用。由于浓度较大的强酸或强碱溶液中含有大量 H^+或 OH^-，所以增加少量的酸或碱不会对溶液的酸度产生大的影响。

酸式盐的缓冲能力虽然不是很大，但有些一、二级解离常数较接近的二元酸的酸式盐溶液的 pH 很稳定，因此可用作 pH 测定的参照标准，即标准缓冲溶液，如邻苯二甲酸氢钾溶液、酒石酸氢钾溶液等。

3.5.2 缓冲溶液 pH 的计算

设缓冲溶液由 c_{HA} mol · L^{-1} 的弱酸 HA 及其共轭碱 c_{A^-} mol · L^{-1} 的 NaA 组成，该溶液的物料平衡方程为

$$[Na^+]=c_{A^-}, \qquad [HA]+[A^-]=c_{HA}+c_{A^-}$$

电荷平衡方程为

$$[Na^+]+[H^+]=[A^-]+[OH^-]$$

由物料平衡方程和电荷平衡方程推导可得

$$[A^-]=c_{A^-}+[H^+]-[OH^-]$$

$$[HA]=c_{HA}-[H^+]+[OH^-]$$

再根据 HA 的解离平衡关系，得

$$[H^+]=K_a\frac{[HA]}{[A^-]}=K_a\frac{c_{HA}-[H^+]+[OH^-]}{c_{A^-}+[H^+]-[OH^-]} \tag{3-42}$$

式(3-42)是计算由共轭酸碱对组成的缓冲溶液 H^+浓度的精确式，但由于代数求解复杂，一般先作近似处理，再用简化的公式进行计算。当溶液的 pH<6 时，忽略$[OH^-]$，式(3-42)变为

$$[H^+]=K_a\frac{c_{HA}-[H^+]}{c_{A^-}+[H^+]} \tag{3-43}$$

当溶液的 pH>8 时，忽略$[H^+]$，式(3-42)变为

$$[H^+]=K_a\frac{c_{HA}+[OH^-]}{c_{A^-}-[OH^-]} \tag{3-44}$$

式(3-43)和式(3-44)是计算缓冲溶液中 H^+浓度的近似式。若 $c_{HA}\gg[OH^-]-[H^+]$，$c_{A^-}\gg[H^+]-[OH^-]$，则式(3-42)简化为

$$[H^+]=K_a\frac{c_{HA}}{c_{A^-}} \quad 或 \quad pH=pK_a+\lg\frac{c_{A^-}}{c_{HA}} \tag{3-45}$$

式(3-45)是计算缓冲溶液中 H^+浓度的最简式。为确保缓冲溶液有足够大的缓冲能力以控制溶液的 pH，缓冲溶液中的 c_{HA} 和 c_{A^-} 都比较大，所以通常用最简式计算。

例 3-16 计算 0.10 mol · L^{-1} HAc-0.20 mol · L^{-1} NaAc 缓冲溶液的 pH。

解　查附录 3 得 HAc 的 pK_a=4.74，由于 c_{HAc} 和 c_{Ac^-} 较大，故采用最简式计算

$$pH = pK_a + \lg\frac{c_{Ac^-}}{c_{HAc}} = 4.74 + \lg\frac{0.20}{0.10} = 5.04$$

由计算结果可知，$c_{HAc} \gg [OH^-]-[H^+]$，$c_{Ac^-} \gg [H^+]-[OH^-]$，所以用最简式计算是合理的。

3.5.3　缓冲容量

缓冲溶液的缓冲能力不是无限的，如果加入大量酸或碱，或稀释倍数太大，则缓冲溶液的 pH 难以保持基本不变。缓冲溶液的缓冲能力用缓冲容量(buffer capacity)的大小来衡量。缓冲容量用 β 表示，其定义是使 1 L 缓冲溶液的 pH 增加 dpH 单位所需强碱的量 db(mol)，或使 1 L 缓冲溶液的 pH 降低 dpH 单位所需强酸的量 da(mol)。缓冲容量的数学表达式为

$$\beta = \frac{db}{dpH} = -\frac{da}{dpH}$$

增加酸将降低 pH，dpH 为负值，而 β 恒取正值，因此 da/dpH 前需加一负号。β 值越大，缓冲溶液的缓冲能力越强。

在酸度和碱度都不大的溶液中，缓冲容量与 H^+浓度之间存在以下关系：

$$\beta = 2.30\frac{cK_a[H^+]}{([H^+]+K_a)^2} = 2.30\delta_0\delta_1 c$$

由此可见，缓冲溶液的总浓度越大，缓冲容量也越大；而当总浓度一定时，缓冲容量还与 HA 和 A^-的分布状态有关。β 对$[H^+]$的导数为

$$\frac{d\beta}{d[H^+]} = 2.30cK_a\frac{K_a-[H^+]}{([H^+]+K_a)^3}$$

β 对$[H^+]$的导数等于 0 时，$[H^+]=K_a$，说明 HA 和 A^-的分布分数相等时，亦即组成缓冲溶液的共轭酸碱对的浓度相等时，缓冲容量最大。一般认为$[HA]/[A^-]$为 0.1～10 时，缓冲溶液具有有效的缓冲作用。因此，由一个共轭酸碱对组成的缓冲溶液的有效 pH 缓冲范围是 $pK_a \pm 1$。由两个或两个以上共轭酸碱对组成的缓冲溶液具有更大的有效 pH 缓冲范围。例如，将柠檬酸和氢氧化钠两种溶液按不同比例混合，可以得到 $C_3H_4(OH)(COOH)_3/C_3H_4(OH)(COOH)_2(COO^-)$、$C_3H_4(OH)(COOH)_2(COO^-)/C_3H_4(OH)(COOH)(COO^-)_2$/和 $C_3H_4(OH)(COOH)(COO^-)_2/C_3H_4(OH)(COO^-)_3$ 三个共轭酸碱对，pH 缓冲范围为 2.2～6.5。

3.5.4　常见的 pH 缓冲溶液

测量 pH 时用作参照标准的标准缓冲溶液的 pH 由非常精确的实验确定，常用的 pH 标准缓冲溶液及其 pH 见表 3-1。

表 3-1　pH 标准缓冲溶液

pH 标准缓冲溶液	pH 标准值(25℃)
饱和酒石酸氢钾(0.034 mol · L^{-1})	3.56
0.050 mol · L^{-1} 邻苯二甲酸氢钾	4.01
0.025 mol · L^{-1} KH_2PO_4-0.025 mol · L^{-1} Na_2HPO_4	6.86
0.010 mol · L^{-1} 硼砂	9.18

控制溶液酸度的缓冲溶液种类非常多，附录 7 列出了部分常用缓冲溶液。在分析化学中，缓冲溶液的选择原则是：

(1) 缓冲组分对测量体系不产生干扰。

(2) 根据欲控制的 pH 进行选择。对于 pH＜2 的溶液，应选择浓度较大的强酸控制酸度，若需控制的 pH＞12，则选择浓度较大的强碱作缓冲溶液。欲控制的 pH 为 2～11 时，选择弱酸及其共轭碱组成的缓冲溶液，需控制的 pH 应处于其有效缓冲范围内。

(3) 在缓冲溶液中，缓冲组分的浓度一般为 0.01～1 mol · L^{-1}，以保证足够大的缓冲容量。

3.6 酸碱指示剂

在酸碱滴定过程中，溶液本身通常没有外部特征的变化。酸碱指示剂(acid-base indicator)是一类具有酸碱性的物质，而且不同的型体具有不同的颜色。在参与溶液的酸碱反应后，其酸式与碱式结构的相对浓度发生变化而呈现出不同的颜色，即以酸碱指示剂颜色的变化指示溶液 pH 的变化，以确定滴定终点。

3.6.1 酸碱指示剂的变色原理

酸碱指示剂一般是有机弱酸或有机弱碱，如果溶液 pH 改变，如酸碱滴定过程中，溶液中的指示剂会参与酸碱反应，失去质子由酸式转变为碱式，或得到质子由碱式转化为酸式。由于其酸式与其共轭碱式的结构不同，颜色也明显不同，所以溶液的颜色会发生变化。

例如，甲基橙(methyl orange，MO)是一种有机弱碱，是典型的双色指示剂，在溶液中的酸碱反应平衡如下：

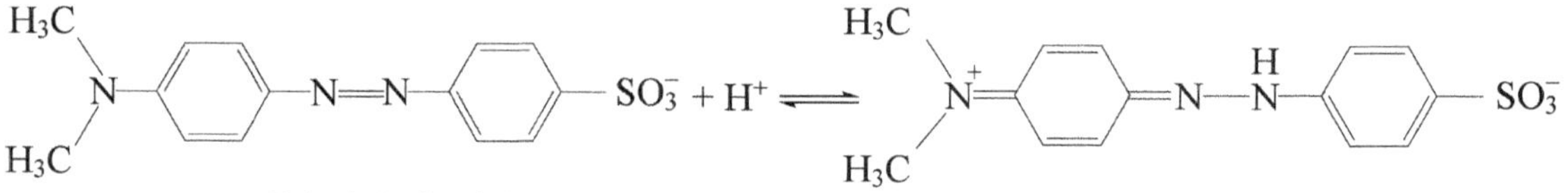

黄色(偶氮式，碱式)　　　　红色(醌式，酸式)

甲基橙酸式型体的 pK_a=3.4，由分布曲线可知，当溶液 pH＜2.4 时，甲基橙的主要存在形式是酸式红色双极离子，溶液呈现红色；当溶液 pH≥4.4 时，甲基橙主要是以碱式黄色离子形式存在；当溶液 pH 为 2.4～4.4 时，甲基橙的酸式和碱式型体浓度相当，溶液呈现红色和黄色的混合色，即橙色。

又如，酚酞(phenolphthalein，PP)是一种有机弱酸，是典型的单色指示剂，在溶液中的酸碱反应平衡如下：

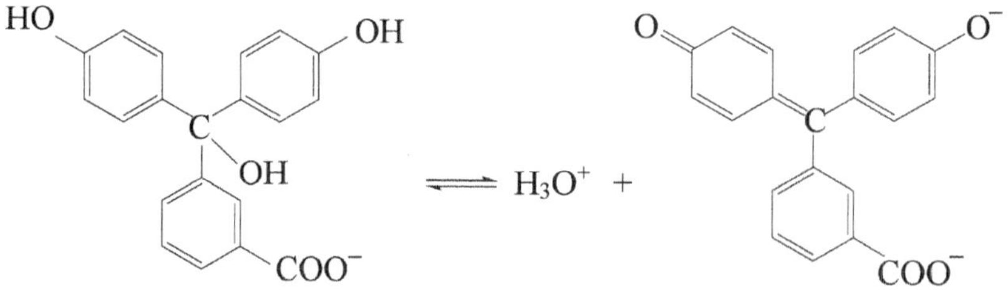

无色(三苯甲烷式，酸式)　　　　红色(醌式，碱式)

酚酞属于多元有机弱酸，其所有的酸式结构均是无色，只有上式中的碱式结构呈现出红色，上式中酸的解离常数为 pK_a=9.1。单色指示剂和双色指示剂的显色原理不同，后面的内容会详细介绍。显然，在碱性溶液中，酚酞的醌式结构浓度足够大时，溶液显现红色。但是，有意思的是，在很浓的强碱溶液中，酚酞会转化为无色的羧酸盐式结构，又会褪色，而且这种变色是可逆的。

如果指示剂的酸式用 HIn 表示，碱式用 In^-表示，则指示剂在溶液中的解离平衡可以表示为

$$HIn \rightleftharpoons H^+ + In^-$$

$$K_a = \frac{[H^+][In^-]}{[HIn]}$$

可以写成

$$\frac{[In^-]}{[HIn]} = \frac{K_a}{[H^+]}$$

对于双色指示剂，溶液的颜色取决于其酸式和碱式的相对浓度[HIn]/[In^-]的大小，该内容和分布曲线的分析一致。一定条件下，指示剂一定，K_a一定，所以指示剂的颜色由溶液 pH 决定。而人眼对于颜色辨别的敏感度有限，当主要成分是次要成分浓度的 10 倍以上时，人眼只能看到主要成分的颜色。因此，$pH \leqslant pK_a-1$，即[HIn]/[In^-]≥10，溶液呈现 HIn 的颜色；$pH \geqslant pK_a+1$，即[In^-]/[HIn]≥10，溶液呈现 In^-的颜色。当溶液的 pH 由 pK_a-1 变化到 pK_a+1，就能明显地看到指示剂由酸式色变为碱式色，反之亦然。这里，$pH=pK_a \pm 1$ 称为指示剂的 pH 变色范围，或称为指示剂的理论变色范围。$pH=pK_a$，[HIn]/[In^-] = 1，HIn 和 In^-等量混合，溶液呈现两者的混合色，该酸度称为指示剂的变色点，通常作为计算终点误差的终点 pH。

在实际应用中，指示剂的变色范围和变色点都是依靠实验测得，与理论值会有差别。常见酸碱指示剂的变色点和变色范围见附录 8。由于人眼对不同颜色的敏感度不同，而且两种颜色也会互相干扰，所以双色指示剂的变色范围往往只有 1.6～1.8 个 pH 单位。例如，甲基橙的理论变色范围为 2.4～4.4，因为人眼对于红色更加敏感，所以实际变色范围为 3.1～4.4。同样，甲基红的实际变色范围为 4.4～6.2，与理论变色范围 4.2～6.2 不同。对于单色指示剂，其变色范围的确定不需要考虑颜色的干扰，只需要考虑有颜色的组分浓度的大小。例如，酚酞的变色过程只需要考虑其红色碱式结构的绝对浓度的大小即可。

3.6.2　影响酸碱指示剂变色范围的因素

在实际应用中，期待指示剂的变色范围越窄越好，这样在化学计量点附近，溶液酸度的微小变化，指示剂就会有明显的颜色改变(突变)，滴定准确度更高。酸碱指示剂的变色过程就是酸碱反应过程，所以影响其反应平衡的因素就是影响变色范围的因素，包括温度、溶剂和离子强度等。同时，指示剂用量直接影响不同组分颜色的深浅，指示剂用法也会影响人眼对颜色变化的观察效果。

1. 温度

温度影响指示剂的 K_a 值，直接影响指示剂的变色点和变色范围。例如，甲基橙在常温下的变色范围为 pH 3.1～4.4，而 100℃时的变色范围为 2.5～3.7。所以，在实际应用中，一定要

关注温度对指示剂变色范围的影响，特别是有时候溶解样品时，需要对溶液进行加热，需要注意的是，加热溶解后，应该冷却到室温才能进行滴定分析，否则过高的温度引起指示剂变色范围的变化，造成较大的滴定误差。

2. 溶剂

指示剂的 K_a 值是指其与溶剂的酸碱反应常数，溶剂不同，K_a 值改变，直接影响变色点和变色范围。例如，甲基橙在水溶液中的 pK_a=3.4，在甲醇中 pK_a=3.8。所以，在滴定过程中应考虑溶剂的影响。

3. 离子强度

溶液离子强度改变，直接影响指示剂的解离常数，继而影响其变色范围。同时，离子强度改变，影响溶液的 H^+ 活度。而且有些电解质可能会有一定的吸光性能，影响人眼对指示剂变色的观察。所以，在酸碱滴定过程中，尽量不要加入电解质。

4. 指示剂的用量

对于双色指示剂，根据其解离常数表达式可以看出，变色点仅与[In⁻]/[HIn]有关，与其用量无关。但是酸碱指示剂的变色需要消耗滴定剂，用量过大会引起较大的误差，尤其是对微量滴定而言。同时，指示剂的用量过多，溶液颜色很深，变色迟钝。因此，双色指示剂用量不宜过多。

对于单色指示剂，指示剂的用量直接影响其变色点。例如，酚酞的酸式为无色，碱式为红色，其变色取决于其碱式红色组分浓度的大小。这个浓度是一个固定值，设为 a，如果指示剂的总浓度为 c，则

$$\frac{K_a}{[H^+]} = \frac{[In^-]}{[HIn]} = \frac{a}{c-a}$$

这里，K_a 和 a 都是定值，c 增大时，则达到溶液中碱式红色浓度 a 所要求的 H^+ 浓度就要相应增大，即酚酞会在较低 pH 时变色。例如，溶液体积一般为 50～100 mL，加 2～3 滴 0.1%酚酞指示剂，滴定至淡红色时，溶液 pH≈9。如果加 10~15 滴酚酞，滴定至淡红色时，溶液 pH≈8，可能会产生较大的终点误差。因此，单色指示剂也不宜加入太多。

5. 指示剂的使用方法

由于人眼对不同的颜色具有不同的敏感度，所以指示剂使用方法不同，也会影响其变色敏锐度。例如，在酚酞指示剂的使用中，从无色酸色突变为红色碱色，很容易辨别；反之，则红色的消失不易判断，容易使滴定剂过量。所以，强酸滴定强碱时，尽量不选用酚酞，而选用甲基橙为指示剂。

一般来说，尽量选用从无色到有色或浅色到深色的指示剂变色过程来确定滴定终点，以减少误差。

3.6.3　混合酸碱指示剂

指示剂变色时的颜色差异越大，变色范围越窄，对于终点时溶液颜色突变的观察越准确，滴定误差越小，准确度越高。混合指示剂利用颜色的互补可以有效提高颜色的差异和减小变色范围。

常用的混合酸碱指示剂有两种类型，一种是由两种或两种以上的酸碱指示剂混合而成，利用颜色的互补作用，使变色更加敏锐。例如，溴甲酚绿($pK_a = 4.9$)的酸式色为黄色，碱式色为蓝色，甲基红($pK_a = 5.2$)的酸式色为红色，碱式色为黄色。两者组成混合酸碱指示剂后，酸性溶液中显橙色(黄色和红色的混合色)，在碱性溶液中为绿色(蓝色和黄色的混合色)。而在 $pH \approx 5.1$ 时，溴甲酚绿的碱式成分较多，呈绿色，甲基红的酸式成分较多，呈橙红色，这两种颜色互补的结果是灰色，所以这种橙色、灰色、绿色的颜色突变十分敏锐。另一种混合酸碱指示剂是由酸碱指示剂和惰性染料混合而成，同样是利用颜色的互补有效改善颜色的突变效果。例如，将甲基橙与靛蓝二磺酸钠混合，在 pH 3.1～4.4，由紫色(红色和蓝色的混合色)经过浅灰色转变为黄绿色(黄色和蓝色的混合色)，提高了变色敏锐度。

使用混合酸碱指示剂可以提高滴定终点颜色突变的敏锐度，适用于准确度要求较高的滴定分析。常见的混合酸碱指示剂见附录 9。

3.7　酸碱滴定原理

酸碱滴定法是以酸或碱标准溶液滴定被测碱或酸的定量分析方法，终点的确定是酸碱滴定法的关键步骤。指示剂的变色是确定滴定终点的常用方法。因此，对于不同的滴定体系，需要选择合适的指示剂以确定终点，实现定量滴定分析。

酸碱滴定过程中 pH 的变化，特别是化学计量点前后 pH 的变化是选择指示剂的依据。滴定曲线(titration curve)是记录滴定过程中 pH 值随着滴定剂体积的加入量或滴定百分数变化的关系曲线，直观展示滴定过程中 pH 的变化规律。

下面介绍强酸(碱)、一元弱酸(碱)和多元酸(碱)、混合酸(碱)等几个滴定体系的滴定曲线和指示剂的选择方法。

3.7.1　强酸(碱)的滴定

强酸和强碱是强电解质，在水溶液中全部解离。因此，强酸滴定强碱或强碱滴定强酸的滴定反应式都是

$$H^+ + OH^- \rightleftharpoons H_2O$$

现以 $0.1000\ mol \cdot L^{-1}(c_b)$NaOH 标准溶液滴定 $20.00\ mL(V_a)0.1000\ mol \cdot L^{-1}(c_a)$ HCl 溶液为例，计算滴定过程中随着 NaOH 标准溶液滴定体积 V_b 的增加而引起的 pH 变化，绘制滴定曲线，讨论滴定过程中 pH 变化规律，并介绍指示剂的选择方法。

根据滴定过程中溶液组成的变化和计算 pH 方法的不同，可以将滴定过程分为 4 个阶段。

1. 滴定开始前

滴定开始前，溶液中的 H^+浓度就是 HCl 的起始浓度，即$[H^+] = c_a = 0.1000\ mol \cdot L^{-1}$，所以 pH=1.00。

2. 滴定开始至化学计量点前

在这个阶段，溶液中 NaOH 不足，而 HCl 过量，溶液的酸度取决于剩余 HCl 的浓度。pH 的计算式如下：

$$[H^+]=\frac{V_a-V_b}{V_a+V_b}c_a$$

例如，当滴入 18.00 mL NaOH 溶液时，V_b=18.00 mL，代入上式计算，得$[H^+]=5.26\times10^{-3}\ mol\cdot L^{-1}$，因此 pH=2.28。当 V_b=19.98 mL 时，还差 0.02 mL 即到达化学计量点，滴定误差为−0.1%，同样代入上式计算，得$[H^+]=5.00\times10^{-5}\ mol\cdot L^{-1}$，因此 pH=4.30。

3. 化学计量点时

准确滴入 20.00 mL NaOH 溶液时，HCl 刚好完全反应，此时溶液呈中性，$[H^+]=[OH^-]=1.0\times10^{-7}\ mol\cdot L^{-1}$，即 pH=7.00。

4. 化学计量点后

在这个阶段，溶液中 HCl 不足，NaOH 过量，溶液的酸度取决于过量的 NaOH 浓度。溶液中$[OH^-]$的计算公式如下：

$$[OH^-]=\frac{V_b-V_a}{V_b+V_a}c_b$$

然后可以计算出溶液的 pH。例如，滴入 20.02 mL NaOH 溶液时，即 V_b=20.02 mL，此时 NaOH 过量 0.02 mL，滴定误差为+0.1%，代入上式计算，得$[OH^-]=5.0\times10^{-5}\ mol\cdot L^{-1}$，pOH=4.30，则 pH=9.70。

依照这种方法计算得到的滴定过程中随着 V_b 的增加而增加的 pH 见表 3-2。以滴定百分数(T/%)为横坐标，pH 为纵坐标绘图，即可得到滴定曲线，如图 3-4 所示。

表 3-2 用 0.1000 mol · L^{-1} NaOH 滴定 20.00 mL 0.1000 mol · L^{-1} HCl 时溶液 pH 的变化

V_b/mL	滴定百分数/%	剩余 HCl 体积/mL	过量 NaOH 体积/mL	pH
0.00	0.00	20.00		1.00
18.00	90.00	2.00		2.28
19.80	99.00	0.20		3.30
19.96	99.80	0.04		4.00
19.98	99.90	0.02		4.30
20.00	100.0	0.00	0.00	7.00
20.02	100.1		0.02	9.70
20.04	100.2		0.04	10.00
20.20	101.0		0.20	10.70
22.00	110.0		2.00	11.70
40.00	200.0		20.00	12.52

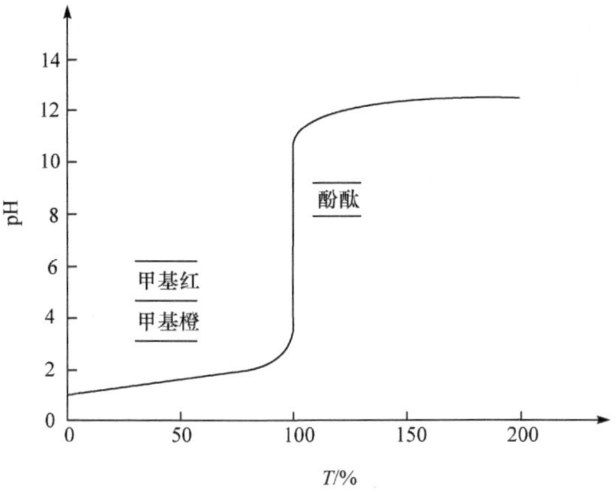

图 3-4　0.1000 mol · L^{-1} NaOH 滴定 20.00 mL 同浓度 HCl 的滴定曲线

从表 3-2 和图 3-4 可见，从滴定开始到加入 19.98 mL NaOH 溶液，HCl 中和了 99.90%，溶液的 pH 从 1.00 变化为 4.30，只改变了 3.30 个单位，溶液的 pH 变化缓慢，这是强酸缓冲区。但是，滴加 19.98 mL(误差为−0.1%)到 20.02 mL(误差为+0.1%)的 NaOH 溶液时，即 0.04 mL NaOH 溶液(相当于 1 滴)就使得溶液的 pH 从 4.30 突然变化为 9.70，改变了 5.40 个单位，因为化学计量点前后，酸或碱的浓度很小，没有缓冲能力了。此后，过量 NaOH 溶液又引起 pH 的缓慢变化，碱的浓度增大，这是强碱缓冲区。

在滴定曲线中，最突出的特征就是化学计量点前后±0.1%相对误差时 pH 呈现的突跃变化，这个变化称为滴定突跃(titration jump)，对应的 pH 变化范围称为突跃范围。

滴定的突跃范围是选择指示剂的依据。理论上，指示剂应该恰好在化学计量点时变色，但这很难做到，也无必要。实际上，在突跃范围以内变色的指示剂，都可保证其滴定终点误差在±0.1%范围内，符合滴定分析的定量要求。

在上述滴定体系中，在突跃范围 pH 4.30～9.70 变色的指示剂，如甲基红(变色范围 pH 4.4～6.2)和酚酞(变色范围 pH 8.0～9.6)都可以使用。如果选用甲基橙(变色范围 pH 3.1～4.4)，终点颜色应该是由橙色突变为黄色(pH≥4.4)，以保证滴定误差小于 0.1%。

滴定突跃范围是选择指示剂的依据，所以影响滴定突跃范围的因素直接影响指示剂的选择。同样可以通过计算绘制不同浓度 NaOH 标准溶液滴定同浓度 HCl 溶液的滴定曲线，如图 3-5 所示。可见，浓度增加 10 倍，滴定突跃范围增加 2 个 pH 单位。

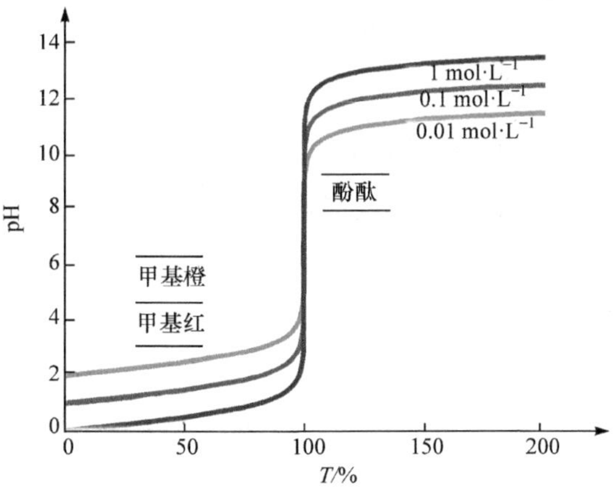

图 3-5　不同浓度 NaOH 标准溶液滴定同浓度 HCl 溶液的滴定曲线

例如，用 1 $mol\cdot L^{-1}$ NaOH 标准溶液滴定同浓度 HCl 溶液，其 pH 突跃范围为 3.30～10.70。此时，酚酞、甲基红都可以使用，若以甲基橙为指示剂，滴定至黄色为终点，滴定误差均小于±0.1%。而以 0.01 $mol\cdot L^{-1}$ NaOH 标准溶液滴定同浓度的 HCl 溶液时，pH 突跃范围为 5.30～8.70，滴定突跃明显缩小，指示剂的选择受到限制。此时，可以选用酚酞，不能用甲基橙，如选用甲基红，需要滴定至溶液突变至黄色。因此，强酸强碱滴定体系的滴定突跃范围大小与酸碱的浓度有关。浓度太小，突跃范围太小，指示剂的选择受到限制，难以确定终点。而浓度过大时，试液和标准溶液消耗量增加，而且寻找终点时的半滴或一滴标准溶液的物质的量大，容易产生较大的误差。所以，在酸碱滴定中，通常选用 0.1 $mol\cdot L^{-1}$ 左右的浓度进行测定。

强酸滴定强碱时，滴定曲线、突跃范围与上述强碱滴定强酸类似，只是 pH 的变化刚好与此相反，指示剂的选择方法也相似，这里不再赘述，可以自行讨论。

3.7.2　一元弱酸(碱)的滴定

将强酸(碱)滴定体系的处理方法运用到一元弱酸(碱)滴定体系，通过滴定过程中 pH 的计算绘制滴定曲线，寻找 pH 突跃范围，从而选择合适的指示剂，确定滴定终点。

通常以强碱或强酸滴定弱酸或弱碱。强碱滴定弱酸 HA 的反应方程式如下：

$$HA + OH^- \rightleftharpoons A^- + H_2O$$

滴定反应常数用 K_t 表示，则

$$K_t = \frac{K_a}{K_w}$$

显然，弱酸的解离常数 K_a 越大，K_t 越大，滴定反应进行得越完全，即极弱酸不适合采用直接滴定法进行测定，后面会进一步讨论。

现以 0.1000 $mol\cdot L^{-1}$(c_b)NaOH 标准溶液滴定 20.00 mL(V_a)0.1000 $mol\cdot L^{-1}$(c_a) HAc 溶液为例，绘制强碱滴定一元弱酸的滴定曲线，通过获得的突跃范围选择合适的指示剂。

1. 滴定开始前

滴定开始前，溶液是 0.1000 $mol\cdot L^{-1}$ HAc 溶液，即一元弱酸溶液中的 H^+浓度为

$$[H^+] = \sqrt{K_a c} = \sqrt{1.8\times10^{-5}\times0.1000} = 1.34\times10^{-3}\ (mol\cdot L^{-1})$$

$$pH = 2.87$$

2. 滴定开始至化学计量点前

此时，溶液中 HAc 过量，与反应产物 Ac^-组成 HAc-Ac^-共轭体系，则 pH 计算公式为

$$[H^+] = K_a\frac{[HA]}{[A^-]} = K_a\frac{c_aV_a - c_bV_b}{c_bV_b} = K_a\frac{V_a - V_b}{V_b}$$

$$pH = pK_a + \lg\frac{V_b}{V_a - V_b}$$

例如，当滴入 19.98 mL NaOH 溶液时

$$pH=4.74 + \lg\frac{19.98}{20.00-19.98}=7.74$$

3. 化学计量点时

溶液中的 HAc 刚好全部被中和，产物为 NaAc，即为一元弱碱溶液。所以，可以先求出溶液的[OH⁻]，再求出 pH。

$$[OH^-]=\sqrt{K_b c}=\sqrt{\frac{K_w}{K_a}c}=\sqrt{\frac{1.0\times10^{-14}}{1.8\times10^{-5}}\times0.05000}=5.3\times10^{-6}\ (mol\cdot L^{-1})$$

$$pOH=5.28,\ pH=14.00-5.28=8.72$$

4. 化学计量点后

在这个阶段，溶液的组成是过量 NaOH 和产物 Ac^-，这是强碱和极弱碱的混合溶液，而且强碱 NaOH 会抑制 Ac^-的解离。因此，可以用过量的 NaOH 浓度近似计算溶液的碱度，其计算方法与强碱滴定强酸相同。

例如，滴加 20.02 mL NaOH 溶液时

$$[OH^-]=\frac{0.02}{20.00+20.02}\times0.1000=5.0\times10^{-5}\ (mol\cdot L^{-1})$$

$$pOH=4.30,\ pH=9.70$$

逐一计算滴定过程中的 pH，列于表 3-3 中。以 pH 对滴定百分数作图，得到滴定曲线，如图 3-6 所示。

表 3-3　用 0.1000 mol · L⁻¹ NaOH 滴定 20.00 mL 0.1000 mol · L⁻¹ HAc 时溶液 pH 的变化

V_b/mL	滴定百分数/%	剩余 HAc 体积/mL	过量 NaOH 体积/mL	pH
0.00	0.00	20.00		2.87
18.00	90.00	2.00		5.70
19.80	99.00	0.20		6.73
19.98	99.90	0.02		7.74
20.00	100.0	0.00	0.00	8.72
20.02	100.1		0.02	9.70
20.20	101.0		0.20	10.70
22.00	110.0		2.00	11.70
40.00	200.0		20.00	12.50

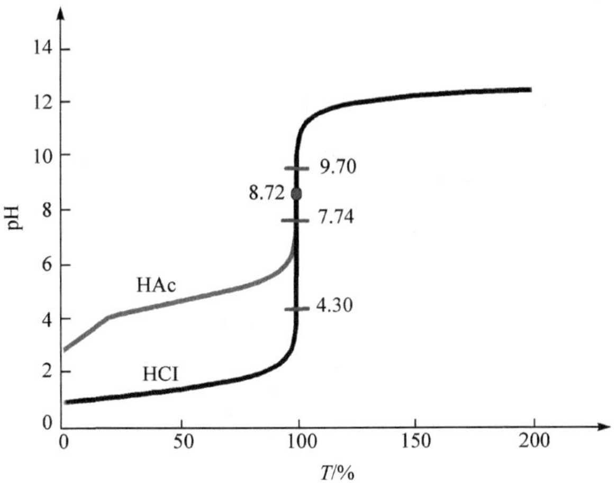

图 3-6　0.1000 mol · L⁻¹ NaOH 滴定同浓度 HAc 的滴定曲线

由图 3-6 可见，与强碱滴定强酸体系相比，滴定过程有所不同：

(1) 滴定开始前，0.1000 mol · L^{-1} HAc 的 pH 为 2.87，比同浓度的 HCl 溶液高 1.87 个 pH 单位。这是因为 HAc 是弱酸，解离程度小。

(2) 滴定刚开始时，pH 随着滴定反应的进行变化较快，这是因为 NaOH 与部分 HAc 反应生成 NaAc，Ac^-的同离子效应使 HAc 的解离度更小，因而$[H^+]$迅速降低。

(3) 随着更多的 NaOH 溶液滴入，HAc 不断减少，NaAc 不断生成，构成缓冲体系，pH 变化不明显，曲线较为平坦。

(4) 接近化学计量点时，HAc 浓度很小，Ac^-的浓度较大，溶液不再有缓冲作用，pH 的变化加快。

(5) 化学计量点后，pH 变化与强碱滴定强酸时相似。

(6) pH 突跃范围为 7.74～9.70，比同浓度的强碱滴定强酸小很多。

该滴定体系的 pH 突跃范围为 7.74～9.70，可以选择酚酞、百里酚酞和百里酚蓝等指示剂确定终点，但不能选用甲基橙和甲基红等酸性范围内变色的指示剂，否则终点误差很大。

从 pH 突跃范围计算过程来看，影响一元弱酸滴定突跃范围的有浓度和弱酸酸性的强弱两个因素：

(1) 当酸一定时，NaOH 溶液的浓度增加 10 倍，突跃范围的终点升高 1 个 pH 单位，突跃范围增加 1 个 pH 单位。但过高的浓度会造成实验过程中寻找滴定终点时半滴或一滴滴定剂的物质的量较大，可能引起较大的误差。因此，一般采用 0.1 mol · L^{-1} NaOH 溶液进行滴定，而不通过提高滴定剂的浓度以获得较大的突跃范围。

(2) 当浓度一定时，K_a 增加 10 倍，突跃范围的起点下降 1 个 pH 单位，突跃范围增加 1 个 pH 单位。图 3-7 是以 0.1000 mol · L^{-1} NaOH 溶液滴定 0.1000 mol · L^{-1} 不同强度弱酸的滴定曲线。可见，K_a 越小，突跃起点越高，突跃范围变小。当 $K_a \leqslant 10^{-9}$ 时，突跃已经不明显，无法利用指示剂的变色确定滴定终点。

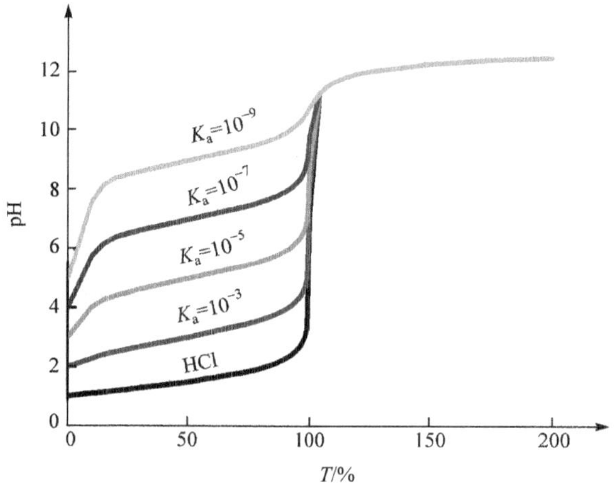

图 3-7　0.1000 mol · L^{-1} NaOH 滴定 0.1000 mol · L^{-1} 不同强度弱酸的滴定曲线

综上所述，弱酸的浓度和解离常数都不能太小，否则无法用指示剂法确定滴定终点。通常，滴定的 pH 突跃范围大于 0.2 个 pH 单位，人眼才能借助指示剂明显的变色准确判断终点(滴定误差不大于 0.1%)，只有在弱酸 $cK_a \geqslant 10^{-8}$ 时，滴定的 pH 突跃范围才能大于 0.2 个 pH 单位。所以，$cK_a \geqslant 10^{-8}$ 是判断弱酸能否被强酸准确滴定的依据。

对于 $cK_a < 10^{-8}$ 的极弱酸，不能用强碱以指示剂变色确定终点而直接滴定，只能考虑返滴定、置换滴定、间接滴定或用仪器检测滴定终点，也可以考虑非水滴定。

对于强酸滴定弱碱，与上述强碱滴定弱酸类似，可以制作滴定曲线，寻找滴定的 pH 突跃范围，选择合适的指示剂。同样，判断弱碱能否被强酸准确滴定的依据是 $cK_b \geq 10^{-8}$。对于 $cK_b < 10^{-8}$ 的极弱碱，需要采用各种间接滴定或非水滴定、仪器检测终点等。

3.7.3　多元酸(碱)和混合酸(碱)的滴定

多元酸(碱)和混合酸(碱)滴定的特点是存在逐级中和现象，在滴定过程中组成复杂，准确计算其滴定过程中的 pH 难度大。因此，这里不介绍其滴定曲线的计算和绘制，只讨论滴定的可行性判断(包括能否分步滴定的判断)、化学计量点 pH 的计算，并以此为依据，选择合适的指示剂。

下面以 0.1000 mol · L^{-1} NaOH 标准溶液滴定 0.1000 mol · L^{-1} H_3PO_4 溶液为例，讨论多元酸滴定过程和选择指示剂的方法。

已知 H_3PO_4 各级解离平衡和解离常数分别为

$$H_3PO_4 \rightleftharpoons H^+ + H_2PO_4^- \qquad K_{a_1} = 7.6 \times 10^{-3}$$

$$H_2PO_4^- \rightleftharpoons H^+ + HPO_4^{2-} \qquad K_{a_2} = 6.3 \times 10^{-8}$$

$$HPO_4^{2-} \rightleftharpoons H^+ + PO_4^{3-} \qquad K_{a_3} = 4.4 \times 10^{-13}$$

NaOH 滴定 H_3PO_4 的过程中，有 3 个化学计量点。首先 H_3PO_4 被中和至 $H_2PO_4^-$，到达第一化学计量点；然后 $H_2PO_4^-$ 继续被中和至 HPO_4^{2-}，到达第二化学计量点。HPO_4^{2-} 的 K_{a_3} 太小，$cK_{a_3} \ll 10^{-8}$，不能直接准确滴定。因此，滴定过程中只可能出现两个 pH 突跃范围。图 3-8 是 0.1000 mol · L^{-1} NaOH 标准溶液滴定同浓度 H_3PO_4 溶液的滴定曲线。

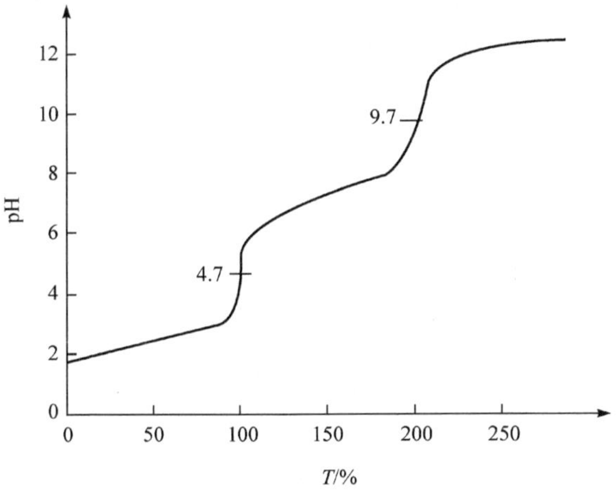

图 3-8　0.1000 mol · L^{-1} NaOH 标准溶液滴定同浓度 H_3PO_4 溶液的滴定曲线

1. 第一化学计量点

用 0.1000 mol · L^{-1} NaOH 溶液滴定同浓度的 H_3PO_4 溶液至第一化学计量点时，产物是 0.05000 mol · L^{-1} $H_2PO_4^-$，这是两性物质溶液。显然，$cK_{a_2} \gg 20K_w$，所以用近似式计算该溶液的 pH：

$$[H^+]=\sqrt{\frac{K_{a_1}K_{a_2}c}{K_{a_1}+c}}=\sqrt{\frac{7.6\times10^{-3}\times6.3\times10^{-8}\times0.05000}{7.6\times10^{-3}+0.05000}}=2.0\times10^{-5}\ (mol\cdot L^{-1})$$

$$pH=4.70$$

可以选用甲基橙为指示剂，也可以使用变色更灵敏的溴甲酚绿指示剂确定终点。

2. 第二化学计量点

0.05000 mol · L^{-1} $H_2PO_4^-$继续被 NaOH 溶液滴定，到达第二化学计量点时，产物是 0.03333 mol · L^{-1} HPO_4^{2-}，依然是两性物质溶液。因为$cK_{a_3}<20K_w$, $c>20K_{a_2}$，所以根据近似式计算：

$$[H^+]=\sqrt{\frac{K_{a_2}(K_{a_3}c+K_w)}{K_{a_2}+c}}=\sqrt{\frac{6.3\times10^{-8}\times(4.4\times10^{-13}\times0.03333+1.0\times10^{-14})}{0.03333}}=2.2\times10^{-10}(mol\cdot L^{-1})$$

$$pH=9.66$$

可选择变色点 pH 约为 10 的百里酚酞为指示剂。

3. 第三化学计量点

显然，H_3PO_4的$K_{a_3}\ll10^{-8}$，说明HPO_4^{2-}酸性太弱，第三化学计量点处没有突跃，故HPO_4^{2-}不能用 NaOH 直接滴定。如果向溶液中加入$CaCl_2$溶液，HPO_4^{2-}与其反应生成$Ca_3(PO_4)_2$沉淀，释放出H^+，弱酸转化为强酸，就可以用 NaOH 溶液进行准确滴定了。

多元酸相邻K_a值的相对大小，如比值K_{a_1}/K_{a_2}直接影响第一化学计量点附近的 pH 突跃范围。如果K_{a_1}/K_{a_2}太小，说明两级解离常数大小相近，第一步反应还没有进行完全，第二步反应同时进行，即交叉中和严重，抑制了突跃，使突跃不明显，无法用指示剂确定滴定终点。相邻K_a值的相对大小对其他各化学计量点附近 pH 突跃范围的影响类似。

终点误差计算结果表明，如果需要保证滴定误差不大于 0.5%，相邻两级的解离常数应满足关系：

$$\frac{K_{a_i}}{K_{a_{i+1}}}\geqslant10^5$$

这是多元酸分步滴定的判断依据。

综上所述，$cK_{a_1}\geqslant10^{-8}$是准确滴定的判断依据，$K_{a_1}/K_{a_2}\geqslant10^5$是分步滴定的判断依据，两个条件同时满足时，多元酸第一级解离的H^+能够被准确滴定，而且第二级解离的H^+对滴定第一级解离的H^+不产生干扰，即能够分步滴定。因此，在滴定过程的第一化学计量点处有明显的 pH 突跃范围，或者说该多元酸能够用强碱标准溶液准确滴定至第一化学计量点。否则，这两个条件中有任何一个不满足，就不会产生明显的 pH 突跃，不能准确滴定至第一化学计量点。对于其他化学计量点是否存在明显的 pH 突跃，依此类推。

例如，草酸的K_{a_1}=5.9×10^{-2}，K_{a_2}=6.4×10^{-5}，显然$K_{a_1}/K_{a_2}\approx10^3$，所以草酸不能进行准确的分步滴定，或者说，第一化学计量点处没有明显的 pH 突跃。但K_{a_1}和K_{a_2}均大于 10^{-8}，在草酸浓度较大的情况下，该二元酸一次被滴定，$H_2C_2O_4$和 NaOH 的化学计量关系是 1∶2。

混合酸的滴定类似于多元酸的滴定，同时考虑浓度的影响。首先判断是否有明显的 pH 突跃，如果有，计算化学计量点的 pH，以此为依据选择滴定的指示剂。

用强碱标准溶液滴定浓度为 c_1、解离常数为 K_a 的弱酸 HA 和浓度为 c_2、解离常数为 K'_a 的弱酸 HB 的混合溶液，若弱酸 HA 的酸性较强，则有如下三种情况：

(1) $c_1K_a \geqslant 10^{-8}$，$c_2K'_a \geqslant 10^{-8}$，$c_1K_a/c_2K'_a \geqslant 10^5$，则该滴定体系在两个化学计量点处会有两个明显的 pH 突跃，即可以分别滴定 HA 和 HB。在第一化学计量点处，体系的组成是 A^-+HB，用两性物质的酸度计算方法计算 pH。在第二化学计量点处，体系的组成是 A^-+B^-，用混合碱的酸度计算公式计算 pH。

(2) $c_1K_a \geqslant 10^{-8}$，$c_2K'_a \geqslant 10^{-8}$，$c_1K_a/c_2K'_a < 10^5$，则该滴定体系不能分步滴定，只有一个明显的 pH 突跃，即只能测定 HA 和 HB 总量。此时，滴定产物为 A^-+B^-，同上计算溶液第二化学计量点的 pH。

(3) $c_1K_a \geqslant 10^{-8}$，$c_2K'_a < 10^{-8}$，$c_1K_a/c_2K'_a \geqslant 10^5$，则该滴定体系只有一个在第一化学计量点处的 pH 突跃，只能准确测定 HA。此时，以两性物质 A^-+HB 计算第一化学计量点的 pH，据此选择指示剂。

如果混合酸中的 HA 为强酸，HB 为弱酸，则有如下三种情况：

(1) 弱酸 $cK_a < 10^{-8}$，用强碱只能滴定其中强酸的含量，即只在第一化学计量点处有一个 pH 突跃。此时，溶液的组成为 HB，按一元弱酸计算 pH。

(2) 弱酸 $10^{-4} > cK_a \geqslant 10^{-8}$，则可以分步滴定，能够分别准确滴定强酸和弱酸，有两个明显的 pH 突跃。两个化学计量点的 pH 分别以一元弱酸 HB 和一元弱碱 B^-进行计算。

(3) 弱酸 $cK_a \geqslant 10^{-4}$，不能分步滴定，只能滴定 HA 和 HB 总量，以一元弱碱 B^-进行 pH 的计算。

对于多元碱和混合碱的滴定，与上述多元酸和混合酸的滴定类似，只是用 K_b 代替 K_a 即可。

3.8　酸碱滴定的终点误差

在酸碱滴定中，以指示剂的变色确定滴定终点时，往往滴定终点与化学计量点不一致，即会产生终点误差(end point error，E_t)。E_t 是指过量(正误差)或不足(负误差)的滴定剂在化学计量点应该加入的滴定剂中的相对误差，一般以百分数表示其大小。下面介绍终点误差的计算公式的推导及应用。

3.8.1　强酸(碱)滴定的终点误差

当用浓度为 c mol · L^{-1} 的 NaOH 标准溶液滴定体积为 V_0 mL、浓度为 c_0 mol · L^{-1} 的 HCl 溶液时，如滴定终点消耗 NaOH 标准溶液的体积为 V，则根据滴定终点误差的定义，可以写出

$$E_t = \frac{n_{NaOH} - n_{HCl}}{n_{HCl}} = \frac{cV - c_0V_0}{c_0V_0} = \frac{(c_{NaOH}^{ep} - c_{HCl}^{ep})V_{ep}}{c_{HCl}^{ep}V_{ep}} = \frac{c_{NaOH}^{ep} - c_{HCl}^{ep}}{c_{HCl}^{ep}}$$

式中，c^{ep} 和 V_{ep} 分别为终点时的浓度和体积，单位分别为 mol · L^{-1} 和 mL。

可以把终点理解为 c_{NaOH}^{ep} mol · L^{-1} NaOH 与 c_{HCl}^{ep} mol · L^{-1} HCl 的混合溶液，则终点溶液的质子平衡方程为

$$[Na^+]_{ep} + [H^+]_{ep} = [OH^-]_{ep} + [Cl^-]_{ep}$$

即

$$c_{NaOH}^{ep} - c_{HCl}^{ep} = [OH^-]_{ep} - [H^+]_{ep}$$

代入上面 E_t 的表达式，则

$$E_t = \frac{c_{NaOH}^{ep} - c_{HCl}^{ep}}{c_{HCl}^{ep}} = \frac{[OH^-]_{ep} - [H^+]_{ep}}{c_{HCl}^{ep}}$$

若用ΔpH 表示滴定终点与化学计量点 pH 的差值，即

$$\Delta pH = pH_{ep} - pH_{sp} = -\lg[H^+]_{ep} - (-\lg[H^+]_{sp}) = -\lg\frac{[H^+]_{ep}}{[H^+]_{sp}}$$

则

$$[H^+]_{ep} = [H^+]_{sp} \times 10^{-\Delta pH}$$

同样

$$\Delta pOH = pOH_{ep} - pOH_{sp} = (pK_w - pH_{ep}) - (pK_w - pH_{ep}) = -\Delta pH$$

即

$$\frac{[OH^-]_{ep}}{[OH^-]_{sp}} = 10^{\Delta pH} \qquad [OH^-]_{ep} = [OH^-]_{sp} \times 10^{\Delta pH}$$

$$E_t = \frac{[OH^-]_{ep} - [H^+]_{ep}}{c_{HCl}^{ep}} = \frac{[OH^-]_{sp} \times 10^{\Delta pH} - [H^+]_{sp} \times 10^{-\Delta pH}}{c_{HCl}^{ep}}$$

化学计量点时

$$[H^+]_{sp} = [OH^-]_{sp} = \sqrt{K_w}$$

所以

$$E_t = \frac{\sqrt{K_w}(10^{\Delta pH} - 10^{-\Delta pH})}{c_{HCl}^{ep}} \times 100\% = \frac{10^{\Delta pH} - 10^{-\Delta pH}}{\sqrt{\frac{1}{K_w} c_{HCl}^{ep}}} \times 100\% \tag{3-46}$$

这就是强碱滴定强酸的终点误差计算公式，常称为林邦(Ringbom)误差公式。林邦误差公式是滴定分析中通用的计算滴定误差的公式，但其公式的表达形式会因滴定体系不同而有所变化。

例 3-17　计算分别以甲基橙和酚酞为指示剂时，0.10 mol · L^{-1} NaOH 滴定同浓度 HCl 溶液的终点误差。

解　强碱滴定强酸的化学计量点为中性溶液，即 pH_{sp}=7.0。

该滴定体系以甲基橙为指示剂时，应该是从橙色突变为黄色为滴定终点，即 pH_{ep}=4.4，则

$$\Delta pH = 4.4 - 7.0 = -2.6$$

而 c_{HCl}^{ep} =0.050 mol · L^{-1}，代入式(3-46)，得

$$E_t = \frac{10^{-2.6} - 10^{-(-2.6)}}{\sqrt{\frac{1}{1.0 \times 10^{-14}} \times 0.050}} \times 100\% = -0.08\%$$

以酚酞为指示剂时，pH_{ep}=9.0，则ΔpH=9.0−7.0=2.0，同样得出

$$E_t=\frac{10^{2.0}-10^{-2.0}}{\sqrt{\frac{1}{1.0\times10^{-14}}\times0.050}}\times100\%=0.02\%$$

同样，可以推导出强酸滴定强碱的终点误差公式为

$$E_t=\frac{10^{\Delta pH}-10^{-\Delta pH}}{\sqrt{\frac{1}{K_w}c_{NaOH}^{ep}}}\times100\% \tag{3-47}$$

3.8.2　一元弱酸(碱)滴定的终点误差

同样的方法可以推导出一元弱酸(碱)滴定的终点误差公式。

用浓度为 c mol · L^{-1} 的 NaOH 标准溶液滴定浓度为 c_0 mol·L^{-1}、体积为 V_0 mL 的一元弱酸 HA，如果滴定至终点时消耗 NaOH 的体积为 V mL，则终点时的溶液的组成是 c_{NaOH}^{ep} mol · L^{-1} NaOH 和 c_{HA}^{ep} mol · L^{-1} HA 的混合溶液。终点溶液的质子平衡方程为

$$[H^+]_{ep}+c_{NaOH}^{ep}=[OH^-]_{ep}+[A^-]_{ep}$$

其物料平衡方程为

$$c_{HA}^{ep}=[A^-]_{ep}+[HA]_{ep}$$

上两式相减，整理得

$$c_{NaOH}^{ep}-c_{HA}^{ep}=[OH^-]_{ep}-[H^+]_{ep}-[HA]_{ep}\approx[OH^-]_{ep}-[HA]_{ep}$$

代入终点误差定义式，得

$$E_t=\frac{cV-c_0V_0}{c_0V_0}=\frac{c_{NaOH}^{ep}-c_{HA}^{ep}}{c_{HA}^{ep}}=\frac{[OH^-]_{ep}-[HA]_{ep}}{c_{HA}^{ep}}$$

同样定义滴定终点与化学计量点 pH 之差为ΔpH，则

$$[OH^-]_{ep}=[OH^-]_{sp}\times10^{\Delta pH}\approx\sqrt{\frac{K_w}{K_a}c_{HA}^{sp}}\times10^{\Delta pH}$$

已知

$$K_a=\frac{[A^-][H^+]}{[HA]}=\frac{[A^-]_{sp}[H^+]_{sp}}{[HA]_{sp}}=\frac{[A^-]_{ep}[H^+]_{ep}}{[HA]_{ep}}$$

通常，滴定终点接近化学计量点，所以

$$[A^-]_{sp}\approx[A^-]_{ep}\qquad\frac{[H^+]_{sp}}{[H^+]_{ep}}=\frac{[HA]_{sp}}{[HA]_{ep}}$$

即

$$[HA]_{ep}=[HA]_{sp}\times10^{-\Delta pH}$$

化学计量点时

$$[OH^-]_{sp}=[H^+]_{sp}+[HA]_{sp}\approx[HA]_{sp}$$

即

$$[HA]_{ep}=[OH^-]_{sp}\times 10^{-\Delta pH}$$

将以上两式代入误差计算式，可得

$$E_t=\frac{[OH^-]_{ep}-[HA]_{ep}}{c_{HA}^{ep}}=\frac{[OH^-]_{sp}\times 10^{\Delta pH}-[OH^-]_{sp}\times 10^{-\Delta pH}}{c_{HA}^{ep}}$$

所以

$$E_t=\frac{\sqrt{\frac{K_w}{K_a}}(10^{\Delta pH}-10^{-\Delta pH})}{c_{HA}^{ep}}\times 100\%=\frac{10^{\Delta pH}-10^{-\Delta pH}}{\sqrt{\frac{K_a}{K_w}c_{HA}^{ep}}}\times 100\% \tag{3-48}$$

例 3-18　以酚酞为指示剂，用 0.10 mol · L^{-1} NaOH 标准溶液滴定同浓度的 HAc 溶液，计算终点误差。

解　滴定终点和化学计量点浓度接近，$c_{HAc}^{ep}\approx c_{HAc}^{sp}=0.050\ mol\cdot L^{-1}$，$K_a=1.8\times10^{-5}$。

化学计量点时

$$[OH^-]_{sp}=\sqrt{\frac{K_w}{K_a}c_{HAc}^{sp}}=\sqrt{\frac{1.0\times10^{-14}}{1.8\times10^{-5}}\times 0.050}=5.3\times10^{-6}\ (mol\cdot L^{-1})$$

$$pH_{sp}=14-pOH=14-5.28=8.72$$

酚酞为指示剂时，$pH_{ep}=9.0$，所以

$$\Delta pH=9.0-8.72=0.28$$

代入式(3-48)，得

$$E_t=\frac{10^{0.28}-10^{-0.28}}{\sqrt{\frac{1.8\times10^{-5}}{1.0\times10^{-14}}\times 0.050}}\times 100\%=0.02\%$$

对于一元弱碱滴定的终点误差，用同样的方式可以推导出类似的计算公式。

3.8.3　多元酸(碱)和混合酸(碱)滴定的终点误差

多元酸(碱)和混合酸(碱)滴定比较复杂，涉及多个滴定终点误差的计算。

当用 NaOH 滴定二元酸 H_2A 至第一个终点时，产物为 NaHA。如果此时溶液中过量(或不足)的 NaOH 的浓度为 b(mol · L^{-1})，根据溶液的质子平衡方程可以得出

$$b=([OH^-]+[A^{2-}]-[H^+]-[H_2A])_{ep_1}$$

第一个滴定终点的溶液中，$[OH^-]_{ep_1}$ 和 $[H^+]_{ep_1}$ 都很小，可以忽略，所以

$$E_{t_1}=\frac{b}{c_{H_2A}^{ep_1}}=\frac{([A^{2-}]-[H_2A]+[OH^-]-[H^+])_{ep_1}}{c_{H_2A}^{ep_1}}\approx\frac{([A^{2-}]-[H_2A])_{ep_1}}{c_{H_2A}^{ep_1}}$$

同样，设滴定终点与化学计量点的 pH 差为ΔpH，则

$$[H^+]_{ep_1}=[H^+]_{sp_1}\times 10^{-\Delta pH}=\sqrt{K_{a_1}K_{a_2}}\times 10^{-\Delta pH}$$

而

$$[A^{2-}]_{ep_1}=\frac{K_{a_2}[HA^-]_{ep_1}}{[H^+]_{ep_1}}$$

$$[H_2A]_{ep_1}=\frac{[H^+]_{ep_1}[HA^-]_{ep_1}}{K_{a_1}}$$

$$[HA^-]_{ep_1}\approx c_{sp_1}\approx c_{ep_1}$$

代入上式，整理得

$$E_{t_1}=\frac{10^{\Delta pH}-10^{-\Delta pH}}{\sqrt{\dfrac{K_{a_1}}{K_{a_2}}}}\times 100\% \tag{3-49}$$

第二个滴定终点的产物为 Na_2A，设过量(或不足)的 NaOH 浓度为 $b'(\text{mol}\cdot L^{-1})$，则根据质子平衡方程可以得出

$$b'=([OH^-]-[H^+]-[HA^-]-2[H_2A])_{ep_2}\approx([OH^-]-[HA^-])_{ep_2}$$

则

$$E_{t_2}=\frac{V_{ep}b'}{2c_{H_2A}^{ep_2}V_{ep}}\times 100\%=\frac{([OH^-]-[HA^-])_{ep_2}}{2c_{H_2A}^{ep_2}}\times 100\%$$

设第二个滴定终点与化学计量点的 pH 差为ΔpH，则

$$[OH^-]_{ep_2}\approx[OH^-]_{sp_2}\times 10^{\Delta pH}$$

第二化学计量点时，溶液的质子平衡方程为

$$[HA^-]_{sp_2}+2[H_2A]_{sp_2}+[H^+]_{sp_2}=[OH^-]_{sp_2}$$

$$[HA^-]_{sp_2}\approx[OH^-]_{sp_2}=\sqrt{\frac{K_w}{K_{a_2}}c_{H_2A}^{ep_2}}$$

因此

$$E_{t_2}=\frac{[OH^-]_{ep_2}\times 10^{\Delta pH}-[OH^-]_{ep_2}\times 10^{-\Delta pH}}{2c_{H_2A}^{ep_2}}\times 100\%=\frac{10^{\Delta pH}-10^{-\Delta pH}}{2\sqrt{\dfrac{K_{a_2}}{K_w}c_{H_2A}^{ep_2}}}\times 100\% \tag{3-50}$$

对于 HA 和 HB 混合酸的滴定，如果 $K_a^{HA}>K_a^{HB}$，同样可推导出滴定至第一个终点时的误差公式为

$$E_{t_1}=\frac{([OH^-]+[B^-]-[HA]-[H^+])_{ep}}{c_{HA}^{ep}}\approx\frac{([B^-]-[HA])_{ep}}{c_{HA}^{ep}}$$

设滴定终点与化学计量点的 pH 差为ΔpH，则

$$E_{t_2}=\frac{10^{\Delta pH}-10^{-\Delta pH}}{\sqrt{\dfrac{K_a^{HA}c_a^{HA}}{K_a^{HB}c_a^{HB}}}}\times 100\% \tag{3-51}$$

例 3-19　用 0.10 mol · L^{-1} NaOH 标准溶液滴定同浓度的 H_3PO_4 溶液，分别计算甲基橙突变为黄色和百里酚酞突变为蓝色时的终点误差。

解　甲基橙突变为黄色时，终点溶液的 pH=4.4，0.10 mol · L^{-1} NaOH 标准溶液滴定同浓度的 H_3PO_4 溶液，第一化学计量点 pH=4.7，所以 $\Delta pH = 4.4 - 4.7 = -0.3$，代入式(3-49)得

$$E_{t_1} = \frac{10^{\Delta pH} - 10^{-\Delta pH}}{\sqrt{\dfrac{K_{a_1}}{K_{a_2}}}} \times 100\% = \frac{10^{-0.3} - 10^{0.3}}{\sqrt{\dfrac{10^{-2.12}}{10^{-7.20}}}} \times 100\% = -0.43\%$$

百里酚酞突变为蓝色时，pH=10.0，该滴定体系第二化学计量点 pH=9.66，所以 $\Delta pH = 10.0 - 9.66 = 0.34$，代入式(3-49)得

$$E_{t_2} = \frac{10^{0.34} - 10^{-0.34}}{2\sqrt{\dfrac{10^{-7.20}}{10^{-12.36}}}} \times 100\% = 0.23\%$$

相当于一元碱滴定二元酸，所以分母乘以 2。

对于多元碱和混合碱滴定的终点误差，可按类似方法进行推导和计算。

3.9　酸碱滴定法的应用

常量组分的强酸、强碱和 cK_a(或 cK_b)$\geqslant 10^{-8}$ 的弱酸(或弱碱)，以及满足分步滴定的多元酸碱、混合酸碱都可以用相应的碱或酸标准溶液直接进行测定，而返滴定法、置换滴定法和间接滴定法也可以应用于一些不满足这些条件的酸碱的测定，所以酸碱滴定法广泛应用于生物、食品、药物、环境和化工等领域。

3.9.1　CO_2 对酸碱滴定法的影响

空气中的 CO_2 溶于水产生有酸碱性的组分 H_2CO_3、HCO_3^- 或 CO_3^{2-}，在酸碱滴定中，可能会影响滴定结果，需要根据具体情况进行分析，以减少滴定误差。

具体来说，滴定体系中 CO_2 的引入途径有：

(1) 标准碱溶液或配制标准碱溶液的试剂吸收了空气中的 CO_2。

(2) 配制溶液的蒸馏水或去离子水吸收了 CO_2。

(3) 在滴定过程中吸收了 CO_2。

在酸碱滴定中，CO_2 的影响程度是由滴定终点的 pH 决定的，也就是与选用的指示剂相关。例如，如果 NaOH 标准溶液在保存过程中吸收 CO_2，在溶液中产生 Na_2CO_3，反应式为

$$2NaOH + CO_2 \rightleftharpoons Na_2CO_3 + H_2O$$

以该标准溶液测定 HCl 溶液的浓度时，如果以甲基橙或甲基红为指示剂，滴定终点为酸性，则 Na_2CO_3 的产物为 H_2CO_3：

$$Na_2CO_3 + 2H^+ \rightleftharpoons H_2CO_3 + 2Na^+$$

可见，第一步 CO_2 反应消耗的 NaOH 和第二步参与反应的 HCl 等量。这种情况下，NaOH 标准溶液中溶解的 CO_2 对 HCl 的测定没有影响。

如果以酚酞为指示剂，滴定终点为碱性，NaOH 标准溶液中的 Na_2CO_3 的产物为 $NaHCO_3$，反应式为

$$Na_2CO_3 + H^+ \rightleftharpoons HCO_3^- + 2Na^+$$

可见，第一步 CO_2 反应消耗的 NaOH 的量是第二步参与反应的 HCl 量的两倍。这种情况下，NaOH 滴定体积偏大，会使 HCl 的测定结果偏高。

如果用吸收了 CO_2 的 NaOH 标准溶液测定弱酸含量，只能用酚酞作指示剂，也会使弱酸的测定结果偏高。

对于吸收了 CO_2 的碱溶液为被测溶液等情况，可以同样进行分析。

3.9.2　酸碱标准溶液的配制和标定

在酸碱滴定中，常用 HCl 配制酸标准溶液，用 NaOH(或 KOH)配制碱标准溶液，配制浓度一般为 0.01～1 $mol \cdot L^{-1}$，可以根据实际需要配制所需浓度的标准溶液进行滴定分析。

1. 酸标准溶液的配制和标定

市售的浓盐酸易挥发，浓度不确定，所以通常用间接法配制 HCl 标准溶液。通常配制 0.1 $mol \cdot L^{-1}$ 的 HCl 标准溶液进行滴定，因为这个浓度相当稳定。

HCl 标准溶液的配制是先配制所需大致浓度的溶液，再用基准物质进行标定。标定 HCl 标准溶液浓度的基准物质通常使用无水 Na_2CO_3 和硼砂($Na_2B_4O_7 \cdot 10H_2O$)。

无水 Na_2CO_3 价格便宜、易干燥制得纯品，但是其摩尔质量较小、易吸湿，而且标定 HCl 溶液时，滴定终点变色不够敏锐。因此，使用前将该基准物质于 180～200℃烘箱中干燥 2～3 h，取出后在干燥器中冷却至室温，保存于干燥器中备用，并随时避免该物质吸潮。标定反应式如下：

$$Na_2CO_3 + 2HCl \rightleftharpoons 2NaCl + H_2CO_3$$
$$H_2CO_3 \longrightarrow H_2O + CO_2\uparrow$$

滴定反应化学计量点的 pH 约为 4，故选择甲基橙为指示剂。该滴定终点的突跃范围不理想，而且酸碱反应比较快，H_2CO_3 的分解反应比较慢，会出现“假终点”现象。因此，接近终点时，应剧烈摇动反应溶液，也可以适当加热，消除这些影响，提高准确度。

硼砂不易吸潮，易提纯制得纯品，摩尔质量大，称量误差小，其缺点是易失水风化，所以硼砂应保存在恒湿器(恒湿器中装有食盐和蔗糖饱和溶液，控制相对湿度约 60%)中。标定反应式如下：

$$Na_2B_4O_7 + 2HCl + 5H_2O \rightleftharpoons 4H_3BO_3 + 2NaCl$$

滴定终点产物为 H_3BO_3，溶液 pH 约为 5.1，故可以用甲基红作指示剂进行滴定。

2. 碱标准溶液的配制和标定

NaOH 固体试剂中通常含有少量 Na_2CO_3，而且 NaOH 固体表面易吸收空气中的 H_2O 和 CO_2，所以 NaOH 是典型的非基准物质，用间接法配制标准溶液(常用浓度为 0.1 $mol \cdot L^{-1}$)。

NaOH 固体试剂中的 Na_2CO_3、水中的 CO_2、配制 NaOH 标准溶液时吸收空气中的 CO_2 等都会使其标准溶液中存在一定量的 Na_2CO_3。如果用含有 Na_2CO_3 的 NaOH 标准溶液滴定酸，以甲基橙为指示剂，对测定结果没有影响；而以酚酞为指示剂，测定结果会产生误差(滴定弱酸时，只能用酚酞为指示剂)。配制不含或含较少 Na_2CO_3 的 NaOH 标准溶液的方法是：先配制 50%浓碱，此时 Na_2CO_3 溶解度很小而沉淀，再吸取上层清液，用煮沸并冷却的蒸馏水稀释至所需浓度进行标定。如果要求不高，也可以将 NaOH 固体颗粒用蒸馏水冲洗两三次，除去

颗粒表面吸附的 CO_2 和 H_2O 反应而产生的 Na_2CO_3，再用煮沸并冷却的蒸馏水溶解。将 NaOH 标准溶液储存于塑料瓶中(因 NaOH 腐蚀玻璃)，盖上橡皮塞。

常用的标定 NaOH 标准溶液的基准物质有邻苯二甲酸氢钾($KHC_8H_4O_4$)和二水合草酸($H_2C_2O_4 \cdot 2H_2O$)。

邻苯二甲酸氢钾容易提纯、不含结晶水、不易吸潮、稳定、易保存，而且摩尔质量大，是最常用的标定 NaOH 标准溶液浓度的基准物质。标定反应式如下：

$$KHC_8H_4O_4 + NaOH \rightleftharpoons KNaC_8H_4O_4 + H_2O$$

以酚酞为指示剂，终点变色敏锐，准确度高。

二水合草酸固体试剂比较稳定，不易风化，但其水溶液易氧化分解而不稳定。草酸是二元有机酸，不能分步滴定，只能一次滴定至第二化学计量点。滴定反应式如下：

$$H_2C_2O_4 + 2NaOH \rightleftharpoons Na_2C_2O_4 + 2H_2O$$

同样，以酚酞为指示剂确定终点。

3.9.3 酸碱滴定法的应用示例

酸碱滴定法既可以测定无机组分，也可以测定有机组分，既可以测定小分子化合物，也可以测定大分子化合物，在化学及其相关领域的科研及工农业生产中应用广泛，特别是间接滴定法和非水滴定法有效地扩充了酸碱滴定法的应用范围。

下面以混合碱的分析、铵盐中氮含量的测定、磷含量的测定、醛和酮的测定、阿司匹林原料药的测定和食品防腐剂苯甲酸的测定等为例，介绍酸碱滴定法的应用。

1. 混合碱的分析

这里“混合碱”不是广义地指任意几种碱性化合物的混合物，而是指工业产品中常见的混合碱，即 NaOH、Na_2CO_3 和 $NaHCO_3$ 三者之间可能存在的混合物。例如，在化学工业产品中，氢氧化钠俗称烧碱，该产品在生产、运输或储存过程中，会因为吸收空气中的 CO_2 而部分转变为 Na_2CO_3。在化学工业和食品工业中，Na_2CO_3 称为纯碱或苏打、碱灰，吸收空气中的 CO_2 后，部分转变为 $NaHCO_3$。$NaHCO_3$ 俗称小苏打，热分解也会影响其纯度。这些产品的纯度测定都可以采用酸碱滴定法。

酸碱滴定法进行混合碱的分析有多种方法。

1) 双指示剂法

所谓双指示剂法测定混合碱，是指以 HCl 标准溶液进行滴定，利用酚酞和甲基橙两种指示剂分别指示终点的方法。

例如，烧碱中 NaOH 和 Na_2CO_3 的双指示剂测定过程：准确称取一定量试样，用适量的去离子水溶解后，加入酚酞指示剂，用 HCl 标准溶液滴定至样品溶液红色刚好消失，此时 NaOH 反应完全，而 Na_2CO_3 仅被中和为 $NaHCO_3$，记录 HCl 标准溶液的消耗体积 V_1。再向溶液中加入甲基橙指示剂，继续用 HCl 标准溶液滴定至样品溶液从黄色突变为橙红色，记录 HCl 标准溶液消耗的体积 V_2，此时 $NaHCO_3$ 和 HCl 完全反应，即 V_2 是滴定 $NaHCO_3$ 所消耗 HCl 标准溶液的体积。因为第二个滴定终点的 pH 突跃范围不理想，而且 $NaHCO_3$ 和 HCl 的反应速度大于 H_2CO_3 分解的速度而易造成假终点现象，所以接近终点时，可以加强锥形瓶的摇动，慢速滴定，必要时可以适当加热，以除去 CO_2，加速反应。

第一个滴定终点的化学反应式为

$$NaOH + HCl \rightleftharpoons NaCl + H_2O$$

$$Na_2CO_3 + HCl \rightleftharpoons NaHCO_3 + NaCl$$

第二个滴定终点的化学反应式为

$$NaHCO_3 + HCl \rightleftharpoons NaCl + CO_2\uparrow + H_2O$$

显然，Na_2CO_3 被中和至 $NaHCO_3$ 与 $NaHCO_3$ 被中和至 H_2CO_3 所消耗的 HCl 的体积相等。由此，可以进行混合碱各组分的含量计算。计算式如下：

$$w_{Na_2CO_3} = \frac{c_{HCl}V_2M_{Na_2CO_3}}{m_s} \times 100\%$$

$$w_{NaOH} = \frac{c_{HCl}(V_1 - V_2)M_{NaOH}}{m_s} \times 100\%$$

双指示剂法进行混合碱的分析，简便快速，但准确度不理想，因为是在一份样品中连续进行两个组分的滴定，而第一步终点变色时酚酞红色的消失不易准确判断，误差大，滴定过量或不足，直接影响第二步滴定的体积。

同样，利用双指示剂法也可以进行纯碱中 $NaHCO_3$ 和 Na_2CO_3 含量的测定，可以自行设计实验方案。

双指示剂法可以同时用于混合碱的定性和定量分析。根据上述滴定的原理，根据 V_1 和 V_2 的大小及其相对大小关系，可以进行成分分析，见表 3-4。

表 3-4　混合碱的定性分析

V_1 和 V_2 关系	$V_1>0$ $V_2=0$	$V_1>0$ $V_2>0$ $V_1=V_2$	$V_1=0$ $V_2>0$	$V_1>0$ $V_2>0$ $V_1>V_2$	$V_1>0$ $V_2>0$ $V_1<V_2$
混合碱组成	NaOH	Na_2CO_3	$NaHCO_3$	$NaOH+Na_2CO_3$	$Na_2CO_3+NaHCO_3$

2) 氯化钡法

氯化钡法是分别在两份样品溶液中进行测定，可以部分减少双指示剂法的误差，提高测量的准确度。

实验过程：准确称取所需的一定量试样，用已除去 CO_2 的蒸馏水溶解后，稀释定容到所需体积。准确移取一定体积的该样品溶液，加入甲基橙指示剂，用 HCl 标准溶液滴定，消耗的体积记为 V_1，测定总碱度。该滴定反应是

$$NaOH + HCl \rightleftharpoons NaCl + H_2O$$

$$Na_2CO_3 + 2HCl \rightleftharpoons 2NaCl + CO_2\uparrow + H_2O$$

准确移取同样体积的样品溶液，加入 $BaCl_2$ 溶液，使 Na_2CO_3 转化为微溶的 $BaCO_3$：

$$Na_2CO_3 + BaCl_2 \rightleftharpoons BaCO_3\downarrow + 2NaCl$$

然后，以酚酞作指示剂，用 HCl 标准溶液滴定，消耗 HCl 的体积为 V_2。显然，可以根据 V_2 求得 NaOH 的含量：

$$w_{NaOH} = \frac{c_{HCl}V_2M_{NaOH}}{m_s} \times 100\%$$

混合碱中 Na_2CO_3 的含量应该由 HCl 标准溶液的体积 V_1-V_2 进行计算：

$$w_{Na_2CO_3}=\frac{\frac{1}{2}c_{HCl}(V_1-V_2)M_{Na_2CO_3}}{m_s}\times 100\%$$

需要指出的是，在滴定第二份有 $BaCO_3$ 沉淀的溶液时，以酚酞为指示剂，不要用甲基橙作指示剂，这是因为甲基橙的变色点在 pH 4 左右，若滴定到甲基橙变色，会有部分 $BaCO_3$ 溶解，滴定结果误差大。

以上方法也可以应用于磷酸盐和氢氧化钠各种混合物的定性和定量分析。读者可自行组合各种混合物的组成，并设计滴定方案，列出计算公式。

2. 铵盐中氮含量的测定

铵根 NH_4^+ 是极弱酸，无法用 NaOH 标准溶液直接法测定，可以应用间接法进行测定。由此，可以实现土壤、植物、肥料和其他有机化合物中氨态氮分析或通过不同的样品处理使各种氮转化为氨态氮而进行氮总量分析。

常用于测定铵盐中氮含量的方法有工业蒸馏法和实验室甲醛法。

1) 蒸馏法

将铵盐溶液置于蒸馏设备中，加入过量的浓 NaOH，并加热煮沸，将蒸馏出来的 NH_3 用过量的 HCl 标准溶液吸收，吸收液为 NH_4Cl 和 HCl 混合液，以甲基红指示终点，用 NaOH 标准溶液滴定其中剩余的 HCl，根据 HCl 的总量和剩余的量可以计算出氨态氮含量。

用 HCl 标准溶液吸收法进行氨态氮含量测定时，HCl 标准溶液总体积和 NaOH 标准溶液滴定体积的读数误差都会带来氮含量测定的误差。

为了减少误差，可以使用 H_3BO_3 溶液吸收蒸馏出来的 NH_3，然后选用甲基红与溴甲酚绿混合指示剂，用标准硫酸溶液滴定至灰色时为终点。这里，H_3BO_3 可以吸收 NH_3，但其酸性极弱，不影响吸收后的滴定，故其总量不需要定量，只需要过量即可。如此，计算公式中不出现 H_3BO_3 的体积，减少了分析结果的误差。

凯氏(Kjeldahl)定氮法是工业和实验室常用的测定有机化合物中氮含量的重要方法。该法是在有机试样中加入浓 H_2SO_4、K_2SO_4 和 $CuSO_4$ 溶液，加热分解，有机化合物中的氮定量转化为 NH_4HSO_4 或 $(NH_4)_2SO_4$。之后，利用蒸馏法进行氮的测定。显然，凯氏定氮法测定的是样品中氮总含量，不能做氮的形态分析。凯氏定氮法可以应用于蛋白质、胺类、酰胺类及尿素等有机化合物中氮的测定。对于蛋白质的测定，因为不同蛋白质中氮的含量基本相同，所以可根据氮的含量计算出蛋白质的含量。通常，以氮的质量换算为蛋白质的质量时的换算因子约为 6.25(蛋白质中含 16%的氮)。而如果蛋白质大部分为白蛋白，则质量换算因子为 6.27。

2) 甲醛法

弱酸、弱碱的强化是酸碱滴定法测定极弱酸和极弱碱的策略之一。铵盐与甲醛作用，生成等物质的量的酸(质子化的六亚甲基四胺和 H^+)，其反应式如下：

$$4NH_4^+ + 6HCHO \rightleftharpoons (CH_2)_6N_4H^+ + 3H^+ + 6H_2O$$

以酚酞作指示剂，用 NaOH 标准溶液定量滴定反应产物。其中，NH_4^+ 与 NaOH 的物质的量比为 1∶1。

对于含有游离酸的待测试样，需要以甲基红为指示剂，先用 NaOH 溶液将游离酸中和。注意，这里不能用酚酞作指示剂，否则部分待测的 NH_4^+ 被中和，会引起较大误差。

3. 磷含量的测定

磷铁中磷含量的酸碱滴定法测定是国家黑色冶金行业标准方法(YB/T 4532—2016)，同样也可以用酸碱滴定法测定矿样中磷的含量。首先，样品用盐酸、硝酸和氢氟酸分解，用高氯酸氧化磷为磷酸。然后，在硝酸铵存在的硝酸介质中，磷酸与钼酸铵反应，生成黄色磷钼酸铵沉淀：

$$PO_4^{3-} + 12MoO_4^{2-} + 2NH_4^+ + 25H^+ \rightleftharpoons (NH_4)_2HPMo_{12}O_{40} \cdot H_2O\downarrow + 11H_2O$$

将沉淀过滤、水洗，溶解于定量且过量的 NaOH 标准溶液中：

$$(NH_4)_2HPMo_{12}O_{40} \cdot H_2O + 27OH^- \rightleftharpoons PO_4^{3-} + 12MoO_4^{2-} + 2NH_3 + 16H_2O$$

过量的 NaOH 用 HNO_3 标准溶液返滴定至酚酞指示剂突然刚好褪色，反应式如下：

$$OH^-(\text{过量的 NaOH}) + H^+ \rightleftharpoons H_2O$$

$$PO_4^{3-} + H^+ \rightleftharpoons HPO_4^{2-}$$

$$NH_3 + H^+ \rightleftharpoons NH_4^+$$

总反应式如下：

$$(NH_4)_2HPMo_{12}O_{40} \cdot H_2O + 24OH^- \rightleftharpoons HPO_4^{2-} + 12MoO_4^{2-} + 2NH_4^+ + 13H_2O$$

可见，磷与 NaOH 的化学计量关系为 1 : 24。

试样中磷的质量分数计算式如下：

$$w_P = \frac{(c_{NaOH}V_{NaOH} - c_{HNO_3}V_{HNO_3}) \times \frac{1}{24}M_P}{m_s} \times 100\%$$

这里需要思考的是，当酚酞突然褪色时($pH \approx 8$)，溶液中的 NH_3 并未完全被中和，加上挥发损失部分，会让分析结果产生负误差。同时，该酸度下，有一部分 HPO_4^{2-} 被中和生成 $H_2PO_4^-$，会引起正误差。实际上，这两种误差可基本抵消。

本方法可以应用于微量磷的测定，因为磷的化学计量比很小。

4. 醛和酮的测定

酸碱滴定法也可用于测定醛、酮、醇和酯等带羟基、羰基等的有机物。相对而言，有机反应速度较慢，所以一般用返滴定法进行测定。

酸碱滴定测定醛和酮的方法有如下两种。

1) 盐酸羟胺法

将过量的盐酸羟胺加入待测的醛或酮溶液中，充分反应后，用标准碱溶液滴定游离酸产物。

本方法涉及的化学反应式有

$$R—CHO + NH_2OH \cdot HCl \rightleftharpoons R—CHNOH + H_2O + HCl$$

$$R—CO—R' + NH_2OH \cdot HCl \rightleftharpoons R—CNOH—R' + H_2O + HCl$$

因为溶液中存在过量的盐酸羟胺，使溶液显酸性，所以用溴酚蓝指示滴定终点。

2) 亚硫酸钠法

将亚硫酸钠加入待测的醛或酮溶液中，会生成加成化合物和游离碱，反应式如下：

$$R—CHO + Na_2SO_3 + H_2O \rightleftharpoons R—CH(OH)SO_3Na + NaOH$$

$$R—CO—R' + Na_2SO_3 + H_2O \rightleftharpoons R—CR'(OH)SO_3Na + NaOH$$

以百里酚酞为指示剂，用盐酸标准溶液滴定生成的游离碱。

5. 阿司匹林原料药的测定

阿司匹林的化学名称为乙酰水杨酸，属于芳酸酯类药物。该化合物分子中有一个羟基，呈酸性，常温下，其酸式解离常数 $K_a=3.27\times10^{-4}$，可以用碱标准溶液直接滴定。但是，阿司匹林微溶于水，易溶于乙醇，而且乙醇极性较小，可以抑制乙酰水杨酸的水解，所以选用乙醇为溶剂溶解样品。

实验过程：取适量阿司匹林原料药，用中性乙醇溶解后，加入酚酞指示剂，用 NaOH 标准溶液滴定至溶液突变为淡红色即为终点。根据称样量和 NaOH 标准溶液消耗体积计算原料药中阿司匹林的含量。

6. 食品防腐剂苯甲酸的测定

苯甲酸是常用的防腐剂之一，其酸式解离常数 $K_a=6.2\times10^{-5}$，可以用 NaOH 标准溶液直接滴定。

实验过程：取所需量的干燥样品，加入 50%中性乙醇溶液使样品完全溶解，加入酚酞指示剂，用 NaOH 标准溶液滴定至溶液突变为淡红色。根据称样量和 NaOH 标准溶液消耗体积计算苯甲酸的含量。

3.10　非水溶液中的酸碱滴定

选择酸碱滴定反应的溶剂时，被测物质的溶解度和酸碱性的强弱是需要考虑的两个重要因素。许多有机酸碱物质难溶于水，只能在非水溶液中滴定。水溶液中的极弱酸或极弱碱的滴定反应不能定量进行，因而不能直接准确滴定，但非水溶剂可能加大这些酸或碱的解离常数，满足直接准确滴定的要求。

3.10.1　溶剂与溶质的酸碱性

1. 溶剂的分类

1) 质子溶剂

质子溶剂既能接受质子，也能给出质子，可发生质子自递反应。水、甲醇、乙醇等接受和给出质子能力相当的溶剂称为中性溶剂。给出质子的能力比水强、接受质子的能力比水弱的溶剂称为酸性溶剂，如甲酸、乙酸等。与此相反，液氨、乙二胺、二甲基甲酰胺等给出质子的能力比水弱，接受质子的能力则比水强，属于碱性溶剂。

2) 非质子溶剂

非质子溶剂不能给出质子，接受质子的能力则各有差异。不参与酸碱反应的溶剂称为惰性溶剂，如苯、三氯甲烷和四氯化碳等。具有质子接受倾向和成氢键能力的溶剂称为偶极亲质子溶剂，如乙腈、丙酮、二甲亚砜等。

2. 溶剂的质子自递反应

两性溶剂既能给出质子，也能接受质子，有两个酸碱半反应。其中之一，溶剂作为酸给出质子：

$$\mathrm{SH} \rightleftharpoons \mathrm{H^+ + S^-} \qquad K_a^{\mathrm{SH}} = \frac{a_{\mathrm{H^+}} a_{\mathrm{S^-}}}{a_{\mathrm{SH}}}$$

SH 代表质子溶剂，K_a^{SH} 为溶剂的固有酸度常数，其值越大，SH 给出质子的能力越强。在另一个半反应中，SH 作为碱接受质子：

$$\mathrm{SH + H^+} \rightleftharpoons \mathrm{SH_2^+} \qquad K_b^{\mathrm{SH}} = \frac{a_{\mathrm{SH_2^+}}}{a_{\mathrm{SH}} a_{\mathrm{H^+}}}$$

K_b^{SH} 为溶剂的固有碱度常数，其值越大，SH 接受质子的能力越强。溶剂的质子自递反应为

$$\mathrm{SH + SH} \rightleftharpoons \mathrm{SH_2^+ + S^-}$$

反应的平衡常数即溶剂的质子自递常数：

$$K_s = \frac{a_{\mathrm{SH_2^+}} a_{\mathrm{S^-}}}{a_{\mathrm{SH}}^2} = K_a^{\mathrm{SH}} K_b^{\mathrm{SH}}$$

pK_s 的大小反映了溶剂区分溶质酸碱强弱的 pSH_2^+ 范围(表 3-5)。例如，水和乙醇的 pK_s 分别为 14.0 和 19.1，水对酸碱强弱的区分效应范围是 14 个 pH 单位，乙醇则是 19.1 个 $pC_2H_5OH_2^+$ 单位。

表 3-5 常见溶剂的质子自递常数及介电常数(25℃)

溶剂	pK_s	ε	溶剂	pK_s	ε
水	14.00	78.5	乙酸	14.45	6.13
甲醇	16.7	31.5	乙二胺	15.3	14.2
乙醇	19.1	24.0	二甲基甲酰胺	18.0 (20℃)	36.7
甲酸	6.22	58.5 (16℃)			

3. 溶剂对溶质酸碱性的影响

1) 溶剂固有酸碱度的影响

酸(HA)的酸碱半反应为

$$\mathrm{HA} \rightleftharpoons \mathrm{H^+ + A^-} \qquad K_a^{\mathrm{HA}} = \frac{a_{\mathrm{H^+}} a_{\mathrm{A^-}}}{a_{\mathrm{HA}}}$$

K_a^{HA} 为 HA 的固有酸度常数，其值越大，HA 的固有酸性越强。HA 在质子溶剂 SH 中的解离反应为

$$\mathrm{HA + SH} \rightleftharpoons \mathrm{SH_2^+ + A^-}$$

反应的平衡常数为 HA 的解离常数：

$$K_a = \frac{a_{SH_2^+} a_{A^-}}{a_{HA} a_{SH}} = \frac{a_{H^+} a_{A^-}}{a_{HA}} \frac{a_{SH_2^+}}{a_{SH} a_{H^+}} = K_a^{HA} K_b^{SH}$$

上式说明，HA 的酸性强弱不仅与其自身的固有酸度有关，也与溶剂的固有碱度有关。

碱(B)的酸碱半反应为

$$B + H^+ \rightleftharpoons BH^+ \qquad K_b^B = \frac{a_{BH^+}}{a_{H^+} a_B}$$

K_b^B 为 B 的固有碱度常数，其值越大，B 的固有碱性越强。B 在质子溶剂 SH 中的解离反应为

$$B + SH \rightleftharpoons S^- + BH^+$$

B 的解离常数：

$$K_b = \frac{a_{BH^+} a_{S^-}}{a_B a_{SH}} = \frac{a_{BH^+}}{a_B a_{H^+}} \frac{a_{H^+} a_{S^-}}{a_{SH}} = K_b^B K_a^{SH}$$

同样，B 的碱性强弱既与自身的固有碱度有关，也与溶剂的固有酸度有关。因此，弱酸的滴定应在酸性弱碱性强的溶剂中进行，而弱碱的滴定应使用酸性强碱性弱的溶剂。

2) 溶剂介电常数的影响

根据库仑定律

$$F = \frac{q^+ q^-}{r^2 \varepsilon}$$

离子之间的静电引力 F 与溶剂的介电常数 ε 成反比，因此溶剂的介电常数对溶质的酸碱强弱可能产生影响。在介电常数低的质子溶剂(SH)中，不带电荷的酸(HA)的解离过程如下：

$$HA + SH \rightleftharpoons [SH_2^+ \cdot A^-] \rightleftharpoons SH_2^+ + A^-$$

HA 首先电离形成离子对 $SH_2^+ \cdot A^-$，然后离子对再解离成带正电的溶剂化质子和带负电的共轭碱阴离子。溶剂的介电常数越低，离子对正、负电荷间的静电引力就越大，则解离度越低，从而减弱 HA 的酸性。不带电荷的碱的解离过程中也会形成离子对，碱性强度随溶剂介电常数的减小而变弱。带电荷的酸或碱的解离过程中不涉及离子对的形成，溶剂介电常数的变化对它们的酸碱强度影响不大。例如，乙酸根(Ac^-)的解离

$$Ac^- + SH \rightleftharpoons [S^- \cdot HAc] \rightleftharpoons S^- + HAc$$

4. 溶剂的拉平效应与区分效应

将不同强度的酸或碱拉平到溶剂化质子或溶剂阴离子水平的效应称为溶剂的拉平效应。能区分不同酸或碱强度的效应则是溶剂的区分效应。例如，水是 $HClO_4$、HCl 和 HNO_3 的拉平性溶剂。在水的稀溶液中，这些酸都能完全解离，变为水化质子 H_3O^+，因此它们的酸性强度都被拉平到 H_3O^+的水平而不会表现出差异性。但若改用乙酸作溶剂，$HClO_4$、HCl 和 HNO_3 的强度差异则能显现出来。

$$HClO_4 + HAc \rightleftharpoons H_2Ac^+ + ClO_4^- \qquad pK_a = 4.9$$

$$HCl + HAc \rightleftharpoons H_2Ac^+ + Cl^- \qquad pK_a = 8.6$$

$$HNO_3 + HAc \rightleftharpoons H_2Ac^+ + NO_3^- \qquad pK_a = 9.4$$

pK_a 值显示，在乙酸中，$HClO_4$、HCl 和 HNO_3 的强度顺序是 $HClO_4 > HCl > HNO_3$。乙酸能区分这三种酸的强度是因为它的碱性比水弱，不能完全接受它们的质子，$HClO_4$、HCl 和 HNO_3 只能部分解离。乙酸是 $HClO_4$、HCl 和 HNO_3 的区分性溶剂。

溶剂的区分效应可用于混合酸碱的分别滴定。例如，甲基异丁酮是高氯酸、盐酸、水杨酸、乙酸和苯酚的区分性溶剂，在甲基异丁酮中，可以用氢氧化四丁基铵分别定量滴定这五种酸。

3.10.2 非水滴定应用示例

1. 吡啶的滴定

吡啶在水中的碱性很弱，$K_b = 1.7\times10^{-9}$，难以满足准确滴定的条件：$cK_b \geqslant 10^{-8}$。而在酸性强于水的乙酸中，吡啶的碱性显著增强，K_b 值增大到 8×10^{-7}，有足够宽的滴定突跃范围，可定量滴定。图 3-9 是以 $HClO_4$ 作滴定剂，分别在乙酸和水中滴定吡啶的滴定曲线。

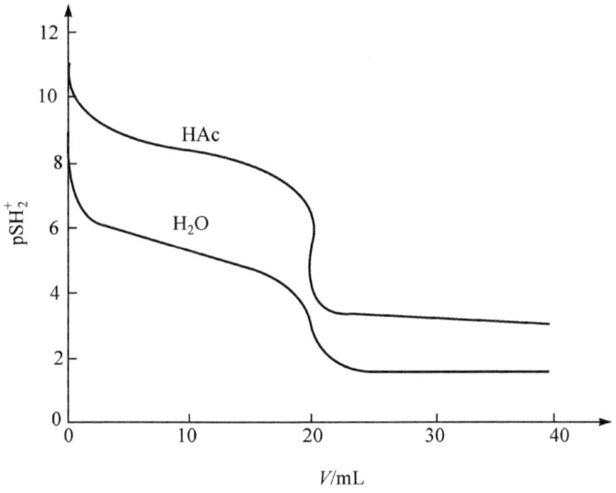

图 3-9　$HClO_4$ 在 HAc 和 H_2O 中滴定吡啶的滴定曲线

2. 萘啶酸的滴定

萘啶酸为喹诺酮类抗菌药，几乎不溶于水，因此难以在水中直接滴定。在碱性质子溶剂二甲基甲酰胺中，不仅萘啶酸的溶解度增加，酸性也加强，可以用百里酚酞作指示剂、甲醇钠作滴定剂进行滴定。

思考题和习题

1. 写出下列酸碱物质的共轭酸或共轭碱：

(1) HPO_4^{2-}　(2) H_2O　(3) $C_2O_4^{2-}$　(4) NH_2CH_2COOH　(5) H_2Ac^+　(6) $(CH_2)_6N_4$

2. 甲基橙酸式型体 HIn 和碱式型体 In^- 的颜色分别为红色和黄色，HIn 的解离常数 $K_a = 3.5\times10^{-4}$，计算 pH = 5.00 的溶液中 HIn 和 In^- 的分布分数。pH = 5.00 时，溶液是什么颜色？

(0.03；0.97)

3. pH = 3.13 时，三元弱酸 H_3A 的 $\delta_{H_3A} = \delta_{H_2A^-}$；pH = 4.76 时，$\delta_{H_2A^-} = \delta_{HA^{2-}}$；pH = 6.40 时，$\delta_{HA^{2-}} = \delta_{A^{3-}}$，

计算 H_2A^-的酸式和碱式解离常数。

(1.7×10^{-5}；1.3×10^{-11})

4. 写出下列溶液的质子平衡方程：

(1) $(NH_4)_2C_2O_4$

(2) c_1 mol · L^{-1} HCl + c_2 mol · L^{-1} H_3BO_3

(3) c_1 mol · L^{-1} $(CH_2)_6N_4$ + c_2 mol · L^{-1} $(CH_2)_6N_4H^+$

(4) c mol · L^{-1} H_2SO_4

5. 计算下列溶液的 pH：

(1) 1.0×10^{-3} mol · L^{-1} NH_4Cl

(2) 0.10 mol · L^{-1} 吡啶

(3) 0.10 mol · L^{-1} $CHCl_2COOH$

(4) 0.10 mol · L^{-1} 邻苯二甲酸

(6.13；9.12；1.30；2.00)

6. 计算 0.10 mol · L^{-1} $^+NH_3CH_2COO^-$溶液的 pH。

(5.97)

7. 计算含有 0.050 mol · L^{-1} HAc 和 0.10 mol · L^{-1} H_3BO_3 溶液的 pH。

(3.02)

8. 举例说明缓冲溶液的作用。

9. 计算 0.20 mol · L^{-1} C_5H_5N-0.10 mol · L^{-1} $C_5H_5NH^+$溶液的 pH。已知 C_5H_5N 的 $pK_b = 8.77$。

(5.53)

10. 计算总浓度为 0.50 mol · L^{-1} 的 NH_3-NH_4Cl 溶液的最大缓冲容量。c_{NH_3}/c_{NH_4Cl} 为 0.1 和 10 时的缓冲容量各为多少？

(0.29 mol · L^{-1}；0.094 mol · L^{-1}；0.094 mol · L^{-1})

11. 向 500 mL 0.25 mol · L^{-1} 的甲酸溶液加入 4.0 g 固体 NaOH(忽略溶液体积的变化)，所得溶液的 pH 和缓冲容量各为多少？

(4.34；0.092 mol · L^{-1})

12. 将 50 mL pH=1.00 的 HNO_3 溶液和 10 mL 200 g · L^{-1} 的六亚甲基四胺[$(CH_2)_6N_4$]溶液混合，计算混合所得溶液的 pH。

(5.41)

13. 酸碱滴定中，如何正确选择酸碱指示剂？

14. 什么是酸碱指示剂的变色点和变色范围？为什么理论变色点和变色范围与实际数据有差异？影响变色范围的因素有哪些？

15. 如何获得颜色更易观察且变色范围很窄的酸碱指示剂？

16. 下列哪些溶液能用强酸或强碱标准溶液直接准确滴定？

(1) HCOOH　　(2) NH_4Cl　　(3) NaAc

(4) $(CH_2)_6N_4H^+$　　(5) $NaHSO_4$　　(6) NaF

17. 下列溶液用强酸或强碱标准溶液滴定，会产生几个突跃？

(1) HCl+H_2SO_4　　(2) HCl+HAc　　(3) H_2SO_4+H_3BO_3

(4) $NaOH+NH_3$　　(5) $NaOH+Na_3PO_4$　　(6) $NaF+Na_3PO_4$

18. 如果 NaOH 标准溶液在保存过程中吸收了空气中的 CO_2，以此测定强酸和弱酸，各有什么影响？如果被测的碱溶液吸收了空气中的 CO_2，以 HCl 标准溶液滴定该碱的含量时，对测定结果有什么影响？

19. 在配制过程中，NaOH 标准溶液吸收了空气中的 CO_2，以邻苯二甲酸氢钾标定该溶液，对标定结果有什么影响？用部分风化的 $H_2C_2O_4 \cdot 2H_2O$ 标定 NaOH 标准溶液，对标定结果有什么影响？

20. 标定 HCl 和 NaOH 标准溶液的基准物质都有哪些？各有什么优缺点？

21. 阐述双指示剂法进行混合碱分析的优缺点。

22. 列举一个与本专业相关的酸碱滴定法应用实例。

23. 用 0.1000 $mol \cdot L^{-1}$ HCl 标准溶液滴定同浓度的 NaOH 溶液，计算滴定过程中的 pH 突跃范围。

(9.70～4.30)

24. 用 0.2000 $mol \cdot L^{-1}$ HCl 标准溶液滴定同浓度的弱碱 NaA 溶液，计算化学计量点 pH 及突跃范围(已知该弱碱的 pK_b 为 6.00)。

(4.50；5.00～4.00)

25. 已知二元弱酸 H_2B 在 pH=2.02 时，H_2B 和 HB^-的浓度相等；在 pH=6.10 时，HB^-和 B^{2-}的浓度相等。计算该二元酸的 K_{a_1} 和 K_{a_2}。该酸在什么酸度下是以 HB^-形式存在？如果以 0.1000 $mol \cdot L^{-1}$ NaOH 标准溶液滴定同浓度的 H_2B 溶液，滴定至第一和第二化学计量点的 pH 各为多少？各选用什么指示剂合适？

(9.55×10^{-3} 和 7.94×10^{-7}；4.06；4.06 和 9.40)

26. 以酚酞为指示剂，用 0.10 $mol \cdot L^{-1}$ NaOH 标准溶液滴定同浓度的 HCOOH 溶液，计算滴定终点误差。

(0.087)

27. 用 0.10 $mol \cdot L^{-1}$ NaOH 标准溶液滴定同浓度的 H_3PO_4 溶液，分别计算滴定至 pH 5.0 和 9.1 时的终点误差。

(0.5%；−0.4%)

28. 准确称取基准物质邻苯二甲酸氢钾 0.5760 g，用去离子水溶解后，加入酚酞指示剂，用待标定的 NaOH 标准溶液滴定，消耗 24.60 mL，求 NaOH 标准溶液的浓度。

(0.1147 $mol \cdot L^{-1}$)

29. 称取某不纯混合碱样品 0.4380 g，溶于水后，加入酚酞指示剂，用 0.1442 $mol \cdot L^{-1}$ HCl 标准溶液滴定至溶液突然褪色，消耗 HCl 标准溶液 31.28 mL，加入甲基橙指示剂，继续用该 HCl 标准溶液滴定至溶液突变为橙色，消耗 24.16 mL。判断混合碱的组成并计算各组分的含量(混合碱是 NaOH、$NaHCO_3$ 或 Na_2CO_3 的混合物)。

(NaOH：9.38%；Na_2CO_3：84.31%)

30. 准确称取某铁样 1.2074 g，用酸分解，以高氯酸氧化磷为磷酸，与钼酸铵反应生成磷钼酸铵沉淀。用 10.00 mL 0.1020 $mol \cdot L^{-1}$ NaOH 溶解沉淀，过量的 NaOH 用 HNO_3 返滴定至酚酞刚好褪色，耗去 3.50 mL 0.1180 $mol \cdot L^{-1}$ HNO_3。计算该铁样中分别以 P 和 P_2O_5 表示的磷含量。

(0.06487%；0.1487%)

第 4 章　配位滴定法

4.1　概　　述

配位滴定法(coordination titration)，或称为络合滴定法(complexation titration)，是以配位反应(或络合反应)为基础的滴定分析方法。通常用配位剂作为标准溶液直接或间接滴定待测物。配位滴定法主要应用于金属离子的定量测定，可以直接或间接测定约 70 种金属和非金属元素。

配位滴定法广泛应用于分析化学中的分离和测定。因此，与酸碱滴定法一样，配位滴定法也是化学分析的重要内容。配位滴定法最常用的有机配位剂是乙二胺四乙酸二钠(EDTA)，以 EDTA 标准溶液为滴定剂的配位滴定法称为 EDTA 滴定法。该方法应用广泛，因此本章主要介绍 EDTA 滴定法。

与酸碱滴定法类似，本章内容主要有配位平衡、滴定及应用三个部分：

(1) 配位平衡：引入副反应系数和条件稳定常数，以处理 EDTA 和金属离子配位反应过程中的副反应问题，即多平衡共存问题。

(2) 配位滴定：以条件稳定常数为基础进行滴定过程 pM′ 的计算，制作滴定曲线，获得滴定的 pM′ 突跃范围，据此选择合适的指示剂。

(3) 配位滴定法的应用：介绍配位滴定中酸度的选择方法、滴定方式和应用实例。

4.1.1　分析化学中的配合物

分析化学中广泛应用各种类型的配合物。例如，用 $AgNO_3$ 标准溶液滴定氰化物(又称氰量法)时，Ag^+与 CN^-发生配位反应，形成难解离的配离子$[Ag(CN)_2]^-$($K_{稳}=10^{21}$)，其配合物稳定性很高，可用于配位滴定，反应式如下：

$$Ag^+ + 2CN^- \rightleftharpoons Ag[(CN)_2]^-$$

当滴定到达化学计量点后，稍微过量的 Ag^+与$[Ag(CN)_2]^-$结合生成 $Ag[Ag(CN)_2]$白色沉淀，使溶液变浑浊，即可指示终点的到达。

能够用于配位滴定的配位反应必须具备下列条件：

(1) 配位反应完全，即生成的配合物相当稳定。

(2) 反应按照一定的反应式定量进行，即金属离子与配位剂的配位比恒定(只形成一种固定配位数的配合物)。

(3) 反应速度快。

(4) 有适当的方法确定滴定终点。

虽然配位反应种类繁多，但是只有满足上述 4 个条件的配位反应才可以应用于配位滴定。

配位剂有无机配位剂和有机配位剂两种类型，其配合物各有特点。

1. 无机配位剂及其配合物

很多无机配位剂能与金属离子配位，但多数无机配位剂分子或离子中只含有一个配位原子[通常称此类配位剂为单齿(基)配位体，如 NH_3、F^-、Cl^-、CN^-等]。例如，在硫酸铜溶液中加入氨水，开始时有蓝色 $Cu_2(OH)_2SO_4$ 沉淀生成，当继续加氨水过量时，蓝色沉淀溶解变成深蓝色溶液。总反应式为

$$CuSO_4 + 4NH_3 \rightleftharpoons [Cu(NH_3)_4]SO_4(\text{深蓝色})$$

该溶液中，除了 SO_4^{2-} 和$[Cu(NH_3)_4]^{2+}$外，几乎检查不出 Cu^{2+}的存在，因为 Cu^{2+}基本上都与单齿配体 NH_3 形成了配合物。

通常，无机配位剂与金属离子会发生多步或逐级配位反应，最终形成 ML_n 型的简单配合物。例如，在 Cd^{2+}与 CN^-的配位反应中，逐级生成$[Cd(CN)]^+$、$[Cd(CN)_2]$、$[Cd(CN)_3]^-$、$[Cd(CN)_4]^{2-}$配合物，其 $K_1=3.0\times10^5$、$K_2=1.3\times10^5$、$K_3=4.3\times10^4$、$K_4=3.5\times10^3$。可见，各级配合物的稳定常数都不大，彼此相差也很小，溶液中会同时存在多种形式的配离子，不符合金属离子与配位剂的配位比要恒定的配位滴定条件。因此，尽管无机配位剂有很多种，但能用于配位滴定的并不多。目前，只有少数氰量法和汞量法等反应可用于配位滴定：

$$Ag^+ + 2CN^- \rightleftharpoons Ag[(CN)_2]^-$$

$$Hg^{2+} + 2Cl^- \rightleftharpoons HgCl_2$$

大部分无机配位剂很少用于滴定分析。在分析化学中，无机配位剂主要用作消除干扰的掩蔽剂和防止金属离子水解的辅助配位剂等。例如，用 EDTA 标准溶液滴定 Pb^{2+}时，可以用 KCN 掩蔽 Zn^{2+}，以消除干扰：

$$Zn^{2+} + 4CN^- \rightleftharpoons [Zn(CN)_4]^{2-}$$

2. 有机配位剂与螯合物

有机配位剂通常含有两个或两个以上配位原子，如乙二胺和氨基乙酸。因此，有机配位剂与金属离子能够形成环状结构的螯合物。与无机配位剂和金属离子形成的简单配合物相比，螯合物十分稳定，组成简单恒定(通常配位比为 1∶1)，没有逐级配位现象。例如，铜和氨形成的配合物$[Cu(NH_3)_4]^{2+}$稳定常数为 $10^{12.86}$，而铜和乙二胺形成的螯合物稳定常数为 $10^{21.0}$。尽管两种配合物中的配位原子都是 N 原子，但是因为环状结构的形成，螯合物更稳定。

氨氮($-\ddot{N}<$)和羧氧($-\overset{O}{\overset{\|}{C}}-\ddot{O}$)具有较强的配位能力，所以氨羧型配位剂可以和许多金属离子形成稳定的环状结构螯合物，使氨羧型配位剂在配位滴定中得到广泛应用，如乙二胺四乙酸(EDTA)、乙二胺四丙酸(EDTP)、乙二醇二乙醚二胺四乙酸(EGTA)和 1, 2-环己烷二胺四乙酸(CyDTA)。其中，应用最广的是 EDTA，该配位剂几乎能与元素周期表中所有金属离子发生配位反应。

乙二胺四乙酸是无味无毒的白色晶体，不吸潮，性质稳定，水中溶解度较小(22℃时，100 mL 水仅能溶解 0.02 g)，通常使用溶解度较大的乙二胺四乙酸二钠盐(22℃时，100 mL 水可溶解 11.1 g，其饱和溶液浓度约为 0.3 $mol\cdot L^{-1}$)配制标准溶液。

乙二胺四乙酸是一种有机四元酸，常用 H_4Y 表示。其分子中羧酸的氢离子会发生分子内的转移，与氮原子结合，所以 EDTA 以双偶极分子形式存在：

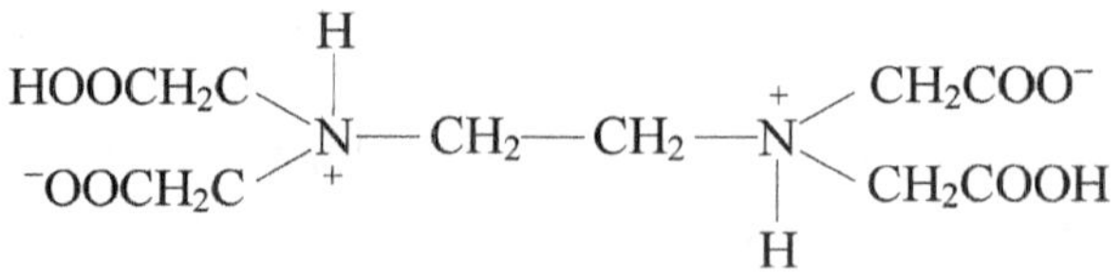

显然，在较强酸性溶液中，EDTA 的两个羧酸根可以分别结合氢离子而形成六元酸 H_6Y^{2+}，其六级解离常数分别为

$$H_6Y^{2+} \underset{}{\overset{pK_{a_1}=0.9}{\rightleftharpoons}} H_5Y^{+} \overset{pK_{a_2}=1.6}{\rightleftharpoons} H_4Y \overset{pK_{a_3}=2.07}{\rightleftharpoons} H_3Y^{-}$$

$$\overset{pK_{a_4}=2.67}{\rightleftharpoons} H_2Y^{2-} \overset{pK_{a_5}=6.16}{\rightleftharpoons} HY^{3-} \overset{pK_{a_6}=10.26}{\rightleftharpoons} Y^{4-}$$

在水溶液中，EDTA 有 H_6Y^{2+}、H_5Y^{+}、H_4Y、H_3Y^{-}、H_2Y^{2-}、HY^{3-}和 Y^{4-} 7 种存在型体。根据 3.3.2 中分布分数的计算方法，可以得出 EDTA 各型体分布分数 δ_i 与溶液 pH 的关系，EDTA 各型体的分布曲线见图 4-1。

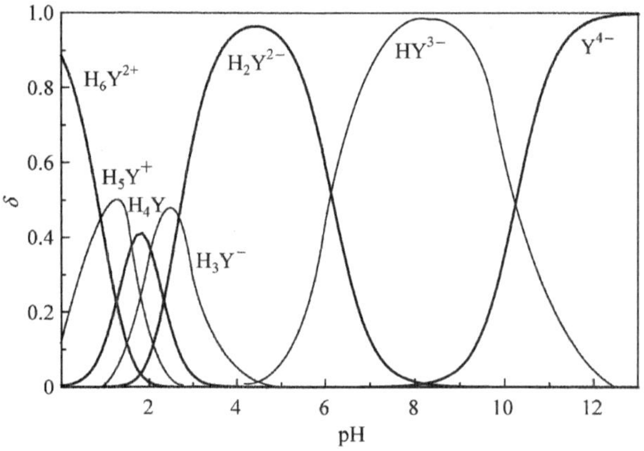

图 4-1　EDTA 各型体分布与 pH 的关系

显然，EDTA 在 pH＜0.9 的强酸性溶液中主要以 H_6Y^{2+}型体存在；在 pH 为 2.67～6.16 的溶液中主要以 H_2Y^{2-}型体存在；在 pH＞10.26 的碱性溶液中主要以 Y^{4-}型体存在。而 EDTA 主要是以 Y^{4-}型体与金属离子发生螯合反应。所以，酸度越低，EDTA 的配位能力越强，溶液的酸度是影响 EDTA 配合物稳定性的重要因素。

EDTA 二钠盐在水溶液中的存在型体是 H_2Y^{2-}，所以其水溶液的 pH 为

$$(pK_{a_4} + pK_{a_5})/2 = 4.42$$

因为 EDTA 二钠盐应用广泛，所以通常就把 EDTA 二钠盐简称为 EDTA。因为 EDTA 二钠盐通常含有少量杂质，而且水中少量金属离子会消耗 EDTA，所以作为非基准物质，EDTA 标准溶液用间接法配制。标定 EDTA 标准溶液的常用基准物质有金属 Zn、Cu、Ni、Pb 等，金属氧化物 ZnO 等和盐类 $CaCO_3$、$ZnSO_4 \cdot 7H_2O$ 和 $MgSO_4 \cdot 7H_2O$ 等。选择基准物质时，应尽量使标定条件与滴定条件一致，以减少系统误差。

4.1.2　EDTA 与金属离子配合物的特点

EDTA 与金属离子配合物具有以下特点：

(1) 应用广泛：EDTA 有 2 个氨氮和 4 个羧氧共 6 个配位原子，配位能力强，能直接或间接滴定周期表中绝大多数金属离子。而且，通过控制酸度或掩蔽剂等方式可以有效提高其测定选择性。

(2) 配位比简单：EDTA 与绝大多数金属离子形成 1∶1 的配合物，仅与极少数金属如 Zr(Ⅳ)和 Mo(Ⅴ)形成 2∶1 的配合物。为了书写方便起见，通常省略电荷，用 M 表示金属离子，Y 表示 EDTA，MY 表示金属离子与 EDTA 形成的配合物。

(3) 螯合物稳定：大多金属离子与 EDTA 形成五个五元环的螯合物，非常稳定。

(4) 配位反应速度快，大多金属离子与 EDTA 的配合物带有电荷，所以水溶性较好。

(5) EDTA 与无色金属离子形成无色配合物，与有色金属离子形成颜色更深的配合物。

4.2　配位平衡常数

4.2.1　配合物的稳定常数

将适量氨水加入 $CuSO_4$ 溶液中生成深蓝色的 $[Cu(NH_3)_4]^{2+}$，即发生了配位反应：

$$Cu^{2+} + 4NH_3 \rightleftharpoons [Cu(NH_3)_4]^{2+}$$

若在该溶液中加入 Na_2S 溶液，有黑色的 CuS 沉淀生成，证明 $[Cu(NH_3)_4]^{2+}$ 溶液中还有少量 Cu^{2+} 存在。这说明 Cu^{2+} 与 NH_3 发生配位反应的同时还存在逆反应，即 $[Cu(NH_3)_4]^{2+}$ 的解离反应。配位反应和解离反应的速度相等时，反应达到平衡状态，称为配位解离平衡。

1. 金属离子与 EDTA 配合物的稳定常数

金属离子与 EDTA 发生配位反应，生成配位比为 1∶1 的配合物：

$$M + Y \rightleftharpoons MY$$

该反应平衡常数表达式为

$$K_{MY} = \frac{[MY]}{[M][Y]} \tag{4-1}$$

K_{MY} 称为配合物 MY 的稳定常数或形成常数，也可用 $K_{稳}$ 表示。配位比相同的配合物，$K_{稳}$ 越大，配合物越稳定。

MY 形成反应的逆反应称为其解离反应，对应的反应常数称为 MY 的不稳定常数或解离常数：

$$K_{不稳} = \frac{[M][Y]}{[MY]} \tag{4-2}$$

即 $K_{稳}$ 和 $K_{不稳}$ 互为倒数。常见金属离子与 EDTA 配合物的稳定常数见附录 11。

2. 金属离子与配位剂 L 多元配合物的稳定常数

金属离子与简单配位剂 L 可以形成 1∶n 型多元配合物：

$$M + nL \rightleftharpoons ML_n$$

多元配合物逐级稳定常数 K_1、K_2、⋯、K_n 分别表示为

$$\mathrm{M + L \rightleftharpoons ML} \quad \text{第一级稳定常数} \quad K_1 = \frac{[\mathrm{ML}]}{[\mathrm{M}][\mathrm{L}]}$$

$$\mathrm{ML + L \rightleftharpoons ML_2} \quad \text{第二级稳定常数} \quad K_2 = \frac{[\mathrm{ML_2}]}{[\mathrm{ML}][\mathrm{L}]}$$

$$\cdots$$

$$\mathrm{ML}_{n-1} + \mathrm{L} \rightleftharpoons \mathrm{ML}_n \quad \text{第 } n \text{ 级稳定常数} \quad K_n = \frac{[\mathrm{ML}_n]}{[\mathrm{ML}_{n-1}][\mathrm{L}]}$$

在配位平衡的计算中，经常需要用到稳定常数的乘积 K_1K_2 等，于是产生了累积稳定常数 β，即配合物逐级稳定常数的渐次乘积：

$$\mathrm{M + L \rightleftharpoons ML} \quad \text{第一级累积稳定常数} \quad \beta_1 = K_1 = \frac{[\mathrm{ML}]}{[\mathrm{M}][\mathrm{L}]}$$

$$\mathrm{M + 2L \rightleftharpoons ML_2} \quad \text{第二级累积稳定常数} \quad \beta_2 = K_1K_2 = \frac{[\mathrm{ML_2}]}{[\mathrm{M}][\mathrm{L}]^2}$$

$$\cdots$$

$$\mathrm{M} + n\mathrm{L} \rightleftharpoons \mathrm{ML}_n \quad \text{第 } n \text{ 级累积稳定常数} \quad \beta_n = K_1K_2\cdots K_n = \frac{[\mathrm{ML}_n]}{[\mathrm{M}][\mathrm{L}]^n}$$

最后一级累积稳定常数 β_n 又称为总稳定常数。

$$\beta_n = K_1K_2\cdots K_n = \prod_{i=1}^{n} K_i \tag{4-3}$$

同样，ML_n 的逐级解离常数 K_{-n}(不稳定常数)与各级稳定常数关系如下：

$$K_{-1} = \frac{1}{K_1}, \cdots, K_{-n} = \frac{1}{K_n}$$

4.2.2 溶液中各级配合物的分布

与酸碱平衡中酸度影响酸碱各型体的分布分数一样，配位平衡中配位剂的浓度直接影响各级配合物的分布。根据配合物的各级累积稳定常数的表达式，可以写出各级配合物的浓度表达式：

$$[\mathrm{ML}] = \beta_1[\mathrm{M}][\mathrm{L}]$$

$$[\mathrm{ML_2}] = \beta_2[\mathrm{M}][\mathrm{L}]^2$$

$$\cdots$$

$$[\mathrm{ML}_n] = \beta_n[\mathrm{M}][\mathrm{L}]^n \tag{4-4}$$

若溶液中金属离子 M 的总浓度为 c_M，由物料平衡可得

$$c_\mathrm{M} = [\mathrm{M}] + [\mathrm{ML}] + \cdots + [\mathrm{ML}_n] = [\mathrm{M}] + \beta_1[\mathrm{M}][\mathrm{L}] + \cdots + \beta_n[\mathrm{M}][\mathrm{L}]^n$$

$$= [\mathrm{M}](1 + \beta_1[\mathrm{L}] + \cdots + \beta_n[\mathrm{L}]^n) = [\mathrm{M}](1 + \sum_{i=1}^{n}\beta_i[\mathrm{L}]^i)$$

因此，各型体的分布分数 δ 分别为

$$\delta_\mathrm{M} = \frac{[\mathrm{M}]}{c_\mathrm{M}} = \frac{1}{1 + \beta_1[\mathrm{L}] + \beta_2[\mathrm{L}]^2 + \cdots + \beta_n[\mathrm{L}]^n}$$

$$\delta_{ML}=\frac{[ML]}{c_M}=\frac{\beta_1[L]}{1+\beta_1[L]+\beta_2[L]^2+\cdots+\beta_n[L]^n}$$

$$\cdots$$

$$\delta_{ML_n}=\frac{[ML_n]}{c_M}=\frac{\beta_n[L]^n}{1+\beta_1[L]+\beta_2[L]^2+\cdots+\beta_n[L]^n}$$

显然，当金属离子和配位剂一定时，累积稳定常数一定，则各型体的分布分数 δ_i 仅是配位剂 L 平衡浓度的函数。因此，各型体的平衡浓度可通过分布分数求得

$$[M]=\delta_M c_M$$

$$[ML_i]=\delta_{ML_i} c_M$$

部分金属离子配合物的累积稳定常数可以查附录 10。

例 4-1　计算分析浓度为 0.020 mol · L^{-1} 的 Zn^{2+} 溶液($[NH_3]$=0.10 mol · L^{-1})中的$[Zn^{2+}]$和$[Zn(NH_3)_4^{2+}]$。

解　查附录 10 得 Zn^{2+} 与 NH_3 配合物的累积稳定常数 $\lg\beta_1\sim\lg\beta_4$ 值分别为 2.27、4.61、7.01 和 9.06。

$$\begin{aligned}\delta_{Zn^{2+}}&=\frac{1}{1+\beta_1[NH_3]+\beta_2[NH_3]^2+\cdots+\beta_4[NH_3]^4}\\&=\frac{1}{1+10^{2.27}\times10^{-1.00}+10^{4.61}\times10^{-2.00}+10^{7.01}\times10^{-3.00}+10^{9.06}\times10^{-4.00}}\\&=7.9\times10^{-6}\end{aligned}$$

$$[Zn^{2+}]=\delta_{Zn^{2+}}c_{Zn^{2+}}=7.9\times10^{-6}\times0.020=1.6\times10^{-7}(mol\cdot L^{-1})$$

$$[Zn(NH_3)_4^{2+}]=\beta_4[Zn^{2+}][NH_3]^4=10^{9.06}\times1.6\times10^{-7}\times10^{-4}=1.8\times10^{-2}(mol\cdot L^{-1})$$

同理还可计算出溶液中锌氨配合物其他型体的浓度如下：

$$[Zn(NH_3)^{2+}]=3.0\times10^{-6}\ mol\cdot L^{-1}$$

$$[Zn(NH_3)_2^{2+}]=6.4\times10^{-5}\ mol\cdot L^{-1}$$

$$[Zn(NH_3)_3^{2+}]=1.6\times10^{-3}\ mol\cdot L^{-1}$$

4.3　副反应系数和条件稳定常数

影响配合物稳定性的因素有内因和外因，内因指金属离子和配位剂的性质，而外因包括酸度、共存配位剂和干扰离子等。在配位滴定中，EDTA 与被测金属离子 M 的反应称为主反应，同时也存在各种副反应，如金属离子的水解效应和辅助配位效应、配位剂的酸效应和共存离子或干扰离子效应、配合物的混合配位效应等。

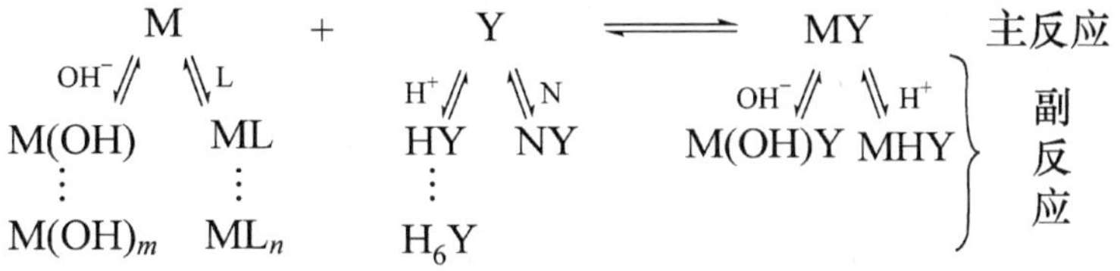

显然，金属离子和 EDTA 的副反应降低了 M 和 Y 的平衡浓度，不利于主反应的进行，而配合物 MY 的副反应有利于主反应的进行。其中，MY 的酸式配合物 MHY 和碱式配合物

M(OH)Y 不稳定，常忽略不计。这里主要讨论金属离子和 EDTA 的各种副反应对主反应的影响。

4.3.1 副反应和副反应系数

配位反应过程比较复杂，这里以副反应系数定量处理副反应对主反应的影响。副反应系数是指未参加主反应的金属离子 M 或配位剂 Y 的总浓度与其平衡浓度的比值，以 α 表示。

$$\alpha = \frac{\text{未参与主反应的浓度}}{\text{平衡浓度}}$$

α 的大小表示副反应对主反应的影响程度。下面对配位滴定中几种重要的副反应及副反应系数分别加以讨论。

1. 配位剂 Y 的副反应及副反应系数

在配位滴定过程中，除了主反应，如果溶液酸度过高或有共存金属离子 N 存在，EDTA 还可能产生酸效应和共存离子效应，这些除了主反应之外的 EDTA 其他反应都称为 Y 的副反应。

1) EDTA 的酸效应及酸效应系数

EDTA 主要是以 Y^{4-}型体与金属离子配位反应，当溶液的酸度过高时，Y^{4-}会结合 H^+而使浓度下降，直接影响主反应的反应程度。这种由于酸度过高而使配位剂参与主反应能力降低的现象称为酸效应。H^+引起 EDTA 副反应时的副反应系数称为酸效应系数，用 $\alpha_{Y(H)}$ 表示，其大小表示酸效应对主反应的影响程度。

只考虑酸效应时，$\alpha_{Y(H)}$ 表示未参加主反应，即未生成 MY 的 Y 总浓度[Y′]是其游离态浓度或平衡浓度[Y]的倍数：

$$\alpha_{Y(H)} = \frac{[Y']}{[Y]}$$

因此

$$\alpha_{Y(H)} = \frac{[Y']}{[Y]} = \frac{[Y]+[HY]+[H_2Y]+\cdots+[H_6Y]}{[Y]} = \frac{1}{\delta_Y} \tag{4-5}$$

在酸碱平衡的分布分数中，已知六元酸 H_6Y^{2+}的分布分数 δ_Y 与 pH 有关：

$$\delta_Y = \frac{K_{a_1}K_{a_2}K_{a_3}K_{a_4}K_{a_5}K_{a_6}}{[H^+]^6 + [H^+]^5 K_{a_1} + \cdots + K_{a_1}K_{a_2}K_{a_3}K_{a_4}K_{a_5}K_{a_6}}$$

可见，酸度越高，$\alpha_{Y(H)}$ 越大，酸效应越严重，EDTA 的配位能力下降。

通常 $\alpha_{Y(H)}$)≥1，而在 pH≥12 时，$\alpha_{Y(H)} = 1$，表明[Y′] = [Y]，说明 EDTA 全部以游离态 Y^{4-}型体存在，EDTA 没有酸效应。大多数情况下，配位滴定酸度都是 pH＜12，所以需要考虑 Y 的酸效应对 M 与 Y 主反应的影响。

显然，不同 pH 条件下的 $\alpha_{Y(H)}$ 可计算求出，见附录 12。其中，$\alpha_{Y(H)}$ 的数据变化较大，所以常用对数表示。将 pH-lg$\alpha_{Y(H)}$ 关系绘制成 EDTA 的酸效应曲线(图 4-2)，更能够直观展示不同酸度下的酸效应系数的大小变化。由图可见，pH = 1 时，$\lg\alpha_{Y(H)} = 18.01$，$\alpha_{Y(H)} = 10^{18.01}$，$[Y'] = 10^{18.01}[Y]$，酸效应严重；pH = 5 时，$\alpha_{Y(H)} = 10^{6.26}$，$[Y'] = 10^{6.26}[Y]$，酸效应明显；pH＞12 时，$\alpha_{Y(H)} = 1$，[Y] = [Y′]，不存在酸效应。

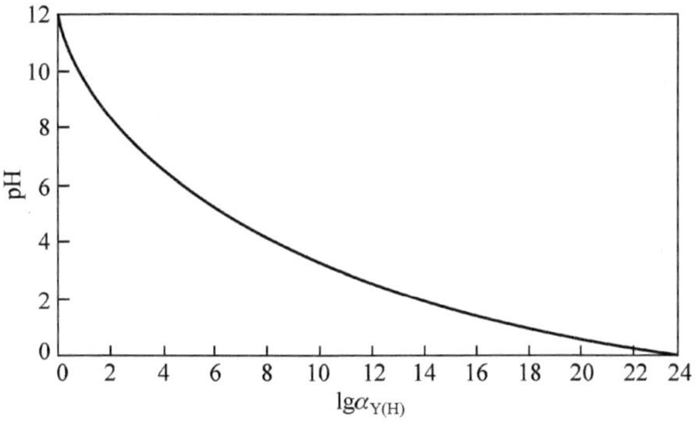

图 4-2　EDTA 的酸效应曲线

2) Y 的共存离子效应及副反应系数

当金属离子 N 和金属离子 M 共同存在时，Y 既可以与金属离子 M 配位，也可以与金属离子 N 配位。这种由于共存离子的存在而引起的配位剂副反应称为共存离子效应。该共存离子效应的副反应系数称为共存离子效应系数或共存离子副反应系数 $\alpha_{Y(N)}$，其值表示只考虑共存离子副反应时，未参加主反应，即未生成 MY 的 Y 总浓度[Y′]是其游离态浓度或平衡浓度[Y]的倍数：

$$\alpha_{Y(N)}=\frac{[Y']}{[Y]}=\frac{[Y]+[NY]}{[Y]}=1+\frac{[NY]}{[Y]}=1+K_{NY}[N] \tag{4-6}$$

式中，K_{NY} 为配合物 NY 的稳定常数；[N]为共存离子 N 的平衡浓度。

若溶液中同时存在多种共存离子 N_1，N_2，…，N_n，则共存离子副反应系数表示为

$$\begin{aligned}\alpha_{Y(N)}&=\frac{[Y']}{[Y]}=\frac{[Y]+[N_1Y]+[N_2Y]+\cdots+[N_nY]}{[Y]}\\&=\frac{[Y]+[N_1Y]}{[Y]}+\frac{[Y]+[N_2Y]}{[Y]}+\cdots+\frac{[Y]+[N_nY]}{[Y]}-(n-1)\\&=\alpha_{Y(N_1)}+\alpha_{Y(N_2)}+\cdots+\alpha_{Y(N_n)}-(n-1)\end{aligned}$$

3) Y 的总副反应系数

如果体系中 EDTA 既有酸效应又有共存离子效应，则 Y 的总副反应系数 α_Y 为

$$\alpha_Y=\frac{[Y']}{[Y]}=\frac{[Y]+[HY]+[H_2Y]+\cdots+[H_6Y]+[NY]}{[Y]}=\alpha_{Y(H)}+\alpha_{Y(N)}-1 \tag{4-7}$$

这里只写出一种共存离子 N 的副反应系数。若同时存在多种共存离子，可以写出影响较大的一种或几种共存离子的副反应系数。

例 4-2　在 pH = 1.5 的溶液中含有浓度均为 0.010 mol · L^{-1} 的 Fe^{3+}和 Mg^{2+}，当用同浓度的 EDTA 滴定 Fe^{3+}时，计算 α_Y。

解　查附录 11 和附录 12 可得 $\lg K_{MgY}=8.7$；pH = 1.5 时，$\lg\alpha_{Y(H)}=15.55$。

$$\alpha_{Y(Mg)}=1+K_{MgY}[Mg^{2+}]=1+10^{8.7}\times0.010=10^{6.7}$$

$$\alpha_Y=\alpha_{Y(H)}+\alpha_{Y(Mg)}-1=10^{15.55}+10^{6.7}-1=10^{15.55}$$

计算结果表明，计算 Y 的总副反应系数时，$\alpha_{Y(H)}\gg\alpha_{Y(N)}$，共存离子效应可以忽略，说明 Y 主要受酸效应的影响。

2. 金属离子 M 的副反应及副反应系数

1) 配位效应与配位效应系数

用 EDTA 滴定金属离子 M 时，通常需要加入缓冲溶液或掩蔽剂，这些辅助试剂往往也具有配位性能。这种辅助配位剂 L 与金属离子 M 发生配位反应，降低金属离子 M 参与主反应能力的现象称为(辅助)配位效应或络合效应，其副反应系数称为配位效应系数 $\alpha_{M(L)}$。当只考虑 L 与 M 发生副反应时，$\alpha_{M(L)}$ 为未参加主反应的 M 总浓度[M′]与其平衡浓度[M]的倍数：

$$\alpha_{M(L)}=\frac{[M']}{[M]}=\frac{[M]+[ML]+[ML_2]+\cdots+[ML_n]}{[M]}=1+\beta_1[L]+\beta_2[L]^2+\cdots+\beta_n[L]^n \qquad (4\text{-}8)$$

可见，辅助配位剂的平衡浓度[L]直接影响 $\alpha_{M(L)}$ 的大小。[L]越大，$\alpha_{M(L)}$ 越大，表示金属离子辅助配位效应越严重。

2) 水解效应与水解效应系数

溶液 pH 增大时，[OH⁻]浓度增加，金属离子 M 就会发生水解效应，即与 OH^- 配位形成多羟基配合物。同样，水解效应系数 $\alpha_{M(OH)}$ 为

$$\alpha_{M(OH)}=\frac{[M']}{[M]}=\frac{[M]+[M(OH)]+[M(OH)_2]+\cdots+[M(OH)_n]}{[M]}$$

$$=1+\beta_1[OH^-]+\beta_2[OH^-]^2+\cdots+\beta_n[OH^-]^n=1+\sum_{i=1}^{n}\beta_i[OH^-]^i$$

显然，$\alpha_{M(OH)}$ 主要受酸度的影响。常见金属离子的水解效应副反应系数见附录 13。

3) 金属离子的总副反应系数 α_M

多种配位剂 L_1、L_2、…、L_n 存在时，金属离子 M 的总副反应系数 α_M 为

$$\alpha_M=\alpha_{M(L_1)}+\alpha_{M(L_2)}+\cdots+\alpha_{M(L_n)}-(n-1) \qquad (4\text{-}9)$$

实际上，水解效应相当于 OH^- 为配位剂的辅助配位效应。所以，如果同时考虑配位剂 L 和 OH^- 与金属离子 M 的副反应，则金属离子 M 的总副反应系数 α_M 为

$$\alpha_M=\alpha_{M(L)}+\alpha_{M(OH)}-1 \qquad (4\text{-}10)$$

例 4-3　计算溶液 pH=11，$[NH_3]=0.1\ mol\cdot L^{-1}$ 时的 $\lg\alpha_{Zn}$。

解　在 Zn^{2+} 与 EDTA 的配位反应中，Zn^{2+} 副反应有水解效应和配位效应

$$\begin{array}{ccccc} & Zn^{2+} & + & Y & \rightleftharpoons ZnY \\ OH^- \swarrow\!\!\nearrow & & \searrow\!\!\nwarrow NH_3 & & \\ \alpha_{Zn(OH)} & & \alpha_{Zn(NH_3)} & & \end{array}$$

查附录 10 得 $[Zn(NH_3)_4]^{2+}$ 的 $\lg\beta_1$～$\lg\beta_4$ 分别为 2.27、4.61、7.01 和 9.06。

$$\alpha_{Zn(NH_3)}=1+\sum\beta_i[NH_3]^i=1+10^{2.27-1.0}+10^{4.61-2.0}+10^{7.01-3.0}+10^{9.06-4.0}=10^{5.10}$$

查附录 13 得 pH = 11 时，$\lg\alpha_{Zn(OH)}=5.4$

$$\alpha_{Zn}=\alpha_{Zn(NH_3)}+\alpha_{Zn(OH)}-1=10^{5.10}+10^{5.4}-1=10^{5.6}$$

$$\lg\alpha_{Zn}=5.6$$

例 4-4　计算溶液 pH = 9.0，$c_{NH_3}=0.10\ mol\cdot L^{-1}$ 时的 $\lg\alpha_{Zn(NH_3)}$ 和 $\lg\alpha_{Zn}$。

解　$[Zn(NH_3)_4]^{2+}$ 的 $\lg\beta_1$～$\lg\beta_4$ 分别为 2.27、4.61、7.01、9.06。

$$\begin{array}{ccccc} Zn^{2+} & + & Y & \rightleftharpoons & ZnY \\ OH^- \swarrow\!\!\nearrow & \searrow\!\!\nwarrow NH_3 & \underset{H^+}{\rightleftharpoons} & NH_4^+ & \end{array}$$

$$\delta_{NH_3}=\frac{K_a}{K_a+[H^+]}=\frac{5.6\times10^{-10}}{5.6\times10^{-10}+1.0\times10^{-9.0}}=0.36$$

$$[NH_3]=\delta_{NH_3}c_{NH_3}=10^{-1.44}$$

$$\alpha_{Zn(NH_3)}=1+10^{2.27-1.44}+10^{4.61-2.88}+10^{7.01-4.32}+10^{9.06-5.76}=10^{3.4}$$

$$\lg\alpha_{Zn(NH_3)}=3.4$$

查附录 13 得 $pH=9$，$\lg\alpha_{Zn(OH)}=0.2$

$$\alpha_{Zn}=\alpha_{Zn(NH_3)}+\alpha_{Zn(OH)}-1=10^{3.4}+10^{0.2}-1=10^{3.4}$$

$$\lg\alpha_{Zn}=3.4$$

3. 配合物 MY 的副反应及副反应系数

在配位滴定中，EDTA 与金属离子 M 生成的配合物 MY 也会发生混合配位效应副反应，其副反应系数 α_{MY} 为

$$\alpha_{MY}=\frac{[MY']}{[MY]}$$

当溶液酸度较高(pH＜3)时，MY 会产生酸式配合物 MHY，其副反应系数用 $\alpha_{MY(H)}$ 表示：

$$\alpha_{MY(H)}=\frac{[MY']}{[MY]}=\frac{[MY]+[MHY]}{[MY]}=1+K_{MHY}^{H}[H]$$

其中

$$K_{MHY}^{H}=\frac{[MHY]}{[MY][H]}$$

当溶液碱度较高(pH＞11)时，MY 可产生碱式配合物 M(OH)Y，其副反应系数用 $\alpha_{MY(OH)}$ 表示：

$$\alpha_{MY(OH)}=1+K_{M(OH)Y}^{OH}[OH]$$

其中

$$K_{MOHY}^{OH}=\frac{[M(OH)Y]}{[MY][OH]}$$

虽然配合物在不同的酸度下生成酸式配合物或碱式配合物有利于主反应的进行，但是混合配位产物均不稳定，即相对于 M 和 Y 的副反应程度而言较弱，大多数情况下，MY 的副反应可以忽略不计。

4.3.2　条件稳定常数

在配位滴定中，如果没有副反应，金属离子 M 与配位剂 EDTA 反应进行的程度可以用 K_{MY} 衡量。但是，大多数情况下，配位滴定体系较复杂，M 和 Y 可能存在各种副反应。此时，用校正了副反应影响的条件稳定常数衡量配位滴定的反应程度或配合物 MY 的实际稳定性。

用[M′]和[Y′]分别表示未参与主反应的 M 和 Y 的各种型体的总浓度，用[MY′]表示配合物 MY 各存在型体的总浓度，则

$$[M']=\alpha_M[M],\ [Y']=\alpha_Y[Y],\ [(MY)']=\alpha_{MY}[MY]$$

条件稳定常数 K'_{MY}

$$K'_{MY}=\frac{[(MY)']}{[M'][Y']}=\frac{\alpha_{MY}[MY]}{\alpha_M[M]\alpha_Y[Y]}=K_{MY}\frac{\alpha_{MY}}{\alpha_M\alpha_Y}$$

$$\lg K'_{MY}=\lg K_{MY}-\lg\alpha_M-\lg\alpha_Y+\lg\alpha_{MY}$$

这里 $\alpha_{MY}\approx1$，所以

$$\lg K'_{MY}=\lg K_{MY}-\lg\alpha_M-\lg\alpha_Y \tag{4-11}$$

条件一定时，M 和 Y 的副反应系数为定值，所以 K'_{MY} 值为常数。而反应条件改变时，K'_{MY} 也会随之变化，所以称之为条件稳定常数，又称为条件形成常数或表观形成常数。

由于 M 和 Y 的副反应系数均大于等于 1，所以 $K'_{MY}\leqslant K_{MY}$。只有当 M 和 Y 没有副反应时，$K'_{MY}=K_{MY}$；大多数情况下，$K'_{MY}<K_{MY}$，表明反应物的副反应的发生导致了主反应的反应完全程度较低。因此，K'_{MY} 值是表示 M 和 Y 的副反应对 MY 稳定性定量影响的重要参数。

例 4-5　计算溶液 pH = 9.0，$c_{NH_3}=0.10\ mol\cdot L^{-1}$ 时的 $\lg K'_{ZnY}$。

解　查附录 12 和附录 13 得 pH = 9.0 时，$\lg\alpha_{Y(H)}=1.28$，$\lg\alpha_{Zn(OH)}=0.2$。

例 4-4 已经得出，pH = 9.0，$c_{NH_3}=0.10\ mol\cdot L^{-1}$ 时，$\lg\alpha_{Zn(NH_3)}=3.4$

$$\lg K'_{MY}=\lg K_{MY}-\lg\alpha_M-\lg\alpha_Y+\lg\alpha_{MY}$$

$$\alpha_{ZnY}\approx1,\quad \lg\alpha_{ZnY}=0$$

$$\lg K'_{ZnY}=\lg K_{ZnY}-\lg[\alpha_{Zn(OH)}+\alpha_{Zn(NH_3)}-1]-\lg\alpha_{Y(H)}=16.50-\lg(10^{0.2}+10^{3.4}-1)-1.28\approx12.0$$

例 4-6　计算 pH=2.0 和 pH=5.0 时的条件稳定常数 $\lg K'_{ZnY}$。

解　显然配位剂 Y 只有酸效应，无共存离子效应，对于金属离子 Zn^{2+} 无配位效应，查表可知，在此酸度下无需考虑水解效应。所以计算公式简化为

$$\lg K'_{ZnY}=\lg K_{ZnY}-\lg\alpha_{Y(H)}$$

查附录 11 和附录 12 得 $\lg K_{ZnY}=16.50$。pH=2.0 时，$\lg\alpha_{Y(H)}=13.51$；pH=5.0 时，$\lg\alpha_{Y(H)}=6.26$，则

pH=2.0 时，$\lg K'_{ZnY}=16.50-13.51=2.99$

pH=5.0 时，$\lg K'_{ZnY}=16.50-6.26=10.24$

例 4-7　计算 pH=4.5，$5.0\times10^{-2}\ mol\cdot L^{-1}$ AlY^- 溶液中，游离 F^- 的浓度为 $1.0\times10^{-2}\ mol\cdot L^{-1}$ 时，AlY^- 的条件稳定常数(已知 $\lg K_{AlY}=16.30$，AlF_6 的 $\beta_1=1.4\times10^6$，$\beta_2=1.4\times10^{11}$，$\beta_3=1.0\times10^{15}$，$\beta_4=5.6\times10^{17}$，$\beta_5=2.3\times10^{19}$，$\beta_6=6.9\times10^{19}$)。

解　查附录 12 得 pH=4.5 时，$\lg\alpha_{Y(H)}=7.24$。当 $[F^-]=1.0\times10^{-2}\ mol\cdot L^{-1}$ 时，可得

$$\alpha_{Al(F)}=1+1.4\times10^6\times0.010+1.4\times10^{11}\times(0.010)^2+1.0\times10^{15}\times(0.010)^3+5.6\times10^{17}\times(0.010)^4+2.3\times10^{19}\times(0.010)^5$$
$$+6.9\times10^{19}\times(0.010)^6=8.9\times10^9$$

$$\lg\alpha_{Al(F)}=9.95$$

$$\lg K'_{AlY}\lg K_{AlY}-\lg\alpha_{Al}-\lg\alpha_Y=16.30-9.95-7.24=-0.89$$

显然，$\lg K'_{AlY}$ 为负数，说明该条件下，因为副反应严重，AlY^- 配合物完全分解。

4.4　配位滴定法的基本原理

4.4.1　配位滴定曲线

与酸碱滴定法的基本原理相似，配位滴定的原理也是制作配位滴定曲线，以展示滴定过程

中金属离子 M(有副反应时指 M′)的浓度变化规律，获得滴定突跃范围，选择合适的指示剂。例如，在 pH=12 时，以 0.01 mol · L^{-1} EDTA 标准溶液滴定同浓度 Ca^{2+}的滴定曲线如图 4-3 所示(其中 pCa 代表–lg[Ca])。

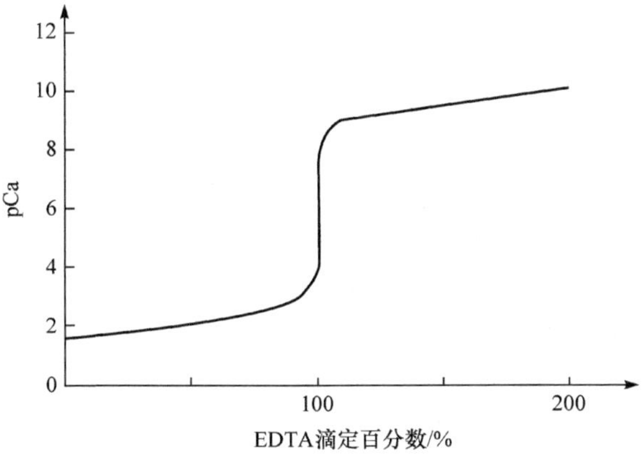

图 4-3　0.01 mol · L^{-1} EDTA 标准溶液滴定同浓度 Ca^{2+}的滴定曲线(pH=12)

以 EDTA 标准溶液滴定金属离子 M 时，用 M′和 Y′分别代表存在副反应时没有生成 MY 的 M 和 Y 的总浓度，滴定反应为

$$M' + Y' \Longleftrightarrow MY$$

滴定反应常数为

$$K_t = K'_{MY} = \frac{[MY]}{[M'][Y']}$$

1. 化学计量点时 pM′的计算

化学计量点 pM′是选择指示剂和计算滴定误差的依据，所以 pM′的计算是配位滴定原理部分的重点内容。实际滴定过程中，金属离子 M 和配位剂 Y 的主反应受到各种副反应的影响：

$$\begin{array}{ccccccc} M & & + & Y & \rightleftharpoons & MY \\ A\swarrow\!\!\nearrow & \searrow\!\!\nwarrow B & H^+\swarrow\!\!\nearrow & \searrow\!\!\nwarrow N & & \\ MA & MB & HY & NY & & \\ \cdots & \cdots & \cdots & & & \\ MA_n & MB_p & H_mY & & & \end{array}$$

根据金属离子 M 与 Y 的配位平衡关系，可以计算出化学计量点时的 pM、pM′、pY、pY′和 pc，其中 pM = –lg[M]，pM′ = –lg[M′]，pY = –lg[Y]，pY′= –lg[Y′]，pc = –lg$c$。

已知

$$K_{MY} = \frac{[MY]}{[M][Y]} \qquad 和 \qquad K'_{MY} = \frac{[(MY)']}{[M'][Y']}$$

化学计量点 M 和 Y 有副反应时：$[M']_{sp} = [Y']_{sp}$，即 $pM'_{sp} = pY'_{sp}$。忽略 MY 的副反应

$$[MY]_{sp} = c_M^{sp} - [M'] \approx c_M^{sp}$$

因此

$$[M']_{sp} = \sqrt{\frac{c_M^{sp}}{K'_{MY}}} \qquad \left(其中 c_M^{sp} = \frac{1}{2}c_M\right)$$

$$pM'_{sp} = pY'_{sp} = \frac{1}{2}(\lg K'_{MY} + pc_M^{sp}) \tag{4-12}$$

例 4-8 用 0.020 mol · L^{-1} EDTA 滴定同浓度的 Zn^{2+}，若溶液的 pH=9.0，$c_{NH_3} = 0.20$ mol · L^{-1}，计算化学计量点时的 pZn'_{sp}、pZn_{sp}、pY'_{sp} 及 pY_{sp}。

解 化学计量点时 $c_{NH_3} = 0.10\ \text{mol} \cdot \text{L}^{-1}$，$c_Y = 0.010\ \text{mol} \cdot \text{L}^{-1}$，$c_{Zn} = 0.010\ \text{mol} \cdot \text{L}^{-1}$。

从例 4-5 知，pH = 9.0，$c_{NH_3} = 0.10\ \text{mol} \cdot \text{L}^{-1}$ 时

$$\begin{array}{ccccc} Zn^{2+} & + & Y & \rightleftharpoons & ZnY \\ OH^- \;/\!/ \quad \backslash\!\backslash NH_3 \underset{H^+}{\rightleftharpoons} NH_4^+ & & \Updownarrow H^+ & & \end{array}$$

$$\lg\alpha_{Y(H)} = 1.28\text{，}\lg\alpha_{Zn(OH)} = 0.2\text{，}\lg\alpha_{Zn(NH_3)} = 3.4\text{，}\lg K'_{ZnY} = 12.0$$

$$pM'_{sp} = \frac{1}{2}(\lg K'_{MY} + pc_M^{sp}) \qquad pZn'_{sp} = \frac{1}{2}(12.0 + 2.0) = 7.0$$

$$pY'_{sp} = pZn'_{sp} = 7.0 \qquad [Zn^{2+}] = \frac{[Zn^{2+\prime}]}{\alpha_{Zn}}$$

得

$$pZn_{sp} = pZn'_{sp} + \lg\alpha_{Zn} = 7.0 + 3.4 = 10.4$$

$$[Y] = \frac{[Y']}{\alpha_Y}$$

得

$$pY_{sp} = pY'_{sp} + \lg\alpha_Y = 7.0 + 1.28 = 8.3$$

因此

$$pY_{sp} \neq pZn_{sp}$$

2. 滴定曲线的制作

以 pH=9.0 的 NH_3-NH_4^+ 缓冲溶液中(含有 0.10 mol · L^{-1} 游离氨)，0.02000 mol · L^{-1} EDTA 标准溶液滴定 20.00 mL 0.02000 mol · L^{-1} Zn^{2+}溶液为例，通过计算滴定过程中金属离子的浓度，绘制配位滴定曲线。

从例 4-3 知，当$[NH_3]$ = 0.1 mol · L^{-1} 时，$\alpha_{Zn(NH_3)} = 10^{5.10}$；查附录 13 得 pH = 9 时，$\alpha_{Zn(OH)} = 0.2$

$$\alpha_{Zn} = \alpha_{Zn(NH_3)} + \alpha_{Zn(OH)} - 1 = 10^{5.10} + 10^{0.2} - 1 \approx 10^{5.10}$$

$$\lg\alpha_{Zn} = 5.10$$

查附录 12 得 pH = 9 时，$\lg\alpha_{Y(H)} = 1.28$，所以

$$\lg\alpha_Y = \lg\alpha_{Y(H)} = 1.28$$

$$\lg K'_{ZnY} = \lg K_{ZnY} - \lg\alpha_{Zn} - \lg\alpha_{Y(H)} = 16.50 - 5.10 - 1.28 = 10.12$$

与制作酸碱滴定曲线类似，把配位滴定过程分为组成不同的四个阶段，见表 4-1。

表 4-1　配位滴定过程四个阶段的组成及计算

滴定阶段	体系	[M′] 计算式
滴定开始前	M′	$[M']=c_M$
滴定开始至化学计量点前	MY + M′	按剩余的 M′ 计算
化学计量点时	MY	$[M']=\sqrt{\dfrac{c_M^{sp}}{K'_{MY}}}$
化学计量点后	MY + Y′	$[M']=\dfrac{[MY]}{[Y']K'_{MY}}=\dfrac{c_M}{[Y']K'_{MY}}$

1) 滴定开始前

此时，还没有开始滴定，则$[Zn']=c_{Zn}=0.020\ mol\cdot L^{-1}$，即 $pZn'=1.70$。

2) 滴定开始至化学计量点前

配位滴定中，K'_{MY}足够大，忽略 ZnY^{2-}解离所产生的 Zn^{2+}，以剩余的 Zn^{2+}进行计算：

$$[Zn']=\frac{V_{Zn}-V_Y}{V_{Zn}+V_Y}c_{Zn}$$

式中，V_{Zn}和 V_Y分别为 Zn^{2+}原体积和 EDTA 的滴定体积(mL)。

例如，V_Y=19.98 mL 时(–0.1%滴定误差，突跃起点)，$[Zn']=1.0\times10^{-5}\ mol\cdot L^{-1}$，则 $pZn'=5.00$。

3) 化学计量点时

根据化学计量点计算公式[式(4-12)]，得

$$pZn'_{sp}=\frac{1}{2}(\lg K'_{ZnY}+pc_{Zn}^{sp})=\frac{1}{2}\times(10.12+2.0)=6.06$$

4) 化学计量点后

以过量的 EDTA 通过配位平衡进行计算。

将 $[Y']=\dfrac{V_Y-V_{Zn}}{V_{Zn}+V_Y}c_{Zn}$ 代入 $K'_{ZnY}=\dfrac{[ZnY]}{[Zn'][Y']}$ 即可进行计算。

例如，加入 20.02 mL EDTA 标准溶液时(+0.1%滴定误差，突跃终点)，$pZn'=7.12$。

由此计算出 EDTA 标准溶液滴定 Zn^{2+}溶液不同阶段的 pZn′ 值，部分结果列于表 4-2。

表 4-2　EDTA 标准溶液滴定 Zn^{2+}过程的 pZn′值

EDTA 加入量 V/mL	滴定百分数/%	未被滴定的 Zn^{2+}/%	过量的 EDTA/%	pZn′
0.00				1.70
10.00	50.00	50.00		2.18
18.00	90.00	10.00		2.98
19.80	99.00	1.00		4.00
19.98	99.90	0.10		5.00
20.00	100.0	0		6.06
20.02	100.1		0.10	7.12
20.20	101.0		1.00	8.12
22.00	110.0		10.00	9.12
40.00	200.0		100.0	10.12

可见，滴定误差为± 0.1%范围内，突跃范围为 $\Delta \mathrm{pZn}'=7.12-5.00=2.12$。

3. 影响滴定突跃的因素

由滴定曲线第二阶段的计算方法，当条件稳定常数足够大时，忽略 MY 解离产生的 M，可以得出滴定误差为−0.1%时的突跃起点为

$$[\mathrm{M}']_{\mathrm{ep}} = c_{\mathrm{M},余} = \frac{0.1\% c_{\mathrm{M}}}{2} = c_{\mathrm{M}} \times 10^{-3.30}$$

则

$$\mathrm{pM}'_{\mathrm{ep}} = \mathrm{p}c_{\mathrm{M}} + 3.30$$

即突跃起点的 $\mathrm{pM}'_{\mathrm{ep}}$ 与金属离子浓度有关，与 K'_{MY} 无关。

突跃终点是第四个阶段中滴定误差为+ 0.1%时

$$[\mathrm{M}'] = \frac{[\mathrm{MY}]}{[\mathrm{Y}']K'_{\mathrm{MY}}}$$

$$\mathrm{pM}'_{\mathrm{ep}} = \lg K'_{\mathrm{MY}} + \lg\frac{[\mathrm{Y}']}{[\mathrm{MY}]} = \lg K'_{\mathrm{MY}} + \lg\frac{1}{1000} = \lg K'_{\mathrm{MY}} - 3$$

所以，突跃终点 $\mathrm{pM}'_{\mathrm{ep}}$ 与 K'_{MY} 有关，而与金属离子的浓度无关。因此

$$突跃范围 = (\lg K'_{\mathrm{MY}} - 3) - (\mathrm{p}c_{\mathrm{M}} + 3.30) = \lg K'_{\mathrm{MY}} - \mathrm{p}c_{\mathrm{M}} - 6.30$$

可见，影响滴定突跃的因素主要是金属离子的浓度和条件稳定常数。

1) 浓度对突跃大小的影响

如图 4-4 所示，金属离子的浓度改变仅影响配位滴定曲线的前侧，与酸碱滴定中一元弱酸(碱)滴定情况相似。当 K'_{MY} 一定时，金属离子浓度 c_{M} 增大 10 倍，滴定突跃起点降低一个单位，即突跃增加一个单位。

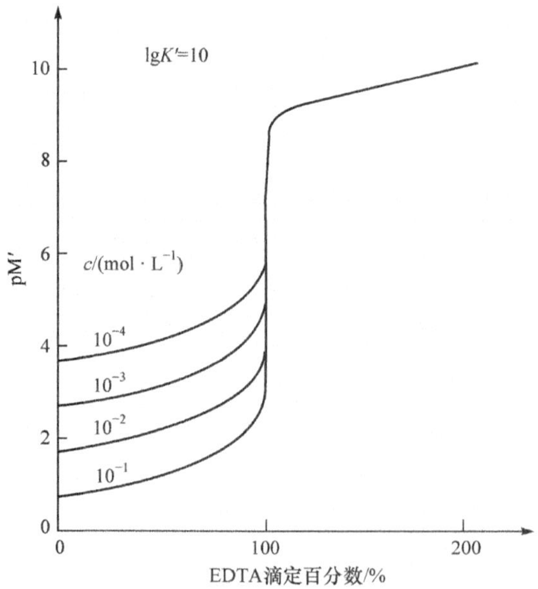

图 4-4　不同 c_{M} 的配位滴定曲线

2) 条件稳定常数对突跃大小的影响

如图 4-5 所示，条件稳定常数变化仅影响配位滴定曲线的后侧。当c_M一定时，K'_{MY}增大 10 倍，$\lg K'_{MY}$增加 1，滴定突跃终点升高一个单位，即突跃增加一个单位。

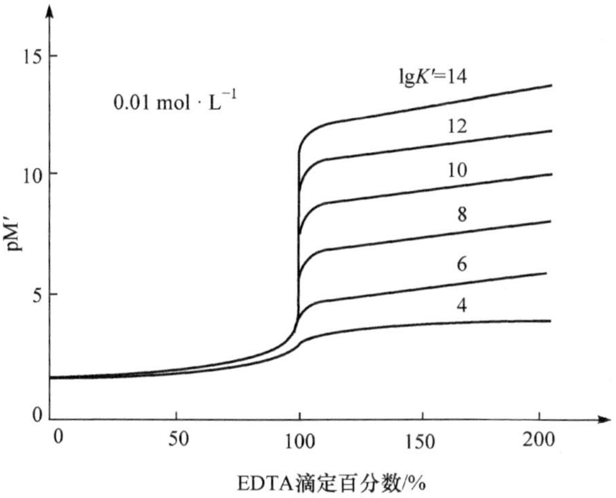

图 4-5　不同K'_{MY}的配位滴定曲线

显然，影响K'_{MY}的因素(K_{MY}、α_Y和α_M)都会影响滴定的突跃大小，当金属离子的K_{MY}值较小时，尽量在较低的酸度下滴定，以避免酸效应对滴定突跃和反应完全程度的影响。同时，也要考虑缓冲溶液或掩蔽剂中辅助配位剂 L 与金属离子 M 的配位效应，L 的浓度越大，$\alpha_{M(L)}$越大，则K'_{MY}减小，滴定突跃和反应完全程度也随之减小。

4.4.2　金属离子指示剂

确定配位滴定终点的方法有电位法、光度法等仪器法和金属离子指示剂法。仪器法检测终点的方法将在仪器分析课程中学习，本章主要介绍金属离子指示剂检测终点的原理和方法。对于条件稳定常数较大、有明显滴定突跃的配位滴定，金属离子指示剂能够准确、方便、灵敏地指示滴定终点。因此，金属离子指示剂在配位滴定中应用广泛。

1. 金属离子指示剂的显色原理

金属离子指示剂一般是具有配位能力的有机染料，与待测金属离子配位前后具有不同颜色，即靠自身颜色的变化指示滴定过程中金属离子浓度的变化，以确定滴定终点，也简称为金属指示剂(metal indicator)。

滴定开始前，在待测金属离子溶液中加入金属离子指示剂 In 时，溶液呈现出 MIn 配合物的颜色：

$$\underset{\text{游离态颜色}}{\mathrm{In}} + \mathrm{M} \rightleftharpoons \underset{\text{配合物颜色}}{\mathrm{MIn}}$$

滴定开始至终点前，MY 无色或浅色，MIn 形成溶液背景颜色。

$$\mathrm{Y} + \mathrm{M} \rightleftharpoons \mathrm{MY}$$

滴定到达终点时，发生置换反应：

$$Y + MIn \rightleftharpoons MY + In$$

　　　　配合物颜色　　　　游离态颜色

此时，溶液的颜色由 MIn 配合物的颜色(或与 MY 的混合色)突变成指示剂游离态的颜色(或与 MY 的混合色)。

为了灵敏准确地判断终点，对配位滴定中的金属离子指示剂的要求如下：

(1) 颜色的变化敏锐：在滴定的 pH 范围内，游离指示剂 In 与其金属配合物 MIn 之间应有明显的颜色差别。

(2) K'_{MIn} 大小适当，$K'_{MIn} < K'_{MY}$，即 MIn 稳定性适当，K'_{MIn} 不能太大，否则终点置换反应不能够快速发生；也不能太小，否则未到终点时 In 游离出来，终点提前。

(3) 显色反应快，变色可逆性好。

(4) MIn 易溶于水：终点的置换反应在均相溶液中快速进行，显色快速。

(5) 性质稳定：便于使用和储存。

2. 常用的金属离子指示剂

从分子结构来看，金属离子指示剂既是配位剂，又是多元有机酸，而且不同的型体又具有不同的颜色，所以金属离子指示剂各有着适宜的使用酸度范围。

1) 铬黑 T

铬黑 T(eriochrome black T，EBT)是一种三元有机弱酸，在水溶液中存在多级解离：

$$H_2In^- \underset{}{\overset{pK_{a_2}=6.3}{\rightleftharpoons}} HIn^{2-} \underset{}{\overset{pK_{a_3}=11.6}{\rightleftharpoons}} In^{3-}$$

　　　　红色　　　　蓝色　　　　橘红色

由分布曲线可知，当 pH<6.3 时，铬黑 T 主要存在形式是红色的 H_2In^-；当 6.3<pH<11.6 时，铬黑 T 主要存在形式是蓝色的 HIn^{2-}；当 pH>11.6 时，铬黑 T 主要存在形式是橘红色的 In^{3-}，而铬黑 T 与金属的配合物 MIn 是紫(或酒)红色。所以，为了有更大的颜色差异，铬黑 T 的适宜 pH 范围为 6.3～11.6。通常，选择在 pH 8～10 使用铬黑 T 指示剂。

以 EDTA 滴定 Mg^{2+} 为例介绍铬黑 T 的变色过程。滴定开始前，在待测的 Mg^{2+} 溶液(pH 8～10)中加入铬黑 T 指示剂，溶液呈紫红色：

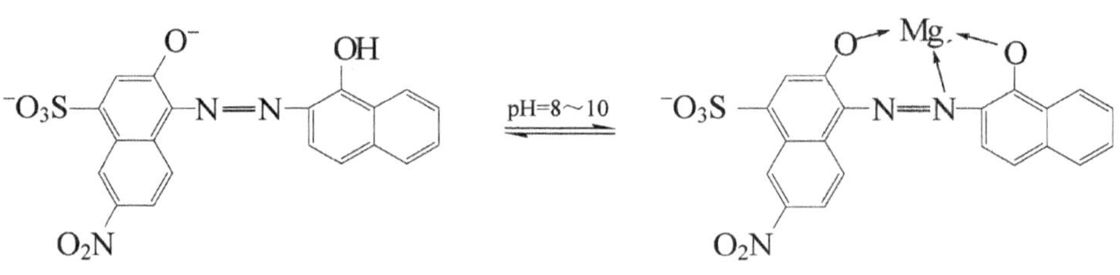

EBT(蓝色)　　　　Mg-EBT(紫红色)

滴定终点时，发生置换反应

$$\text{Mg-EBT(紫红色)} + \text{EDTA} \rightleftharpoons \text{EBT(蓝色)} + \text{Mg-EDTA}$$

Cu^{2+}、Ni^{2+}、Co^{2+}、Al^{3+}、Fe^{3+} 和 Ti^{4+} 对铬黑 T 指示剂有封闭作用，在滴定时要消除其干扰。并且，以 EBT 为指示剂，用 EDTA 滴定 Ca^{2+} 和 Ba^{2+} 时，EBT 与 Ca^{2+} 和 Ba^{2+} 的显色不够灵敏，可以利用置换滴定法的原理，加入 MgY 以改善指示剂的变色性能(原理见 4.8 节)。

2) 二甲酚橙

二甲酚橙(xylenol orange，XO)是多元有机酸，不同的酸碱型体具有不同的颜色。其中，H_6In 至 H_2In^{4-}都是黄色，HIn^{5-} 和 In^{6-} 都是红色，即 pH＜6.3 时，二甲酚橙是黄色，pH＞6.3 时，二甲酚橙是红色：

$$\underset{\text{黄色}}{H_2In^{4-}} \xrightleftharpoons{pK_{a_5}=6.3} \underset{\text{红色}}{HIn^{5-}}$$

而二甲酚橙与金属离子配合物 MIn 是紫红色。所以，二甲酚橙适宜的酸度范围是 pH＜6。

EDTA 标准溶液滴定 Al^{3+}、Fe^{3+}、Ni^{2+}、Co^{2+}和 Cu^{2+}时，用二甲酚橙 XO 作指示剂易发生封闭现象，此时可以采用返滴定法。

3) 钙指示剂

钙指示剂(calconcarboxylic acid，NN)又称为钙红，为黑紫色粉末，很稳定，其水溶液或乙醇溶液均不稳定，故直接使用固体试剂，即与固体 NaCl、KNO_3 或 K_2SO_4 等中性盐(1∶100 或 1∶200，质量比)混合研磨后使用。

当 pH＜7.4 时，钙指示剂的主要存在型体是红色的 H_2In^{2-}；当 pH 为 7.4～13.5 时，钙指示剂的主要存在型体是蓝色的 HIn^{3-}；当 pH＞13.5 时，钙指示剂的主要存在型体是红色的 In^{4-}。而钙和钙指示剂配合物的颜色为酒红色，所以钙指示剂的适宜 pH 范围应该是 7.4～13.5，通常控制溶液 pH 为 12～13 进行滴定，终点时，溶液从酒红色突变为蓝色。

能与钙指示剂产生封闭现象的金属离子与封闭铬黑 T 指示剂的金属离子相似，可加入三乙醇胺和 KCN 掩蔽这些干扰离子。

4) PAN 金属指示剂

1-(2-吡啶偶氮)-2-萘酚([1-(2-pyridylazo-2-naphthol)]，PAN)是典型的二元酸有机染料，在水溶液中存在二级解离：

$$\underset{\text{红色}}{H_2In} \xrightleftharpoons{pK_{a_1}=1.9} \underset{\text{黄色}}{HIn^-} \xrightleftharpoons{pK_{a_2}=12.2} \underset{\text{红色}}{In^{2-}}$$

当 pH＜1.9 时，PAN 主要存在型体是红色的 H_2In；当 pH 为 1.9～12.2 时，PAN 的主要存在型体是黄色的 HIn^-；当 pH＞12.2 时，PAN 的主要存在型体是红色的 In^{2-}。而 PAN 与金属离子通常形成红色的配合物。所以，PAN 指示剂的适宜 pH 范围为 1.9～12.2。需要注意的是，PAN 与金属离子的配合物通常是胶状物或沉淀物，水溶性较差，易发生僵化现象，滴定时需要加热或加入乙醇。

5) 磺基水杨酸

磺基水杨酸(sulfosalicylic acid，Ssal 或 SSA)也是多元有机酸，其水溶液中所有的型体都是无色的。当 pH 为 1.5～2.5 时，磺基水杨酸与 Fe^{3+}生成紫红色组成为 1∶1 的配合物 Fe^{3+}-Ssal，而$[FeY]^-$呈黄色，所以由紫红色突变成亮黄色或接近无色即为终点。当 pH 为 4～7 和 8～10 时，磺基水杨酸与 Fe^{3+}分别生成组成为 1∶2 的橙色配合物和组成为 1∶3 的黄色配合物，终点颜色变化不明显。因此，以磺基水杨酸为指示剂滴定 Fe^{3+}时，适宜的使用酸度范围为 pH 1.5～2.5。

常用的金属离子指示剂见表 4-3。

表 4-3 常用的金属离子指示剂

指示剂	可用于直接滴定的金属离子	滴定终点时颜色的变化
铬黑 T(EBT)	Mg^{2+}、Ca^{2+}、Pb^{2+}、Cd^{2+}、Mn^{2+}(pH=10)、Zn^{2+}(pH=6.8～10)	紫红色→纯蓝色
二甲酚橙 (XO)	Bi^{3+}(pH=1～2)、Pb^{2+}(pH=5～6)、Zn^{2+}(pH=5～6)、Th^{4+}(pH=1.6～3.5)	紫红色→亮黄色
钙指示剂(NN)	Ca^{2+}(pH=12~13)	酒红色→蓝色
1-(2-吡啶偶氮)-2-萘酚 (PAN)	Cu^{2+}(pH=6)、Zn^{2+}(pH=5～7)、Bi^{3+}(pH=2.5)、Th^{4+}(pH=2～3.5)	紫红色→黄色
磺基水杨酸(Ssal)	Fe^{3+}(pH=1.5～2.5)	紫红色→黄色(或接近无色)

3. 金属离子指示剂存在的问题

1) 封闭现象

金属离子指示剂的封闭现象是指滴定终点时甚至滴定终点后，溶液一直没有颜色的变化。其主要原因有指示剂与金属离子生成了十分稳定的配合物，或者终点时的置换反应因反应动力学原因而不能被滴定剂置换。

EDTA 滴定金属离子 M 时，滴定开始至终点前，溶液中发生下列反应：

指示剂显色： $\mathrm{In + M \rightleftharpoons MIn}$

配位滴定反应： $\mathrm{Y + M \rightleftharpoons MY}$

正常情况下，滴定到达终点时应发生置换反应，溶液颜色由金属与指示剂配合物 MIn 的颜色转变为游离态指示剂 In 的颜色：

$$\mathrm{Y + MIn \rightleftharpoons MY + In}$$

如果 $K'_{\mathrm{MY}} < K'_{\mathrm{MIn}}$，不会发生置换反应；或尽管 $K'_{\mathrm{MY}} > K'_{\mathrm{MIn}}$，但由于反应动力学原因，置换反应不发生或反应速度极慢，使得指示剂变色不可逆。例如，EDTA 滴定 Al^{3+}，用二甲酚橙作指示剂时，Al-XO 不与 EDTA 发生置换反应，发生指示剂封闭不变色现象，所以不能用 EDTA 标准溶液直接滴定 Al^{3+}，只能采用返滴定法。

发生封闭现象的另一种情况是杂质离子 N 与指示剂配位，产物 NIn 很稳定，导致终点时溶液不变色，此时可以加入掩蔽剂以消除封闭现象。例如，用 EDTA 标准溶液滴定水中的 Ca^{2+} 和 Mg^{2+}含量时，用铬黑 T 作指示剂，共存的 Fe^{3+}、Al^{3+}会产生封闭现象，可加三乙醇胺和氰化钾或硫化物掩蔽 Fe^{3+}、Al^{3+}，从而消除封闭现象。

2) 僵化现象

金属离子指示剂的僵化现象是指滴定终点时甚至终点后，溶液没有颜色的突变，而只是缓慢变色。其原因主要有指示剂与金属离子生成的配合物水溶性差、生成胶体或沉淀。滴定时，指示剂与 EDTA 的置换反应进行缓慢而使终点拖后变长。例如，用磺基水杨酸(Ssal)金属指示剂，以 EDTA 滴定 Fe^{3+}时，Fe^{3+}- Ssal 易沉淀，使得终点拖长，此时可以加适当有机试剂或加热消除僵化现象。另一种原因是 K'_{MY} 只稍大于 K'_{MIn}，置换反应慢，终点拖长，也可以适当加热消除僵化现象。例如，PAN 作为 EDTA 滴定铜的指示剂时，易发生僵化现象，可通过加入有机溶剂或适当加热的方法避免。

3) 氧化变质现象

金属离子指示剂大多含有双键，易被日光、氧化剂及空气中的氧化性物质分解变质，在水溶液中不稳定。通常采取以下两种措施：一种措施是制成固体混合物。例如，钙指示剂溶液不稳定，常与干燥 NaCl(或 KNO_3、K_2SO_4 等中性盐)按 1：100(质量比)混合使用。另一种措施是在溶液中加入强还原性物质，以保护金属离子指示剂。

4. 金属离子指示剂理论变色点和变色范围

设金属离子没有副反应

$$\begin{array}{ccccc} M & + & In & \rightleftharpoons & MIn \\ & & \Updownarrow & & \\ & & HIn & & \\ & & \cdots & & \\ & & H_mIn & & \end{array}$$

$$K'_{MIn} = \frac{[MIn]}{[M][In']} = \frac{K_{MIn}}{\alpha_{In(H)}}$$

取对数

$$pM + \lg\frac{[MIn]}{[In']} = \lg K_{MIn} - \lg\alpha_{In(H)}$$

当 $\frac{[MIn]}{[In']} = 1$，即 $\lg\frac{[MIn]}{[In']} = 0$ 时，变色点 pM_t 为

$$pM_t = pM_{ep} = \lg K_{MIn} - \lg\alpha_{In(H)} = \lg K'_{MIn} \tag{4-13}$$

部分金属离子指示剂变色点的 pM_{ep} 见附录 14。

与酸碱指示剂类似，金属离子指示剂的变色范围为

$$\lg K'_{MIn} \pm 1$$

如果金属离子有副反应 $(\alpha_M > 1)$，则

$$pM'_{ep} = pM_{ep} - \lg\alpha_M = \lg K_{MIn} - \lg\alpha_{In(H)} - \lg\alpha_M \tag{4-14}$$

4.4.3 配位滴定的终点误差

与酸碱滴定终点误差的定义及计算方法类似，配位滴定的终点误差 E_t 的计算公式也可以通过滴定过程进行推导。

$$E_t = \frac{[Y']_{ep} - [M']_{ep}}{c_M^{ep}} \times 100\%$$

令

$$\Delta pM' = pM'_{ep} - pM'_{sp}$$

则

$$[M']_{ep} = [M']_{sp} \times 10^{-\Delta pM'}$$

同理

$$[Y']_{ep}=[Y']_{sp}\times 10^{-\Delta pY'}$$

因为化学计量点和终点时的 K'_{MY} 相近，所以

$$\frac{[MY]_{sp}}{[M']_{sp}[Y']_{sp}}=\frac{[MY]_{ep}}{[M']_{ep}[Y']_{ep}}$$

而

$$[MY]_{sp}\approx[MY]_{ep}$$

因此

$$\frac{[M']_{ep}}{[M']_{sp}}=\frac{[Y']_{sp}}{[Y']_{ep}}$$

两边取负对数

$$pM'_{ep}-pM'_{sp}=pY'_{sp}-pY'_{ep}$$

即

$$\Delta pM'=-\Delta pY'$$

化学计量点时

$$[M']_{sp}=[Y']_{sp}=\sqrt{\frac{c_M^{sp}}{K'_{MY}}}$$

代入误差表达式，整理得到配位滴定的林邦终点误差公式：

$$E_t=\frac{10^{\Delta pM'}-10^{-\Delta pM'}}{\sqrt{c_M^{sp}K'_{MY}}}\times 100\% \tag{4-15}$$

可见，E_t 与 $\Delta pM'$、c_M^{sp} 和 K'_{MY} 有关，其中 K'_{MY} 是影响终点误差的重要因素。c_M^{sp} 和 K'_{MY} 越大，终点误差就越小；当 c_M^{sp} 和 K'_{MY} 一定时，终点与化学计量点越接近，即 $\Delta pM'$ 越小，终点误差就越小。

例 4-9　在 pH=5.5 的六亚甲基四胺-HCl 缓冲溶液中，以 0.020 mol · L^{-1} EDTA 溶液滴定 0.020 mol · L^{-1} Zn^{2+}，计算二甲酚橙作指示剂时的终点误差。

解　查附录 11 和附录 12 得 $\lg K_{ZnY}=16.50$；pH=5.5 时，$\lg\alpha_{Y(H)}=5.51$，Zn^{2+}的水解效应可以忽略。所以，$\lg\alpha_Y=\lg\alpha_{Y(H)}=5.51$，而 $c_{Zn}^{sp}=10^{-2.0}$ mol · L^{-1}，所以

$$\lg K'_{ZnY}=\lg K_{ZnY}-\lg\alpha_Y=16.50-5.51=10.99$$

$$pZn_{sp}=\frac{1}{2}(pc_{Zn}^{sp}+\lg K'_{ZnY})=6.5$$

查附录 14 得 pH=5.5 时，二甲酚橙的 pZn=5.7，则

$$\Delta pZn=pZn_{ep}-pZn_{sp}=5.7-6.5=-0.8$$

代入终点误差公式得

$$E_t=\frac{10^{-0.8}-10^{0.8}}{\sqrt{10^{-2.0}\times 10^{10.99}}}\times 100\%=-0.02\%$$

例 4-10　在 pH=10.0 的氨性缓冲溶液中，以 EBT 为指示剂，用 0.020 mol · L^{-1} EDTA 溶液滴定 0.020 mol · L^{-1}

Ca^{2+}，计算 ΔpCa 和 E_t[已知 pH=10.0 时，$\lg\alpha_{Y(H)}=0.45$，$\lg K_{CaY}$=10.69，EBT：$K_{a_1}=10^{-6.3}$，$K_{a_2}=10^{-11.6}$，$\lg K_{Ca\text{-}EBT}$=5.4]。

解

$$\lg K'_{CaY}=\lg K_{CaY}-\lg\alpha_{Y(H)}=10.69-0.45=10.24$$

$$pCa_{sp}=\frac{1}{2}(pc_{Ca}^{sp}+\lg K'_{CaY})=\frac{1}{2}\times(2.00+10.24)=6.1$$

$$\alpha_{EBT(H)}=1+\frac{[H^+]}{K_{a_2}}+\frac{[H^+]^2}{K_{a_1}K_{a_2}}=40$$

$$\lg\alpha_{EBT(H)}=1.6$$

$$pCa_{ep}=\lg K'_{Ca\text{-}EBT}=\lg K_{Ca\text{-}EBT}-\lg\alpha_{EBT(H)}=5.4-1.6=3.8$$

$$\Delta pCa=pCa_{ep}-pCa_{sp}=3.8-6.1=-2.3$$

根据误差公式得

$$E_t=\frac{10^{-2.3}-10^{2.3}}{\sqrt{10^{-2}\times10^{10.24}}}\times100\%=-1.5\%$$

4.5　准确滴定金属离子的条件

4.5.1　单一金属离子准确滴定判别式

用配位滴定法准确测定单一金属离子 M 时所需的条件取决于对终点误差(E_t)的要求和对颜色变化判断的准确度。人眼观察颜色或颜色的变化有一定的局限性，即使指示剂的变色点和化学计量点完全一致，仍然会存在±0.2～±0.5 pM′单位的不确定性。以 ΔpM′=±0.2 为例，根据配位滴定的林邦误差公式可以推算出

$$\lg(c_M^{sp}K'_{MY})=4,\quad E_t=\frac{10^{0.2}-10^{-0.2}}{\sqrt{10^4}}=1\%$$

$$\lg(c_M^{sp}K'_{MY})=6,\quad E_t=0.1\%$$

$$\lg(c_M^{sp}K'_{MY})=8,\quad E_t=0.01\%$$

所以，当 $\Delta pM'=\pm0.2$，误差要求在±0.1%以内时，EDTA 溶液准确滴定单一金属离子的判据为

$$\lg(c_M^{sp}K'_{MY})\geqslant6 \tag{4-16}$$

显然，与酸碱滴定中准确滴定的判别式相似，该判别式与金属离子的浓度及条件稳定常数 K 有关。$c_M^{sp}K'_{MY}$ 越大，终点误差越小。

通常，待测金属离子的浓度约为 0.020 mol · L^{-1}，终点时浓度约为 0.01 mol · L^{-1}，则准确滴定的判别式可以写为 $\lg K'_{MY}\geqslant8$。

例 4-11　试判断：(1)在 pH=5 的六亚甲基四胺-HCl 缓冲溶液中；(2)在 pH=10 的氨性缓冲溶液 $[NH_3]$=0.1 mol · L^{-1}中，用 0.020 mol · L^{-1} EDTA 能否准确滴定 0.020 mol · L^{-1}的 Ca^{2+}或 Zn^{2+}。

解　已知 c_M^{sp}= 0.01 mol · L^{-1}，查附录 11～附录 13 得 $\lg K_{CaY}$ =10.69，$\lg K_{ZnY}$=16.50。pH=5 时，$\lg\alpha_{Y(H)}=6.26$，忽略水解效应；pH=10 时，$\lg\alpha_{Y(H)}=0.45$，$\lg\alpha_{Zn(OH)}=2.4$，忽略钙离子的水解效应。根据

$$\lg K'_{MY}=\lg K_{MY}-\lg\alpha_M-\lg\alpha_Y$$

(1) 在 pH=5 的六亚甲基四胺-HCl 缓冲溶液中

$$\lg K'_{CaY} = \lg K_{CaY} - \lg\alpha_M - \lg\alpha_Y$$

$$\lg K'_{CaY} = 10.69 - 6.26 = 4.43 \qquad \lg(c_M^{sp}K'_{MY}) = 2.43 < 6$$

$$\lg K'_{ZnY} = 16.50 - 6.26 = 10.24 \qquad \lg(c_M^{sp}K'_{MY}) = 8.24 > 6$$

(2) 在 pH=10 的氨性缓冲溶液[NH3]=0.1 mol · L^{-1}中，从例 4-3 中知：[NH3]=0.1 mol · L^{-1}时，$\alpha_{Zn(NH_3)} = 10^{5.10}$

$$\alpha_{Zn} = \alpha_{Zn(NH_3)} + \alpha_{Zn(OH)} - 1 = 10^{5.1} + 10^{2.4} - 1 = 10^{5.1}$$

$$\lg K'_{CaY} = 10.69 - 0.45 = 10.24 \qquad \lg(c_M^{sp}K'_{MY}) = 8.24$$

$$\lg K'_{ZnY} = 16.50 - 0.45 - 5.1 = 10.95 \qquad \lg(c_M^{sp}K'_{MY}) = 8.95$$

所以，在上述 pH=5 和 pH=10 的条件下，Zn^{2+}能被准确滴定。而 Ca^{2+}只能在上述 pH=10 的条件下被准确滴定；在上述 pH=5 的条件下，Ca^{2+}不能被准确滴定。

4.5.2 分别滴定判别式

实际溶液中往往是多种金属离子共存，而 EDTA 配位能力比较强，所以进行分别滴定的判断具有更为实际的意义。当溶液中含有 M 和 N 两种金属离子，且 $K_{MY}>K_{NY}$时，由林邦误差公式可以得出准确滴定 M 而不受 N 干扰的条件是

$$\Delta\lg(cK') \geqslant 5 \qquad (\Delta pM' = 0.2,\ |E_t| \leqslant 0.3\%) \tag{4-17}$$

即

$$\lg(c_M^{sp}K'_{MY}) - \lg(c_N^{sp}K'_{NY}) \geqslant 5$$

这是分步滴定的判断式，当然首先 M 要满足单一金属离子准确滴定的条件。准确滴定 M 之后，N 能否被准确滴定，再用单一金属离子准确滴定判别式进行判断。

显然，如果 $c_M=c_N$，则以$\Delta\lg K\geqslant 5$ 为分别滴定的判据。

同样，如果要求 $\Delta pM' = 0.2$，$|E_t| \leqslant 0.1\%$，则准确滴定 M 而不受 N 干扰的条件是

$$\Delta\lg(cK') \geqslant 6$$

4.6 配位滴定中酸度的控制

EDTA 与金属离子 M 发生配位反应生成配合物 MY 时，总是伴随有 H^+的产生而导致酸度增加：

$$M + H_2Y^{2-} \rightleftharpoons MY + 2H^+$$

酸度的升高会引起 K'_{MY} 和 K'_{MIn} 的降低，导致滴定反应不完全，也可能影响指示剂的颜色和变色点。因此，需要加入缓冲溶液控制溶液的酸度保持基本稳定，保证配位反应顺利进行。

配位滴定法中常用的缓冲溶液见表 4-4。

表 4-4 配位滴定法中常用的缓冲溶液

缓冲溶液 pH	酸性或碱性介质	缓冲体系
4～5	弱酸性介质	HAc-NaAc、六亚甲基四胺缓冲溶液
8～10	弱碱性介质	氨性缓冲溶液
<1	强酸性介质	强酸自身缓冲体系(如 HCl)
>13	强碱性介质	强碱自身缓冲体系(如 NaOH)

4.6.1　单一金属离子配位滴定的酸度控制

根据前面的讨论可知，若 $c_M = 0.01\ mol \cdot L^{-1}$，金属离子 M 被准确滴定的条件是

$$\lg K'_{MY} = (\lg K_{MY} - \lg \alpha_Y - \lg \alpha_M) \geqslant 8$$

显然，副反应越严重，$\lg\alpha_Y$ 和 $\lg\alpha_M$ 越大，$\lg K'_{MY}$ 值就越小，小到 $\lg K'_{MY} < 8$ 时就不能被准确滴定。因此，要进行准确滴定，必须对滴定条件予以控制。

设只考虑酸效应，则

$$\lg \alpha_{Y(H)} = \lg K_{MY} - \lg K'_{MY} \leqslant \lg K_{MY} - 8$$

金属离子 M 的稳定常数 K_{MY} 可以查表，由此可以计算滴定 M 的最大 $\lg\alpha_{Y(H)}$，由附录 12 可以查出对应的最小 pH(pH_L)，即 EDTA 配位滴定 M 所允许的最高酸度，高于这个酸度就不能准确滴定。

根据这种方法，可以计算出常见金属离子配位滴定的最小 pH，以该 pH 对 $\lg K_{MY}$ 作图，获得 EDTA 滴定金属离子的最高酸度曲线，如图 4-6 所示。此曲线与图 4-2 酸效应曲线一样，只是这里标示出常见金属离子的最小 pH。

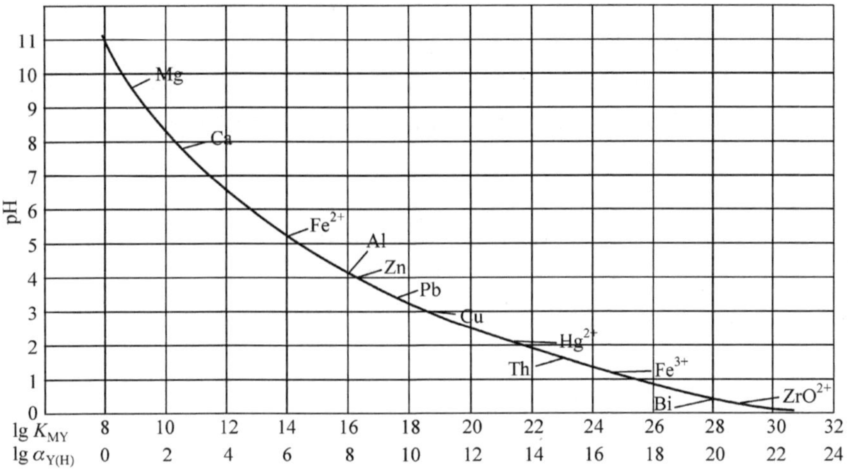

图 4-6　EDTA 的酸效应曲线及金属离子滴定最高酸度

酸效应曲线直观展示了酸度对 EDTA 金属离子配合物形成的影响。对稳定性较高的配合物如 FeY^-，可以在较高的酸度下进行准确滴定；而对不太稳定的配合物如 MgY^{2-}，则必须在较低的酸度下才能准确滴定。

金属离子最小 pH 曲线的用途是：

(1) 查找常见金属离子配位滴定的最小 pH。

(2) 判断干扰离子情况，即在选定的 pH 范围内，处于较下方的离子有干扰，相距较远的上方离子没有干扰。

(3) 判断分别滴定的可行性，即控制酸度法，可能在同一溶液中连续滴定几种离子。例如，当溶液中含有 Bi^{3+}、Zn^{2+}及 Mg^{2+}时，可以在 pH=1.0 时用 EDTA 溶液滴定 Bi^{3+}，然后在 pH=5.0～6.0 时连续滴定 Zn^{2+}，最后在 pH=10.0～11.0 时滴定 Mg^{2+}。

例 4-12　假设 Mg^{2+}和 EDTA 的浓度均为 $0.020\ mol \cdot L^{-1}$，在 pH=6 时，Mg^{2+}与 EDTA 配合物的条件稳定

常数是多少？并说明在此 pH 条件下能否用 EDTA 标准溶液准确滴定 Mg^{2+}。若不能准确滴定，求其允许的最低 pH。

解　查附录 11 和附录 12 可知：$\lg K_{MgY}=8.7$，pH=6 时，$\lg\alpha_{Y(H)}=4.65$

$$\lg K'_{MY}=\lg K_{MY}-\lg\alpha_{Y(H)}=8.7-4.65=4.0$$

$$K'_{MY}=10^{4.0}$$

$$\lg(cK'_{MY})=\lg(10^{-2}\times10^{4.0})=2.0<6$$

故在 pH=6 时，EDTA 不能准确滴定 Mg^{2+}。

由于允许的最低 pH 由酸效应系数决定，即

$$\lg\alpha_{Y(H)}\leqslant\lg K_{MY}-8$$

则

$$\lg\alpha_{Y(H)}\leqslant 8.7-8=0.7$$

查附录 12 得 $\lg\alpha_{Y(H)}=0.7$ 时，pH≈9.65，即滴定 Mg^{2+}时允许的最低 pH 是 9.65。

必须指出，实际滴定中的 pH 比允许的最低 pH 高一些，这样可以使金属离子配位反应更完全。但是，过高的 pH 会引起金属离子的水解，生成多羟基配合物甚至沉淀，这种水解效应又会降低金属离子与 EDTA 配位的能力。

通常，把金属离子开始形成氢氧化物沉淀时的 pH 称为最高 pH(pH_H，最低酸性)，可由该金属离子氢氧化物的溶度积粗略计算。例如，$Zn(OH)_2$ 的溶度积 $K_{sp}=[Zn^{2+}][OH^-]^2$，则最高 pH 计算如下：

$$[OH^-]=\sqrt{\frac{K_{sp,Zn(OH)_2}}{[Zn^{2+}]}}$$

例 4-13　用 0.01 mol · L^{-1} EDTA 溶液滴定同浓度的 Fe^{3+}，试计算 pH_H。

解

$$[OH^-]=\sqrt[3]{\frac{K_{sp,Fe(OH)_3}}{[Fe^{3+}]}}=\sqrt[3]{\frac{10^{-37.4}}{10^{-2}}}=10^{-11.8}$$

$$pH_H=2.2$$

最高酸度和最低酸度之间的酸度范围称为该金属离子配位滴定的适宜酸度范围。实际应用时，还要综合考虑指示剂的适宜使用酸度范围进行酸度的选择。

例 4-14　计算用 0.020 mol · L^{-1} EDTA 滴定 0.020 mol · L^{-1} Zn^{2+}时的最高酸度和最低酸度。如欲采用二甲酚橙为指示剂，滴定应在什么酸度范围内进行？使 $|E_t|$ 不大于 0.1%的酸度范围又是多少？

解　查附录 11 和附录 17 得 $\lg K_{ZnY}=16.50$，$Zn(OH)_2$ 的 $K_{sp}=10^{-16.92}$，已知 $c_{Zn,sp}=0.01$ mol · L^{-1}

$$\lg\alpha_{Y(H)}\leqslant\lg K_{ZnY}-8=16.50-8=8.50$$

查附录 12，pH=4.0 时，$\lg\alpha_{Y(H)}=8.44$，即滴定 Zn^{2+}的最高酸度。

若$[Zn^{2+}]=c_{Zn}$，最低酸度为

$$[OH^-]=\sqrt{\frac{K_{sp,Zn(OH)_2}}{[Zn^{2+}]}}=\sqrt{\frac{10^{-16.92}}{0.020}}=10^{-7.61}\ (\text{mol}\cdot\text{L}^{-1})$$

即 pOH=7.61，则 pH=6.39。

因此，滴定 Zn^{2+}的适宜酸度范围为 pH=4.0～6.39。由于二甲酚橙应在 pH<6.0 的酸度下使用，故此时滴定 Zn^{2+}应在 pH=4.0～6.0 进行。

4.6.2　分别滴定中的酸度控制

实际配位滴定中往往多组分共存，溶液的酸度选择和控制要比单一金属离子滴定体系复杂，但选择酸度的原理是一样的。

例如，用 EDTA 滴定共存金属离子 M 和 N 时，若 $K_{MY} \gg K_{NY}$，则可以通过控制酸度对金属离子 M 和 N 进行分步滴定；若 $K_{MY} < K_{NY}$ 或 $K_{MY} \approx K_{NY}$，则可以通过加入掩蔽剂或选择其他类型的滴定剂(如 EGTA)进行分步滴定。

利用控制酸度法进行混合离子滴定时，首先需要考察 K'_{MY} 和 K'_{NY} 随 pH 的变化情况，确定金属离子 M 和 N 是否满足准确滴定的条件，即 $E_t < 0.1\%$和 $\Delta pM' = 0.2$ 时，金属离子 M 和 N 的 $\lg(c_M^{sp}K'_{MY}) \geqslant 6$ 和 $\lg(c_N^{sp}K'_{NY}) \geqslant 6$；在满足准确滴定的条件下，再判断分步滴定的可行性，即是否满足 $\Delta\lg(cK') \geqslant 5$ 的条件($E_t < 0.3\%$和 $\Delta pM' = 0.2$)；最后，选择合适的酸度进行混合离子的分别滴定。

4.7　提高配位滴定选择性的措施

EDTA 配位能力强，能与多种金属离子形成配位物。但是，实际样品中往往多种金属离子共存，存在干扰。因此，提高配位滴定的选择性是配位滴定分析中的重要问题。

提高配位滴定选择性的主要策略就是降低共存干扰离子 N 的游离态浓度[N]和条件稳定常数 K'_{NY}。例如，控制酸度法和改用其他滴定剂就是降低 K'_{NY}，掩蔽法就是降低[N]。

4.7.1　控制酸度法

用 EDTA 分别滴定共存金属离子 M 和 N，就要设法消除共存金属离子彼此的干扰，若 $K_{MY} \gg K_{NY}$，且 $\lg(c_M^{sp}K'_{MY}) - \lg(c_N^{sp}K'_{NY}) \geqslant 5$，$\lg(c_N^{sp}K'_{NY}) \geqslant 6$，则可以用控制酸度法对金属离子 M 和 N 进行分别滴定。在较高酸度条件下先滴定金属离子 M，再在较低酸度条件下滴定金属离子 N，同时也要考虑指示剂适宜的酸度，并且要考虑 M 和 N 各自的最高酸度和最低酸度对滴定准确度的影响。

例如，用 EDTA 标准溶液分别测定 Pb^{2+}和 Bi^{3+}混合液中各自含量时，已知 $\lg K_{BiY}=27.94$，$\lg K_{PbY}=18.04$，$\Delta\lg(cK')=9.9>5$，由于两者的 $\lg(cK')$相差很大，所以可以通过控制溶液的酸度进行 Pb^{2+}和 Bi^{3+}的连续滴定。首先在较高酸度(pH=1)下，以二甲酚橙为指示剂，用 EDTA 标准溶液滴定至溶液由紫红色突变成亮黄色，即为测定 Bi^{3+}的滴定终点。然后加入六亚甲基四胺缓冲溶液，降低溶液酸度至 pH=5～6，并构成缓冲溶液，继续用 EDTA 标准溶液滴定至溶液由紫红色突变成亮黄色，即为测定 Pb^{2+}的滴定终点。

4.7.2　掩蔽法

1. 配位掩蔽法

用 EDTA 溶液滴定金属离子 M 时，如果 N 共存，EDTA 会存在共存离子效应，从而降低 K'_{MY}，可能造成 $\lg(c_M K'_{MY}) < 6$，使得滴定不完全。加入能与 N 发生配位反应的辅助配位剂 A，

使得 N 的浓度降低，消除或减小 N 的干扰和影响，使 $\lg(c_M^{sp}K'_{MY})$ 增大至满足准确滴定的要求，这就是配位掩蔽法。

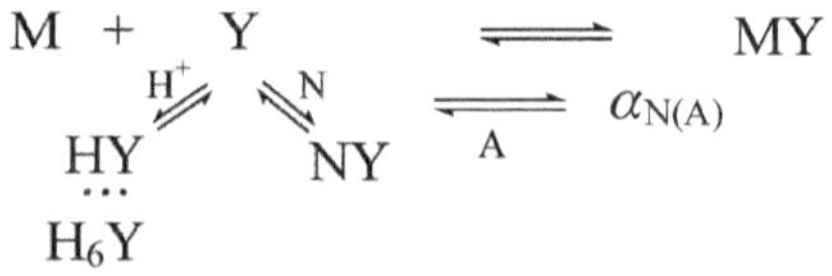

$$\alpha_{Y(N)} = 1 + K_{NY}[N] \approx K_{NY}\frac{c_N}{\alpha_{N(A)}}$$

配位掩蔽法中的掩蔽剂应具备两个条件：一是掩蔽剂 A 与干扰离子 N 配合物的稳定性必须大于 EDTA 与 N 配合物的稳定性，而且均为无色或浅色，不影响终点的观察；二是掩蔽剂 A 不与待测离子 M 形成配合物，或形成的配合物稳定性比待测离子 M 与 EDTA 配合物的稳定性小很多，不影响 M 的测定。

例如，用 EDTA 测定水中的 Ca^{2+}和 Mg^{2+}含量时，用铬黑 T 作指示剂，铬黑 T 能被溶液中共存的 Fe^{3+}、Al^{3+}封闭。此时，可加三乙醇胺掩蔽干扰离子，因为三乙醇胺能与 Fe^{3+}和 Al^{3+}形成稳定的配合物，并且不与 Ca^{2+}、Mg^{2+}反应，从而消除 Fe^{3+}和 Al^{3+}的干扰。

常见的配位掩蔽剂有氰化钾、三乙醇胺和氟化物。其中，氰化钾有剧毒，使用时必须遵守安全操作规则。

2. 沉淀掩蔽法

向待测溶液中加入能与共存离子 N 发生沉淀反应的选择性沉淀剂，共存离子 N 沉淀后，在溶液中其浓度降低，不再影响待测离子 M 的配位滴定，称为沉淀掩蔽法。

例如，在 Ca^{2+}和 Mg^{2+}混合液中单独测定 Ca^{2+}含量，为了消除 Mg^{2+}对 Ca^{2+}测定的干扰，首先调节溶液 pH＞12，Mg^{2+}形成沉淀物 $Mg(OH)_2$，消除了 Mg^{2+}对 Ca^{2+}的干扰。

3. 氧化还原掩蔽法

利用氧化还原反应，向待测溶液中加入选择性的氧化剂或还原剂，转变干扰离子 N 的价态，从而消除其对待测离子 M 的配位滴定的干扰，称为氧化还原掩蔽法。

例如，当 Bi^{3+}和 Fe^{3+}共存时，由于 $\lg K_{BiY} = 27.94$ 与 $\lg K_{Fe(III)Y} = 25.1$ 相近，所以配位滴定中两种离子会相互干扰。而 $\lg K_{Fe(II)Y} = 14.32$，即 EDTA 与 Fe^{2+}配合物的稳定常数小。如果向溶液中加入还原剂，将 Fe^{3+}氧化成 Fe^{2+}，即可消除 Fe^{3+}对 Bi^{3+}测定的干扰。同样，已知 $\lg K_{Cr(III)Y} = 23.4$，即 Cr(Ⅲ)会严重干扰许多金属离子的配位滴定，加入氧化剂，将其氧化为 CrO_4^{2-}、$Cr_2O_7^{2-}$，即可消除该离子的干扰。

4.7.3 选用适宜的滴定剂

氨羧型配位剂种类较多，除了 EDTA，还有 EGTA、EDTP 和 CyDTA 等。这些配位剂与不同金属离子的配位能力各有差异，可以利用这种差异提高对金属离子滴定的选择性。

1. 乙二醇二乙醚二胺四乙酸

乙二醇二乙醚二胺四乙酸[ethylene glycol-bis-(2-aminoethylether)-*N*，*N*，*N'*，*N'*-tetraacetic acid，EGTA]的分子结构式如下：

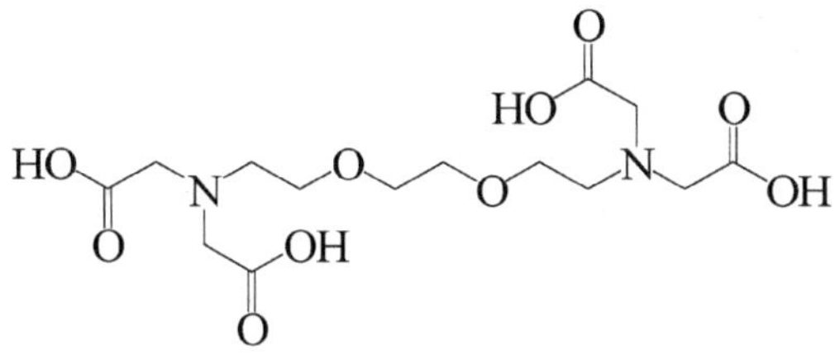

乙二醇二乙醚二胺四乙酸

EDTA 与 Ca^{2+}和 Mg^{2+}配合物的稳定常数 $\lg K_{M\text{-}EDTA}$ 分别是 10.69 和 8.7，$\Delta\lg K = 2$，不满足 $\Delta\lg K' \geqslant 5$ 分别滴定的条件。而 EGTA 与 Ca^{2+}和 Mg^{2+}配合物的稳定常数 $\lg K_{M\text{-}EGTA}$ 分别是 10.97 和 5.21，$\Delta\lg K = 10.97 - 5.21 = 5.76$，满足分别滴定的条件 $\Delta\lg K' \geqslant 5$，且滴定误差小于 0.3%。因此，可用 EGTA 直接滴定 Ca^{2+}，Mg^{2+}不干扰，比 EDTA 选择性高。但是，除了 Ca^{2+}之外，EGTA 与其他金属离子形成的配合物的稳定性普遍比相应的 EDTA 配合物差。

2. 乙二胺四丙酸

乙二胺四丙酸(ethylenediamine tetrapropionic acid，EDTP)的分子结构式如下：

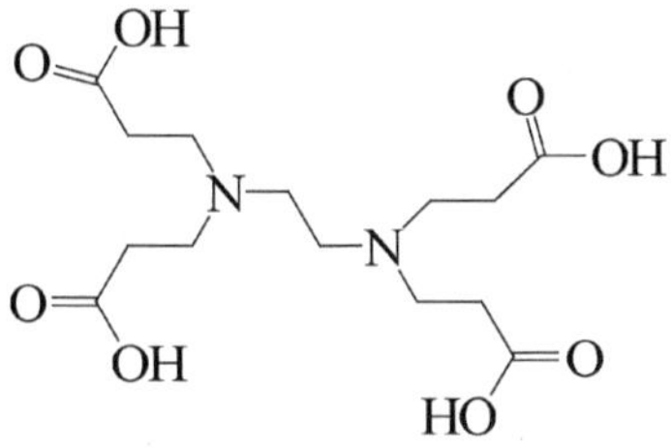

乙二胺四丙酸

EDTP 相当于是将 EDTA 的四个乙酸基替换为四个丙酸基，金属离子与 EDTP 能够形成六原子环的螯合物。因此，EDTP 金属离子配合物的稳定性普遍比 EDTA 配合物低，但是 Cu-EDTP 配合物稳定性相当高。因此，控制一定的 pH，用 EDTP 滴定 Cu^{2+}时，Zn^{2+}、Cd^{2+}、Mn^{2+}、Mg^{2+}均不干扰。

3. 1,2-环己烷二胺四乙酸

1,2-环己烷二胺四乙酸(1,2-cyclohexylenedinitrilotetraacetic acid，CyDTA 或 DCTA)的分子结构式如下：

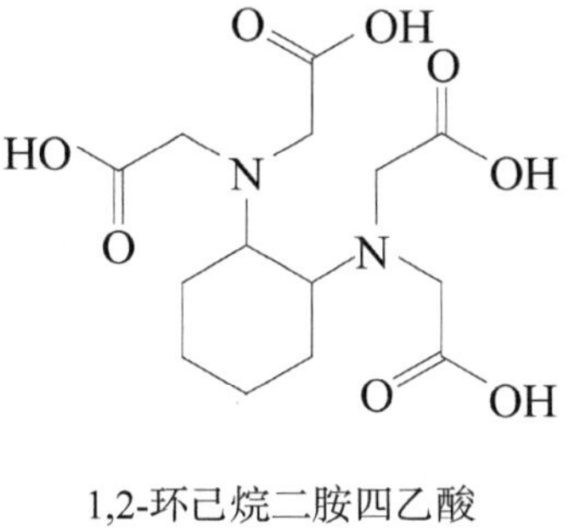

1,2-环己烷二胺四乙酸

CyDTA 能与大多数金属离子形成配合物，而且通常比相应的 EDTA 配合物更稳定。然而，

CyDTA 与金属离子的配位反应速度较慢，且试剂价格较贵，不常使用。但是，CyDTA 与 Al^{3+} 的配位速度相当快，而且可以在室温下进行，用 CyDTA 直接滴定 Al^{3+} 可省去常用的返滴定法步骤繁多的麻烦。

4.8 配位滴定方式及其应用

配位滴定的方式包括直接滴定法、返滴定法、置换滴定法、间接滴定法。采用不同的滴定方式，可以有效扩展配位滴定法的应用范围。只是各类间接滴定法步骤较多，误差较大。

4.8.1 直接滴定法

与酸碱滴定中的直接滴定法一样，配位滴定中的直接滴定法是指控制一定的条件，在溶液中直接用 EDTA 标准溶液滴定待测离子。

直接滴定法的条件有：

(1) $\lg(c_{M}K'_{MY}) \geqslant 6$ 。

(2) 配位反应速度快。

(3) 有合适的指示剂，无指示剂封闭现象。

(4) 在控制的 pH 条件下，金属离子不发生水解或沉淀反应。

适合直接配位滴定的金属离子有：在酸性介质中直接滴定 Zr^{4+}、Th^{4+}、Fe^{3+} 和 Bi^{3+} 等；在弱酸性介质中直接滴定 Zn^{2+}、Cu^{2+}、Pb^{2+} 和 Cd^{2+} 等；在氨性介质中直接滴定 Ca^{2+} 和 Mg^{2+} 等。

在直接滴定法中，如果有干扰离子存在，需要事先分离或设法掩蔽。如果滴定反应不满足上述条件，可以采用以下几种间接的滴定方法。

4.8.2 返滴定法

对于与 EDTA 反应较慢、没有合适的指示剂或者易水解的金属离子，可以先向溶液中加入已知量且过量的 EDTA 标准溶液，等待测金属离子反应完全，再用另一金属离子的标准溶液滴定过量的 EDTA，根据 EDTA 总量和过量的部分，可以计算出待测离子的含量，即返滴定法。

例如，在 Al^{3+} 的测定中，已知 $\lg K_{AlY} = 16.3$，显示该配合物足够稳定，但存在以下问题：

(1) Al^{3+} 与 EDTA 的配位反应速度缓慢。

(2) Al^{3+} 对二甲酚橙有封闭作用，缺乏合适的指示剂。

(3) Al^{3+} 易水解生成多核羟基配合物。

所以，无法用 EDTA 溶液直接滴定 Al^{3+}，而采用返滴定法。向 Al^{3+} 溶液中加入一定量过量的 EDTA 溶液，在 pH≈3.5 时，煮沸几分钟，使 EDTA 与 Al^{3+} 反应完全。然后在 pH=5～6 的条件下，用 Zn^{2+} 标准溶液测定反应剩余的 EDTA，根据 Al^{3+}、Zn^{2+} 及 EDTA 之间的化学计量关系计算 Al^{3+} 的含量。

$$Al^{3+} + Y\text{(过量)} \xrightarrow{\Delta} AlY + Y\text{(剩余量)}$$
$$Y\text{(剩余量)} + Zn^{2+} \rightleftharpoons ZnY$$

$$n_{Al} = n_{EDTA} - n_{Zn}$$

4.8.3　置换滴定法

置换滴定法是指当待测物与滴定剂的反应不够完全，或者不能按照一定的反应式进行反应时，不能直接滴定，可以使用适当的试剂与待测物发生置换反应，置换出等量的另一种物质后，再用标准溶液进行滴定。

置换滴定法的方式灵活多样，可以置换出金属离子，也可以置换出 EDTA，还可以改善指示剂的灵敏度。

1. 置换出金属离子

用待测金属离子 M 将配合物 NL_n 中的金属离子 N 置换出来，然后用 EDTA 滴定 N，根据其化学计量关系即可间接测定 M 的含量。

例如，用 EDTA 测定 Ag^+，$\lg K_{AgY}=7.32$ 说明 EDTA 与 Ag^+配合物不稳定，若 $c_{Ag^+}=0.01\ mol\cdot L^{-1}$，则 $\lg(cK_{AgY})<6$，Ag^+难以直接滴定。可以采用置换滴定法，即在 Ag^+溶液中加入过量 $[Ni(CN)_4]^{2-}$，反应按下列反应方程式定量进行：

$$2Ag^+ + [Ni(CN)_4]^{2-} = 2[Ag(CN)_2]^- + Ni^{2+}$$

$$n_{Ag}=2n_{Ni}$$

反应完成后，在 pH=10 条件下，以紫脲酸铵为指示剂，用 EDTA 标准溶液滴定上述反应置换出的 Ni^{2+}：

$$Ni^{2+} + Y^{4-} \rightleftharpoons NiY^{2-}$$

因为 $n_{EDTA}=n_{Ni}$，所以 $n_{Ag}=2n_{EDTA}$。

2. 置换出 EDTA

用配位剂 L 将 MY 中的 EDTA 置换出来，再用另一金属离子 N 标准溶液滴定所置换出来的 EDTA，根据其化学计量关系即可求出 M 的含量。

例如，在复杂铝试样的测定中，试样中含有 Al^{3+} 和少量的其他金属离子 M^{n+}，此时不能用返滴定法进行测定，只能用置换滴定法测定铝含量。首先，调节溶液 pH＝3～5，加入过量的 EDTA，加热，反应生成 AlY 和 MY，过量的 EDTA 用 Zn^{2+}除去(控制 pH=5～6)；然后，加入配位剂 NH_4F，其中的 F^-与 AlY 发生置换反应生成 AlF_6，并将 AlY 的 Y 置换出来；最后，在 pH 5～6 的条件下，用 Zn^{2+}测定从 AlY 置换出来的 Y。因此，复杂铝试样中 Al^{3+}的含量即等于与 AlY 置换出来的 Y 反应的 Zn^{2+}的量。

3. 改善指示剂的性能

例如，EDTA 滴定 Ca^{2+}时，EBT 作指示剂的变色不灵敏，利用置换滴定法的原理可改善指示剂的变色性能，提高滴定准确度。

用 EBT+MgY 代替单一的 EBT 作指示剂。

查附录 12 和附录 14 得，$\lg K_{CaY}=10.69$，$\lg K_{MgY}=8.7$，$\lg K_{CaIn}=5.4$，$\lg K_{MgIn}=7.0$。

滴定前，在 Ca^{2+}溶液中加入 EBT+MgY，CaY 的稳定常数大于 MgY，所以 Ca^{2+}夺取 MgY 中的 Y 形成 CaY，置换出的 Mg^{2+}与游离的 EBT 结合形成酒红色的 Mg-EBT。反应式如下：

$$\underset{\text{无色}}{MgY + EBT + Ca^{2+}} \rightleftharpoons \underset{\text{酒红色}}{Mg\text{-}EBT + CaY}$$

终点时，MgY 比 Mg-EBT 的稳定常数大，稍过量的 Y 即可夺取 Mg^{2+}生成 MgY，并使 EBT 游离出来，呈现纯蓝色。终点时生成 MgY 的量与开始时加入 MgY 的量相同，所以可以用量筒量取 Mg-EBT 溶液，不需要准确加入。

终点时的反应式如下：

$$\underset{\text{酒红色}}{Mg\text{-}EBT + Y} \rightleftharpoons \underset{\text{蓝色}}{MgY + EBT}$$

4.8.4　间接滴定法

间接滴定法主要用于与 EDTA 或其他配位剂不能直接发生配位反应的阴离子的测定，以及与 EDTA 配位不稳定的阳离子(如碱金属)的测定，可以预先将阴离子或碱金属转变成能与 EDTA 反应的物质。

例如，钾和 EDTA 配合物不稳定，不能用 EDTA 直接滴定钾盐中钾的含量，可以使用间接滴定法。向溶液中加入 K^+的沉淀剂，产生 $K_2NaCo(NO_2)_6 \cdot 6H_2O$ 沉淀，过滤、洗涤和溶解后，用 EDTA 溶液滴定溶液中的 Co^{2+}，根据 K^+与 Co^{2+}物质的量比为 2∶1 及所消耗的 EDTA 的量计算出钾盐中 K^+的含量。

例 4-15　以 0.02 mol · L^{-1}EDTA 滴定同浓度的 Pb^{2+}溶液，若滴定开始时，溶液中酒石酸(H_2L)的分析浓度为 0.2 mol · L^{-1}，用氨性缓冲溶液控制酸度保持 pH=10，计算 $\lg K'_{PbY}$ 和化学计量点时的 pPb′(EDTA 与铅配合物的稳定常数 $\lg K_{PbY}$=18.04，酒石酸铅配合物 $\lg K_{PbL}$=3.8，酒石酸的 $pK_{a_1} = 3.04$，$pK_{a_2} = 4.37$)。

解　查附录 12 和附录 13 得 pH=10 时，$\lg\alpha_{Y(H)} = 0.45$，$\lg\alpha_{Pb(OH)} = 2.7$。酒石酸的 $pK_{a_1} = 3.04$，$pK_{a_2} = 4.37$，即 pH=10 时，酒石酸的主要存在形式是 L^{2-}，所以

$$c_{H_2L}^{sp} = [L] = 0.1\ \text{mol} \cdot \text{L}^{-1}$$

$$\alpha_{Pb(L)} = 1 + [L]K_{PbL} = 1 + 10^{-1.0+3.8} = 10^{2.8}$$

$$\alpha_{Pb} = \alpha_{Pb(L)} + \alpha_{Pb(OH)} - 1 = 10^{2.8} + 10^{2.7} - 1 = 10^{3.1}$$

$$\lg K'_{PbY} = \lg K_{PbY} - \lg\alpha_{Pb} - \lg\alpha_{Y(H)} = 18.04 - 3.1 - 0.45 = 14.5$$

$$pPb'_{sp} = \frac{1}{2}(\lg K'_{PbY} + pc_{Pb}^{sp}) = \frac{1}{2} \times (14.5 + 2.0) = 8.2$$

4.8.5　配位滴定法的应用

EDTA 滴定法应用广泛，不同的滴定方式可以测定元素周期表中常见的数十种金属元素及部分非金属元素等。

例如，水硬度的测定。水硬度的测定分为水的总硬度及钙硬度和镁硬度等，前者是测定钙和镁的总量，后者则是分别测定钙和镁含量。世界各国对水的硬度表示方法不同，我国常以含 $CaCO_3$ 的质量浓度或物质的量浓度表示硬度，单位取 mg · L^{-1} 或 mmol · L^{-1}。实验测定时，水的总硬度通常是测定水中钙、镁离子总量后，以碳酸钙或氧化钙的量来表示。我国的国家标准规定自来水硬度以 $CaCO_3$ 计不能超过 450 mg · L^{-1}。也可以用硬度度数表示硬度大小，即规定 1 L 水中含 10 mg CaO 为 1 度。

例 4-16　向 100.0 mL 水样中加入 pH≈10 的氨性缓冲溶液，用 0.02025 mol · L^{-1} EDTA 标准溶液进行滴

定，消耗体积为 20.21 mL，计算该水样的总硬度(以 $CaCO_3$ mg · L^{-1} 表示)。

解　pH≈10 的氨性缓冲溶液中，EDTA 同时与 Ca^{2+}和 Mg^{2+}反应，测定的是水样中 Ca^{2+}和 Mg^{2+}总量。

$$总硬度 = \frac{(cV)_{EDTA}M_{CaCO_3}}{V_s} = \frac{0.02025\times 20.21\times 100.1}{100.0\times 10^{-3}} = 409.7\ (mg \cdot L^{-1})$$

思考题和习题

1. 已知 EDTA 的解离常数分别为 $10^{-0.9}$、$10^{-1.6}$、$10^{-2.07}$、$10^{-2.67}$、 $10^{-6.16}$、$10^{-10.26}$，则在 pH=3～5 的溶液中，EDTA 的主要存在形式是哪一种或哪几种？

2. EDTA 与金属离子所形成配合物的主要特点是什么？

3. 在配位滴定中，为什么要加入缓冲溶液？

4. Ca^{2+}和 Mg^{2+}共存时，在什么酸度条件下，可用 EDTA 单独滴定 Ca^{2+}？

5. 金属离子指示剂指示配位滴定终点的原理是什么？

6. 已知滴定某金属离子的酸度范围为 pH=3～7，若使用二甲酚橙为指示剂，则滴定的最佳酸度范围应该是多少？

7. 在 pH=5.0 时，用 EDTA 标准溶液滴定含有 Al^{3+}、Zn^{2+}、Mg^{2+}和大量 F^-等离子的溶液，则测定的是哪一种或哪几种离子的含量[已知 $\lg K_{AlY}$=16.3，$\lg K_{ZnY}$=16.50，$\lg K_{MgY}$=8.7，$\lg\alpha_{Y(H)} = 6.26$]？

8. 试设计连续滴定法测定 Fe^{3+}、Al^{3+}含量的实验方案，包括需要使用的滴定剂、酸度、指示剂及其他试剂，以及滴定方式等。

9. 试设计测定 Bi^{3+}、Al^{3+}、Pb^{2+}混合液中各离子含量的实验方案。

10. 含有 Zn^{2+}和 Al^{3+}的酸性缓冲溶液，欲在 pH=5～5.5 的条件下，用 EDTA 标准溶液滴定其中的 Zn^{2+}，加入 NH_4F 的作用是什么？

11. 以磺基水杨酸为指示剂，用配位滴定法测定 Fe^{3+}的含量时，在近终点时需要将溶液加热至 60℃左右，其目的是什么？

12. 在 pH=9.0，$c_{NH_3} = 0.2$ mol · L^{-1} 的氨性缓冲溶液中，如果溶液中还含有[CN^-]=0.01 mol · L^{-1}，则此条件下，0.02 mol · L^{-1} EDTA 能否准确滴定同浓度的 Ni^{2+}？如果能直接滴定，选用 EBT 作指示剂是否合适？

13. 若配制 EDTA 标准溶液的水中含有 Ca^{2+}，判断下列情况下对测定结果的影响：

(1) 以 $CaCO_3$ 为基准物质标定 EDTA，用以滴定试液中的 Zn^{2+}，二甲酚橙为指示剂。

(2) 以金属锌为基准物质，二甲酚橙为指示剂标定 EDTA，用以测定试液中 Ca^{2+}的含量。

(3) 以金属锌为基准物质，铬黑 T 为指示剂标定 EDTA，用以测定试液中 Ca^{2+}的含量。

14. 在 pH=10 的氨性缓冲溶液中，用 EBT 作指示剂，用 0.20 mol · L^{-1} EDTA 标准溶液滴定同浓度的 Ca^{2+}溶液，计算滴定的终点误差。

(–0.16%)

15. 计算在 pH=9 的 EDTA 溶液中，EDTA 的酸效应系数 $\alpha_{Y(H)}$ 和 $\lg\alpha_{Y(H)}$。

(20；1.3)

16. 计算 pH = 10，含[NH_3] = 0.10 mol · L^{-1} 的 Zn^{2+}溶液中的 $\lg\alpha_{Zn}$。

(5.10)

17. 当溶液的酸度为 pH=9.24，NH_3 的总浓度为 0.2 mol · L^{-1}时，求 $\lg K'_{NiY}$ [已知 $\lg K_{NiY}$=18.62；Ni-NH_3 配合物的 $\lg\beta_1$～$\lg\beta_6$ 分别为 2.80、5.04、6.77、7.96、8.71、8.74；NH_3 的 pK_b=4.74；pH=9.24 时 $\lg\alpha_{Y(H)} = 1.10$，

$\lg\alpha_{Ni(OH)}=0.1$]。

(13.3)

18. 当溶液酸度为 pH=6，草酸的总浓度为 0.1 mol · L^{-1}时，求 $\lg K'_{CdY}$ [已知 $\lg K_{CdY}$=16.46；Cd^{2+}- $C_2O_4^{2-}$ 配合物的 $\lg\beta_1$、$\lg\beta_2$ 分别为 2.9、4.7；$H_2C_2O_4$ 的 $pK_{a_1}=1.22$， $pK_{a_2}=4.19$；pH=6 时， $\lg\alpha_{Y(H)}=4.65$]。

(9.05)

19. 在 pH=10.0 的缓冲溶液中，用 0.0200 mol · L^{-1} EDTA 滴定相同浓度的 Ca^{2+}溶液，计算化学计量点时的 pCa'_{sp}、pY'_{sp} 和 pY_{sp} [已知 $\lg K_{CaY}$=10.69，pH=10 时， $\lg\alpha_{Y(H)}=0.45$]。

(6.12；6.12；6.57)

20. 已知 $\lg K'_{MgY}$ =8.7，pH=10 时的 $\lg\alpha_{Y(H)}=0.45$。在 pH=10 的缓冲溶液中，用 0.020 mol · L^{-1} EDTA 标准溶液滴定同浓度的 Mg^{2+}溶液，计算：(1)化学计量点时 MgY 的条件稳定常数；(2)化学计量点时的 pMg′；(3)化学计量点时的 pY。

(8.25；5.12；5.57)

21. 在 pH=10.0、含有酒石酸盐(A)的氨性缓冲溶液中，用 0.0200 mol · L^{-1} EDTA 滴定同浓度的 Cd^{2+}，终点时游离氨的浓度为 0.1 mol · L^{-1}。计算化学计量点时的 pCd'_{sp} 和 pCd_{sp} [已知 $\lg K_{CdY}$=16.46，pH=10.0 时， $\lg\alpha_{Y(H)}=0.45$， $\lg\alpha_{Cd(OH)}=0.5$， $\lg\alpha_{Cd(A)}=3.8$；Cd^{2+}-NH_3 配合物的 $\lg\beta_1$～$\lg\beta_4$ 分别为 2.65、4.75、6.19、7.12，Cd^{2+}与 A 形成 1∶1 的配合物]。

(7.02；11.02)

22. 称取 0. 3000 g 含 $ZnCl_2$ 的试样，溶于水后，稀释至 250.0 mL，吸取该溶液 25.00 mL，在 pH=5～6 时，以二甲酚橙作指示剂，用 0.01015 mol · L^{-1} EDTA 标准溶液滴定，用去 20.10 mL，试计算试样中 $ZnCl_2$ 的质量分数。

(92.69%)

23. 称取 0.2550 g 铝试样，溶解后加入 0.05000 mol · L^{-1} EDTA 溶液 50.00 mL，加热煮沸，冷却后调节溶液的 pH 至 5.0，加入二甲酚橙指示剂，用 0.02000 mol · L^{-1} $ZnAc_2$ 溶液滴定至终点，消耗 25.00 mL，计算 Al_2O_3 的百分含量(已知 Al_2O_3 的摩尔质量为 102.0 g · mol^{-1})。

(40.00%)

第 5 章　氧化还原滴定法

氧化还原滴定法(redox titration)是指以氧化还原反应为基础的滴定分析方法。与酸碱滴定法和配位滴定法相比，氧化还原滴定法的方法众多，应用更加广泛，既可以测定无机物，也可以测定有机物，既可以测定具有氧化还原性的物质，也可以通过间接滴定法测定一些本身没有氧化还原性但可以转化为具有氧化性或还原性的物质。与其他化学反应不同，氧化还原反应过程伴随着电子的得失或转移，反应机理复杂，受介质影响大，往往存在副反应而难以保证确定的化学计量关系，或者多步反应过程致使反应速度较慢而难以实现滴定分析等。因此，在氧化还原滴定法中，应同时综合考虑反应的平衡、反应机理、反应速率，以及如何控制反应条件、滴定条件而实现定量的氧化还原滴定分析。

一些氧化剂和还原剂都可以作为标准溶液进行氧化还原滴定分析，但以氧化剂为主。目前，应用较广的氧化还原滴定法有高锰酸钾法、重铬酸钾法、碘量法和铈量法等。

与酸碱滴定法、配位滴定法类似，本章内容主要有氧化还原平衡、滴定及应用三个部分：

(1) 氧化还原平衡：引入条件电极电位，结合副反应系数进行氧化还原反应平衡中电位的计算，特别要关注酸碱或配位、沉淀与氧化还原多平衡共存中的电位计算。

(2) 氧化还原滴定：以条件电极电位为基础进行滴定过程中的电位计算，制作滴定曲线，获得滴定过程中的电位突跃范围，用以选择合适的指示剂。

(3) 氧化还原滴定法的应用：介绍常见的氧化还原滴定方法及其应用。

5.1　氧化还原平衡

5.1.1　概述

氧化还原反应过程伴随着电子的得失或转移。因此，氧化还原反应是由两个氧化还原半反应构成，涉及两个氧化还原电对。氧化还原电对有可逆、不可逆，以及对称、不对称之分。

可逆电对是指在氧化还原反应的任一瞬间都能迅速建立反应平衡，其电对的电位或电势值与能斯特(Nernst)方程计算的理论值基本相符，如电对 Fe^{3+}/Fe^{2+}、I_2/I^-和$[Fe(CN)_6]^{3-}/[Fe(CN)_6]^{4-}$等。不可逆电对刚好相反，即在氧化还原反应过程中难以建立起反应平衡，实际电极电位值与能斯特方程计算的理论值相差较大，要依靠实验测定，理论值只能用作初步判断，如电对 MnO_4^-/Mn^{2+}、$Cr_2O_7^{2-}/Cr^{3+}$、H_2O_2/H_2O 和 $S_4O_6^{2-}/S_2O_3^{2-}$ 等。

进行计算时，要注意氧化还原电对还有对称和不对称的区别。对称电对是指半反应配平后，氧化型和还原型的系数相同，如电对 MnO_4^-/Mn^{2+}、Fe^{3+}/Fe^{2+}等。相反，不对称电对是指半反应配平后，氧化型和还原型的系数不相同，如电对 $Cr_2O_7^{2-}/Cr^{3+}$、I_2/I^-和 $S_4O_6^{2-}/S_2O_3^{2-}$ 等。相对来说，因为系数不等，不对称电对的平衡计算稍微复杂一些。

5.1.2 条件电极电位及其影响因素

1. 条件电极电位

氧化还原电对氧化型或氧化态的氧化性和还原型或还原态的还原性可以用电对的电极电位大小来衡量。电对的电极电位越大，其氧化型的氧化能力越强；反之，电对的电极电位越小，其还原型的还原能力就越强。而且，电对的电极电位也是决定氧化还原反应进行的方向、次序和程度的依据。

可逆电对 Ox/Red 的电极电位可用能特斯方程表示，即对于半反应

$$\mathrm{Ox} + ne^- \rightleftharpoons \mathrm{Red}$$

其电极电位为

$$\varphi = \varphi^\ominus + \frac{RT}{nF}\ln\frac{a_{\mathrm{Ox}}}{a_{\mathrm{Red}}} \tag{5-1}$$

式中，R 和 T 分别为摩尔气体常量($8.314\ \mathrm{J\cdot K^{-1}\cdot mol^{-1}}$)和热力学温度($273.15+t$℃)；$n$ 为电极反应中的电子转移数；a_{Ox} 和 a_{Red} 分别为氧化态和还原态的活度；$\varphi^\ominus$ 为电对的标准电极电位。常见氧化还原电对的标准电极电位见附录 15。

25℃时，能斯特方程可表示为

$$\varphi = \varphi^\ominus + \frac{0.059}{n}\lg\frac{a_{\mathrm{Ox}}}{a_{\mathrm{Red}}} \tag{5-2}$$

应用能斯特方程进行电对的电位计算时，应注意以下几点：

(1) 明确氧化型和还原型，查找指定电对的标准电极电位。

(2) 介质(H^+、OH^-)参与半反应时，应写入计算式。

(3) 离子强度和副反应影响氧化态和还原态的活度 a，所以应考虑离子强度和副反应。

在以前的学习中，处理实际的氧化还原反应时，已知的是反应物的浓度而非活度，对于浓度极稀的溶液，通常忽略离子强度的影响而进行近似计算。但是，对于浓度较大的氧化还原反应体系，离子强度不能忽略，尤其是氧化态或还原态存在副反应的情况下，必须引入活度系数和副反应系数，即

$$a_{\mathrm{Ox}} = \gamma_{\mathrm{Ox}}[\mathrm{Ox}] = \gamma_{\mathrm{Ox}}\frac{c_{\mathrm{Ox}}}{\alpha_{\mathrm{Ox}}} \tag{5-3}$$

$$a_{\mathrm{Red}} = \gamma_{\mathrm{Red}}[\mathrm{Red}] = \gamma_{\mathrm{Red}}\frac{c_{\mathrm{Red}}}{\alpha_{\mathrm{Red}}} \tag{5-4}$$

式中，γ_{Ox} 和 γ_{Red} 分别为氧化态和还原态的活度系数；α_{Ox} 和 α_{Red} 分别为氧化态和还原态的副反应系数；[Ox]和[Red]分别为氧化态和还原态的平衡浓度；c_{Ox} 和 c_{Red} 分别为氧化态和还原态的分析浓度。

将上述关系式代入式(5-2)得

$$\varphi = \varphi^\ominus + \frac{0.059}{n}\lg\frac{\gamma_{\mathrm{Ox}}\alpha_{\mathrm{Red}}c_{\mathrm{Ox}}}{\gamma_{\mathrm{Red}}\alpha_{\mathrm{Ox}}c_{\mathrm{Red}}} \tag{5-5}$$

实际计算时，如果离子强度比较大，则活度系数 γ 难以获得。如果反应体系比较复杂，则副反应系数 α 的计算也比较麻烦。所以，关系式(5-5)的应用存在困难。

如果将活度系数 γ 和副反应系数 α 合并于可以测定的常数项，通常已知电对的氧化态和

还原态的分析浓度 c，则该关系式可以写为

$$\varphi=\varphi^{\ominus}+\frac{0.059}{n}\lg\frac{\gamma_{\mathrm{Ox}}\alpha_{\mathrm{Red}}}{\gamma_{\mathrm{Red}}\alpha_{\mathrm{Ox}}}+\frac{0.059}{n}\lg\frac{c_{\mathrm{Ox}}}{c_{\mathrm{Red}}} \tag{5-6}$$

当 $c_{\mathrm{Ox}}=c_{\mathrm{Red}}=1\ \mathrm{mol\cdot L^{-1}}$ 或 $c_{\mathrm{Ox}}/c_{\mathrm{Red}}=1$ 时，得

$$\varphi=\varphi^{\ominus}+\frac{0.059}{n}\lg\frac{\gamma_{\mathrm{Ox}}\alpha_{\mathrm{Red}}}{\gamma_{\mathrm{Red}}\alpha_{\mathrm{Ox}}}=\varphi^{\ominus\prime} \tag{5-7}$$

$$\varphi=\varphi^{\ominus\prime}+\frac{0.059}{n}\lg\frac{c_{\mathrm{Ox}}}{c_{\mathrm{Red}}} \tag{5-8}$$

$\varphi^{\ominus\prime}$ 称为条件电极电位，是指特定条件下，氧化态和还原态的分析浓度均为 $1\ \mathrm{mol\cdot L^{-1}}$ 或其浓度比值为 1 时，校正了各种外界因素影响后的实际电极电位。相对于标准电极电位，条件电极电位数据更能体现一定条件下的实际氧化还原能力。因此，在处理实际问题时，应该用条件电极电位，而不是标准电极电位，这与配位平衡中条件稳定常数 K' 与稳定常数 K 的关系类似。例如，应用 $\varphi^{\ominus\prime}$ 判断一定条件下的氧化还原反应方向、次序和反应进行的程度等。

在离子强度和副反应等条件不变时，$\varphi^{\ominus\prime}$ 为常数，可由实验测得。目前，只有部分条件电极电位由实验测得，见附录 16。如果缺少一定条件下的条件电极电位数据，可以采用与给定条件相近的条件电极电位。例如，未查到 $2\ \mathrm{mol\cdot L^{-1}}$ HCl 溶液中电对 $Cr_2O_7^{2-}/Cr^{3+}$ 的条件电极电位值，可以用 $3\ \mathrm{mol\cdot L^{-1}}$ HCl 溶液中电对 $Cr_2O_7^{2-}/Cr^{3+}$ 的条件电极电位 1.08 V 代替，而不是选择其标准电极电位 1.33 V，否则计算结果会产生很大误差，由此可能得出错误的结论。

例 5-1　计算 $1\ \mathrm{mol\cdot L^{-1}}$ HCl 溶液中，$c_{\mathrm{Fe^{3+}}}=1.0\times10^{-2}\ \mathrm{mol\cdot L^{-1}}$，$c_{\mathrm{Fe^{2+}}}=0.15\ \mathrm{mol\cdot L^{-1}}$ 时，电对 Fe^{3+}/Fe^{2+} 的电极电位。

解　查附录 16 得 $1\ \mathrm{mol\cdot L^{-1}}$ HCl 溶液中，$\varphi^{\ominus\prime}=0.68$ V，由式(5-8)得

$$\varphi=\varphi^{\ominus\prime}+0.059\lg\frac{c_{\mathrm{Fe^{3+}}}}{c_{\mathrm{Fe^{2+}}}}=0.68+0.059\lg\frac{1.0\times10^{-2}}{0.15}=0.61\,(\mathrm{V})$$

2. 影响条件电极电位的因素

由式(5-1)可见，影响条件电极电位的因素主要有活度系数和副反应系数。其中，活度系数由离子强度决定，副反应系数由酸效应、配位效应和沉淀效应等副反应决定。下面分别讨论这些因素对条件电极电位的影响，以估算条件电极电位，用于判断氧化还原反应方向和次序等。

1) 离子强度的影响

溶液中的电解质浓度对条件电极电位的影响称为盐效应。这是因为溶液中电解质的浓度发生变化时，会引起溶液中离子强度的改变，从而改变了氧化态和还原态的活度系数，所以电对的条件电极电位发生变化。

单纯考虑盐效应的影响时，条件电极电位的表达式可写为

$$\varphi^{\ominus\prime}=\varphi^{\ominus}+\frac{0.059}{n}\lg\frac{\gamma_{\mathrm{Ox}}}{\gamma_{\mathrm{Red}}} \tag{5-9}$$

可见，条件电极电位 $\varphi^{\ominus\prime}$ 随着比值 $\gamma_{\mathrm{Ox}}/\gamma_{\mathrm{Red}}$ 改变而改变，而不是随着 γ_{Ox} 或 γ_{Red} 改变而改变。不同的氧化还原电对，其氧化态和还原态的价态不同，盐效应影响不同。离子强度增加时，由表达式

$$\lg\gamma_i = -0.5z_i^2\sqrt{I}$$

可知，价态越高的物质，其活度系数越小，由此根据实际电对判断离子强度的影响幅度。例如，对于电对 Fe^{3+}/Fe^{2+}，当离子强度 I 增加，Fe^{3+} 的活度系数减少的幅度比 Fe^{2+} 大，即 $\gamma_{Fe^{3+}}/\gamma_{Fe^{2+}}$ 减小，所以 $\varphi^{\ominus'}$ 减小。同理，离子强度增加时，电对 $[Fe(CN)_6]^{3-}/[Fe(CN)_6]^{4-}$ 的条件电极电位增大。

通常，在氧化还原反应中，电解质的浓度都比较高，即离子强度较大，而且氧化态和还原态一般也都是高价态，故盐效应的影响比较大。但活度系数的准确值不易获得，因而离子强度的影响通常难以校正。重要的是，氧化还原体系中常伴随着各种副反应，副反应对条件电极电位的影响远大于离子强度的影响。因此，在估算条件电极电位时，常忽略离子强度的影响，即近似地认为离子活度系数均为 1。

2) 副反应的影响

当忽略离子强度的影响后，条件电极电位的表达式近似为

$$\varphi^{\ominus'} = \varphi^{\ominus} + \frac{0.059}{n}\lg\frac{\alpha_{Red}}{\alpha_{Ox}} \tag{5-10}$$

这种情况下，能斯特方程可以写为近似式

$$\varphi = \varphi^{\ominus'} + \frac{0.059}{n}\lg\frac{c_{Ox}}{c_{Red}} \tag{5-11}$$

因此，忽略离子强度的影响，可以很方便地讨论副反应对条件电极电位的影响。

a. 酸效应

条件电极电位的酸效应主要体现在两个方面：一是 H^+或 OH^-直接参与电对的半反应，溶液酸度的变化直接影响电对的条件电极电位，如半反应 $MnO_4^- + 8H^+ + 5e^- \rightleftharpoons Mn^{2+} + 4H_2O$；二是电对的氧化态或还原态是弱酸或弱碱，酸度的改变影响其存在形式，从而间接引起条件电极电位的改变，如半反应 $H_3AsO_4 + 2H^+ + 2e^- \rightleftharpoons H_3AsO_3 + H_2O$。

对于半反应

$$Ox + mH^+ + ne^- = Red$$

只考虑酸效应时

$$\varphi^{\ominus'} = \varphi + \frac{0.059m}{n}\lg[H^+] + \frac{0.059}{n}\lg\frac{\alpha_{Red}}{\alpha_{Ox}} \tag{5-12}$$

$$\varphi^{\ominus'} = \varphi + \frac{0.059m}{n}\lg[H^+] + \frac{0.059}{n}\lg\frac{\delta_{Ox}}{\delta_{Red}} \tag{5-13}$$

例 5-2　已知 $\varphi^{\ominus}_{As(V)/As(III)} = 0.559\ V$，$\varphi^{\ominus}_{I_2/I^-} = 0.545\ V$，求溶液中 c_{HCl} =4 mol · L^{-1} 和 pH=8 时的 $\varphi^{\ominus'}_{As(V)/As(III)}$，并说明反应 $H_3AsO_4 + 2H^+ + 2I^- = H_3AsO_3 + H_2O + I_2$ 的方向与 pH 的关系。已知 H_3AsO_4 的解离常数分别为 $pK_{a_1} = 2.20$，$pK_{a_2} = 7.00$，$pK_{a_3} = 11.50$；H_3AsO_3 的解离常数为 $pK_a = 9.22$。

解　已知该氧化还原半反应式为

$$H_3AsO_4 + 2H^+ + 2e^- \rightleftharpoons H_3AsO_3 + H_2O$$

忽略离子强度的影响时，条件电极电位可按式(5-13)得到

$$\varphi^{\ominus'}_{As(V)/As(III)} = \varphi_{As(V)/As(III)} + \frac{0.059\times 2}{2}\lg[H^+] + \frac{0.059}{2}\lg\frac{\delta_{H_3AsO_4}}{\delta_{H_3AsO_3}}$$

$c_{HCl}=4\ mol\cdot L^{-1}$时，忽略 H_3AsO_4 和 H_3AsO_3 的解离，即 $\delta_{H_3AsO_4}\approx\delta_{H_3AsO_3}\approx1$

$$\varphi^{\ominus'}_{As(V)/As(III)}=0.559+\frac{0.059\times2}{2}\lg4=0.59\ (V)$$

pH=8 时

$$\delta_{H_3AsO_4}=10^{-6.8},\ \delta_{H_3AsO_3}\approx1$$

$$\varphi^{\ominus'}_{As(V)/As(III)}=0.559+\frac{0.059\times2}{2}\lg10^{-8}+\frac{0.059}{2}\lg10^{-6.8}=-0.11\ (V)$$

电对 I_2/I^-不存在酸效应，与电对 H_3AsO_4/H_3AsO_3 条件电极电位相比较可见：

$c_{HCl}=4\ mol\cdot L^{-1}$时，$\varphi^{\ominus'}_{As(V)/As(III)}>\varphi^{\ominus}_{I_2/I^-}$，反应方向为 $H_3AsO_4+2H^++2I^-\rightleftharpoons H_3AsO_3+H_2O+I_2$

pH=8 时，$\varphi^{\ominus'}_{As(V)/As(III)}<\varphi^{\ominus}_{I_2/I^-}$，反应方向为 $H_3AsO_3+H_2O+I_2\rightleftharpoons H_3AsO_4+2H^++2I^-$

由此说明，通过控制溶液的酸度条件，可以控制氧化还原反应方向，设计不同的实验方案，实现不同物质的定量分析。依据上述计算数据，在强酸性溶液中，可以用间接碘量法测定 H_3AsO_4 的含量；在弱碱性溶液中，可以用直接碘量法以 As_2O_3 为基准物质标定 I_2 标准溶液的浓度。

b. 沉淀副反应

在氧化还原反应体系中，若存在能与电对的氧化态或还原态生成沉淀的沉淀剂，电对的条件电极电位将会随之发生改变。若氧化态生成沉淀，条件电极电位将降低；若还原态生成沉淀，条件电极电位将升高。

对于氧化还原反应

$$Ox+ne^-\rightleftharpoons Red$$

如果加入沉淀剂 X 与还原态 Red 发生沉淀副反应，生成沉淀物 RedX，而氧化态 Ox 无副反应，不考虑离子强度的影响时，则

$$\varphi_{Ox/Red}=\varphi^{\ominus}_{Ox/Red}+\frac{0.059}{n}\lg\frac{[Ox]}{[Red]}=\varphi^{\ominus}_{Ox/Red}+\frac{0.059}{n}\lg\frac{c_{Ox}[X]}{K_{sp,\ RedX}}$$

当 $c_{Ox}=1\ mol\cdot L^{-1}$时

$$\varphi^{\ominus'}_{Ox/Red}=\varphi^{\ominus}_{Ox/Red}+\frac{0.059}{n}\lg\frac{[X]}{K_{sp,\ RedX}}\qquad(5\text{-}14)$$

显然，沉淀剂的加入量和沉淀物的溶度积 K_{sp} 是决定存在沉淀效应时条件电极电位大小的因素。

如果氧化态存在沉淀副反应，其影响情况可依此类推。

例 5-3　求溶液中$[I^-]=1.0\ mol\cdot L^{-1}$时，电对 Cu^{2+}/Cu^+的条件电极电位。

解　查附录 15 和附录 17 得半反应 $Cu^{2+}+e^-\rightleftharpoons Cu^+$的标准电极电位 $\varphi^{\ominus}_{Cu^{2+}/Cu^+}=0.159\ V$，$K_{sp,\ CuI}=1.1\times10^{-12}$，代入式(5-14)

$$\varphi^{\ominus'}_{Cu^{2+}/Cu^+}=\varphi^{\ominus}_{Cu^{2+}/Cu^+}+\frac{0.059}{n}\lg\frac{[I^-]}{K_{sp,\ CuI}}=0.159+\frac{0.059}{1}\lg\frac{1.0}{1.1\times10^{-12}}=0.86\ (V)$$

可见，在过量KI存在下，Cu^{2+}的氧化性明显增强，如果Cu^{2+}没有副反应，$\varphi^{\ominus'}_{Cu^{2+}/Cu^{+}} > \varphi^{\ominus}_{I_2/I^-}$，即在过量KI溶液中，$Cu^{2+}$可以氧化$I^-$，定量生成$I_2$，实现间接碘量法测定试样中的铜含量。

c. 配位副反应

与沉淀副反应类似，若氧化还原电对中的氧化态或还原态金属离子与溶液中的某些配位剂发生配位反应，也会影响电对的条件电极电位。如果氧化态的配合物比还原态的配合物更加稳定，条件电极电位降低；反之，条件电极电位升高，即电极电位的变化取决于氧化态和还原态配合物的稳定常数的相对大小。因此，在氧化还原滴定中，可加入能与干扰离子生成稳定配合物的辅助试剂，以消除干扰离子对滴定的干扰。

对于氧化还原反应

$$\text{Ox} + ne^- \rightleftharpoons \text{Red}$$

如果存在辅助配位剂，与氧化态或还原态有配位副反应，不考虑离子强度影响时，则由式(5-10)可以进行计算

$$\varphi^{\ominus'} = \varphi^{\ominus} + \frac{0.059}{n}\lg\frac{\alpha_{\text{Red}}}{\alpha_{\text{Ox}}}$$

例 5-4 计算溶液酸度 pH = 3，$c_{F^-} = 0.1\ \text{mol}\cdot\text{L}^{-1}$时，电对$Fe^{3+}/Fe^{2+}$的条件电极电位。

解 查得$[FeF_6]^{3-}$的累积稳定常数 $\lg\beta_1 = 5.28$，$\lg\beta_2 = 9.30$，$\lg\beta_3 = 12.06$，HF 的解离常数 $K_a=10^{-3.18}$，标准电极电位 $\varphi^{\ominus}_{Fe^{3+}/Fe^{2+}}=0.771\ \text{V}$。

pH = 3，$c_{F^-} = 0.1\ \text{mol}\cdot\text{L}^{-1}$时

$$[F^-]= \delta_0 c_{F^-} = \frac{K_a}{[H^+]+K_a}c_{F^-} = \frac{10^{-3.18}}{10^{-3}+10^{-3.18}}\times 0.1 = 0.040\ (\text{mol}\cdot\text{L}^{-1})$$

$$\alpha_{Fe^{3+}(F)} = 1+\beta_1[F^-]+\beta_2[F^-]^2+\beta_3[F^-]^3= 1+10^{5.28}\times0.040+10^{9.30}\times0.040^2+10^{12.06}\times0.040^3 =10^{7.88}$$

电对Fe^{3+}/Fe^{2+}的条件电极电位

$$\varphi^{\ominus'}_{Fe^{3+}/Fe^{2+}} = \varphi^{\ominus}_{Fe^{3+}/Fe^{2+}} + 0.059\lg\frac{\alpha_{Fe^{2+}}}{\alpha_{Fe^{3+}}} = 0.771+0.059\lg\frac{1}{10^{7.88}} =0.31\ (\text{V})$$

从上述例题可见，一定条件下，因为Fe^{3+}发生配位副反应，电对Fe^{3+}/Fe^{2+}的条件电极电位大幅降低，即Fe^{3+}氧化能力降低，以至于没有能力氧化I^-等还原性组分，即可消除其对碘量法测定Cu^{2+}的干扰。

综上所述，一旦存在副反应，副反应系数远远大于活度系数对条件电极电位的影响，可以忽略盐效应而进行近似计算。副反应能够明显改变条件电极电位，也能够改变氧化还原反应方向。在处理实际问题时，应采用条件电极电位进行计算，而不是标准电极电位，否则可能得出错误的结论。

5.1.3 氧化还原反应进行的程度

1. 条件平衡常数

氧化还原反应进行的程度可以用反应的平衡常数 K 来衡量。K 值越大，反应进行越完全。K 值可以用电对的标准电极电位或条件电极电位进行计算。

对于氧化还原反应

$$n_2\text{Ox}_1 + n_1\text{Red}_2 \rightleftharpoons n_2\text{Red}_1 + n_1\text{Ox}_2$$

其反应平衡常数

$$K = \frac{a_{Ox_2}^{n_1} a_{Red_1}^{n_2}}{a_{Ox_1}^{n_2} a_{Red_2}^{n_1}}$$

25℃时，两电对的半反应及其电极电位为

$$Ox_1 + n_1e^- \rightleftharpoons Red_1 \qquad \varphi_1 = \varphi_1^{\ominus} + \frac{0.059}{n_1}\lg\frac{a_{Ox_1}}{a_{Red_1}}$$

$$Ox_2 + n_2e^- \rightleftharpoons Red_2 \qquad \varphi_2 = \varphi_2^{\ominus} + \frac{0.059}{n_2}\lg\frac{a_{Ox_2}}{a_{Red_2}}$$

当反应达到平衡时，两电对的电极电位相等：$\varphi_1 = \varphi_2$，即

$$\varphi_1^{\ominus} + \frac{0.059}{n_1}\lg\frac{a_{Ox_1}}{a_{Red_1}} = \varphi_2^{\ominus} + \frac{0.059}{n_2}\lg\frac{a_{Ox_2}}{a_{Red_2}}$$

整理得

$$\begin{aligned}
\varphi_1^{\ominus} - \varphi_2^{\ominus} &= \frac{0.059}{n_2}\lg\frac{a_{Ox_2}}{a_{Red_2}} - \frac{0.059}{n_1}\lg\frac{a_{Ox_1}}{a_{Red_1}} \\
&= \frac{0.059n_1}{n_1n_2}\lg\frac{a_{Ox_2}}{a_{Red_2}} - \frac{0.059n_2}{n_1n_2}\lg\frac{a_{Ox_1}}{a_{Red_1}} \\
&= \frac{0.059}{n_1n_2}\lg\left(\frac{a_{Ox_2}}{a_{Red_2}}\right)^{n_1} - \frac{0.059}{n_1n_2}\lg\left(\frac{a_{Ox_1}}{a_{Red_1}}\right)^{n_2} \\
&= \frac{0.059}{n_1n_2}\lg\left(\frac{a_{Ox_2}}{a_{Red_2}}\right)^{n_1}\left(\frac{a_{Red_1}}{a_{Ox_1}}\right)^{n_2} \\
&= \frac{0.059}{n}\lg K
\end{aligned}$$

即

$$\lg K = \frac{n(\varphi_1^{\ominus} - \varphi_2^{\ominus})}{0.059} \tag{5-15}$$

式中，n 为 n_1 和 n_2 的最小公倍数。该表达式显示，氧化还原反应的平衡常数 K 的大小由两电对的标准电极电位和电对转移电子数 n 决定。

如果考虑副反应，氧化还原反应的程度就应该用条件平衡常数 K'衡量，当不考虑离子强度的影响时，同上推导过程，其表达式为

$$\lg K' = \lg\frac{c_{Ox_2}^{n_1} c_{Red_1}^{n_2}}{c_{Ox_1}^{n_2} c_{Red_2}^{n_1}} = \frac{n(\varphi_1^{\ominus'} - \varphi_2^{\ominus'})}{0.059} \tag{5-16}$$

2. 氧化还原反应进行的程度

条件平衡常数的大小反映氧化还原反应进行的程度，也可以用反应平衡时氧化态或还原态反应物的转化率或产物与其对应的反应物浓度比值表示，这种数据表达更直观。

例 5-5　计算在 1 mol · L^{-1} HCl 介质中 Fe^{3+}与 Sn^{2+}反应的平衡常数，并说明化学计量点时反应进行的程度。

解　Fe^{3+}与Sn^{2+}的化学反应式

$$2Fe^{3+} + Sn^{2+} \rightleftharpoons 2Fe^{2+} + Sn^{4+}$$

查得 1 mol · L^{-1} HCl 介质中，$\varphi^{\ominus'}_{Fe^{3+}/Fe^{2+}} = 0.68$ V，$\varphi^{\ominus'}_{Sn^{4+}/Sn^{2+}} = 0.14$ V。由式(5-16)得

$$\lg K' = \frac{n(\varphi^{\ominus'}_{Fe^{3+}/Fe^{2+}} - \varphi^{\ominus'}_{Sn^{4+}/Sn^{2+}})}{0.059} = \frac{2\times(0.68-0.14)}{0.059} = 18.3$$

化学计量点时，$c_{Fe^{2+}} = 2c_{Sn^{4+}}$，$c_{Fe^{3+}} = 2c_{Sn^{2+}}$，所以

$$\lg K' = \lg\left[\left(\frac{c_{Fe^{2+}}}{c_{Fe^{3+}}}\right)^2\left(\frac{c_{Sn^{4+}}}{c_{Sn^{2+}}}\right)\right] = \lg\left(\frac{c_{Fe^{2+}}}{c_{Fe^{3+}}}\right)^3$$

$$K' = \left(\frac{c_{Fe^{2+}}}{c_{Fe^{3+}}}\right)^3$$

$$\frac{c_{Fe^{2+}}}{c_{Fe^{3+}}} = \sqrt[3]{K'} = \sqrt[3]{10^{18.3}} = 10^{6.1} > 99.9\%$$

可见，化学计量点时，该氧化还原反应进行得很完全。

3. 滴定分析对条件平衡常数的要求

在滴定分析中，允许误差≤0.1%，即在化学计量点时，反应物应有 99.9%以上的转化率。对于氧化还原反应

$$n_2Ox_1 + n_1Red_2 \rightleftharpoons n_2Red_1 + n_1Ox_2$$

若 $n_1=n_2=1$，则

$$\frac{c_{Ox_2}}{c_{Red_2}} \geqslant \frac{99.9\%}{0.1\%} \approx 10^3$$

$$\frac{c_{Red_1}}{c_{Ox_1}} \geqslant \frac{99.9\%}{0.1\%} \approx 10^3$$

$$\lg K' = \lg\frac{c_{Ox_2}c_{Red_1}}{c_{Red_2}c_{Ox_1}} \geqslant \lg 10^{3\times2} = 6$$

代入式(5-16)，得

$$\varphi_1^{\ominus'} - \varphi_2^{\ominus'} \geqslant \frac{0.059}{1}\times 6 \approx 0.36\ (V)$$

这个结果说明，当 $n_1=n_2=1$ 时，两电对的条件电极电位差值要大于 0.36 V，氧化还原反应才能定量进行。

同理，当 $n_1=n_2=2$ 时，$\varphi_1^{\ominus'} - \varphi_2^{\ominus'} \geqslant \frac{0.059}{2}\times 6 \approx 0.18\ (V)$

当 $n_1=1$，$n_2=2$ 时，$\varphi_1^{\ominus'} - \varphi_2^{\ominus'} \geqslant \frac{0.059}{2}\times 9 \approx 0.27\ (V)$

即两半反应转移电子数不同，定量反应对于两半反应条件电极电位差值要求不同。一般来说，在氧化还原滴定中，可以通过选择不同的滴定剂或控制适当的滴定条件而满足条件电极电位差值，实现定量反应。只是在氧化还原滴定中，还应该关注反应速率问题。

5.1.4　氧化还原反应速率及其影响因素

氧化还原反应是否进行，除了从热力学参数如条件电极电位等来判断可能性，还应该从动力学参数如反应速率来考虑可行性。因为氧化还原反应机理复杂，反应速率相差非常大，有的反应速率快，有的反应速率慢，甚至慢到几乎不发生反应。例如，水中溶解氧的氧化性较强，因为半反应

$$O_2 + 4e^- + 4H^+ \rightleftharpoons 2H_2O \qquad \varphi_1^{\ominus} = 1.23\ V$$

即使在中性水溶液中，pH=7，其条件电极电位 $\varphi_1^{\ominus'} = 0.817\ V$，说明强氧化剂在水中能够氧化 H_2O 而释放出 O_2，强还原剂能够被水中溶解氧所氧化。而实际上，Ce^{4+}等强氧化剂在水溶液中相当稳定，Sn^{2+}等还原剂在水溶液中也有一定的稳定性，这就是反应速率很慢造成的。

反应速率较快是滴定分析的前提，所以有必要了解影响氧化还原反应速率的各种因素，从而选择适当的反应条件以加快反应速率。影响氧化还原反应速率的因素主要有内因(氧化剂和还原剂的结构)和外因(反应物浓度、温度、催化剂等)两个方面。

1. 氧化剂和还原剂的结构

氧化还原反应过程中电子的转移或得失受到许多因素影响，如溶剂分子和配体分子的阻力，以及静电排斥力等，电子的转移引起结构和价态的改变，也会阻碍电子的转移，导致反应速率很慢，如 Fe^{2+}被氧化为 Fe^{3+}，MnO_4^- 被还原为 Mn^{2+}等。氧化剂或还原剂的电子层结构、化学键，以及电极电位、反应机理等都与反应速率有关。

例如，酸性溶液中 $Cr_2O_7^{2-}$ 氧化 Fe^{2+}的反应

$$Cr_2O_7^{2-} + 6Fe^{2+} + 14H^+ \rightleftharpoons 6Fe^{3+} + 2Cr^{3+} + 7H_2O$$

该反应经历 3 个步骤：

$$Cr(\text{VI}) + Fe(\text{II}) \longrightarrow Cr(\text{V}) + Fe(\text{III})，快反应$$

$$Cr(\text{V}) + Fe(\text{II}) \longrightarrow Cr(\text{IV}) + Fe(\text{III})，慢反应$$

$$Cr(\text{IV}) + Fe(\text{II}) \longrightarrow Cr(\text{III}) + Fe(\text{III})$$

其中，慢反应的速率决定了总反应的速率。

2. 反应物浓度

氧化还原反应机理复杂，往往不是单元反应，而是复杂反应，所以不能从总反应式判断反应物浓度对反应速率的影响程度。但一般来说，提高反应物浓度都能加快反应速率。例如，对于慢反应

$$Cr_2O_7^{2-} + 6I^- + 14H^+ \rightleftharpoons 2Cr^{3+} + 3I_2 + 7H_2O$$

增加 KI 浓度时，反应速率随之加快。同时，H^+也是该反应的反应物之一，所以提高酸度也是加快反应速率的措施之一。实验结果显示，该实验条件是 KI 过量 5 倍，$[H^+] = 0.4\ mol \cdot L^{-1}$，5 min 后该反应进行完全。

3. 温度

大多数反应速率都是随着温度的升高而加快，因为温度的升高使得反应物活化分子或活

化离子增加，也提升了反应物之间碰撞的概率，所以反应速率加快。目前，还没有温度对反应速率影响的经验公式，只是实验发现，温度每升高 10℃，大多数反应的速率可增加 2～3 倍。

例如，对于慢反应

$$2MnO_4^- + 5C_2O_4^{2-} + 16H^+ \rightleftharpoons 2Mn^{2+} + 10CO_2 + 8H_2O$$

通常是加热至 75～85℃后趁热滴定，以使滴定顺利进行。

也应注意，升温有时会对定量测定带来不利影响，引起较大误差，应该避免高温。例如：

(1) 升温会引起有些物质的分解，如 $H_2C_2O_4$ 和 H_2O_2 等。

(2) 升温会促使有些物质挥发，如 I_2 等。

(3) 升温会加速有些物质被氧化，如 Sn^{2+}、Fe^{2+}等。

4. 催化剂及催化作用

催化剂能够改变反应机理，从而改变反应速率。正催化剂提高反应速率，负催化剂降低反应速率。

在分析化学中，通常利用催化剂来改变反应速率。例如，酸性介质中，$KMnO_4$ 滴定 $H_2C_2O_4$ 时，即使加热到 85℃，滴定开始初期反应仍然很慢，若加入 Mn^{2+}，因其催化作用，该滴定反应迅速进行。这是因为 $KMnO_4$ 和 $H_2C_2O_4$ 的反应分多步进行，首先是 Mn(Ⅶ)经过慢反应过程逐步被还原为中间体 Mn(Ⅲ)，$KMnO_4$ 的氧化性体现为 Mn(Ⅲ)的氧化性，Mn(Ⅲ)与 $C_2O_4^{2-}$ 结合为一系列中间体 $Mn(Ⅲ)(C_2O_4)_n^{(3-2n)+}$，该配合物内部产生电子转移，最后生成产物 Mn^{2+} 和 CO_2。Mn^{2+}参与了反应，最后又还原，起到催化剂的作用，其催化机理推测为 Mn^{2+}参与了 Mn(Ⅶ)还原为 Mn(Ⅲ)的慢反应，使其成为快反应，所以总反应加速。

实际上，在该实验中，一般不外加催化剂 Mn^{2+}，而是利用反应生成的 Mn^{2+}对下一步的反应进行催化。这种利用反应产物起催化作用的反应称为自催化反应。自催化反应的特点是开始反应慢，即存在一个诱导期，随着产物的生成，反应被催化而加快，然后反应物浓度越来越低，反应速率又会降低，即其反应速率特点是由慢到快，再到慢。所以，面对这类自催化反应的滴定分析，滴定速度也应与反应速率一致，即由慢到快，再到慢。

有时也利用负催化剂减缓反应速率。例如，在 $SnCl_2$ 溶液中加入甘油，以降低水溶液中溶解氧对 Sn^{2+}的氧化作用等。

5. 诱导剂及诱导作用

有些氧化还原反应一般情况下进行得非常缓慢或者认为不发生，但在另一反应进行时，该反应被加速进行，这一现象称为诱导作用，该反应称为诱导反应。例如，$KMnO_4$ 氧化 Cl^-的反应非常缓慢，但若溶液中存在 Fe^{2+}，$KMnO_4$ 氧化 Fe^{2+}时，加速了 $KMnO_4$ 氧化 Cl^-的反应，即存在诱导作用，发生了诱导反应。其反应式为

$$MnO_4^- + 5Fe^{2+} + 8H^+ \rightleftharpoons Mn^{2+} + 5Fe^{3+} + 4H_2O \quad (诱导反应)$$

$$2MnO_4^- + 10Cl^- + 16H^+ \rightleftharpoons 2Mn^{2+} + 5Cl_2 + 8H_2O \quad (受诱反应)$$

其中，MnO_4^- 称为作用体，Fe^{2+}称为诱导体，Cl^-称为受诱体。

诱导反应的机理推测为诱导反应的发生与氧化还原反应中间步骤产生的不稳定中间价态离子或自由基等因素有关。例如，上述诱导反应中，$KMnO_4$ 氧化 Fe^{2+}的反应中生成 Mn(Ⅵ)、

Mn (Ⅴ)、Mn (Ⅳ)、Mn (Ⅲ)等一系列不稳定中间价态离子，这些中间价态离子与 Cl^-作用而发生诱导反应。

诱导反应往往会给滴定分析带来较大的误差，如上述诱导作用的发生导致无法在盐酸介质中用 $KMnO_4$ 标准溶液滴定 Fe^{2+}含量，此时可以采取措施进行预防。例如，在上述反应体系中加入大量 $MnSO_4$ 试剂和 H_3PO_4 与 H_2SO_4 混合酸，Mn^{2+}的存在加速 Mn(Ⅲ)的生成，保证 $KMnO_4$ 标准溶液滴定 Fe^{2+}的速度，而同时存在的大量 Mn^{2+}降低了电对 Mn(Ⅲ)/Mn(Ⅱ)的电位值，H_3PO_4 又与 Mn(Ⅲ)形成配合物，配位效应进一步降低了电对 Mn(Ⅲ)/Mn(Ⅱ)的电位值，使 Mn (Ⅲ)的氧化性大大降低，以致低于 Cl_2 的氧化性，不可能再发生诱导反应。当然，有时也可以利用诱导作用提高分析的灵敏度或选择性。

诱导反应和催化反应的相同点是都利用一种物质的加入而加速某一反应的进行。其不同点是催化反应中，催化剂参与反应后又恢复为原来的物质；而诱导反应中，诱导剂参与反应而生成其他物质。

5.2　氧化还原滴定原理

5.2.1　氧化还原滴定曲线

与酸碱滴定法、配位滴定法一样，氧化还原滴定过程也可以用滴定曲线描述。在氧化还原滴定过程中，滴定剂的加入引起溶液中氧化还原反应平衡移动，电对的电极电位也随之改变，可以用滴定剂体积或百分数为横坐标，随之变化的电极电位为纵坐标作图，所得曲线称为氧化还原滴定曲线。氧化还原反应过程比较复杂，而且条件电极电位数据有限，所以氧化还原滴定曲线通常是由实验测试而绘制。对于可逆的氧化还原反应体系，如果已知条件电极电位，也可以应用能斯特方程进行计算而绘制得到。

现以在 1 mol · L^{-1} H_2SO_4 介质中，用 0.1000 mol · L^{-1} $Ce(SO_4)_2$ 标准溶液滴定 20.00 mL 0.1000 mol · L^{-1} $FeSO_4$ 溶液为例，讨论滴定曲线的绘制方法。

滴定反应为

$$Ce^{4+} + Fe^{2+} \rightleftharpoons Ce^{3+} + Fe^{3+}$$

两电对的半反应及其条件电极电位为

$$Ce^{4+} + e^- \rightleftharpoons Ce^{3+} \qquad \varphi^{\ominus'}_{Ce^{4+}/Ce^{3+}} = 1.44\ V$$

$$Fe^{3+} + e^- \rightleftharpoons Fe^{2+} \qquad \varphi^{\ominus'}_{Fe^{3+}/Fe^{2+}} = 0.68\ V$$

两电对半反应转移电子数 $n_1=n_2=1$，将条件电极电位代入式(5-16)，可得到

$$\lg K' = \frac{n(\varphi^{\ominus'}_{Ce^{4+}/Ce^{3+}} - \varphi^{\ominus'}_{Fe^{3+}/Fe^{2+}})}{0.059} = \frac{1\times(1.44-0.68)}{0.059} = 12.88$$

$$K' = 7.6\times10^{12}$$

可见，该氧化还原反应进行得非常完全，在下面非化学计量点计算时，可以忽略逆反应对反应物平衡浓度的影响。

需要特别强调的是，开始滴定后，体系中就存在两个电对，任何时刻，只要达到反应平衡，体系中两电对的电位必定相等，该关系是本滴定体系处理滴定曲线的基础。

$$\varphi^{\ominus'}_{Fe^{3+}/Fe^{2+}} + 0.059\lg\frac{c_{Fe^{3+}}}{c_{Fe^{2+}}} = \varphi^{\ominus'}_{Ce^{4+}/Ce^{3+}} + 0.059\lg\frac{c_{Ce^{4+}}}{c_{Ce^{3+}}}$$

因此，在滴定过程的不同阶段，可选择方便计算的电对，用能斯特方程计算电极电位。

1. 滴定开始前

此时，体系为 0.1000 mol · L^{-1} $FeSO_4$溶液，不存在电对 Ce^{4+}/Ce^{3+}，可考虑以电对 Fe^{3+}/Fe^{2+}进行计算。因为空气或水中溶解氧的氧化作用，溶液中会存在极少量的 Fe^{3+}，但其确切浓度无法获得，所以起始点的电位未知。

2. 滴定开始至化学计量点前

在该阶段，滴加到溶液中的滴定剂 Ce^{4+}几乎完全与 Fe^{2+}反应，剩余量很少，难以计算，应用电对 Ce^{4+}/Ce^{3+}进行体系电位计算时存在困难，所以考虑选用电对 Fe^{3+}/Fe^{2+}计算溶液的电位。

$$\varphi = \varphi^{\ominus'}_{Fe^{3+}/Fe^{2+}} + 0.059\lg\frac{c_{Fe^{3+}}}{c_{Fe^{2+}}}$$

例如，当加入 10.00 mL 滴定剂 $Ce(SO_4)_2$，即滴定 50%时

$$\varphi = \varphi^{\ominus'}_{Fe^{3+}/Fe^{2+}} + 0.059\lg\frac{c_{Fe^{3+}}}{c_{Fe^{2+}}} = 0.68 + 0.059\lg\frac{50\%}{1-50\%} = 0.68\ (V)$$

加入 19.98 mL 滴定剂，即滴定 99.9%时

$$\varphi = \varphi^{\ominus'}_{Fe^{3+}/Fe^{2+}} + 0.059\lg\frac{c_{Fe^{3+}}}{c_{Fe^{2+}}} = 0.68 + 0.059\lg\frac{99.9\%}{1-99.9\%} = 0.68 + 0.059\times 3 = 0.86\ (V)$$

3. 化学计量点时

此时，滴定剂 Ce^{4+}与 Fe^{2+}完全反应，其浓度均极小，且不易求出，所以两电对的电位都难以直接计算。化学计量点是一特殊反应的平衡点，浓度关系为

$$c^{sp}_{Ce^{4+}} = c^{sp}_{Fe^{2+}},\quad c^{sp}_{Ce^{3+}} = c^{sp}_{Fe^{3+}}$$

两电对的电位分别为

$$\varphi_{sp} = \varphi^{\ominus'}_{Fe^{3+}/Fe^{2+}} + 0.059\lg\frac{c_{Fe^{3+}}}{c_{Fe^{2+}}}$$

$$\varphi_{sp} = \varphi^{\ominus'}_{Ce^{4+}/Ce^{3+}} + 0.059\lg\frac{c_{Ce^{4+}}}{c_{Ce^{3+}}}$$

两式两边分别相加，得

$$2\varphi_{sp} = \varphi^{\ominus'}_{Fe^{3+}/Fe^{2+}} + \varphi^{\ominus'}_{Ce^{4+}/Ce^{3+}} + 0.059\lg\left(\frac{c_{Fe^{3+}}}{c_{Fe^{2+}}}\frac{c_{Ce^{4+}}}{c_{Ce^{3+}}}\right) = \varphi^{\ominus'}_{Fe^{3+}/Fe^{2+}} + \varphi^{\ominus'}_{Ce^{4+}/Ce^{3+}}$$

$$\varphi_{sp} = \frac{\varphi^{\ominus'}_{Fe^{3+}/Fe^{2+}} + \varphi^{\ominus'}_{Ce^{4+}/Ce^{3+}}}{2} = \frac{1.44+0.68}{2} = 1.06\ (V)$$

4. 化学计量点后

这一阶段的 Fe^{2+}几乎完全反应，其浓度很小，且不易获得，不便以电对 Fe^{3+}/Fe^{2+}进行计算。而过量 Ce^{4+}的浓度容易计算，可以以电对 Ce^{4+}/Ce^{3+}的能斯特方程进行体系电位的计算。例如，

加入 20.02 mL 滴定剂，即滴定 100.1%时，有

$$\varphi = \varphi^{\ominus'}_{Ce^{4+}/Ce^{3+}} + 0.059\lg\frac{c_{Ce^{4+}}}{c_{Ce^{3+}}} = 1.44 + 0.059\lg\frac{0.1\%}{100\%} = 1.44 - 0.059\times 3 = 1.26\ (V)$$

滴加 40.00 mL $Ce(SO_4)_2$ 标准溶液，则

$$\varphi = \varphi^{\ominus'}_{Ce^{4+}/Ce^{3+}} + 0.059\lg\frac{c_{Ce^{4+}}}{c_{Ce^{3+}}} = \varphi^{\ominus'}_{Ce^{4+}/Ce^{3+}} + 0.059\lg\frac{100\%}{100\%} = \varphi^{\ominus'}_{Ce^{4+}/Ce^{3+}} = 1.44\ (V)$$

依照上述四个阶段的计算方法，可以计算任一滴定体积或百分数时的电位值，然后绘制滴定曲线。部分数据见表 5-1，滴定曲线见图 5-1。

表 5-1　0.1000 mol · L^{-1} $Ce(SO_4)_2$ 标准溶液滴定 20.00 mL 0.1000 mol · L^{-1} $FeSO_4$ 的电位变化

(1 mol · L^{-1} H_2SO_4 介质中)

滴加 $Ce(SO_4)_2$ 标准溶液体积/mL	滴定百分数/%	电位/V
1.00	5.000	0.60
2.00	10.00	0.62
4.00	20.00	0.64
8.00	40.00	0.67
10.00	50.00	0.68
12.00	60.00	0.69
18.00	90.00	0.74
19.80	99.00	0.80
19.98	99.90	0.86
20.00	100.0	1.06
20.02	100.1	1.26
22.00	110.0	1.38
30.00	150.0	1.42
40.00	200.0	1.44

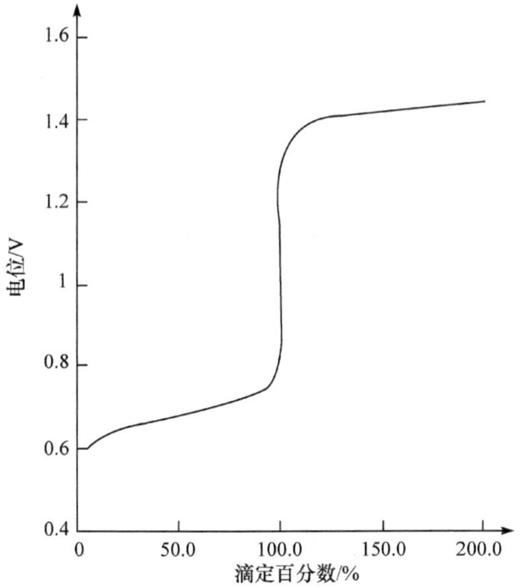

图 5-1　0.1000 mol · L^{-1} $Ce(SO_4)_2$ 标准溶液滴定 20.00 mL 0.1000 mol · L^{-1} $FeSO_4$ 的滴定曲线

1 mol · L^{-1} H_2SO_4 介质中

综上所述，氧化还原滴定曲线的特点总结如下：

(1) 滴定突跃范围：化学计量点前后±0.1%误差时，存在电位值的突跃，即突跃范围，如上述示例中的变化为 0.86～1.26 V 的变化。同上述计算方法，对称的可逆氧化还原滴定体系的突跃范围为

$$\varphi_2^{\ominus'} + \frac{0.059\times 3}{n_2} \sim \varphi_1^{\ominus'} - \frac{0.059\times 3}{n_1}$$

式中，$\varphi_1^{\ominus'}$ 和 $\varphi_2^{\ominus'}$ 分别为滴定剂电对和待测物电对的条件电极电位。

显然，影响突跃范围的因素主要是两电对的条件电极电位差值，与浓度无关。条件电极电位差值越大的氧化还原滴定体系，会有较大的突跃范围，更容易选择指示剂，以获得更准确的分析结果。一般来说，滴定反应的两电对条件电极电位相差 0.3～0.4 V 时，突跃明显，可以应用氧化还原指示剂确定终点；相差 0.2～0.3 V 时，突跃不明显，需要电位法确定滴定终点；而差值小于 0.2 V 时，没有突跃，无法应用滴定法进行分析。

影响条件电极电位的因素直接影响滴定体系的突跃范围。因此，在氧化还原滴定中，需要严格控制滴定条件。

(2) 化学计量点：依照上述计算过程可以有对称的可逆氧化还原滴定体系，化学计量点电位值的计算公式：

$$\varphi_{sp} = \frac{n_1\varphi_1^{\ominus'} + n_2\varphi_2^{\ominus'}}{n_1 + n_2} \tag{5-17}$$

当 $n_1 = n_2$ 时，化学计量点位于突跃范围的中心点，选择指示剂时，尽量选择变色点靠近化学计量点的指示剂，此点也是电位法确定的滴定终点。而当 $n_1 \neq n_2$ 时，化学计量点偏向 n 值较大的一边，如用 $KMnO_4$ 标准溶液滴定 Fe^{2+} 时，化学计量点偏向滴定剂一方，此时电位法确定的终点会有较大误差。

不对称的可逆氧化还原反应滴定过程的计算比较复杂，这里不进行阐述。

5.2.2　氧化还原指示剂

氧化还原滴定法确定终点的方法有指示剂法和电位法。常用的指示剂有以下几种类型。

1. 自身指示剂

在氧化还原滴定中，利用滴定剂或被滴定物反应前后颜色的变化指示终点，不需要另外添加指示剂，这类物质称为自身指示剂。最典型的自身指示剂是 $KMnO_4$，在酸性溶液中紫红色的 $KMnO_4$ 标准溶液滴定无色或浅色还原性待测物时，其还原产物为几乎为无色的 Mn^{2+}，至化学计量点时，$KMnO_4$ 稍过量就会使溶液呈现粉红色，指示终点的到达。实验结果表明，溶液中过量 $KMnO_4$ 的浓度约为 2×10^{-6} mol · L^{-1} 时，即可观察到粉红色，所以该指示剂变色灵敏度很高。

2. 专属指示剂

某些物质本身没有氧化还原性，但能与滴定溶液中特定的氧化剂或还原剂发生作用，产生特殊的颜色变化而指示滴定终点，这类物质称为专属指示剂。例如，可溶性淀粉与 I_2 溶液作用，产生深蓝色化合物，当 I_2 被还原为 I^- 时，蓝色消失，I_2 浓度约为 1.0×10^{-5} mol · L^{-1} 时，即可观察到浅蓝色。因此，淀粉是碘量法的专属指示剂，即根据其蓝色的出现或消失指示滴定终点。

3. 氧化还原指示剂

氧化还原指示剂本身具有氧化还原性，能够参与氧化还原反应，而且其氧化态和还原态颜色明显不同，在滴定化学计量点后，稍微过量的滴定剂就会与这种指示剂发生反应，生成其对应的还原态或氧化态，呈现颜色的变化以指示终点。

对于指示剂电对 In_{Ox}/In_{Red}，其半反应写为

$$In_{Ox} + ne^- \rightleftharpoons In_{Red}$$

滴定过程中，溶液的电位发生变化，该电对的电极电位也发生变化，用能斯特方程表达为

$$\varphi = \varphi_{In}^{\ominus} + \frac{0.059}{n}\lg\frac{[In_{Ox}]}{[In_{Red}]}$$

与酸碱指示剂、金属离子指示剂一样，$[In_{Ox}]/[In_{Red}]=1$ 时，溶液呈混合色，此时的电位值称为理论变色点

$$\varphi = \varphi_{In}^{\ominus} + \frac{0.059}{n}\lg 1 = \varphi_{In}^{\ominus} \tag{5-18}$$

当$[In_{Ox}]/[In_{Red}] \geqslant 10$ 时，溶液呈氧化态 Ox 的颜色，此时的电位值

$$\varphi \geqslant \varphi_{In}^{\ominus} + \frac{0.059}{n}\lg 10 = \varphi_{In}^{\ominus} + \frac{0.059}{n} \tag{5-19}$$

当$[In_{Ox}]/[In_{Red}] \leqslant 1/10$ 时，溶液呈还原态 Red 的颜色，此时的电位值

$$\varphi \leqslant \varphi_{In}^{\ominus} + \frac{0.059}{n}\lg\frac{1}{10} = \varphi_{In}^{\ominus} - \frac{0.059}{n} \tag{5-20}$$

所以，指示剂的变色范围为 $\varphi_{In}^{\ominus} \pm \frac{0.059}{n}$。存在副反应时，应该以条件电极电位表示其变色点 $\varphi_{In}^{\ominus\prime}$ 和变色范围 $\varphi_{In}^{\ominus\prime} \pm \frac{0.059}{n}$。

与其他滴定法中选择指示剂的方法相似，氧化还原指示剂的选择原则是指示剂的变色电位范围应落在滴定突跃范围内，并尽量使指示剂的条件电极电位与滴定反应的化学计量点电位一致，以减小滴定误差。表 5-2 列出了常见的氧化还原指示剂。

表 5-2　常见的氧化还原指示剂

指示剂	颜色变化		$\varphi_{In}^{\ominus\prime}$ /V ($[H^+]=1\ mol \cdot L^{-1}$)
	氧化态	还原态	
靛蓝-磺酸盐	蓝色	无色	0.25
酚藏花红	红色	无色	0.28
亚甲蓝	蓝色	无色	0.36
变胺蓝	无色	蓝色	0.59(pH=2)
二苯胺	紫色	无色	0.76
二苯胺磺酸钠	紫红色	无色	0.85
羊毛罂红	红色	绿色	1.00
邻二氮菲-亚铁	浅蓝色	红色	1.06
硝基邻二氮菲-亚铁	浅蓝色	紫红色	1.25

氧化还原指示剂的变色需要消耗一定量的标准溶液，如果标准溶液浓度比较大，其影响可以忽略不计；如果标准溶液浓度小于 0.01 mol · L^{-1} 或对测定结果要求比较精确时，必须做空白试验，进而校正指示剂的误差。

4. 不可逆指示剂

在过量氧化剂存在时，有些物质会发生不可逆的颜色变化以指示终点，这类物质称为不可逆指示剂。例如，在溴酸钾法中，过量的溴酸钾标准溶液在酸性溶液中析出溴，而溴会破坏甲基橙或甲基红的分子结构，使溶液的红色消失，以指示滴定终点。

5. 外指示剂

这种指示剂能与待测溶液或标准溶液发生反应，故不能加入待测溶液中，只能在近终点时，用玻璃棒蘸取微量待测溶液在外面与其作用，根据其颜色变化判断滴定终点，因此称为外指示剂。例如，亚硝酸钠法就是使用 KI-淀粉外指示剂进行终点的确定。

5.2.3　氧化还原滴定的终点误差

因为大部分氧化还原反应比较完全，也有不少灵敏的指示剂确定滴定终点，而且很多氧化还原电对不可逆，理论值与实测值不符，所以以往对氧化还原滴定终点误差的讨论较少。林邦终点误差公式在酸碱滴定和配位滴定中用于计算滴定终点误差，十分简便，也可以应用于可逆氧化还原反应滴定体系的终点误差计算。

对于氧化还原反应

$$n_2\mathrm{Ox}_1 + n_1\mathrm{Red}_2 \rightleftharpoons n_2\mathrm{Red}_1 + n_1\mathrm{Ox}_2$$

如果两电对均为可逆氧化还原电对，而且半反应转移电子数 $n_1=n_2$，滴定误差为

$$E_t = \frac{[\mathrm{Ox}_1]_{ep} - [\mathrm{Red}_2]_{ep}}{c_{\mathrm{Red}_2}^{sp}} \tag{5-21}$$

电对 $\mathrm{Ox_1/Red_1}$ 在化学计量点和滴定终点时的电位可分别用能斯特方程表示为

$$\varphi_{sp} = \varphi_1^{\ominus} + 0.059\lg\frac{[\mathrm{Ox}_1]_{sp}}{[\mathrm{Red}_1]_{sp}} \tag{5-22}$$

$$\varphi_{ep} = \varphi_1^{\ominus} + 0.059\lg\frac{[\mathrm{Ox}_1]_{ep}}{[\mathrm{Red}_1]_{ep}} \tag{5-23}$$

定量分析时，滴定终点和化学计量点接近，即$[\mathrm{Red}_1]_{sp} \approx [\mathrm{Red}_1]_{ep}$，式(5-22)和式(5-23)相减，得

$$\Delta\varphi = \varphi_{ep} - \varphi_{sp} = 0.059\lg\frac{[\mathrm{Ox}_1]_{ep}}{[\mathrm{Ox}_1]_{sp}}$$

因此

$$[\mathrm{Ox}_1]_{ep} = [\mathrm{Ox}_1]_{sp}10^{\frac{\Delta\varphi}{0.059}} \tag{5-24}$$

同理，可以推导出

$$[\mathrm{Red}_2]_{ep} = [\mathrm{Red}_2]_{sp}10^{-\frac{\Delta\varphi}{0.059}} \tag{5-25}$$

化学计量点时有$[Ox_1]_{sp}=[Red_2]_{sp}$，将式(5-24)和式(5-25)代入误差公式[式(5-21)]，得

$$E_t=\frac{[Red_2]_{sp}\left(10^{\frac{\Delta\varphi}{0.059}}-10^{-\frac{\Delta\varphi}{0.059}}\right)}{c_{Red_2}^{sp}}\times 100\% \tag{5-26}$$

电对Ox_2/Red_2在化学计量点时，用能斯特方程表达的电位值为

$$\varphi_{sp}=\varphi_2^{\ominus}+0.059\lg\frac{[Ox_2]_{sp}}{[Red_2]_{sp}} \tag{5-27}$$

当$n_1=n_2$时，由滴定终点电位计算公式[式(5-17)]得

$$\varphi_{sp}=\frac{\varphi_1^{\ominus'}+\varphi_2^{\ominus'}}{2}$$

将上式代入式(5-27)，得

$$\frac{[Ox_2]_{sp}}{[Red_2]_{sp}}=10^{\frac{\Delta\varphi^{\ominus'}}{2\times 0.059}} \tag{5-28}$$

将式(5-28)代入式(5-26)，已知化学计量点时，$c_{Red_2}^{sp}=[Ox_2]_{sp}$，所以

$$E_t=\frac{10^{\frac{\Delta\varphi}{0.059}}-10^{-\frac{\Delta\varphi}{0.059}}}{10^{\frac{\Delta\varphi^{\ominus'}}{2\times 0.059}}}\times 100\% \tag{5-29}$$

对于$n_1\neq n_2$的对称可逆电对的氧化还原滴定体系，滴定终点误差的计算公式为

$$E_t=\frac{10^{\frac{n_1\Delta\varphi}{0.059}}-10^{-\frac{n_2\Delta\varphi}{0.059}}}{10^{\frac{n_1n_2\Delta\varphi^{\ominus'}}{(n_1+n_2)\times 0.059}}}\times 100\% \tag{5-30}$$

例 5-6　计算在 1.0 mol · L^{-1} H_2SO_4溶液中用 0.10 mol · L^{-1} Ce^{4+}标准溶液滴定 0.10 mol · L^{-1} Fe^{2+}，以二苯胺磺酸钠为指示剂时的终点误差。

解　查得 1.0 mol · L^{-1} H_2SO_4溶液中，$\varphi_{Ce^{4+}/Ce^{3+}}^{\ominus'}$=1.44 V，$\varphi_{Fe^{3+}/Fe^{2+}}^{\ominus'}$=0.68 V，指示剂$\varphi_{In}^{\ominus'}$=0.84 V，则$\Delta\varphi^{\ominus'}$= 1.44 – 0.68=0.76(V)。当$n_1=n_2$时，化学计量点电位

$$\varphi_{sp}=\frac{1.44+0.68}{2}=1.06\ (V)$$

终点电位$\varphi_{ep}=\varphi_{In}^{\ominus'}$=0.84 V，则$\Delta\varphi$=0.84 –1.06= – 0.22(V)，代入式(5-29)，得

$$E_t=\frac{10^{\frac{-0.22}{0.059}}-10^{-\frac{-0.22}{0.059}}}{10^{\frac{0.76}{2\times 0.059}}}\times 100\%=-0.19\%$$

5.3　氧化还原滴定中的预处理

在氧化还原滴定前，通常需要将待测组分氧化为高价态后，以还原剂的标准溶液进行滴定，或者还原为低价态，再以氧化剂的标准溶液进行滴定。这种滴定前使待测组分转变为适当

价态的过程称为预处理，包括预氧化或预还原。例如，滴定 Mn^{2+}、Cr^{3+}时，没有合适的氧化性物质作为滴定剂，因而先用过量的$(NH_4)_2S_2O_8$将 Mn^{2+}、Cr^{3+}定量氧化为 MnO_4^-、$Cr_2O_7^{2-}$，通过加热除去多余的$(NH_4)_2S_2O_8$，再用$(NH_4)_2Fe(SO_4)_2$标准溶液滴定产物 MnO_4^-、$Cr_2O_7^{2-}$。

氧化还原预处理步骤中，选择预氧化剂或预还原剂的要求是：

(1) 能够将待测组分定量氧化或还原。

(2) 预处理的反应速度快。

(3) 反应具有较好的选择性。

(4) 过量的氧化剂或还原剂易于除去，或者转化为不干扰滴定反应的物质。

除去过量的氧化剂或还原剂的常用方法是：

(1) 加热分解。例如，过量的$(NH_4)_2S_2O_8$ 和 H_2O_2 可以采用加热煮沸分解的方法除去。

(2) 过滤。例如，$NaBiO_3$ 不溶于水，过量部分可以过滤除去。

(3) 化学反应。例如，过量的 $SnCl_2$ 可以用 $HgCl_2$ 反应除去：

$$SnCl_2 + 2HgCl_2 \rightleftharpoons SnCl_4 + Hg_2Cl_2\downarrow$$

这里的沉淀产物 Hg_2Cl_2 一般不与滴定剂反应，不需要过滤除去。

(4) 控制用量。例如，以 $SnCl_2$ 还原 Fe^{3+}时，在 Fe^{3+}溶液中事先加入适量的甲基橙指示剂，再滴加 $SnCl_2$ 溶液还原 Fe^{3+}至溶液从橙色到红色，再到红色褪色，表明 $SnCl_2$ 和 Fe^{3+}已经等量反应，过量一滴的 $SnCl_2$ 还原甲基橙为无色的氢化甲基橙。

常用的预氧化剂和预还原剂分别见表 5-3 和表 5-4。

表 5-3　常用的预氧化剂

氧化剂	反应条件	应用	除去方法
$NaBiO_3$ $NaBiO_3$(固) + $6H^+ + 2e^-$ $\!=\!\!=\!Bi^{3+} + Na^+ + 3H_2O$ $\varphi^\ominus$ =1.80 V	室温 HNO_3 介质 H_2SO_4 介质	$Mn^{2+} \rightarrow MnO_4^-$ Cr(Ⅲ)→Cr(Ⅳ)	过滤
PbO_2	pH = 2～6 焦磷酸盐缓冲液	Mn(Ⅱ)→Mn(Ⅲ) Ce(Ⅲ)→Ce(Ⅳ) Cr(Ⅲ)→Cr(Ⅵ)	过滤
$(NH_4)_2S_2O_8$ $S_2O_8^{2-} + 2e^- = 2SO_4^{2-}$ $\varphi^\ominus$ =2.01 V	酸性介质 Ag^+催化剂	$Mn^{2+} \rightarrow MnO_4^-$ $Cr^{3+} \rightarrow Cr_2O_7^{2-}$ $VO^{2+} \rightarrow VO_3^-$ Ce(Ⅲ)→Ce(Ⅳ) Cr(Ⅲ)→Cr(Ⅵ)	加热煮沸分解
H_2O_2 $H_2O_2 + 2e^- = 2OH^-$ $\varphi^\ominus$ =0.88 V	NaOH 介质 HCO_3^- 介质	$Cr^{3+} \rightarrow CrO_4^{2-}$ Co(Ⅱ)→Co(Ⅲ) Mn(Ⅱ)→Mn(Ⅳ)	加热煮沸分解，加入少量 Ni^{2+} 或 I^-为催化剂，加速 H_2O_2 分解除去
高锰酸盐	焦磷酸盐和氟化物，Cr(Ⅲ)存在下	V(Ⅳ)→V(Ⅴ) Ce(Ⅲ)→Ce(Ⅳ)	亚硝酸钠和尿素
$HClO_4$	热、浓 $HClO_4^*$	Cr(Ⅲ)→Cr(Ⅵ) V(Ⅳ)→V(Ⅴ)	迅速冷却至室温，用水稀释
KIO_3	热的酸性介质	$Mn^{2+} \rightarrow MnO_4^-$ 再用光度法分析，测定微量 Mn^{2+}	无需除去

*热、浓 $HClO_4$ 遇有机物时会发生爆炸，所以对含有机物的试样，要先用 HNO_3 破坏有机物，再用 $HClO_4$ 处理。

表 5-4 常用的预还原剂

还原剂	反应条件	应用	除去方法
$SnCl_2$ $Sn^{2+} = Sn^{4+} + 2e^-$ $\varphi^\ominus = 0.154$ V	酸性介质 加热	Fe(Ⅲ)→Fe(Ⅱ) Mo(Ⅵ)→Mo(Ⅴ) As(Ⅴ)→As(Ⅲ)	快速加入过量 $HgCl_2$ $SnCl_2 + 2HgCl_2 = SnCl_4 + Hg_2Cl_2\downarrow$
SO_2 $SO_2 + 2H_2O = SO_4^{2-} + 4H^+ + 2e^-$ $\varphi^\ominus = 0.17$ V	1 mol · L^{-1} H_2SO_4(SCN^-存在时会加速反应)	Cu(Ⅱ)→Cu(Ⅰ) Fe(Ⅲ)→Fe(Ⅱ) As(Ⅴ)→As(Ⅲ) Sb(Ⅴ)→Sb(Ⅲ)	加入煮沸，通 CO_2
盐酸肼、硫酸肼或肼	酸性介质	Fe(Ⅲ)→Fe(Ⅱ) As(Ⅴ)→As(Ⅲ)	浓 H_2SO_4，加热
锌-汞齐还原柱	H_2SO_4介质	Fe(Ⅲ)→Fe(Ⅱ) Cr(Ⅲ)→Cr(Ⅱ) V(Ⅴ)→V(Ⅱ) Ti(Ⅳ)→Ti(Ⅲ)	
汞阴极	电位恒定	Fe(Ⅲ)→Fe(Ⅱ) Cr(Ⅲ)→Cr(Ⅱ)	

5.4 常用的氧化还原滴定法

氧化还原滴定法中的氧化还原滴定剂种类很多，可以根据待测物的性质选择合适的滴定剂。因此，氧化还原滴定法应用广泛，可用于测定许多无机物和有机物。滴定剂在空气中要保持稳定，因此能够作为滴定剂的还原剂不多，常用的有 $Na_2S_2O_3$ 和 $FeSO_4$ 等。而作为滴定剂的氧化剂种类较多，如 $KMnO_4$、$K_2Cr_2O_7$、I_2、$KBrO_3$、KIO_3 和 $Ce(SO_4)_2$ 等。一般根据滴定剂的名称命名氧化还原滴定法。

5.4.1 高锰酸钾法

1. 概述

高锰酸钾法是以高锰酸钾为滴定剂的氧化还原滴定法。在 1～2 mol · L^{-1} 强酸性溶液中(酸度太高，高锰酸钾容易分解；酸度太低，反应速度慢，且会产生二氧化锰沉淀，一般使用 H_2SO_4 溶液，不用 HCl 或 HNO_3)，高锰酸钾是强氧化剂，被还原为 Mn^{2+}：

$$MnO_4^- + 8H^+ + 5e^- \rightleftharpoons Mn^{2+} + 4H_2O \qquad \varphi^\ominus = 1.51\text{ V}$$

该条件下，若存在 $H_2P_2O_7^{2-}$ 或 F^-，高锰酸钾的氧化性进一步提高：

$$MnO_4^- + 8H^+ + 3H_2P_2O_7^{2-} + 4e^- \rightleftharpoons Mn(H_2P_2O_7)_3^{3-} + 4H_2O \qquad \varphi^\ominus = 1.70\text{ V}$$

在弱酸性、中性或弱碱性溶液中，MnO_4^- 则被还原为 MnO_2：

$$MnO_4^- + 2H_2O + 3e^- \rightleftharpoons MnO_2 + 4OH^- \qquad \varphi^\ominus = 0.588\text{ V}$$

在浓度大于 2 mol · L^{-1} 的 NaOH 溶液中，MnO_4^- 能被许多有机物还原为 MnO_4^{2-}：

$$MnO_4^- + e^- \rightleftharpoons MnO_4^{2-} \qquad \varphi^\ominus = 0.564\text{ V}$$

可见，酸度的控制对于高锰酸钾法非常重要。一般在强酸性溶液中，用高锰酸钾法测定无机物和部分有机物，而在碱性溶液中测定有机物，因为高锰酸钾在碱性溶液中的反应速度快，中性溶液中高锰酸钾的产物为褐色 $MnO_2 \cdot nH_2O$ 沉淀，不适合进行滴定分析。

高锰酸钾法的特点是：

(1) $KMnO_4$氧化能力强，应用广泛。

(2) $KMnO_4$溶液呈紫红色，滴定无色或浅色溶液时，不需另加指示剂，即自身指示剂。

(3) 高锰酸钾试剂常含有少量杂质，易与水和空气中的还原性物质反应，使其标准溶液不够稳定。

(4) $KMnO_4$氧化能力强，易与很多还原性物质反应，所以干扰严重。

2. $KMnO_4$溶液的配制和标定

市售的固体$KMnO_4$中常含有少量MnO_2等杂质，而且纯水中常含有微量还原性物质，可与$KMnO_4$反应而析出$MnO(OH)_2$沉淀，这些产物及光、热、酸、碱等外界条件均会加速$KMnO_4$分解，因而不能直接配制$KMnO_4$标准溶液。

为配制稳定的$KMnO_4$标准溶液，常采取以下措施：

(1) 称取稍多于理论计算值的固体$KMnO_4$，溶于适当体积蒸馏水中。

(2) 将$KMnO_4$溶液加热至沸，并保持微沸约 1 h，使溶液中的还原性物质完全反应。

(3) 用玻璃砂芯滤斗过滤，除去沉淀物。

(4) 将过滤后的$KMnO_4$溶液储存于棕色试剂瓶中，并存放于暗处，待标定。

放置时间较长的$KMnO_4$标准溶液应重新标定其浓度。如果需要配制较稀的$KMnO_4$标准溶液，一般是将$KMnO_4$标准溶液用纯水稀释后再标定，且不宜长期存放。

标定$KMnO_4$溶液的基准物质有$Na_2C_2O_4$、As_2O_3、$H_2C_2O_4 \cdot 2H_2O$和纯铁丝等。其中最常用的是$Na_2C_2O_4$，该基准物质性质稳定，不含结晶水，易提纯，于 105～110℃烘干约 2 h，冷却后即可使用。

以$Na_2C_2O_4$为基准物质标定$KMnO_4$溶液的反应式为

$$2MnO_4^- + 5C_2O_4^{2-} + 16H^+ \rightleftharpoons 2Mn^{2+} + 10CO_2\uparrow + 8H_2O$$

为使该滴定反应快速定量完成，需要控制的主要反应条件有：

(1) 温度：室温下，该反应速度缓慢，常加热溶液至 75～85℃时趁热滴定，并在滴定过程中保持溶液温度在 60℃以上，但加热温度不能超过 90℃，否则$H_2C_2O_4$会部分分解：

$$H_2C_2O_4 \rightleftharpoons CO_2\uparrow + CO\uparrow + H_2O$$

(2) 酸度：用H_2SO_4控制溶液起始$[H^+]$为 $0.5 \sim 1\ mol \cdot L^{-1}$，酸度过高会造成$H_2C_2O_4$分解，酸度过低会导致$KMnO_4$分解为$MnO_2$。由于$HNO_3$具有氧化性，会与待测物反应，HCl 具有还原性，能与$KMnO_4$反应，所以不能用HNO_3或 HCl 控制酸度。

(3) 滴定速度：$KMnO_4$和$H_2C_2O_4$的反应是自催化反应，滴定开始时的反应速度较慢，即第一滴$KMnO_4$紫红色褪色缓慢，此时滴定速度要慢，待紫红色褪去再滴加第二滴，产物Mn^{2+}为催化剂，会加速反应进行，滴定速度可以适当加快。近终点时，随着$H_2C_2O_4$浓度的减小，反应速度降低。因此，对于该自催化反应，滴定速度是由慢到快，再到慢，才能寻找准确的终点。整个滴定过程中，滴定速度不宜过快，否则$KMnO_4$在热的酸性溶液中分解：

$$4MnO_4^- + 12H^+ \rightleftharpoons 4Mn^{2+} + 5O_2\uparrow + 6H_2O$$

也可以在滴定前加入几滴$MnSO_4$作为催化剂。

此外，高锰酸钾法使用自身指示剂，灵敏度高，但其浓度过低($0.002\ mol \cdot L^{-1}$)时，需要以二苯胺磺酸钠或 1,10-邻二氮菲-亚铁为指示剂。高锰酸钾法的终点为粉红色溶液，而 $KMnO_4$ 不稳定，空气中还原性物质或尘埃等都会还原 $KMnO_4$，使溶液的粉红色逐渐褪色。因此，30 s 或 1 min 不褪色即为终点。

3. 高锰酸钾法的应用

高锰酸钾法可以用直接滴定法测定还原性物质，如 Fe^{2+}、As(Ⅲ)、Sb(Ⅲ)、$C_2O_4^{2-}$、NO_2^- 和 H_2O_2 等；也可以用返滴定法测定一些氧化性物质，如 MnO_2；用间接滴定法测定测定某些没有氧化性或还原性的物质，如能够定量形成草酸盐沉淀的 Ca^{2+}、Th^{4+}、稀土金属等，从而扩大了高锰酸钾法的应用范围。

1) H_2O_2 的测定

在酸性溶液中，用 $KMnO_4$ 标准溶液直接滴定 H_2O_2 含量，其滴定反应式为

$$2MnO_4^- + 5H_2O_2 + 6H^+ \rightleftharpoons 2Mn^{2+} + 5O_2\uparrow + 8H_2O$$

由于 H_2O_2 易分解，该滴定反应不能加热，其他测定条件和以 $Na_2C_2O_4$ 为基准物质标定 $KMnO_4$ 溶液的滴定条件一致。

2) Ca^{2+}的测定

高锰酸钾法测定 Ca^{2+}采用间接滴定法，即将 Ca^{2+}定量沉淀为 CaC_2O_4，过滤洗涤后，用稀 H_2SO_4 溶解 CaC_2O_4 沉淀，再用 $KMnO_4$ 标准溶液滴定 $H_2C_2O_4$ 含量。反应式如下：

$$Ca^{2+} + C_2O_4^{2-} \rightleftharpoons CaC_2O_4$$

$$CaC_2O_4 + 2H^+ \rightleftharpoons Ca^{2+} + H_2C_2O_4$$

$$2MnO_4^- + 5H_2C_2O_4 + 6H^+ \rightleftharpoons 2Mn^{2+} + 10CO_2\uparrow + 8H_2O$$

为了保证测定结果的准确度，该测定过程需要注意以下两个关键步骤：

(1) 沉淀条件：为了保持沉淀完全、纯净和获得大颗粒沉淀，需要控制沉淀条件为“稀、热、慢、搅、陈”。先调节待测溶液的酸度为 pH 4～5，加热搅拌下滴加沉淀剂$(NH_4)_2C_2O_4$，也可以采用均匀沉淀法，即先向 Ca^{2+}酸性溶液中加入过量$(NH_4)_2C_2O_4$，加热搅拌下滴加稀氨水至 pH 4～5。然后，恒温陈化。过滤洗涤时，要洗干净 CaC_2O_4 沉淀表面吸附的 $C_2O_4^{2-}$。

(2) 滴定条件：控制溶液的温度、酸度和滴定速度等，见 $Na_2C_2O_4$ 为基准物质标定 $KMnO_4$ 溶液的滴定条件。

3) MnO_2 的测定

氧化性的 MnO_2 能与 $Na_2C_2O_4$ 反应：

$$MnO_2 + C_2O_4^{2-} + 4H^+ \rightleftharpoons Mn^{2+} + 2CO_2\uparrow + 2H_2O$$

向待测试样中加入一定量过量的 $Na_2C_2O_4$ 溶液，加入 H_2SO_4 并加热，使反应完全，用 $KMnO_4$ 标准溶液滴定过量的 $Na_2C_2O_4$。可以用此返滴定法测定软锰矿中 MnO_2 含量。

4) 有机化合物的测定

在强碱性溶液中，$KMnO_4$ 能够氧化一些有机化合物，自身被还原为绿色的 MnO_4^{2-}，而且反应速度快，据此建立有机化合物分析的高锰酸钾法。

例如，将一定量过量的 $KMnO_4$ 标准溶液加入待测的甘油或甲酸、甲醇等中，加入 NaOH 至溶液呈碱性，发生如下反应：

$$\underset{\text{OH}}{\underset{|}{CH_2}}-\underset{\text{OH}}{\underset{|}{CH}}-\underset{\text{OH}}{\underset{|}{CH_2}} + 14MnO_4^- + 20OH^- \rightleftharpoons 14MnO_4^{2-} + 3CO_3^{2-} + 14H_2O$$

$$HCOO^- + 2MnO_4^- + 3OH^- \rightleftharpoons 2MnO_4^{2-} + CO_3^{2-} + 2H_2O$$

$$CH_3OH + 6MnO_4^- + 8OH^- \rightleftharpoons 6MnO_4^{2-} + CO_3^{2-} + 6H_2O$$

上述反应完成后，将溶液酸化，MnO_4^{2-} 发生歧化反应：

$$3MnO_4^{2-} + 4H^+ \rightleftharpoons 2MnO_4^- + MnO_2 + 2H_2O$$

向溶液中准确加入过量的还原剂$(NH_4)_2Fe(SO_4)_2$或 $FeSO_4$ 标准溶液，将所有高价锰还原为 Mn^{2+}，最后用 $KMnO_4$ 标准溶液返滴定过量的 Fe^{2+}，根据两次加入的 $KMnO_4$ 总量和加入的还原剂$(NH_4)_2Fe(SO_4)_2$或 $FeSO_4$ 的量，计算试液中有机物的含量。

此方法也可以测定酒石酸、柠檬酸、甘醇酸(羟基乙酸)、苯酚、水杨酸、甲醛和葡萄糖等有机物。

5) 化学需氧量的测定

化学需氧量(chemical oxygen demand，COD)是度量水体中还原性物质(微量有机物和无机还原性物质)污染程度的综合性指标。COD 越大，表面水体污染越严重。用高锰酸钾法测得的化学需氧量称为高锰酸钾指数(COD_{Mn})。国家标准和国际标准中，COD 是指一定条件下，用 $KMnO_4$ 氧化水样中的还原性物质的消耗量，换算为氧的质量浓度($mg \cdot L^{-1}$)。

COD 的测定方法是先在水样中加入 H_2SO_4 和过量的 $KMnO_4$ 标准溶液，沸水浴加热，使其充分反应，剩余的 $KMnO_4$ 用一定量过量的 $Na_2C_2O_4$ 还原，最后用 $KMnO_4$ 标准溶液滴定过量的 $Na_2C_2O_4$。

COD 测定过程中的化学反应式如下：

$$4MnO_4^- + 5C + 12H^+ \rightleftharpoons 4Mn^{2+} + 5CO_2\uparrow + 6H_2O$$

$$2MnO_4^- + 5C_2O_4^{2-} + 16H^+ \rightleftharpoons 2Mn^{2+} + 10CO_2\uparrow + 8H_2O$$

根据反应式中的化学计量比即可推导出 COD 的计算式。

此方法适用于饮用水、地表水和生活污水 COD 的分析测定。工业废水和污染比较严重的环境水样 COD 的测定需要采用重铬酸钾法。

6) 过氧化氢酶活性的测定

粮食和油料食品中过氧化氢酶活性的测定是在 pH 7.7 的条件下，从样品中提取过氧化氢酶，然后在提取液中加入一定量过量的 H_2O_2，过氧化氢酶造成 H_2O_2 分解，用 $KMnO_4$ 标准溶液滴定剩余的 H_2O_2，根据 H_2O_2 和 $KMnO_4$ 标准溶液的浓度、消耗的体积可以求出样品中过氧化氢酶的活性。

5.4.2 重铬酸钾法

1. 概述

重铬酸钾法是以重铬酸钾为滴定剂的氧化还原滴定法。酸性溶液中，$K_2Cr_2O_7$ 被还原为 Cr^{3+}：

$$Cr_2O_7^{2-} + 14H^+ + e^- \rightleftharpoons 2Cr^{3+} + 7H_2O \qquad \varphi^\ominus = 1.33\ V$$

可见，酸性溶液中，$K_2Cr_2O_7$ 为较强氧化剂，但氧化性较高锰酸钾弱，室温下不与 Cl^-反应，干扰也较少。$K_2Cr_2O_7$ 还原产物为绿色的 Cr^{3+}，终点时无法判断过量 $K_2Cr_2O_7$ 的黄色，所以需要加入二苯胺磺酸钠指示剂。

重铬酸钾法的特点有：

(1) $K_2Cr_2O_7$ 易提纯，140～250℃干燥后，可以用直接法配制标准溶液。

(2) $K_2Cr_2O_7$ 溶液十分稳定，可长期保存。

(3) $K_2Cr_2O_7$ 可在 HCl 溶液中滴定 Fe^{2+}，无诱导反应。

(4) $K_2Cr_2O_7$ 有毒。

2. 重铬酸钾法的应用

1) 铁矿石中铁的测定

$K_2Cr_2O_7$ 具有毒性，限制了该方法的应用，主要用于测定 Fe^{2+}，是铁矿石中全铁测定的标准方法。该方法快速、准确，其主要反应式为

$$Cr_2O_7^{2-} + 6Fe^{2+} + 14H^+ \rightleftharpoons 2Cr^{3+} + 6Fe^{3+} + 7H_2O$$

分析步骤是先用热的浓盐酸分解试样，用 $SnCl_2$ 还原 Fe(Ⅲ)为 Fe(Ⅱ)，过量的 $SnCl_2$ 用 $HgCl_2$ 氧化除去，溶液析出白色丝状 Hg_2Cl_2 沉淀，再在 1～2 mol · L^{-1} H_2SO_4-H_3PO_4 混合酸(3∶1，体积比)介质中加入二苯胺磺酸钠指示剂，用 $K_2Cr_2O_7$ 标准溶液滴定 Fe(Ⅱ)。其中，H_3PO_4 的作用是减小终点误差，具体作用有：①与 Fe^{3+} 生成稳定的无色配合物 $[Fe(PO_4)_2]^{3-}$ 或 $[Fe(HPO_4)_2]^-$，消除 Fe^{3+} 黄色对终点颜色的干扰；② Fe^{3+} 生成配合物，降低电对 Fe^{3+}/Fe^{2+} 的电位(突跃起点从 0.86 V 降至 0.51 V)，增大了突跃范围，使指示剂变色点落在突跃范围内(指示剂变色点为 0.84 V)。

上述 $HgCl_2$ 的使用会带来环境污染，因此常使用无汞法测铁。先向分解后的试样中加入少量甲基橙，搅拌下滴加 $SnCl_2$ 还原 Fe(Ⅲ)，当溶液从橙色变为红色，最后一滴 $SnCl_2$ 使溶液红色消失，表明 Fe(Ⅲ)已经完全转化为 Fe(Ⅱ)，过量一滴的 $SnCl_2$ 已经将甲基橙还原为无色的氢化甲基橙，再用 $K_2Cr_2O_7$ 标准溶液滴定 Fe(Ⅱ)。

2) COD 的测定

以 $K_2Cr_2O_7$ 为氧化剂，在酸性溶液中测定水样中的化学需氧量(COD_{Cr})。分析步骤如下：先加入 $HgSO_4$ 消除 Cl^- 的干扰，加入过量 $K_2Cr_2O_7$ 标准溶液，在强酸性溶液中加入 Ag_2SO_4 为催化剂，加热回流 2 h，使氧化反应完全，以 1,10-邻二氮菲-Fe(Ⅱ)为指示剂，用 Fe^{2+} 标准溶液滴定过量的 $K_2Cr_2O_7$。该方法主要应用于工业废水和污染较严重的环境水样 COD 测定，但会引入 Cr(Ⅵ)和 Hg^{2+} 的污染。

3) UO_2^{2+} 的测定

重铬酸钾法也可以测定 UO_2^{2+} 的含量，即先将 UO_2^{2+} 还原为 UO^{2+}，加入催化剂 Fe^{3+} 和指示剂二苯胺磺酸钠，用 $K_2Cr_2O_7$ 标准溶液滴定 UO^{2+}：

$$Cr_2O_7^{2-} + 3UO^{2+} + 8H^+ \rightleftharpoons 2Cr^{3+} + 3UO_2^{2+} + 4H_2O$$

同样，该方法也可以测定 Na^+，即将 Na^+ 沉淀为 $NaZn(UO_2)_3(CH_3COO)_9 \cdot 9H_2O$，该沉淀物溶于稀硫酸后，定量还原 UO_2^{2+} 为 UO^{2+}，用 $K_2Cr_2O_7$ 标准溶液进行滴定。

5.4.3　碘量法

1. 概述

碘量法是利用 I_2 的氧化性和 I^- 的还原性进行滴定的方法。

1) I_2的基本性质

(1) 对于半反应：

$$I_3^- + 2e^- \rightleftharpoons 3I^- \qquad \varphi^{\ominus} = 0.545\ V$$

显然，I_2是较弱氧化剂，能与较强还原剂作用；I^-是中等强度还原剂，能与许多氧化剂作用。因此，碘量法可以分为利用I_2氧化性的直接碘量法和利用I^-还原性的间接碘量法。

(2) I_2水溶性差(溶解度为 0.00133 mol · L^{-1})，常溶于 KI 溶液中形成I_3^-(一般简写为I_2)，增加其溶解度。

(3) I_2易挥发，应在低温(<25℃)下进行滴定。

2) 滴定方式

(1) 直接碘量法(碘滴定法)：用I_2标准溶液直接滴定还原性物质。因为I_2氧化性较弱，所以直接碘量法主要测定还原性较强的物质，应用有限。主要测定对象有 Sn^{2+}、Sb^{3+}、As_2O_3、S^{2-}、SO_3^{2-}及抗坏血酸等。

直接碘量法以淀粉为指示剂，终点为浅蓝色。滴定介质为酸性、中性或弱碱性溶液，因为碱性溶液中I_2会发生歧化反应：

$$3I_2 + 6OH^- \rightleftharpoons IO_3^- + 5I^- + 3H_2O$$

(2) 间接滴定法(滴定碘法)：利用I^-的还原性测定氧化性物质。I^-是中等强度还原剂，能被一些氧化剂氧化，定量析出I_2，然后用$Na_2S_2O_3$标准溶液滴定析出的I_2：

$$I_2 + 2S_2O_3^{2-} \rightleftharpoons 2I^- + S_4O_6^{2-}$$

该方法应用较广，主要测定对象有$Cr_2O_7^{2-}$、CrO_4^{2-}、ClO_3^-、IO_3^-、BrO_3^-、AsO_4^{3-}、SbO_4^{3-}、ClO^-、MnO_2、NO_3^-、NO_2^-、Cu^{2+}、H_2O_2、Br_2等。

间接碘量法的滴定条件如下：

(i) 酸度：用$Na_2S_2O_3$标准溶液滴定I_2时，须在中性或弱酸性溶液中进行，因为在强酸中$Na_2S_2O_3$易分解，I^-易被氧化：

$$S_2O_3^{2-} + 2H^+ \rightleftharpoons SO_2\uparrow + S\downarrow + H_2O$$

$$4I^- + 4H^+ + O_2 \rightleftharpoons 2I_2 + 2H_2O$$

碱性溶液中$Na_2S_2O_3$生成Na_2SO_4，I_2发生歧化反应：

$$S_2O_3^{2-} + 4I_2 + 10OH^- \rightleftharpoons 2SO_4^{2-} + 8I^- + 5H_2O$$

$$3I_2 + 6OH^- \rightleftharpoons IO_3^- + 5I^- + 3H_2O$$

(ii) 指示剂：以淀粉为指示剂，终点为蓝色突变为无色。使用淀粉指示剂时，应注意：①不要升温或添加甲醇、乙醇等有机溶剂，否则淀粉的显色灵敏度降低，大量电解质存在时，也会降低淀粉与碘的显色灵敏度甚至不显色；②大量I^-的存在会增加淀粉和I_2的显色灵敏度；③弱酸中淀粉的显色最灵敏，pH<2 时，淀粉易水解成糊精；④淀粉需要新鲜配制使用，因放置过久变质，遇I_2不呈蓝色(而是紫红色)，显色灵敏度下降，可以加入少量碘化汞或氯化锌、甘油、甲酰胺等防腐剂，延长储存时间；⑤间接碘量法中，在近终点加入淀粉，若加入淀粉太早，大量I_2与淀粉结合，难以完全参与反应，会造成误差，且终点颜色褪色不完全。

(iii) 大量 KI 存在：在滴定前，加入过量 KI(比理论值大 2～3 倍)，增大I_2的溶解度，减少I_2挥发，提高淀粉指示剂的灵敏度，还可以加快反应速度和提高反应的完全程度。

(iv) 温度：碘量法应在室温以下进行，以减少 I_2 的挥发和 I^- 的氧化，保证淀粉指示剂的灵敏度，也防止温度升高，溶液中细菌活性增加，$Na_2S_2O_3$ 会加速分解。

(v) 避光：光线能催化 I^- 被空气氧化。

(vi) 不剧烈摇动：尽量减少 I_2 的挥发和 I^- 的氧化，而且溶液析出 I_2 后，应立即滴定。

(vii) 避免干扰：溶液中的 Cu^{2+}、NO_2^-、NO 等催化氧化反应，应消除干扰。

总之，碘量法的主要误差来源是 I_2 的挥发和 I^- 的氧化，应采取以上措施，减少滴定误差。

2. 标准溶液的配制和标定

碘量法主要使用 I_2 和 $Na_2S_2O_3$ 标准溶液。

1) I_2 标准溶液的配制和标定

市售的 I_2 纯度不够，通常用间接法配制标准溶液。升华法制得的纯 I_2 可以用直接法配制标准溶液，但 I_2 挥发性大，对天平有腐蚀性，不适合用天平称量，所以一般都是用台秤称取，用间接法配制 I_2 标准溶液。

配制 I_2 标准溶液的要点如下：

(1) 将一定量的 I_2 与过量 KI 固体置于研钵中，加入少量水进行研磨，直至 I_2 全部溶解转变为 I_3^-，提高 I_2 溶解度，防止 I_2 挥发，然后适当稀释至所需大致浓度。

(2) I_2 标准溶液要避免与橡皮等有机物接触。

(3) 光照和加热都会加速 I_2 挥发和 I^- 的氧化，所以要保存于棕色瓶中，置于暗处，防光避热，以减少浓度的变化。

标定 I_2 溶液的基准物质主要是 As_2O_3，该物质难溶于水，可溶于碱性溶液：

$$As_2O_3 + 6OH^- \rightleftharpoons 2AsO_3^{3-} + 3H_2O$$

用 I_2 溶液滴定产物 AsO_3^{3-}：

$$AsO_3^{3-} + I_2 + H_2O \rightleftharpoons AsO_4^{3-} + 2I^- + 2H^+$$

该滴定反应可逆，其反应方向受酸度影响，在中性或 pH 8 的弱碱性溶液中(用 $NaHCO_3$ 调节)，反应向右定量进行，而在酸性溶液中，反应向左进行。

As_2O_3 有剧毒，所以通常使用已标定的 $Na_2S_2O_3$ 标准溶液和 I_2 溶液进行比较，标定 I_2 的浓度。

2) $Na_2S_2O_3$ 标准溶液的配制和标定

晶体 $Na_2S_2O_3 \cdot 5H_2O$ 易风化和潮解，通常含有少量 Na_2SO_3、NaCl 和 S 等杂质，不易提纯，其溶液不稳定，易分解，主要是因为水中的微生物、CO_2 和 O_2 等的作用：

$$Na_2S_2O_3 \xrightleftharpoons{\text{微生物}} Na_2SO_3 + S\downarrow$$

$$S_2O_3^{2-} + CO_2 + H_2O \rightleftharpoons HSO_3^- + HCO_3^- + S\downarrow$$

$$2S_2O_3^{2-} + O_2 \rightleftharpoons 2SO_4^{2-} + 2S\downarrow$$

同时，光照、加热及水中微量 Cu^{2+} 和 Fe^{3+} 也会促使溶液 $Na_2S_2O_3$ 分解。因此，$Na_2S_2O_3$ 是典型的非基准物质，只能用间接法配制标准溶液。

$Na_2S_2O_3$ 标准溶液的配制方法如下：

(1) 用煮沸并冷却的蒸馏水溶解 $Na_2S_2O_3$，以除去水中溶解的 O_2 和 CO_2，并杀死细菌。

(2) 加入少量 Na_2CO_3 使溶液呈碱性，以抑制细菌的生长。

(3) 储存于棕色瓶中，置于暗处存放 1 周左右，溶液比较稳定后再标定。

$Na_2S_2O_3$ 标准溶液不宜长期保存，使用或存放一定时间后，要重新标定。如果有硫析出而浑浊，应过滤后再标定，或重新配制。

标定 $Na_2S_2O_3$ 溶液的基准物质有 $K_2Cr_2O_7$、$KBrO_3$、KIO_3 等。其中，常用的是 $K_2Cr_2O_7$，即准确称取一定量的固体 $K_2Cr_2O_7$，在弱酸溶液中加入过量 KI，生成 I_2：

$$Cr_2O_7^{2-} + 6I^- + 14H^+ \rightleftharpoons 2Cr^{3+} + 3I_2 + 7H_2O$$

以淀粉为指示剂，立即用 $Na_2S_2O_3$ 溶液滴定 I_2。

在该标定实验中，实验条件应注意以下几点：

(1) 控制溶液酸度为 0.2～0.4 $mol \cdot L^{-1}$。因为提高酸度，反应加快，但酸度过高时，I^-更容易被空气氧化。

(2) $K_2Cr_2O_7$ 与 KI 反应较慢，应将溶液置于碘量瓶或加盖锥形瓶中，于暗处放置 5 min，待反应完全，加水稀释以降低酸度、I_2 浓度及滴定产物 Cr^{3+}的浓度，减少 I_2 挥发和 I^-的氧化，同时使 Cr^{3+}颜色变浅，便于终点的观察，然后立即滴定。若以 KIO_3 为基准物质，KIO_3 与 KI 反应较快，不需要放置，应及时滴定。

(3) 淀粉在近终点(滴定至浅黄色)时加入，然后滴定至溶液蓝色突然消失，即为终点。若淀粉加入过早，会有大量 I_2 与淀粉结合，而不与 $Na_2S_2O_3$ 反应，产生较大误差。终点后 5 min，溶液可能又呈蓝色，这是因为空气将溶液中的 I^-氧化。

3. 碘量法的应用

1) 铜合金中铜的测定

铜合金样品用 H_2O_2 和 HCl 进行分解(也可以用 HNO_3，但低价氮的氧化物会氧化 I^-而产生干扰，需要用浓 H_2SO_4 蒸发除去)。酸处理后，铜转化为 Cu^{2+}：

$$Cu + 2HCl + H_2O_2 \rightleftharpoons CuCl_2 + 2H_2O$$

加热煮沸除去过量的 H_2O_2，调节酸度为 pH 3.2～4.0，加入过量的 KI 后，溶液析出 I_2：

$$2Cu^{2+} + 4I^- \rightleftharpoons 2CuI\downarrow + I_2$$

用 $Na_2S_2O_3$ 标准溶液滴定产物 I_2。

注意以下实验条件的控制：

(1) I^-既是还原剂，将 Cu(Ⅱ)还原为 Cu(Ⅰ)，又是沉淀剂，将 Cu(Ⅰ)沉淀为 CuI，还是配位剂，与 I_2 配位生成 I_3^-。因此，KI 的加入非常重要。

(2) 反应可逆，所以需要加入过量的 KI，使反应完全。

(3) CuI 沉淀表面吸附 I_2，造成分析结果偏低，可在临近终点(浅蓝色)时加入 KSCN 溶液，使 CuI 转化为溶解度更小的 CuSCN：

$$CuI + SCN^- \rightleftharpoons CuSCN\downarrow + I^-$$

释放出被吸附的 I_2 和 I^-，I^-可进一步 Cu^{2+}反应，从而用较少的 KI 使反应完全。

(4) 用 H_2SO_4 调节溶液酸度为 pH=3～4，不能使用 HCl，因为 Cl^-与 Cu^{2+}发生配位反应。

(5) Fe^{3+}会氧化 I^-而干扰铜的测定，可加入 NH_4HF_2：

$$HF_2^- \rightleftharpoons HF + F^-$$

F^-与 Fe^{3+}生成$[FeF_6]^{3-}$，降低了电对 Fe^{3+}/Fe^{2+}电位，使 Fe^{3+}不能氧化 I^-，消除了 Fe^{3+}的干扰。同时，HF_2^- 是酸碱缓冲体系(pH=3～4)，刚好提供间接碘量法所要求的弱酸性条件。

为了减少分析误差，测定铜含量的 $Na_2S_2O_3$ 标准溶液应使用纯铜基准物质进行标定。

该方法也可以应用于铜盐、铜矿、电镀液和胆矾等样品中铜的测定。

2) 漂白粉中有效氯的测定

漂白粉的主要化学成分是 CaCl(ClO)，次要成分有 $CaCl_2$、$Ca(ClO_3)_2$、CaO 等。漂白粉的质量是以释放氯量为标准，称为有效氯，以 Cl%表示。

碘量法测定漂白粉中有效氯的方法是用稀硫酸溶解试样，加入过量的 KI，用 $Na_2S_2O_3$ 标准溶液滴定产物 I_2，主要的反应式如下：

$$ClO^- + 2I^- + 2H^+ \rightleftharpoons I_2 + Cl^- + H_2O$$

$$ClO_2^- + 4I^- + 4H^+ \rightleftharpoons 2I_2 + Cl^- + 2H_2O$$

$$ClO_3^- + 6I^- + 6H^+ \rightleftharpoons 3I_2 + Cl^- + 3H_2O$$

3) 水中溶解氧的测定

溶解氧(dissolved oxygen，DO)是指溶解于水中的氧，是水质分析的重要指标，与空气中氧的分压、大气压力和水温等有着密切的关系。正常情况下，地表水中溶解氧接近饱和状态，如果水被有机物污染，溶解氧会减少，甚至缺氧而造成厌氧菌繁殖，使得有机物腐败，水源发臭。如果水中藻类植物的光合作用而释放氧，水中会存在过饱和溶解氧。

碘量法测定水中溶解氧的方法是向水样中加入适量的 $MnSO_4$ 和 NaOH 溶液，产生 $Mn(OH)_2$ 沉淀，在水中溶解氧的作用下，生成棕色沉淀 $MnO(OH)_2$：

$$Mn^{2+} + 2OH^- \rightleftharpoons Mn(OH)_2$$

$$2Mn(OH)_2 + O_2 \rightleftharpoons 2MnO(OH)_2\downarrow$$

水中溶解氧越多，$MnO(OH)_2$ 沉淀物量越多，颜色越深，即将水中溶解氧固定下来(注意，采集水样时不能与空气接触)。在过量 KI 存在下，加入 H_2SO_4 溶解沉淀物 $MnO(OH)_2$：

$$MnO(OH)_2 + 2I^- + 4H^+ \rightleftharpoons Mn^{2+} + I_2 + 3H_2O$$

用 $Na_2S_2O_3$ 标准溶液滴定产物 I_2，计算水中溶解氧(O_2，$mg \cdot L^{-1}$)。

该测定方法只用于测定比较干净的环境水样，如果水样有 Fe^{2+}、Fe^{3+}、S^{2-}、NO_2^-、$S_2O_3^{2-}$、Cl_2 和有机物等，应消除干扰。

4) 生化需氧量的测定

生化需氧量(biochemical oxygen demand，BOD)是指有氧条件下，微生物分解有机污染物的生物化学过程中所需要的溶解氧(O_2，$mg \cdot L^{-1}$)。BOD 越大，表明水中污染物含量越高。

BOD 的测定是在密封、恒温和充足的氧存在下，将有微生物的水样培养一段时间，分别测定培养前后水样中的溶解氧(DO)，其差值即 BOD。实际上，有机物分解过程有两个阶段：碳化过程(有机物中的碳转化为 CO_2，部分氮转化为 NH_3，需要 15～20 d)和硝化过程(氮全部转化为 NO_3^-，需要很长时间)，5 d 的 BOD 占总 BOD 的 70%～80%，所以一般测定 5 d 的 BOD，记为 BOD_5。

5) 有机物的测定

凡是能够被碘直接氧化的有机物，只要反应速度足够快，便可以应用直接碘量法进行测定，如抗坏血酸(维生素 C)、巯基乙酸和四乙基铅等。

间接碘量法可以测定葡萄糖、甲醛、丙酮和硫脲等有机物。其测定方法是将试样碱化，加入一定量过量的 I_2 标准溶液，待反应完成后，用 $Na_2S_2O_3$ 标准溶液滴定过量的 I_2，从而计算样品中有机物含量。以葡萄糖为例，主要反应式为

$$I_2 + 2NaOH \rightleftharpoons NaIO + NaI + H_2O$$

碱性溶液中，NaIO 将葡萄糖氧化为葡萄糖酸盐：

$$CH_2OH(CHOH)_4CHO + IO^- + OH^- \rightleftharpoons CH_2OH(CHOH)_4COO^- + I^- + H_2O$$

剩余的 NaIO 在碱性溶液中发生歧化反应：

$$3IO^- \rightleftharpoons IO_3^- + 2I^-$$

将溶液酸化，析出 I_2：

$$IO_3^- + 5I^- + 6H^+ \rightleftharpoons 3I_2\downarrow + 3H_2O$$

用 $Na_2S_2O_3$ 标准溶液滴定产物 I_2，计算试样中葡萄糖的含量。

5.4.4　其他氧化还原滴定法

1. 硫酸铈法

硫酸铈法又称铈量法，是以硫酸铈为标准溶液，在酸性溶液中测定还原性物质的滴定分析方法。$Ce(SO_4)_2$ 是强氧化剂，易纯化，可以用直接法配制标准溶液，也可以用 As_2O_3、$Na_2C_2O_4$ 或 $FeSO_4$ 等基准物质进行标定。

硫酸铈法的特点是：

(1) 应用范围广，半反应为

$$Ce^{4+} + e^- \rightleftharpoons Ce^{3+} \qquad \varphi^{\ominus} = 1.61\ V$$

因此，能够用 $KMnO_4$ 测定的物质，也能用 $Ce(SO_4)_2$ 测定。而且半反应转移 1 个电子，不生成中间产物，反应简单，副产物少。

(2) 在 H_2SO_4 或 HCl 强酸性溶液中进行滴定，因为低酸度或中性、碱性溶液中，Ce^{4+}易水解为碱式盐沉淀，不适合滴定，而且 Cl^-不干扰。

(3) 标准溶液非常稳定，放置、光照或加热煮沸都不会影响溶液的浓度。

(4) Ce^{4+}为黄色，而 Ce^{3+}为无色，自身指示剂灵敏度差，通常用 1,10-邻二氮菲-Fe(Ⅱ)为指示剂。

硫酸铈法可以直接测定一些金属的低价化合物、过氧化氢和甘油醛等。

2. 溴酸钾法

溴酸钾法是以溴酸钾标准溶液为滴定剂，在酸性溶液中测定还原性物质的滴定分析方法。在酸性溶液中，溴酸钾是强氧化剂：

$$BrO_3^- + 6H^+ + 6e^- \rightleftharpoons Br^- + 3H_2O \qquad \varphi^{\ominus} = 1.44\ V$$

溴酸钾易提纯，是基准物质，180℃烘干后，可以用直接法配制标准溶液，也可以用间接法配制，用碘量法进行标定。

溴化钾与许多还原性物质的反应速度较慢，所以溴化钾直接滴定法只能测定与 $KBrO_3$ 反应速度比较快的还原性物质，如 Sn^{2+}、As(Ⅲ)、Sb(Ⅲ)和肼等。以甲基橙为指示剂，在酸性溶

液中，用 $KBrO_3$ 标准溶液滴定还原性物质，化学计量点后 $KBrO_3$ 稍微过量，使甲基橙被氧化而褪色，指示终点。

溴化钾间接滴定法主要应用于测定苯酚等芳香族化合物。在苯酚的酸性溶液中加入一定量过量的 $KBrO_3$-KBr 标准溶液，发生如下反应：

$$BrO_3^- + 5Br^- + 6H^+ \rightleftharpoons 3Br_2 + 3H_2O$$

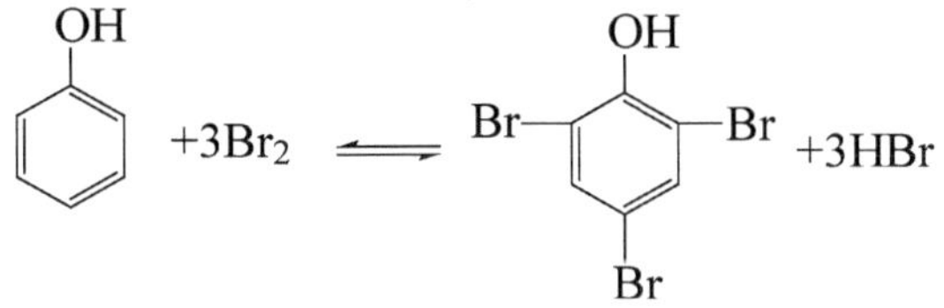

过量的 Br_2 用 KI 还原：

$$Br_2 + 2I^- \rightleftharpoons 2Br^- + I_2$$

用 $Na_2S_2O_3$ 标准溶液滴定析出的 I_2，根据加入的 $KBrO_3$ 量和剩余量，可以计算出试样中苯酚的含量。

同样，溴酸钾法也可以测定苯胺、甲酚、间苯二酚和对氨基苯磺酰胺等。

3. 高碘酸钾法

高碘酸钾法是指以高碘酸钾标准溶液为滴定剂，在酸性溶液中测定还原性物质的滴定方法。该方法常用于有机物的测定，因为在酸性溶液中，高碘酸钾与某些有机官能团反应的选择性很高。

高碘酸 H_5IO_6 是中等强度的二元酸：

$$H_5IO_6 \rightleftharpoons H_4IO_6^- + H^+ \qquad K_{a_1} = 2.3\times10^{-2}$$

$$H_4IO_6^- \rightleftharpoons H_3IO_6^{2-} + H^+ \qquad K_{a_2} = 4.4\times10^{-9}$$

其中，$H_4IO_6^-$ 易发生脱水反应，形成偏高碘酸根离子：

$$H_4IO_6^- \rightleftharpoons IO_4^- + 2H_2O \qquad K_a = 40$$

因此，酸性溶液中，高碘酸盐主要存在形式是 H_5IO_6 和 IO_4^-，酸度越高，H_5IO_6 所占的比例越高。

在酸性溶液中，高碘酸盐是强氧化剂：

$$H_5IO_6 + H^+ + 2e^- \rightleftharpoons IO_3^- + 3H_2O \qquad \varphi^\ominus = 1.60\ V$$

高碘酸盐标准溶液可以用 H_5IO_6、$NaIO_4$ 或 KIO_4 进行配制。其中，最常用的是水溶性好、易于纯化的 $NaIO_4$。

高碘酸钾法适用于在酸性溶液中测定 α-羟基醇、α-羰基醇、α-氨基醇和多羟基醇，如甘油和甘露醇等。

5.5　氧化还原滴定结果的计算

氧化还原反应相对比较复杂，溶液条件会影响反应方向、反应程度及反应产物。因此，计算氧化还原滴定结果时，首先要根据反应条件写出相应的反应式，找出正确的化学计量关系，这是滴定分析结果计算的基础。

例 5-7　准确称量 0.7669 g 经烘干处理的基准物质 $Na_2C_2O_4$，加水溶解后，定量转移至 250.0 mL 容量瓶中，稀释至刻度，摇匀。准确移取该溶液 25.00 mL 于锥形瓶中，加入 H_2SO_4 酸化后，用 $KMnO_4$ 溶液滴定至终点，消耗 22.38 mL，计算 $KMnO_4$ 溶液的浓度。

解　滴定反应式为

$$2MnO_4^- + 5H_2C_2O_4 + 6H^+ \rightleftharpoons 2Mn^{2+} + 10CO_2\uparrow + 8H_2O$$

反应物的化学计量关系为：$2MnO_4^- \sim 5C_2O_4^{2-}$

$$c_{KMnO_4}V_{KMnO_4} = \frac{2}{5}\times\frac{m_{Na_2C_2O_4}}{M_{Na_2C_2O_4}}$$

$$c_{KMnO_4} = \frac{2}{5}\times\frac{m_{Na_2C_2O_4}}{M_{Na_2C_2O_4}V_{KMnO_4}} = \frac{2}{5}\times\frac{0.7669\times\dfrac{25.00}{250.0}}{134.00\times 22.38\times 10^{-3}} = 0.1023\,(mol\cdot L^{-1})$$

例 5-8　准确量取地下水样 100.0 mL，用 H_2SO_4 酸化，用移液管加入 20.00 mL 0.001352 mol · L^{-1} $KMnO_4$ 标准溶液，加热煮沸，反应完全后，准确加入 10.00 mL 0.004862 mol · L^{-1} $Na_2C_2O_4$ 标准溶液，用上述 $KMnO_4$ 标准溶液滴定至终点，消耗 6.27 mL，求该饮用水的 COD(mg · L^{-1})。

解　高锰酸钾法测定 COD 的化学反应式：

$$4MnO_4^- + 5C + 12H^+ \rightleftharpoons 4Mn^{2+} + 5CO_2\uparrow + 6H_2O$$

$$2MnO_4^- + 5C_2O_4^{2-} + 16H^+ \rightleftharpoons 2Mn^{2+} + 10CO_2\uparrow + 8H_2O$$

反应物的化学计量关系为：$5C \sim 4MnO_4^-$，所以

$$n_{O_2} = n_C = \frac{5}{4}n_{KMnO_4} = \frac{5}{4}\left(n_{KMnO_4,总} - \frac{2}{5}c_{Na_2C_2O_4}V_{Na_2C_2O_4}\right)$$

$$COD = \frac{\dfrac{5}{4}\times(0.001352\times 20.00 + 0.001352\times 6.27 - \dfrac{2}{5}\times 0.004862\times 10.00)\times 32.00\times 1000}{100.0} = 6.4\,(mg\cdot L^{-1})$$

例 5-9　准确称取 0.1100 g Pb_3O_4 样品于盐酸中溶解，释放出的氯气与 KI 溶液反应，用 0.01305 mol · L^{-1} $Na_2S_2O_3$ 标准溶液滴定析出的 I_2，消耗 20.30 mL，计算试样中 Pb_3O_4 的含量。

解　Pb_3O_4 酸溶、置换及滴定反应式：

$$Pb_3O_4 + 8HCl \rightleftharpoons 3PbCl_2 + Cl_2\uparrow + 4H_2O$$

$$Cl_2 + 2KI \rightleftharpoons I_2\downarrow + KCl$$

$$I_2 + 2S_2O_3^{2-} \rightleftharpoons 2I^- + S_4O_6^{2-}$$

反应物的化学计量关系为：$Pb_3O_4 \sim 2S_2O_3^{2-}$，所以

$$w_{Pb_3O_4} = \frac{\dfrac{1}{2}c_{Na_2S_2O_3}V_{Na_2S_2O_3}M_{Pb_3O_4}}{m_s}\times 100\% = \frac{\dfrac{1}{2}\times 0.01305\times 20.30\times 10^{-3}\times 685.6}{0.1100}\times 100\% = 82.56\%$$

例 5-10　准确称取苯酚样品 0.3881 g，用 NaOH 溶液溶解后，定量转移至 250.0 mL 容量瓶中，稀释至刻度，摇匀。用移液管移取 25.00 mL 该试液于碘量瓶中，加入 25.00 mL $KBrO_3$-KBr 标准溶液，并用 HCl 酸化，使苯酚生成三溴苯酚，加入 KI 还原剩余的 Br_2，再用 0.09869 mol · L^{-1} $Na_2S_2O_3$ 标准溶液滴定析出的 I_2，消耗 21.55 mL。同时，另取 25.00 mL $KBrO_3$-KBr 标准溶液，加入 HCl 和 KI 溶液，用 0.09869 mol · L^{-1} $Na_2S_2O_3$ 标准溶液滴定析出的 I_2，消耗 38.98 mL。求试样中苯酚的含量。

解　相关的反应式：

$$KBrO_3 + 5KBr + 6HCl \rightleftharpoons 6KCl + 3Br_2 + 3H_2O$$

$$C_6H_5OH + 3Br_2 \rightleftharpoons C_6H_2Br_3OH\downarrow + 3HBr$$

$$Br_2 + 2KI \rightleftharpoons I_2 + 2KBr$$

$$I_2 + 2S_2O_3^{2-} \rightleftharpoons 2I^- + S_4O_6^{2-}$$

反应物的化学计量关系为：$C_6H_5OH \sim 6S_2O_3^{2-}$，所以

$$w_{C_6H_5OH} = \frac{\frac{1}{6}c_{Na_2S_2O_3}\left[V_{Na_2S_2O_3(1)} - V_{Na_2S_2O_3(2)}\right]M_{C_6H_5OH}}{m_s} \times 100\%$$

$$= \frac{\frac{1}{6} \times 0.09869 \times (38.98 - 21.55) \times 10^{-3} \times 94.11 \times \frac{250.0}{25.00}}{0.3881} \times 100\% = 69.52\%$$

思考题和习题

1. 解释下列现象：

(1) $\varphi^{\ominus}_{Cu^{2+}/Cu^{+}} < \varphi^{\ominus}_{I_2/I^-}$，但在 KI 溶液中，反应 $2Cu^{2+} + 4I^- = 2CuI\downarrow + I_2$ 能够定量进行。

(2) 碘量法测定铜含量时，Fe^{3+}和 AsO_4^{3-} 会氧化 I^-造成干扰，加入 NH_4HF_2 试剂可以消除两者的干扰。

(3) 水中溶解氧具有中等强度的氧化性，但 $SnCl_2$ 水溶液有一定的稳定性。

(4) $KMnO_4$ 标准溶液滴定 $H_2C_2O_4$ 溶液时，第一滴 $KMnO_4$ 的紫红色褪色很慢。

(5) Fe^{2+}可加快 $KMnO_4$ 氧化 Cl^-的反应速度。

(6) $KMnO_4$ 标准溶液滴定 $H_2C_2O_4$ 时，需加热至 75～85℃，而滴定 H_2O_2 时，只能在室温以下滴定。

(7) 重铬酸钾法测铁时，滴定前加入 H_2SO_4-H_3PO_4 混合酸，可以减少滴定误差。

(8) 配制 I_2 标准溶液时，通常将 I_2 溶于 KI 溶液。

(9) 配制 $Na_2S_2O_3$ 标准溶液时，需要使用煮沸并冷却的蒸馏水溶解，并加入少许 Na_2CO_3。

(10) 间接碘量法中，指示剂淀粉在近终点时加入。

2. 随着离子强度增加，电对 Fe^{3+}/Fe^{2+}的条件电极电位增大还是减小？如果溶液中存在 F^-或 1, 10-邻二氮菲，又会如何变化？

3. 试推导出电对 MnO_4^-/Mn^{2+}的条件电极电位与 pH 的关系表达式，并分别计算 0.1 mol · L^{-1}和 1.0 mol · L^{-1} HCl 溶液中该电对的条件电极电位(忽略离子强度的影响)。

4. 氧化还原反应进行的程度如何判断？是否反应平衡常数越大的氧化还原反应越适合滴定分析？为什么？

5. 以 $K_2Cr_2O_7$ 为基准物质标定 $Na_2S_2O_3$ 溶液浓度时，为什么使用间接碘量法，而不是用 $Na_2S_2O_3$ 溶液直接滴定 $K_2Cr_2O_7$ 溶液？

6. 指出指示剂和电位法确定终点的异同，并说明在什么情况下，电位滴定法的终点和化学计量点一致，在什么情况下存在较大误差。

7. 化学需氧量的测定方法有哪些？阐述各方法的实验原理和条件。

8. 为什么 $KMnO_4$ 标准溶液需要用间接法配制？列出其溶液的配制要点和标定过程中的重要实验条件。

9. 碘量法的误差来源有哪些？如何减少碘量法的测定误差？

10. 设计测定 $FeCl_2$ 和 H_2O_2 混合液中各自含量的实验方案，写出实验原理、步骤和结果计算公式。

11. 计算 pH=2.0，没有发生配位反应的 EDTA 浓度为 0.10 mol · L^{-1}时，电对 Fe^{3+}/Fe^{2+}的条件电极电位。已知 pH 2.0 时，$\lg\alpha_{Y(H)}$ =13.51，$\varphi^{\ominus}_{Fe^{3+}/Fe^{2+}}$ =0.771 V，忽略离子强度的影响。

(0.159 V)

12. 当 NH_3 浓度为 0.1 mol · L^{-1}时，计算 pH = 10.0 的溶液中电对 Ag^+/Ag 的条件电极电位。已知 $\varphi^{\ominus}_{Ag^+/Ag}$ = 0.7995 V，Ag^+ -NH_3 配合物的累积稳定常数 $\lg\beta_1$ 和 $\lg\beta_2$ 分别为 3.24 和 7.05，忽略离子强度的影响。

(0.5104 V)

13. 计算 1 mol · L^{-1} HCl 溶液中，Fe^{3+}和 Sn^{2+}反应的条件平衡常数，并说明能否应用于滴定分析。

(2.02×10^{18})

14. 计算常温下，用 $K_2Cr_2O_7$ 标准溶液滴定 Fe^{2+}的反应平衡常数。如果化学计量点时，产物 Fe^{3+}浓度为 0.05000 mol · L^{-1}，求该滴定反应定量进行时所需的最小 H^+的浓度。

($10^{56.9}$；0.13 mol · L^{-1})

15. 在 1 mol · L^{-1} HCl 溶液中，用 Fe^{3+}标准溶液滴定 Sn^{2+}时，分别求化学计量点、99.9%和 100.1%时的电位值。根据计算结果说明应选用什么指示剂，并阐述为什么化学计量点前后同样改变 0.1%，而电位变化不同。如果用电位滴定法判断滴定终点，是否会与化学计量点一致？

(0.32 V；0.23 V；0.50 V)

16. 在 1 mol · L^{-1} H_2SO_4 溶液中，用 $Ce(SO_4)_2$ 标准溶液滴定 $FeSO_4$ 时，计算化学计量点电位和突跃范围。如以二苯胺磺酸钠为指示剂，计算终点误差。已知 1 mol · L^{-1} H_2SO_4 介质中，$\varphi^{\ominus'}_{Ce^{4+}/Ce^{3+}}$ =1.44 V，$\varphi^{\ominus'}_{Fe^{3+}/Fe^{2+}}$ =0.68 V，二苯胺磺酸钠 $\varphi^{\ominus'}_{In}$ =0.84 V。

(1.06 V；0.86～1.26 V；－0.19%)

17. 在稀硫酸溶液中，28.86 mL $KMnO_4$ 标准溶液刚好与 0.2000 g $KHC_2O_4 \cdot H_2O$ 等量反应，计算该 $KMnO_4$ 标准溶液的浓度。

(0.01897 mol · L^{-1})

18. 准确称取土壤样品 1.500 g，用重量法测定其中 Fe_2O_3 和 Al_2O_3 的总含量为 0.7500 g，用酸溶解该沉淀，还原 Fe^{3+}为 Fe^{2+}，再用 0.04000 mol · L^{-1} $KMnO_4$ 标准溶液滴定，消耗 28.00 mL，分别求试样中 Fe_3O_4 和 Al_2O_3 的含量。

(28.81%；20.19%)

19. 准确称取 0.2694 g 软锰矿和 0.3350 g $Na_2C_2O_4$ 于烧杯中，加入硫酸并加热溶解至反应完全，用 0.01800 mol · L^{-1} $KMnO_4$ 标准溶液滴定过量的 $Na_2C_2O_4$，消耗 12.40 mL，计算该矿样中 MnO_2 的含量。

(62.67%)

20. 准确量取 100.0 mL 水样，用 H_2SO_4 溶液进行酸化，加入 25.00 mL 0.02100 mol · L^{-1} $K_2Cr_2O_7$ 标准溶液和催化剂 Ag_2SO_4 后，加热回流 2 h，反应完全后，加入 1,10-邻二氮菲-Fe(Ⅱ)指示剂，用 0.1010 mol · L^{-1} $FeSO_4$ 标准溶液滴定过量的 $K_2Cr_2O_7$ 至终点，消耗 20.10 mL，计算该水样的化学需氧量(mg · L^{-1})。

(89.59 mg · L^{-1})

21. 以 KIO_3 为基准物质标定 $Na_2S_2O_3$ 浓度时，称取 0.2018 g 固体 KIO_3，加入过量 KI 并酸化，用 $Na_2S_2O_3$ 溶液滴定析出的 I_2，消耗 27.64 mL，计算 $Na_2S_2O_3$ 标准溶液的浓度。

(0.2047 mol · L^{-1})

22. 准确称取 1.2000 g 钢样，将样品中的硫燃烧氧化为 SO_2，用淀粉溶液吸收，用 0.001020 mol · L^{-1} I_2 标准溶液滴定，消耗 11.60 mL，计算钢样中硫的含量。

(0.03162%)

23. 测定某尿液样品中钙含量时，首先准确移取 10.00 mL 样品溶液，稀释定容为 250.00 mL，用移液管移取 50.00 mL 于烧杯中，加沉淀剂$(NH_4)_2C_2O_4$，将钙沉淀为 CaC_2O_4，过滤洗涤沉淀，并溶于稀硫酸中，用 0.001000 mol · L^{-1} $KMnO_4$ 标准溶液滴定，消耗 11.50 mL，计算尿样中钙含量。

(575.4 mg · L^{-1})

24. 用碘量法测定漂白粉有效氯时，准确称取样品 1.5560 g，用水溶解，加入过量的 KI 并酸化，用 0.1112 mol · L^{-1} $Na_2S_2O_3$ 标准溶液滴定至终点，消耗 26.46 mL，求该漂白粉中有效氯含量。

(3.352%)

25. 将 0.3500 g 苯酚样品用 NaOH 溶液完全溶解，定量转移至 250 mL 容量瓶中，用水稀释至刻度，摇匀。准确移取 25.00 mL 于碘量瓶中，加入 25.00 mL $KBrO_3$-KBr 标准溶液、HCl 和 KI 溶液，用 0.1008 moL · L^{-1} $Na_2S_2O_3$ 标准溶液滴定产物 I_2 至终点，消耗 22.00 mL。在 25.00 mL $KBrO_3$-KBr 标准溶液的空白实验中，消耗 $Na_2S_2O_3$ 标准溶液 39.80 mL，求样品中苯酚的质量分数。

(0.8041)

第 6 章 沉淀滴定法

沉淀滴定法(precipitation titration)是以沉淀反应为基础的滴定分析方法。与酸碱反应、配位反应和氧化还原反应一样，沉淀反应也是一类广泛存在的反应，基于沉淀溶解平衡也可以建立溶液中的滴定分析方法。但是，沉淀的生成是一个比较复杂的两相反应过程，许多沉淀反应速度慢，沉淀物的溶解度较大，难以沉淀完全，而且适用于沉淀滴定的指示剂很少，所以真正能够用于滴定分析的沉淀反应不多。

沉淀滴定法对沉淀反应的要求是：

(1) 沉淀物组成恒定、溶解度足够小。

(2) 具有较快的反应速率，不易形成过饱和溶液，没有严重的共沉淀现象。

(3) 有简便可行的方法指示滴定终点。

目前，应用最多的是银量法(argentimetry)，即基于生成微溶性银盐的沉淀反应为基础的沉淀滴定法。其滴定反应式如下：

$$Ag^+ + X^- \rightleftharpoons AgX\downarrow$$

本章重点介绍银量法的基本原理、滴定条件及应用。

6.1 沉淀滴定法的基本原理

6.1.1 沉淀滴定曲线

与其他滴定方法的滴定曲线相似，沉淀滴定曲线也是表示滴定过程中待测组分浓度的变化曲线，即以滴定百分数或沉淀剂的滴入量为横坐标，以滴定过程中金属离子浓度的负对数(pM)或阴离子浓度的负对数(pX)为纵坐标，通过计算或测定而绘制的曲线。

以 0.1000 $mol\cdot L^{-1}$ $AgNO_3$ 溶液滴定 20.00 mL 0.1000 $mol\cdot L^{-1}$ NaCl 溶液为例，简单讨论和计算滴定过程中 Ag^+与 Cl^- 浓度的变化，并绘制滴定曲线。

该沉淀反应为

$$Ag^+(aq) + Cl^-(aq) \rightleftharpoons AgCl(s) \qquad K_{sp} = 1.8\times10^{-10}$$

K_{sp} 是 AgCl 沉淀的溶度积，即当溶液处于沉淀溶解平衡时，$K_{sp} = [Ag^+][Cl^-]$。此反应的平衡常数为

$$K = (K_{sp})^{-1} = (1.8\times10^{-10})^{-1} = 5.6\times10^9$$

此反应平衡常数很大，说明 Ag^+与 Cl^-反应完全。

与其他滴定曲线的绘制方法相似，沉淀滴定曲线也是根据溶液组成的不同而分为四个阶段进行计算绘制。

1. 滴定开始前

溶液中$[Cl^-] = 0.1000\ mol \cdot L^{-1}$，pCl=1.00。

2. 滴定开始至化学计量点前

根据溶液中剩余的 Cl^-浓度和 AgCl 的溶度积计算$[Cl^-]$。

例如，滴定百分数为 90.0%，即加入 18.00 mL $AgNO_3$时，溶液中剩余的$[Cl^-]$为

$$[Cl^-] = 0.1000 \times \frac{20.00 - 18.00}{20.00 + 18.00} = 5.3 \times 10^{-3} (mol \cdot L^{-1}),\ pCl = 2.28$$

滴定百分数为 99.9%，即加入 19.98 mL $AgNO_3$时，由于溶液中剩余的 Cl^-很少，AgCl 溶解产生的 Cl^-不能忽略，则

$$[Cl^-] = 0.1000 \times \frac{20.00 - 19.98}{20.00 + 19.98} + \frac{K_{sp}}{[Cl^-]}$$

解得

$$[Cl^-] = 5.4 \times 10^{-5} mol \cdot L^{-1},\ pCl = 4.27$$

3. 化学计量点时

$$[Cl^-] = [Ag^+] = \sqrt{K_{sp}} = \sqrt{1.8 \times 10^{-10}} = 1.3 \times 10^{-5} (mol \cdot L^{-1}),\ pCl = 4.87$$

4. 化学计量点后

根据溶液中过量的$[Ag^+]$计算$[Cl^-]$，在化学计量点附近要考虑 AgCl 的溶解。

例如，滴定百分数为 100.1%，即加入 20.02 mL $AgNO_3$时，溶液中剩余的$[Ag^+]$为

$$[Ag^+] = 0.1000 \times \frac{20.02 - 20.00}{20.00 + 20.02} + [Cl^-] = \frac{K_{sp}}{[Cl^-]}$$

解得

$$[Cl^-] = 3.4 \times 10^{-6} mol \cdot L^{-1},\ pCl = 5.47$$

滴定百分数为 110.0%，即加入 22.00 mL $AgNO_3$时，溶液中剩余的$[Ag^+]$为

$$[Ag^+] = 0.1000 \times \frac{22.00 - 20.00}{20.00 + 22.00} = 4.8 \times 10^{-3} (mol \cdot L^{-1})$$

解得

$$[Cl^-] = \frac{K_{sp}}{[Ag^+]} = \frac{1.8 \times 10^{-10}}{4.8 \times 10^{-3}} = 3.8 \times 10^{-8} (mol \cdot L^{-1}),\ pCl=7.42$$

不同滴定百分数时的 pCl 计算结果见表 6-1，据此绘出 $AgNO_3$溶液滴定 NaCl 溶液的滴定曲线，如图 6-1 所示。

表 6-1　0.1000 mol · L^{-1} $AgNO_3$ 溶液滴定 20.00 mL 0.1000 mol · L^{-1} NaCl 溶液的离子浓度变化

滴定百分数/%	pCl	pAg
0.0	1.00	
50.0	1.48	8.26
90.0	2.28	7.46
99.0	3.30	6.44
99.9	4.27	5.47
100.0	4.87	4.87
100.1	5.47	4.27
101.1	6.44	3.30
110.0	7.42	2.32
150.0	8.04	1.70
200.0	8.27	1.47

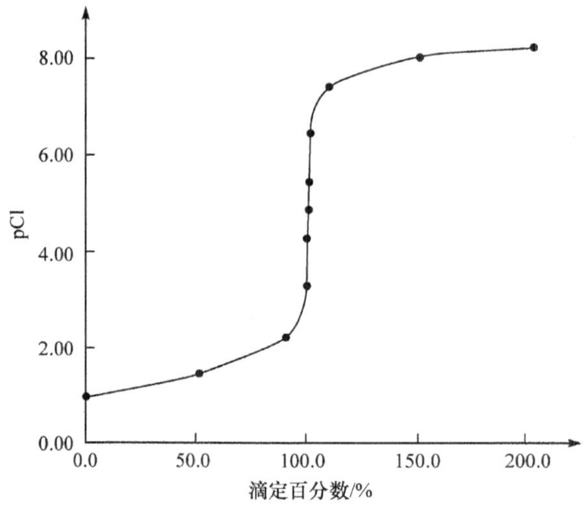

图 6-1　以 0.1000 mol · L^{-1} $AgNO_3$ 溶液滴定 20.00 mL 0.1000 mol · L^{-1} NaCl 溶液的滴定曲线

可见，在化学计量点附近存在 pCl 突跃范围。如果有合适的指示剂在该突跃范围内能够指示滴定终点，即可以实现沉淀滴定法的应用。

6.1.2　沉淀滴定的终点误差

对于滴定产物为 ML 型沉淀而言，用金属离子(M)滴定非金属离子(L)的滴定终点误差计算公式为

$$E_t = \frac{[M']_{ep} - [L']_{ep}}{c_L^{ep}} \times 100\% \tag{6-1}$$

对于具体的滴定反应，可根据沉淀的 K_{sp} 和加入的滴定剂量求出终点时 M 和 L 的浓度，再由式(6-1)算出终点误差。

6.1.3　沉淀滴定终点的指示方法

沉淀滴定法可以用指示剂确定滴定终点，也可以采用电位法确定滴定终点。这里主要介绍

常见的指示剂法。

目前，常用的沉淀滴定法按指示剂指示终点的原理不同分为三种，即出现有色沉淀、出现有色配合物、指示剂被吸附而引起沉淀颜色的改变。

常见的银量法可分为莫尔法、福尔哈德法和法扬斯法。

6.2　常见的沉淀滴定法

6.2.1　莫尔法

莫尔法(Mohr method)是以 K_2CrO_4 为指示剂，在中性或弱碱性溶液中，用 $AgNO_3$ 标准溶液直接滴定 Cl^-(或 Br^-)的方法。根据分步沉淀的原理，随着 $AgNO_3$ 溶液的不断加入，首先生成 AgCl 白色沉淀，当 AgCl 定量沉淀后，出现砖红色 Ag_2CrO_4 沉淀，即指示到达滴定终点。

K_2CrO_4 指示剂的用量直接影响测定的准确度。现以 0.1000 mol · L^{-1} $AgNO_3$ 溶液滴定 0.1000 mol · L^{-1} NaCl 溶液为例，计算 K_2CrO_4 指示剂的合适用量。

滴定终点时，应有

$$[Ag^+][Cl^-]=1.8\times10^{-10}$$

$$[Ag^+]^2[CrO_4^{2-}]=2.0\times10^{-12}$$

$$[Cl^-]=\frac{1.8\times10^{-10}}{\sqrt{2.0\times10^{-12}}}\sqrt{[CrO_4^{2-}]}=1.3\times10^{-4}\sqrt{[CrO_4^{2-}]}$$

这表明，滴定终点时，Cl^- 剩余量与 CrO_4^{2-} 的浓度有关。

化学计量点时，有

$$[Ag^+]_{sp}=[Cl^-]_{sp}=1.3\times10^{-5}\text{mol} \cdot \text{L}^{-1}$$

此时所需 CrO_4^{2-} 的浓度为

$$[CrO_4^{2-}]=\frac{K_{sp,\ Ag_2CrO_4}}{[Ag^+]^2}=\frac{2.0\times10^{-12}}{(1.3\times10^{-5})^2}=1.2\times10^{-2}(\text{mol} \cdot \text{L}^{-1})$$

但是，K_2CrO_4 本身呈黄色，浓度过高也会影响终点的判断。因此，实际应用中，常使用 5×10^{-3} mol · L^{-1} K_2CrO_4 为指示剂。虽然这样会消耗过多的 $AgNO_3$ 标准溶液，滴定终点落在化学计量点之后，但终点误差仍然小于 0.1%，分析结果准确度满足定量分析要求。

应用莫尔法时，应注意以下几点：

(1) 最佳酸度范围为 pH 6.5～10.5。H_2CrO_4 的 $pK_{a_2}=6.50$，若酸度过高，K_2CrO_4 指示剂生成 $HCrO_4^-$ 或 $Cr_2O_7^{2-}$，而自身浓度降低，使得 Ag_2CrO_4 沉淀出现过迟或不出现。

$$Ag_2CrO_4+H^+ \rightleftharpoons 2Ag^++HCrO_4^-$$

若碱度过高，则可能出现 Ag_2O 沉淀，使滴定无法进行。

$$2Ag^+ + 2OH^- \rightleftharpoons 2AgOH$$
$$\downarrow$$
$$Ag_2O + H_2O$$

如果溶液中存在NH_4^+，为防止NH_3与Ag^+发生配位副反应，pH应控制在6.5～7.2。

(2) 滴定时剧烈摇动，以减小沉淀对待测组分的吸附。

(3) 莫尔法可以测定Cl^-、Br^-，但不能测定I^-和SCN^-。因为AgI或AgSCN沉淀强烈吸附I^-或SCN^-而产生较大误差。

(4) 需要消除能与CrO_4^{2-}或Ag^+分别生成沉淀的阳离子(如Ba^{2+}、Pb^{2+}、Hg^{2+}等)或阴离子(如SO_3^{2-}、PO_4^{3-}、AsO_4^{3-}、S^{2-}、$C_2O_4^{2-}$等)等干扰，可以预先除去。

6.2.2 福尔哈德法

以铁铵矾$[NH_4Fe(SO_4)_2 \cdot 12H_2O]$为指示剂的银量法称为福尔哈德法(Volhard method)，分为直接滴定法和返滴定法。

1. 直接滴定法

福尔哈德法的直接滴定法是指在0.1～1 $mol \cdot L^{-1}$ HNO_3介质中，以铁铵矾为指示剂，用NH_4SCN标准溶液为滴定剂滴定Ag^+。当AgSCN定量沉淀后，稍过量的SCN^-与Fe^{3+}生成红色配合物，指示滴定终点。有关反应式如下：

$$Ag^+ + SCN^- \rightleftharpoons AgSCN\downarrow(白色) \qquad K_{sp} = 1.0\times10^{-12}$$

$$Fe^{3+} + SCN^- \rightleftharpoons [FeSCN]^{2+}(红色) \qquad K = 8.9\times10^2$$

福尔哈德直接滴定法一般用来测定Ag^+含量。为了灵敏观察滴定终点颜色的改变，要求$[FeSCN]^{2+}$的最低浓度为6×10^{-6} $mol \cdot L^{-1}$。当控制终点$[Fe^{3+}] \approx 0.02$ $mol \cdot L^{-1}$时，终点误差小于0.1%。

2. 返滴定法

福尔哈德法的返滴定法是指在含有卤素离子或SCN^-的HNO_3溶液中加入一定量过量的$AgNO_3$标准溶液，以铁铵矾为指示剂，NH_4SCN标准溶液为滴定剂返滴定过量的$AgNO_3$，从而实现卤素离子或SCN^-的测定。由于滴定是在HNO_3介质中进行，许多弱酸盐阴离子如PO_4^{3-}、AsO_4^{3-}、S^{2-}等都没有干扰，因此福尔哈德返滴定法的选择性较高。

应用福尔哈德法时，应注意以下几点：

(1) 控制0.1~1 $mol \cdot L^{-1}$ HNO_3强酸性介质。若酸度过低，Fe^{3+}将水解形成$[FeOH]^{2+}$等深色配合物，影响终点观察，继续降低酸度甚至会析出$Fe(OH)_3$沉淀。

(2) 测定碘化物时，必须先加$AgNO_3$再加指示剂，防止Fe^{3+}氧化I^-：

$$2Fe^{3+} + 2I^- \rightleftharpoons 2Fe^{2+} + I_2$$

(3) 剧烈摇动，减少AgSCN对Ag^+的吸附。

(4) 强氧化剂和氮的氧化物及铜盐、汞盐会与SCN^-作用而干扰测定，必须预先除去。

(5) 测定Cl^-时，因为AgCl比AgSCN的溶解度大，近化学计量点时，加入的NH_4SCN将与AgCl发生沉淀转化反应：

$$AgCl + SCN^- \rightleftharpoons AgSCN\downarrow + Cl^-$$

此沉淀转化的速率较慢，所以滴加 NH_4SCN 形成的红色会随着摇动溶液而慢慢消失，导致滴定过量，无法确定终点。此时，可以采取下列措施：

(i) 加热煮沸使 AgCl 沉淀凝聚，以减少 AgCl 沉淀对 Ag^+的吸附。过滤沉淀，用稀 HNO_3 洗涤，收集滤液和洗涤液，用 NH_4SCN 标准溶液返滴定滤液中过量的 $AgNO_3$。

(ii) 加入有机溶剂硝基苯或 1, 2-二氯乙烷 1～2 mL，用力摇动使 AgCl 沉淀被有机溶剂包覆，阻止 SCN^-与 AgCl 沉淀转化反应的发生。注意：此法使用的硝基苯毒性较大。

福尔哈德返滴定法测定 Br^-、I^-、SCN^-时，不会发生上述沉淀转化反应，不必采取上述措施。

6.2.3　法扬斯法

采用吸附型指示剂指示终点的银量法称为法扬司法(Fajans method)。一些有机染料常用作吸附型指示剂，其阴(阳)离子在溶液中容易被带正(负)电荷的胶状沉淀吸附，吸附后的结构发生变化，引起颜色的变化，从而指示滴定终点。

例如，荧光黄(HFI)是一种有机弱酸，可以作为 $AgNO_3$ 滴定 Cl^-的指示剂。荧光黄在水溶液中解离为黄绿色的阴离子 FI^-。在化学计量点前，溶液中 Cl^-过量，这时 AgCl 沉淀胶粒优先吸附 Cl^-而带负电荷，FI^-受排斥而不被吸附，溶液呈黄绿色。化学计量点后，溶液中 Ag^+稍过量，AgCl 沉淀胶粒优先吸附 Ag^+而带正电荷。此时，FI^-被吸附，溶液由黄绿色突变为粉红色，指示滴定终点。此过程可示意如下：

Cl^-过量时　　$AgCl \cdot Cl^- + FI^-$(黄绿色)

Ag^+过量时　　$AgCl \cdot Ag^+ + FI^- \xrightarrow{\text{吸附}} AgCl \cdot AgFI$ (粉红色)

应用法扬斯法时，应注意以下几点：

(1) 尽量增加沉淀的比表面，使终点变色明显。一般常加入糊精类的保护剂，阻止卤化银凝聚，使其保持胶体状态。

(2) 控制合适的酸度。吸附型指示剂一般是有机弱酸，其解离常数 K_a 各不相同，必须控制酸度使指示剂呈离子态。例如，荧光黄($pK_a = 7$)只能在中性或弱碱性(pH 7～10)溶液中使用，若 pH＜7，荧光黄主要以 HFI 形式存在，很难被沉淀吸附，无法指示终点。

(3) 应在避光条件下进行滴定。因为卤化银沉淀对光敏感，易分解析出金属银，使沉淀变为灰黑色，影响终点的判断。

(4) 胶体微粒对指示剂离子的吸附能力应略小于对待测离子的吸附能力，否则终点变色提前；但也不能太小，否则终点滞后。卤化银对卤化物和几种吸附型指示剂的吸附能力的顺序为

$$I^- > SCN^- > Br^- > \text{曙红} > Cl^- > \text{荧光黄}$$

显然，滴定 Cl^-时，应选荧光黄为指示剂，不宜选曙红。

6.3　沉淀滴定法的应用

6.3.1　标准溶液的配制

银量法中常用的标准溶液是 $AgNO_3$ 和 NH_4SCN 溶液。

$AgNO_3$ 标准溶液可以用纯 $AgNO_3$ 直接配制法配制，但实验室常以 NaCl 为基准物质的标

定法配制。NaCl 易吸潮，使用前应置于洁净的瓷坩埚中，于 500～600℃灼烧至不再有爆破声为止。$AgNO_3$ 溶液见光易分解，应保存于棕色试剂瓶中。NH_4SCN 试剂常含有杂质，且易吸潮，不能用直接法配制标准溶液，而是采用福尔哈德的直接滴定法，用 $AgNO_3$ 标准溶液进行比较标定。

6.3.2　沉淀滴定法的应用示例

虽然沉淀滴定法很少作为一级标准分析方法使用，但因其方法简便、准确，可以作为二级标准分析方法。表 6-2 列出了三种沉淀滴定法的典型应用。其中，莫尔法常用于氯化物、溴化物试剂纯度的测定，以及天然水中 Cl^-含量的测定。福尔哈德法常用于测定银合金中银的含量和有机卤化物中的卤素含量等。

表 6-2　三种沉淀滴定法的典型应用

待测离子	滴定标准溶液	滴定方法
Br^-	$AgNO_3$ $AgNO_3$，NH_4SCN	莫尔法或法扬斯法 福尔哈德法
Cl^-	$AgNO_3$ $AgNO_3$，NH_4SCN	莫尔法或法扬斯法 福尔哈德返滴定法
I^-	$AgNO_3$ $AgNO_3$，NH_4SCN	法扬斯法 福尔哈德法
AsO_4^{3-}	$AgNO_3$，NH_4SCN	福尔哈德法
CO_3^{2-}, $C_2O_4^{2-}$, CrO_4^{2-}, PO_4^{3-}, S^{2-}, SCN^-	$AgNO_3$，NH_4SCN	福尔哈德返滴定法

思考题和习题

1. 测定下列试样中的 Cl^-时，选用哪种银量法最合适？

(1) $CaCl_2$　　(2) $FeCl_2$　　(3) NH_4Cl　　(4) $NaCl + Na_3PO_4$

2. 下列测定的分析结果是否准确？偏高还是偏低？为什么？

(1) 在强酸性溶液中用莫尔法测定 Cl^-。

(2) 试液中含有铵盐，在 pH≈10 的酸度条件下，用莫尔法测定 Cl^-。

(3) 用福尔哈德法测定 Cl^-时，未将沉淀过滤，也未加入 1,2-二氯乙烷。

(4) 用法扬斯法测定 Cl^-时，用曙红作指示剂。

3. 欲用莫尔法测定 $BaCl_2 \cdot 2H_2O$ 中的 Cl^-，如何消除 Ba^{2+}的干扰？

4. 采用莫尔法用 $AgNO_3$ 滴定 Cl^-、Br^-混合液时，能否测得各组分的含量？

5. 试设计 HCl-HAc 混合溶液中各组分含量的测定方案。

6. 将 0.5689 g 纯 KIO_x 还原为 I^-后，用 0.1035 mol · L^{-1} $AgNO_3$ 标准溶液滴定，消耗 25.68 mL，求该化合物的分子式。

(KIO_3)

7. 采用莫尔法分析某仅含有 KCl 和 NaBr 的试样。称取 0.3172 g 试样溶于 50 mL 蒸馏水，用 0.1120 mol · L^{-1} $AgNO_3$ 溶液滴定至终点，消耗 36.85 mL。样品空白消耗体积为 0.71 mL，计算试样中 KCl 的质量分数。

(82.60%)

8. 采用福尔哈德法测定 0.6712 g 某含有 I^-的试样。先加入 50.00 mL 过量的 0.05619 mol · L^{-1} $AgNO_3$标准溶液生成沉淀。剩余的 Ag^+用 0.05322 mol · L^{-1} KSCN 溶液返滴定，消耗了 35.14 mL KSCN 溶液。计算试样中 I^-的质量分数。

(17.76%)

9. 将 1.963 g 某合金试样用 HNO_3溶解后，在 100 mL 容量瓶中配制成溶液。吸取 25.00 mL 该溶液，用 0.1078 mol · L^{-1} KSCN 溶液滴定，消耗 27.19 mL。计算该合金试样中 Ag 的质量分数。

(64.44%)

10. 称取 0.5028 g 含砷试样，溶解于硝酸后使砷转化为 AsO_4^{3-}，然后加 $AgNO_3$使其沉淀为 Ag_3AsO_4。将沉淀过滤，洗涤后溶于酸中。以铁铵矾为指示剂，用 0.1036 mol · L^{-1} NH_4SCN 溶液滴定其中的 Ag^+至终点，消耗 40.28 mL。计算试样中砷的质量分数。

(20.73%)

11. 将仅含有 $BaCl_2$ 和 NaCl 的试样 0.1036 g 溶于 50 mL 蒸馏水中，用法扬斯法指示终点，用 0.07916 mol · L^{-1} $AgNO_3$滴定，消耗 19. 46 mL。计算试样中 $BaCl_2$的质量分数。

(18.29%)

12. 将含有 NaCl 和 NaBr 的试样 0.5846 g 溶解后用 $AgNO_3$溶液处理，得到干燥的 AgCl 和 AgBr 沉淀 0.4864 g。另称取一份相同质量的试样，用 0.1028 mol · L^{-1} $AgNO_3$溶液滴定至终点，消耗 28.94 mL。计算试样中 NaCl 和 NaBr 的质量分数。

(39.81%；43.40%)

第 7 章　重量分析法

重量分析法(gravimetric analysis)是指以适当的方法将待测组分从试样中分离出来，转化为特定的称量形式，称量后，通过一定的化学计量关系求出待测组分的含量。

重量分析法是化学分析法中最经典、最基本的分析方法。虽然重量分析法和滴定分析法一样，对于常量组分的分析具有良好的准确度和精密度，但是该方法烦琐费事，从而限制了其应用。

本章内容主要介绍沉淀溶解度的影响因素及计算、沉淀纯度的影响因素及沉淀条件的选择，以及重量分析法的计算。

7.1　重量分析法概述

7.1.1　重量分析法的分类和特点

根据分离方法的不同，重量分析法主要分为以下三类。

1. 沉淀法

沉淀法也称沉淀重量法，是利用沉淀反应使待测组分以微溶化合物的形式沉淀出来，再将沉淀过滤、洗涤、烘干或灼烧，最后称量并计算其含量。沉淀法是重量分析法中最主要、应用最广泛的方法。

2. 气化法

气化法是利用物质的挥发性质，通过加热或其他方法使试样中待测组分挥发逸出，然后根据试样质量的减少计算该组分的含量。

例如，测定试样中含水量时，可将试样加热烘干至恒量，试样减少的质量即是水分的质量。或者当该组分逸出时，选择适当吸收剂将其吸收，然后根据吸收剂质量的增加计算该组分的含量。

3. 电解法

电解法是利用电解的方法使待测组分在电极上还原析出，根据电极质量的变化求出待测组分的含量。

重量分析法依据的是物质质量的变化，是直接通过称量获得分析结果，不需要与标准试样或基准物质进行比较，因此引入误差的机会相对较少，分析结果的准确度较高。但重量分析法的缺点是操作烦琐、测定周期长、不适合微量等低含量组分分析。目前，重量分析法多应用于常量组分 Si、S、P、W、Mo、Ni、Zr、Hf、Nb、Ta，以及稀土元素和水分等挥发组分的精确测定。

7.1.2　重量分析法对沉淀的要求

沉淀重量法的分析过程是首先将试样分解制成试液，加入适当的沉淀剂，使待测组分定量沉淀析出得到沉淀形式(precipitation form)，然后过滤、洗涤，将沉淀烘干或灼烧，使其转化为称量形式(weighing form)进行称量，再折算为待测组分的含量。其中，沉淀形式和称量形式可能相同，也可能不同。例如，用 $BaSO_4$ 重量法测定 Ba^{2+}或 SO_4^{2-} 时，沉淀形式和称量形式都是 $BaSO_4$，两者相同；而用草酸钙重量法测定 Ca^{2+}时，沉淀形式是 $CaC_2O_4 \cdot H_2O$，灼烧后，称量形式转化为 CaO，两者不同。

1. 重量分析法对沉淀形式的要求

(1) 沉淀的溶解度很小，以保证待测组分沉淀完全。
(2) 沉淀应易于过滤和洗涤。为此，应尽量获得大颗粒的晶形沉淀。如果是无定形沉淀，应注意掌握好沉淀条件，改善沉淀的性质。
(3) 沉淀物纯度高，尽量减少杂质。
(4) 沉淀形式易于转化为称量形式。

2. 重量分析法对称量形式的要求

(1) 有确定的化学组成，这是重量分析法计算的依据。
(2) 稳定性好，不受空气中水分、CO_2 和 O_2 等的影响。
(3) 摩尔质量大，以减小称量的相对误差，提高测定的准确度。

7.1.3　重量分析法中沉淀剂的选择

沉淀重量法中，除了根据上述对沉淀的要求选择沉淀剂外，沉淀剂还应具有较好的选择性，即沉淀剂只与待测组分生成沉淀，与试液中其他组分不发生反应。此外，应尽可能选择易挥发或易灼烧除去的沉淀剂。这样，即使沉淀中带有未完全洗净的沉淀剂，也可以通过烘干或灼烧除去。一些铵盐和有机沉淀剂能满足这些要求，这里主要介绍有机沉淀剂。

1. 有机沉淀剂的特点

许多无机沉淀剂的沉淀反应选择性较差，生成的沉淀物溶解度较大，吸附杂质多。而大部分有机沉淀剂能够克服这些缺点，其主要特点有：
(1) 有机试剂种类繁多，沉淀选择性高，应用广泛。
(2) 沉淀物的溶解度一般很小，有利于待测组分沉淀完全。
(3) 沉淀物极性小，不易吸附溶液中的无机杂质离子，且易于过滤和洗涤。
(4) 沉淀物的摩尔质量大，待测组分在称量形式中所占百分数小，有利于提高分析准确度。
(5) 有机沉淀物组成简单、恒定，经烘干后即可称量，简化了重量分析操作步骤。
当然，也有一些有机沉淀剂容易夹杂在沉淀物中，或沉淀物组成不恒定，仍需灼烧成一定的称量形式，还有的沉淀物容易黏附于器壁上或漂浮于溶液表面上，同样会带来操作上的麻烦。因此，应根据具体情况进行沉淀剂的选择。

2. 有机沉淀剂的分类

有机沉淀剂主要分为生成螯合物的沉淀剂和生成离子缔合物的沉淀剂两类。

1) 生成螯合物的沉淀剂

有机螯合沉淀剂至少同时含有一个酸性基团(如—OH、—COOH、—SH、$—SO_3H$ 等)和一个碱性基团(如$—NH_2$、—NH—、—N＝＝、—CO—、—CS—等)。通过酸性基团和碱性基团的共同作用，金属离子与有机螯合沉淀剂生成微溶性的螯合物。例如，Mg^{2+}与 8-羟基喹啉的反应：

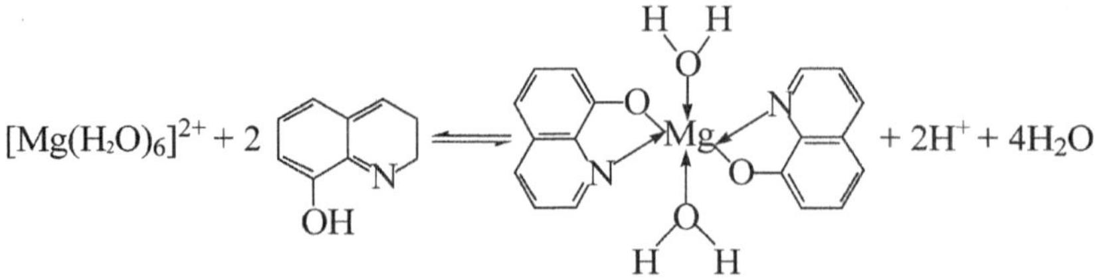

虽然此螯合物中含有两个配位水分子，但螯合物不带电荷，且有摩尔质量较大的疏水基团——喹啉，所以该螯合物微溶于水而沉淀。该螯合物易溶于适当的溶剂中，可以被有机溶剂萃取，所以有机沉淀剂往往又是萃取剂。

2) 生成离子缔合物的沉淀剂

有些相对分子质量较大的有机试剂在水溶液中以阳离子或阴离子形式存在，能够与带相反电荷的离子反应，生成微溶性的离子缔合物沉淀。例如，氯化四苯砷$[(C_6H_5)_4As]Cl$ 在水溶液中以离子态形式存在，当大体积的有机阳离子$[(C_6H_5)_4As]^+$与大体积的阴离子 MnO_4^- 结合时，析出离子缔合物沉淀：

$$(C_6H_5)_4As^+ + MnO_4^- \rightleftharpoons (C_6H_5)_4As \cdot MnO_4 \downarrow$$

四苯硼酸钠能与 K^+、NH_4^+、Rb^+、Tl^+、Ag^+等生成离子缔合物沉淀：

$$B(C_6H_5)_4^- + K^+ \rightleftharpoons KB(C_6H_5)_4 \downarrow$$

四苯硼酸钠易溶于水，是测定 K^+的良好沉淀剂。由于一般试样中 Rb^+、Tl^+、Ag^+的含量很低，故该试剂常用于 K^+的测定，且沉淀组成恒定，烘干后可直接称量。

有机沉淀剂与金属离子的沉淀物溶解度与其疏水基团、亲水基团有关。亲水基团多，沉淀水溶性好；疏水基团多，则沉淀在水中溶解度小。常见的亲水基团有$—SO_3H$、—OH、—COOH、$—NH_2$ 和—NH—等。常见的疏水基团有烷基、苯基、萘基、卤代烃基等。在有机沉淀剂上引入一些疏水基团，可使溶解度减小，提高测定的灵敏度。这种作用称为“加重效应”。例如，杏仁酸是沉淀 Zr(Ⅳ)的良好试剂，在 $2\ mol \cdot L^{-1}$ HCl 溶液中进行沉淀，很多金属离子不干扰，但沉淀的溶解度较大。如果以对溴杏仁酸或对氯杏仁酸作为 Zr(Ⅳ)的沉淀剂，则 Zr(Ⅳ)沉淀较完全。但是，在有机试剂中引入疏水基团后，其本身在水中的溶解度也会减小，应用上也会受到限制。

7.2 沉淀的溶解度及其影响因素

沉淀重量法要求沉淀反应尽可能完全，而沉淀反应的完全程度可以根据沉淀溶解度的大小进行衡量。沉淀溶解度的大小决定待测组分是否能定量转化为沉淀，因此直接影响分析结果的准确度。重量分析法要求沉淀溶解损失的量不超过分析天平的允许称量误差(0.1 mg)。而许多沉淀反应达不到这个要求，如 1000 mL $BaSO_4$ 的溶解度是 0.0023 g。因此，必须讨论沉淀溶解度及其影响因素，以便选择和控制沉淀反应条件。

7.2.1　溶解度和溶度积

微溶化合物 MA 在水溶液中先以分子形式 MA(aq)溶解，再解离成离子态的 M^+ 和 A^-，其饱和水溶液中存在下列沉淀溶解平衡：

$$MA(s) \rightleftharpoons MA(aq) \rightleftharpoons M^+ + A^-$$

例如，AgCl 溶于水中

$$AgCl(s) \rightleftharpoons AgCl(aq) \rightleftharpoons Ag^+ + Cl^-$$

固、液两相的平衡常数

$$s^0 = \frac{a_{MA(aq)}}{a_{MA(s)}}$$

因纯固体物质的活度 $a_{MA(s)}$ 等于 1，所以

$$s^0 = a_{MA(aq)}$$

s^0 称为该物质的固有溶解度(intrinsic solubility)或分子溶解度，表示溶液中分子态 MA 在水中的浓度。s^0 与化合物本身性质有关，除了个别难解离物质(如 $HgCl_2$)具有较大的固有溶解度外，一般微溶化合物的固有溶解度很小，为 10^{-9}～10^{-6} mol · L^{-1}，与总溶解度相比可以忽略不计。

微溶化合物 MA 溶解于水中，主要是以水合形式的构晶离子存在，其他形式均可忽略，则根据 MA 在水溶液中的沉淀溶解平衡可得

$$a_{M^+} a_{A^-} = K_{sp}^0$$

K_{sp}^0 称为该微溶化合物的活度积常数，简称活度积(activity product)。

因

$$a_{M^+} a_{A^-} = \gamma_{M^+}[M^+]\gamma_{A^-}[A^-] = \gamma_{M^+}\gamma_{A^-}K_{sp} = K_{sp}^0$$

故

$$K_{sp} = [M^+][A^-] = \frac{K_{sp}^0}{\gamma_{M^+}\gamma_{A^-}}$$

K_{sp} 称为微溶化合物的溶度积常数，简称溶度积(solubility product)。

在分析化学中，常见的微溶化合物溶解度一般都很小，溶液中的离子强度不大，故通常忽略活度系数的影响。一般来说，表中所列的 K_{sp} 是在很稀的溶液中，也就是认为没有其他离子存在时的测定值，实际为活度积，一般当成溶度积参与计算。但当溶液中有强电解质存在时，即离子强度较大，K_{sp} 和 K_{sp}^0 可能相差较大，应根据相应的活度系数计算该条件下的 K_{sp}。

微溶化合物的溶解度是所有溶出组分的浓度总和。若溶液中不存在其他副反应，微溶化合物 MA 的溶解度 s 等于其固有溶解度 s^0 和 M^+(或 A^-)浓度之和，即

$$s = s^0 + [M^+] = s^0 + [A^-] = s^0 + \frac{K_{sp}}{[M^+]}$$

忽略 s^0 时

$$s = [M^+] = [A^-] = \sqrt{K_{sp}}$$

对于 M_mA_n 型的微溶化合物，忽略固有溶解度，沉淀溶解平衡简化为

$$M_mA_n \rightleftharpoons mM^{n+} + nA^{m-}$$

$$K_{sp} = [M^{n+}]^m[A^{m-}]^n = (ms)^m(ns)^n$$

溶解度

$$s = \left(\frac{K_{sp}}{m^m n^n}\right)^{\frac{1}{m+n}}$$

对于形成 MA 沉淀的主反应，当金属离子 M^+和沉淀剂 A^-存在副反应时，应引入相应的副反应系数 α_M 和 α_A，则

$$K_{sp} = [M][A] = \frac{[M'][A']}{\alpha_M\alpha_A} = \frac{K'_{sp}}{\alpha_M\alpha_A}$$

即

$$K'_{sp} = [M'][A'] = K_{sp}\alpha_M\alpha_A$$

K'_{sp} 称为条件溶度积(conditional solubility product)。可见，副反应的发生使得条件溶度积 $K'_{sp} > K_{sp}$，即增加了沉淀的溶解度。类似地，M_mA_n 型微溶化合物的相应关系式也可根据具体情况推导出来。

7.2.2 影响沉淀溶解度的因素

沉淀溶解度的影响因素较多，主要是同离子效应、盐效应、酸效应和配位效应等。此外，温度、介质、晶体结构和颗粒大小也会影响溶解度。

1. 同离子效应

沉淀 M_mA_n 由两种离子 M^{n+}和 A^{m-}构成，M^{n+}和 A^{m-}称为沉淀 M_mA_n 的构晶离子。当沉淀反应达到平衡后，如果向溶液中加入适当过量的含有某一构晶离子的试剂或溶液，则沉淀的溶解度减小，这种现象称为同离子效应(common ion effect)。

在 M_mA_n 沉淀溶解平衡体系中

$$M_mA_n \rightleftharpoons mM^{n+} + nA^{m-}$$

若加入较高浓度 c 的构晶离子 M^{n+}，则有

$$K_{sp} = [M^{n+}]^m[A^{m-}]^n = c_M^m(ns)^n$$

$$s = \frac{1}{n}\sqrt[n]{\frac{K_{sp}}{c_M^m}}$$

可见，在一定浓度范围内，某一构晶离子过量越多，则沉淀的溶解度越小。在实际工作中，通常利用同离子效应，即加大沉淀剂的用量，使待测组分沉淀完全。但沉淀剂过量太多，又可能引起盐效应、酸效应及配位效应等副反应，反而使沉淀的溶解度增大。一般情况下，若沉淀剂不易挥发，以过量 20%～30%为宜；若沉淀剂易挥发除去，可以过量 50%～100%。

例 7-1　计算 25℃时，$BaSO_4$ 在 200 mL 水中溶解的质量，如果增加 Ba^{2+} 的浓度至 0.10 mol · L^{-1}，这时 $BaSO_4$ 溶解的质量为多少？

解　25℃时，$BaSO_4$ 在水中的溶解度为

$$s = [Ba^{2+}] = [SO_4^{2-}] = \sqrt{K_{sp}} = \sqrt{1.1\times10^{-10}} = 1.05\times10^{-5}\ (mol\cdot L^{-1})$$

$BaSO_4$ 溶解的质量为

$$1.05\times10^{-5}\times233.40\times\frac{200}{1000} = 4.9\times10^{-4}(g)$$

如果增加 Ba^{2+} 的浓度至 0.10 mol · L^{-1}，此时 $BaSO_4$ 的溶解度为

$$s = [SO_4^{2-}] = \frac{K_{sp}}{[Ba^{2+}]} = \frac{1.1\times10^{-10}}{0.10} = 1.1\times10^{-9}\ (mol\cdot L^{-1})$$

$BaSO_4$ 溶解的质量为

$$1.1\times10^{-9}\times233.40\times\frac{200}{1000} = 5.1\times10^{-8}(g)$$

可见，利用同离子效应，增加构晶离子 Ba^{2+} 的浓度，$BaSO_4$ 沉淀的溶解度减少至原先的万分之一，沉淀溶解损失的量远小于允许溶解损失的质量。

2. 盐效应

沉淀的溶解度随着强电解质的加入而增大的现象称为盐效应(salt effect)。例如，在 KNO_3、$NaNO_3$ 等强电解质存在的情况下，AgCl、$BaSO_4$ 的溶解度比在纯水中大，而且溶解度随着强电解质的浓度增加而增大。

随着溶液中强电解质浓度的增加，溶液的离子强度也增大，这时就不能用离子的浓度代替活度进行计算，而应用活度处理有关的平衡。

对于 M_mA_n 型微溶化合物

$$K_{sp} = \frac{K_{sp}^0}{\gamma_M^m \gamma_A^n}$$

$$s = \left(\frac{K_{sp}}{m^m n^n}\right)^{\frac{1}{m+n}} = \left[\frac{K_{sp}^0}{(\gamma_M m)^m (\gamma_A n)^n}\right]^{\frac{1}{m+n}}$$

一般情况下，活度系数 γ_M 、γ_A 都小于 1。因此，对同一体系考虑离子强度时，沉淀的溶解度比不考虑离子强度时的溶解度大。而且，高价离子的活度系数受离子强度的影响较大，构晶离子的电荷越高，盐效应影响越严重。由表 7-1 可以看出，当溶液中 KNO_3 浓度增加至 0.01 mol · L^{-1} 时，AgCl 的溶解度只增大 12%，而 $BaSO_4$ 的溶解度却增大 70%。

表 7-1　AgCl 和 $BaSO_4$ 在不同浓度 KNO_3 溶液中的溶解度(25℃)

KNO_3 的浓度 $c/(mol \cdot L^{-1})$	AgCl 的溶解度 $s/(10^{-5}\ mol \cdot L^{-1})$	s/s_0	KNO_3 的浓度 $c/(mol \cdot L^{-1})$	$BaSO_4$ 的溶解度 $s/(10^{-5}\ mol \cdot L^{-1})$	s/s_0
0.000	1.278(s_0)	1.00	0.000	0.96(s_0)	1.00
0.00100	1.325	1.04	0.00100	1.16	1.21
0.00500	1.385	1.08	0.00500	1.42	1.48
0.0100	1.427	1.12	0.0100	1.63	1.70
			0.0360	2.35	2.45

注：s_0 为在纯水中的溶解度，s 为在 KNO_3 溶液中的溶解度。

由于盐效应的存在，在利用同离子效应降低沉淀溶解度时，应同时考虑盐效应的影响，即沉淀剂不能过量太多，否则会使沉淀的溶解度增大，不能达到预期的效果。如果沉淀本身的溶解度很小，盐效应的影响一般很小，可以忽略。只有当沉淀的溶解度较大，离子强度也很高时，才考虑盐效应的影响。

3. 酸效应

溶液酸度对沉淀溶解度的影响称为酸效应(acid effect)。组成沉淀的金属离子和酸根离子往往可能发生酸碱反应，这些反应都会导致沉淀的溶解度增大。这里主要以二元酸根 A^{2-} 为例，讨论酸根离子发生酸碱反应对 M_mA_n 沉淀的影响。

二元酸 H_2A 形成的微溶盐 M_mA_n 在溶液中有下列沉淀溶解平衡：

$$M_mA_n(s) \rightleftharpoons mM^{n+} + nA^{m-}$$

当溶液中的 H^+ 浓度增大时，A^{2-} 因酸效应而生成 HA^- 或 H_2A，破坏了 M_mA_n 的沉淀溶解平衡而向右移动，使 M_mA_n 进一步溶解，甚至全部溶解。

设 M_mA_n 的溶解度为 $s(mol \cdot L^{-1})$，则

$$ms = [M^{n+}]$$

$$ns = [A^{2-}] + [HA^-] + [H_2A] = [A^{2-}]\alpha_{A(H)}$$

其中

$$\alpha_{A(H)} = 1 + \beta_1[H^+] + \beta_2[H^+]^2$$

根据溶度积计算公式，得

$$K_{sp} = [M]^m[A]^n = (ms)^m\left[\frac{ns}{\alpha_{A(H)}}\right]^n$$

$$s = \left[\frac{K_{sp}\alpha_{A(H)}^n}{m^m n^n}\right]^{\frac{1}{m+n}}$$

例 7-2　计算 CaC_2O_4 沉淀在 pH = 4.0 溶液中的溶解度。若溶液中 $C_2O_4^{2-}$ 总浓度为 $0.10\ mol \cdot L^{-1}$，则溶解度又为多少？

解　设 CaC_2O_4 沉淀在 pH = 4.0 的溶液中的溶解度为 s，已知 $K_{sp} = 2.0\times10^{-9}$，$H_2C_2O_4$ 的 $K_{a_1} = 5.9\times10^{-2}$，$K_{a_2} = 6.4\times10^{-5}$，此时需考虑酸效应的影响。

$$\alpha_{C_2O_4^{2-}(H)} = 1 + \beta_1[H^+] + \beta_2[H^+]^2 = 2.56$$

故

$$K'_{sp} = K_{sp}\alpha_{C_2O_4^{2-}(H)} = 2.0\times10^{-9}\times2.56 = 5.1\times10^{-9}$$

$$s = \sqrt{K'_{sp}} = \sqrt{5.1\times10^{-9}} = 7.1\times10^{-5}(\text{mol}\cdot\text{L}^{-1})$$

若溶液中 $C_2O_4^{2-}$ 总浓度为 0.10 $\text{mol}\cdot\text{L}^{-1}$，则既有酸效应，又有同离子效应。设此时 CaC_2O_4 沉淀的溶解度为 s'，则

$$[Ca^{2+}] = s'$$

$$c_{C_2O_4^{2-}} = 0.10 + s \approx 0.10\ \text{mol}\cdot\text{L}^{-1}$$

$$K'_{sp} = [Ca^{2+}]c_{C_2O_4^{2-}} = s'\times0.10 = 5.1\times10^{-9}$$

$$s' = 5.1\times10^{-8}\ \text{mol}\cdot\text{L}^{-1}$$

例 7-3　考虑 S^{2-}的水解，计算 CuS 在纯水中的溶解度。

解　已知 CuS 的 $K_{sp} = 6\times10^{-36}$，H_2S 的 $K_{a_1}=8.9\times10^{-8}$，$K_{a_2}=1.2\times10^{-13}$。因为 CuS 的 K_{sp}很小，水中的 S^{2-}很少，由其水解的 OH^-可以忽略不计，即溶液的 pH = 7.0。

$$s = [Cu^{2+}] = c_{S^{2-}} = [S^{2-}] + [HS^-] + [H_2S]$$

$$\alpha_{S(H)} = 1 + \frac{[H^+]}{K_{a_2}} + \frac{[H^+]^2}{K_{a_1}K_{a_2}} = 1.8\times10^6$$

$$s = \sqrt{K'_{sp}} = \sqrt{K_{sp}\alpha_{S(H)}} = \sqrt{6\times10^{-36}\times1.8\times10^6} = 3.3\times10^{-15}(\text{mol}\cdot\text{L}^{-1})$$

酸效应对不同类型沉淀的溶解度影响程度不同。通常，对于强酸盐沉淀，如 AgCl 等，在酸性溶液中进行沉淀时，溶液的酸度影响不大。对于弱酸盐沉淀，如 CaC_2O_4、$CaCO_3$、CdS、$MgNH_4PO_4$ 等，应在较低的酸度下进行沉淀。如果沉淀本身是弱酸，如硅酸($SiO_2\cdot nH_2O$)、钨酸($WO_3\cdot nH_2O$)等，易溶于碱，则应在强酸性介质中进行沉淀。

4. 配位效应

若溶液中存在能与构晶离子生成可溶性配合物的配体，则沉淀溶解平衡向溶解的方向进行，使沉淀的溶解度增大，这种现象称为配位效应(complex effect)。

对于形成 M_mA_n 沉淀的主反应，若溶液中同时有配体 L 存在，并能与金属离子 M 形成逐级配合物 ML_1、ML_2、…、ML_n 时，根据物料平衡方程，得

$$\begin{aligned} ms &= [M] + [ML] + [ML_2] + \cdots + [ML_n] \\ &= [M](1 + \beta_1[L] + \beta_2[L]^2 + \cdots + \beta_n[L]^n) \\ &= [M]\alpha_{M(L)} \end{aligned}$$

$$[M] = \frac{ms}{\alpha_{M(L)}}$$

$$K_{sp} = [M]^m[A]^n = \left[\frac{ms}{\alpha_{M(L)}}\right]^m (ns)^n$$

$$s = \left[\frac{K_{sp}\alpha_{M(L)}^m}{m^m n^n}\right]^{\frac{1}{m+n}}$$

因此，配位效应对沉淀溶解度的影响与配体的浓度及配位化合物的稳定性(β 值)有关。配体的浓度越大，生成的配位化合物越稳定，沉淀的溶解度越大。

例 7-4　计算 AgI 在 0.10 mol · L^{-1} NH_3 溶液中的溶解度。

解　已知 AgI 的 K_{sp}=9.3×10^{-17}，$[Ag(NH_3)_2]^+$的 $\lg\beta_1$=3.24，$\lg\beta_2$=7.05。由于 AgI 的溶解度很小，NH_3 的浓度较大，因此形成配合物所消耗的 NH_3 可以忽略不计，$[NH_3]$≈0.10 mol · L^{-1}，则

$$\alpha_{Ag(NH_3)} = 1 + \beta_1[NH_3] + \beta_2[NH_3]^2 = 1 + 10^{3.24} \times 0.10 + 10^{7.05} \times 0.10^2 = 1.1 \times 10^5$$

$$s = \sqrt{K'_{sp}} = \sqrt{K_{sp}\alpha_{Ag(NH_3)}} = \sqrt{9.3 \times 10^{-17} \times 1.1 \times 10^5} = 3.2 \times 10^{-6} (mol \cdot L^{-1})$$

当组成 M_mA_n 沉淀的构晶阳离子存在配位效应，而构晶阴离子也存在酸效应时，由前面的讨论可得

$$ms = [M]\alpha_{M(L)},\quad ns = [A]\alpha_{A(H)}$$

$$K_{sp} = [M]^m[A]^n = \left[\frac{ms}{\alpha_{M(L)}}\right]^m \left[\frac{ns}{\alpha_{A(H)}}\right]^n$$

$$s = \left[\frac{K_{sp}\alpha^m_{M(L)}\alpha^n_{A(H)}}{m^m n^n}\right]^{\frac{1}{m+n}}$$

这两种效应都使沉淀的溶解度增加。

例 7-5　计算 pH＝10.0，总浓度为 0.10 mol · L^{-1} NH_3-NH_4Cl 缓冲溶液中 Ag_2S 的溶解度。

解　已知 Ag_2S 的 K_{sp}=2×10^{-49}；NH_4^+ 的 K_a＝5.6×10^{-10}；$[Ag(NH_3)_2]^+$的 $\lg\beta_1$=3.24，$\lg\beta_2$=7.05；H_2S 的 $K_{a_1} = 8.9 \times 10^{-8}$，$K_{a_2} = 1.2 \times 10^{-13}$。

$$\alpha_{S(H)} = 1 + \frac{[H^+]}{K_{a_2}} + \frac{[H^+]^2}{K_{a_1}K_{a_2}} = 8.3 \times 10^2$$

由于 Ag_2S 的溶解度很小，溶解的 Ag^+很少，因此与 Ag^+形成配合物所消耗的 NH_3 可以忽略不计，则

$$[NH_3] = \delta_{NH_3}c = \frac{K_a c}{[H^+] + K_a} = \frac{5.6 \times 10^{-10} \times 0.10}{1.0 \times 10^{-10} + 5.6 \times 10^{-10}} = 0.085\,(mol \cdot L^{-1})$$

$$\alpha_{Ag(NH_3)} = 1 + \beta_1[NH_3] + \beta_2[NH_3]^2 = 1 + 10^{3.24} \times 0.085 + 10^{7.05} \times 0.085^2 = 8.1 \times 10^4$$

$$s = \left[\frac{K_{sp}\alpha^2_{Ag(NH_3)}\alpha_{S(H)}}{2^2}\right]^{\frac{1}{3}} = \left[\frac{2 \times 10^{-49} \times (8.1 \times 10^4)^2 \times 8.3 \times 10^2}{2^2}\right]^{\frac{1}{3}} = 6.5 \times 10^{-13} (mol \cdot L^{-1})$$

进行沉淀反应时，若沉淀剂本身是配体，则反应中既有同离子效应，又有配位效应。如果沉淀剂适当过量，同离子效应起主导作用，沉淀的溶解度降低；如果沉淀剂过量太多，则配位效应起主导作用，沉淀的溶解度反而增大。AgCl 沉淀在不同浓度 NaCl 溶液中的溶解度见表 7-2。

表 7-2　AgCl 在不同浓度 NaCl 溶液中的溶解度

过量 NaCl 的浓度 c/(mol · L^{-1})	AgCl 的溶解度 s/(mol · L^{-1})	过量 NaCl 的浓度 c/(mol · L^{-1})	AgCl 的溶解度 s/(mol · L^{-1})
0	1.3×10^{-5}	0.10	2.4×10^{-6}
1.0×10^{-3}	4.0×10^{-7}	0.38	1.3×10^{-5}
1.0×10^{-2}	4.1×10^{-7}	0.50	1.9×10^{-5}

5. 影响沉淀溶解度的其他因素

1) 温度

沉淀的溶解反应绝大部分为吸热反应。因此，沉淀的溶解度一般随着温度的升高而增大，但对于不同类型的沉淀，其影响程度不同。图 7-1 给出了温度对三种不同沉淀溶解度的影响。重量分析法中，对于在热溶液中溶解度较大的沉淀，过滤和洗涤则一般在室温下进行。如果沉淀的溶解度很小，受温度的影响也很小时，一般采用趁热过滤和热洗涤的方法。特别是对于无定形沉淀，如 $Fe_2O_3 \cdot nH_2O$、$Al_2O_3 \cdot nH_2O$ 等，溶液冷却后很难过滤，杂质也不易洗去，需要趁热过滤和用热洗涤液洗涤。

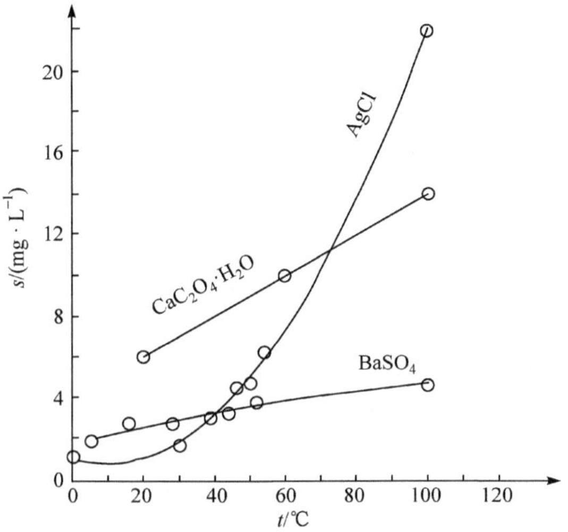

图 7-1　温度对几种沉淀溶解度的影响

2) 溶剂

无机物沉淀一般是极性较强的离子型晶体，在水中的溶解度比在有机溶剂中大。重量分析法中，经常在水溶液中加入乙醇、丙酮等有机溶剂降低沉淀的溶解度。例如，$PbSO_4$ 沉淀在水中的溶解度为 45 mg · L^{-1}，而在 30%乙醇的水溶液中，溶解度降低为 2.3 mg · L^{-1}。但当采用有机沉淀剂时，沉淀物在有机溶剂中的溶解度一般较大。

3) 沉淀颗粒大小

同一种沉淀，小颗粒晶体的溶解度大，大颗粒晶体的溶解度小。例如，$SrSO_4$ 的晶粒直径为 0.01 μm 时，溶解度为 9.3×10^{-4} mol · L^{-1}；晶粒直径为 0.05 μm 时，溶解度减小为 6.7×10^{-4}mol · L^{-1}。因此，在沉淀操作中，更希望得到大颗粒沉淀使沉淀更完全，操作更方便。

4) 形成胶体溶液

对于一些无定形沉淀，如 AgCl、$Fe_2O_3 \cdot nH_2O$ 和 $Al_2O_3 \cdot nH_2O$ 等，如果沉淀反应条件掌握不好，常形成胶体溶液，已经凝聚的胶体沉淀甚至还会因“胶溶”作用而重新分散在溶液中。胶体微粒很小，过滤时会穿过滤纸的孔隙而损失，导致分析结果的偏差。因此，应将溶液加热并加入大量电解质破坏胶体，促进胶体全部凝聚，再进行过滤。

5) 沉淀析出形式

许多沉淀形成初期呈现溶解度较大的“亚稳态”，放置后才逐渐转化为溶解度较小的“稳定态”。例如，初生的 CoS 沉淀为 α 型，$K_{sp}=4\times10^{-21}$，放置后转化为 β 型，$K_{sp}=2\times10^{-25}$。沉淀从亚稳态到稳定态的转化是自发的过程。因此，某些沉淀生成后需要放置一段时间。

7.3　沉淀的类型及形成过程

7.3.1　沉淀的类型

根据物理性质的不同，沉淀可以粗略地分为晶形沉淀(crystalline precipitate)和无定形沉淀(amorphous precipitate)。其中，无定形沉淀又称为非晶形沉淀或胶状沉淀。$BaSO_4$ 和 $MgNH_4PO_4$ 属于典型的晶形沉淀，$Fe_2O_3 \cdot nH_2O$ 和 $Al_2O_3 \cdot nH_2O$ 则是典型的无定形沉淀，AgCl 的性质介于两者之间，是一种凝胶状沉淀。晶形沉淀的颗粒内部排列规则，结构紧密，粒径较大，为 0.1～1 μm，所以极易沉降于容器底部，整个沉淀所占的体积较小；无定形沉淀由许多疏松聚集在一起的微小沉淀颗粒组成，内部排列杂乱无章，粒径较小，通常小于 0.02 μm，且包含大量数目不定的水分子，是体积庞大、结构疏松的絮状沉淀，所以不能很好地沉淀在容器的底部。

沉淀的颗粒大小与沉淀本身的溶解度和沉淀反应时构晶离子的浓度有关。冯韦曼(Von Weimarn)根据有关实验现象，得出经验公式：

$$v = K\frac{c_Q - s}{s} \tag{7-1}$$

式中，v 为晶核形成速度(也称分散度)；c_Q 为加入沉淀剂瞬间沉淀物的浓度；s 为开始沉淀时沉淀物的溶解度；$c_Q - s$ 为沉淀开始瞬间的过饱和度，它是引起沉淀作用的动力；$(c_Q - s)/s$ 为沉淀开始瞬间的相对过饱和度；K 为常数，与沉淀的性质、介质及温度等因素有关。显然，晶核形成速度与溶液的相对过饱和度成正比。溶液的相对过饱和度越大，晶核形成速度也越大，形成的晶核数目就越多，得到的可能是小颗粒沉淀。反之，溶液的相对过饱和度较小，晶核形成速度也较小，即晶核形成速度较慢，形成的晶核数目较少，就易得到大颗粒沉淀。

在重量分析法中，最好能获得大颗粒的晶形沉淀。因为颗粒大的沉淀不仅溶解度小，而且沉淀表面吸附的杂质较少，沉淀更为纯净。沉淀颗粒的大小虽然取决于沉淀物的本质，但与沉淀的条件也密切相关。下面介绍沉淀的形成过程。

7.3.2　沉淀的形成过程

前人已经对沉淀过程开展了大量的热力学和动力学方面的研究，但由于沉淀的形成过程非常复杂，目前仍没有较成熟的理论，有待进一步深入研究。关于晶形沉淀的形成，人们在实验基础上提出了一些解释性的推测和假说。一般认为沉淀的形成包括晶核的生成和晶体的生长两个过程。

1. 晶核的生成

晶核的形成有两种情况：均相成核(homogeneous nucleation)和异相成核(heterogeneous nucleation)。均相成核是指构晶离子在过饱和溶液中，通过离子缔合作用，自发地产生晶核。异相成核是指构晶离子借助溶液中的固体微粒形成晶核。

例如，$BaSO_4$ 的均相成核是在过饱和溶液中，Ba^{2+}和 SO_4^{2-} 由于静电作用而形成离子对 $(Ba^{2+}SO_4^{2-})$，离子对进一步结合 Ba^{2+}或 SO_4^{2-} 形成离子群。晶核就是一定大小的离子群。一般认为晶核含有 4～8 个构晶离子或 2～4 个离子对。$BaSO_4$ 的晶核由 8 个构晶离子(4 个离子对)组成。不同性质的沉淀，组成晶核的构晶离子数目不同。例如，AgCl 晶核由 6 个构晶离子组成，CaF_2 晶核由 9 个构晶离子组成。

另外，沉淀反应的容器和介质中难免存在大量肉眼看不见的固体微粒。例如，烧杯壁上附有许多 5～10 nm 长的“玻璃核”，即使是分析纯的试剂也含有约 0.1 μg · mL^{-1} 的微溶性杂质。这些外来杂质可以起晶种的作用，能诱导沉淀的形成。异相成核就是构晶离子或离子对扩散至这些固体微粒附近，并吸附在微粒表面而形成晶核的过程。

沉淀反应的溶液中，异相成核总是存在。在过饱和度不是很大的溶液中，异相成核总是占主导地位，甚至有时是唯一的成核作用，这时的沉淀颗粒数就是溶液中原有的固体微粒数。当溶液的过饱和度很大，即构晶离子浓度很高时，均相成核才比较明显，并随着过饱和度的增加而变得更加显著。

不同的沉淀产生均相成核所需的相对过饱和度不同。溶液的相对过饱和度越大，越容易引起均相成核。图 7-2 是 $BaSO_4$ 沉淀形成时，晶核数目与溶液浓度的关系曲线。从图中可以看出，当 $BaSO_4$ 的瞬时浓度 $c_Q \leqslant 10^{-2}$ mol · L^{-1} 时，晶核数目 N 基本保持不变。此时，晶核的数目就是溶液中所含的固体微粒数，异相成核作用为主。当 $BaSO_4$ 的瞬时浓度 $c_Q > 10^{-2}$ mol · L^{-1} 时，晶核数目 N 随浓度的增大而急剧上升，显然这是均相成核作用引起的。曲线上转折点处 c_Q 与 s 的比值称为临界(过饱和)值。实验证明，不同沉淀的临界值 c_Q/s 不同，由沉淀的性质决定。例如，$BaSO_4$ 和 AgCl 的溶解度很接近，但临界值不同。$BaSO_4$ 为 1000，而 AgCl 仅为 5.5。因此，在沉淀 $BaSO_4$ 时，只要控制试液和沉淀剂不太浓，比较容易保持过饱和度不超过临界值，异相成核占主导作用，制备出的 $BaSO_4$ 沉淀经常是晶形沉淀。但在沉淀 AgCl 时，因其临界值很小，很难使瞬时浓度不超过临界值，均相晶核比较显著，只能得到凝乳状沉淀。一般来说，控制相对过饱和度在临界值以下，异相成核就占优势，容易得到大颗粒沉淀；超过临界值后，均相成核为主，容易产生大量细小的微晶。

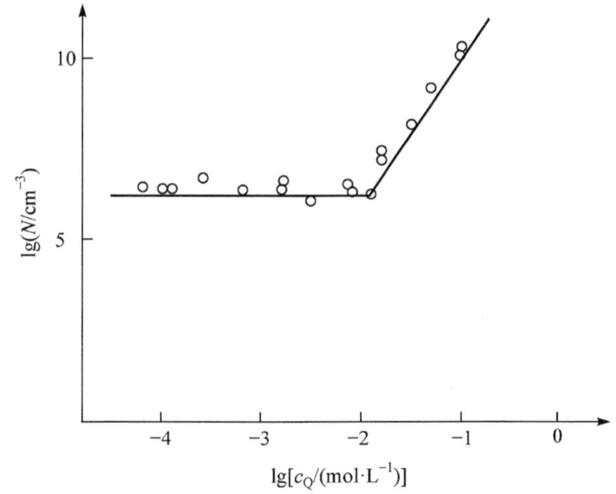

图 7-2　$BaSO_4$ 沉淀形成时，晶核数目 N 与溶液浓度 c_Q 的关系曲线

2. 晶体的生长

晶体的生长是复杂的动力学过程。溶液中产生晶核后，溶液中的构晶离子就可以在晶核表面沉积或进入晶格成为晶体颗粒的一部分，晶核逐渐长大成为沉淀微粒。这些沉淀微粒具有聚

集形成更大聚集体的倾向，这一聚集过程的速度称为聚集速度。同时，组成沉淀的构晶离子又具有按一定的晶格排列形成大晶粒的倾向，这种排列速度称为定向速度。聚集速度主要与溶液中构晶离子的相对过饱和度有关，相对过饱和度越大，聚集速度也越大。定向速度主要与物质的性质有关，极性较强的物质往往具有较大的定向速度。

在沉淀形成过程中，如果聚集速度远小于定向速度，则得到大颗粒的晶形沉淀；反之，则得到小颗粒的无定形沉淀。例如，$BaSO_4$、$MgNH_4PO_4$ 等极性较强的盐类，定向速度较大，一般都能得到晶形沉淀。金属氢氧化物沉淀的定向速度与金属离子的价态有关。二价氢氧化物沉淀，如 $Zn(OH)_2$、$Mn(OH)_2$ 和 $Cd(OH)_2$ 等，其定向速度通常大于聚集速度，只要选择好实验条件，也能得到晶形沉淀。而高价氢氧化物沉淀，由于含有大量水分子，定向速度较小，一般形成无定形沉淀。金属硫化物和硅、钨、铌、钽的氢氧化物沉淀通常也是无定形沉淀。

7.4　影响沉淀纯度的主要因素

重量分析法要求沉淀纯净。但沉淀析出时，溶液中其他组分难免或多或少地夹杂于其中，导致沉淀纯度降低。因此，有必要了解影响沉淀纯度的因素，从而建立减少杂质混入的方法，以获得尽可能纯净的沉淀。

7.4.1　共沉淀

当沉淀从溶液中析出时，某些可溶性物质混杂于沉淀中一起析出的现象称为共沉淀(coprecipitation)。例如，沉淀 AgCl 时，可溶盐 NaCl 可能夹杂于 AgCl 沉淀中被一起沉淀下来。共沉淀是沉淀重量法中正误差的主要来源。表面吸附、形成混晶或固溶体、吸留和包夹是产生共沉淀现象的三种主要类型。

1. 表面吸附

在沉淀晶体中，构晶离子按照一定的规律排列，晶体内部处于电荷平衡状态；但在晶体表面，离子电荷是不完全平衡的，这会导致沉淀表面吸附杂质。图 7-3 是在过量稀硫酸沉淀剂存在下，$BaSO_4$ 沉淀表面吸附杂质的示意图。

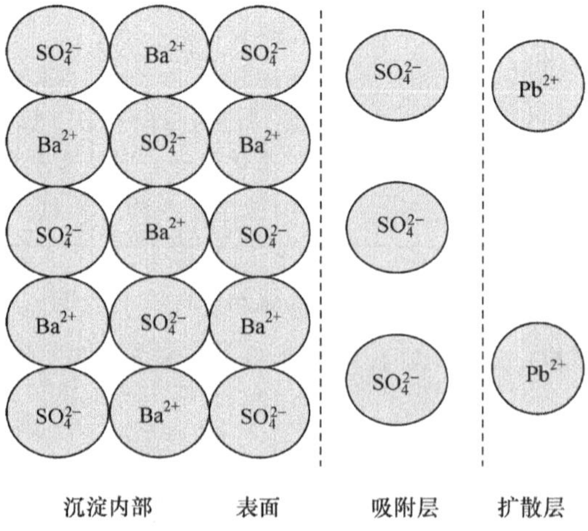

图 7-3　$BaSO_4$ 沉淀表面吸附杂质的示意图

在 $BaSO_4$ 晶体中，每个 Ba^{2+} 周围被 6 个带相反电荷的 SO_4^{2-} 所包围，整个晶体内部处于静电平衡状态。但晶体表面上的 Ba^{2+} 或 SO_4^{2-} 只被 5 个带相反电荷的离子包围，静电引力不均衡。表面上的离子就有吸附溶液中带相反电荷离子的能力。首先被 $BaSO_4$ 沉淀表面吸附的离子是溶液中过量的构晶离子 SO_4^{2-}，组成吸附层，使 $BaSO_4$ 沉淀带负电荷。为了保持电中性，吸附层外面又通过静电引力吸附溶液中带正电荷的离子作为抗衡离子，如 Pb^{2+}。这些处于较外层的离子结合得较松散，称为扩散层。吸附层和扩散层电荷相反，形成包围沉淀颗粒表面的双电层。双电层能随沉淀一起沉降，从而降低沉淀的纯度。这种由于表面吸附所引起的杂质共沉淀现象称为表面吸附共沉淀。

虽然根据静电引力作用，溶液中任何带相反电荷的离子都有被沉淀表面吸附的可能，但是表面吸附共沉淀具有选择性，吸附能力与被吸附物质的溶解度、被吸附离子的变形性及吸附后形成物的解离能力都有关。一般遵循下列规律：

(1) 构晶离子优先被吸附在吸附层中。例如，在过量 $AgNO_3$ 溶液中，AgCl 沉淀表面首先吸附构晶离子 Ag^+，而不是 Na^+ 或 K^+。

(2) 与构晶离子形成的盐溶解度越小或越难解离的离子，越容易被吸附在扩散层中。例如，在稀硫酸存在下，$BaSO_4$ 沉淀表面因先吸附 SO_4^{2-} 而带负电荷。如果溶液中同时存在 H^+、Na^+、K^+、Pb^{2+}、Ca^{2+}，则 Pb^{2+} 优先被吸附，因为 $PbSO_4$ 溶解度最小。

(3) 离子的价态越高，浓度越大，越容易被吸附。例如，Fe^{3+} 比 Fe^{2+} 更易被吸附。

(4) 与沉淀的总表面积有关。对同质量的沉淀而言，沉淀的颗粒越小，则比表面积越大，吸附杂质的量也越多。因此，无定形沉淀比晶形沉淀的表面吸附严重，小颗粒沉淀比大颗粒沉淀的表面吸附严重。

(5) 与溶液的温度有关。溶液的温度升高，杂质的吸附量减少，因为吸附作用是放热过程。

表面吸附现象发生在沉淀的表面，因此减少吸附杂质的有效方法是洗涤沉淀。

2. 形成混晶或固溶体

每种晶形沉淀都有一定的晶体结构。如果溶液中杂质离子与构晶离子的电荷相等、半径相近，能形成相同的晶体结构，则杂质离子就能进入沉淀晶格中，形成混晶共沉淀，属于固溶体的一种。常见的混晶有 $BaSO_4$ 和 $PbSO_4$、$BaSO_4$ 和 $BaCrO_4$、AgCl 和 AgBr 等。如果杂质盐和沉淀晶体离子大小相近，化合物通式相同，即使电荷不同，杂质盐也能进入沉淀晶格中，形成异形混晶。例如，$KMnO_4$ 和 $BaSO_4$ 的化合物通式为 ABO_4 型，当它们共存于溶液中时，$KMnO_4$ 可以通过再结晶过程嵌入 $BaSO_4$ 晶体中，形成粉红色的异形混晶沉淀，用水洗涤不会褪色。有时离子半径相近，化合物通式不同，如 LaF_3 和 CaF_2，也能形成异形混晶。

混晶的生成使沉淀严重沾污，而且因为其选择性较高，很难通过改变沉淀操作条件避免。一般预先分离除去杂质是减少或消除混晶生成的最好办法。例如，将 Ce^{3+} 氧化为 Ce^{4+}，避免其与 La^{3+} 生成混晶；将 Pb^{2+} 沉淀为 PbS，使其与 Ba^{2+} 分离。另外，采用加入配位剂或改变沉淀剂等方法也能防止或减少此类共沉淀。

3. 吸留和包夹

在沉淀过程中，如果沉淀剂浓度较大，晶体生长太快，表面吸附的杂质来不及离开沉淀表面而被包藏在沉淀内部，这种现象称为吸留。吸留是由吸附引起的，也遵循吸附规律。在沉淀过程中，有时溶液也可能被包夹在沉淀中而引起共沉淀。不过，这种现象通常只出现在可溶性盐的结晶过程中。吸留和包夹所带入的杂质处于沉淀内部，不能用洗涤的方法除去。

7.4.2　后沉淀

当沉淀析出以后，在放置过程中，溶液中本来难以析出的杂质离子慢慢地在沉淀表面沉积，而且放置时间越长，杂质析出的量越多，这种现象称为后沉淀(postprecipitation)。例如，在 Mg^{2+}存在下沉淀 CaC_2O_4 时，Mg^{2+}由于形成了稳定的过饱和溶液而不会析出 MgC_2O_4，一旦 CaC_2O_4 发生沉淀，由于表面吸附作用，该沉淀表面 $C_2O_4^{2-}$ 浓度比溶液中大得多，此时会有 MgC_2O_4 在 CaC_2O_4 表面析出。放置时间越长，析出的 MgC_2O_4 沉淀越多，直至达到平衡。金属硫化物的沉淀分离中也常发生此类现象。一般来说，缩短沉淀和母液共置的时间可以避免或减少后沉淀现象的发生。

7.4.3　减少沉淀沾污的方法

共沉淀及后沉淀现象会导致沉淀沾污，从而不同程度地影响分析结果的准确度。实际工作中，可以采取以下措施提高沉淀的纯度：

(1) 选择适当的分析步骤。例如，当待测组分含量较低，杂质组分含量较高时，应先沉淀待测组分。如果先沉淀高含量的杂质组分，少量待测组分会随着杂质沉淀的析出发生共沉淀现象，产生较大的测定误差。

(2) 选择合适的沉淀剂。一般选用有机沉淀剂可以减少共沉淀的发生。

(3) 降低杂质离子的浓度。吸附作用具有选择性，可以通过改变杂质离子的存在形式，除去或降低其浓度。例如，沉淀 $BaSO_4$ 时，Fe^{3+}有干扰，可以通过还原反应或配位反应将其掩蔽。

(4) 再沉淀。将已得到的沉淀过滤溶解，再进行第二次沉淀操作，即再沉淀。再沉淀时，因溶液中杂质含量大大降低，共沉淀或后沉淀显著减少。这种方法尤其适合除去吸留和包夹的杂质。

另外，沉淀条件包括溶液的浓度、温度、试剂的加入顺序和速度、陈化等都会影响沉淀的纯度。实际操作中，应根据具体情况分析选择沉淀条件，提高沉淀的纯度。如果以上措施都没有效果，则应测出沉淀中的杂质含量，然后对分析结果加以校正。

7.5　沉淀条件的选择

重量分析法要求获得的沉淀完全、纯净、方便过滤和洗涤。因此，应当根据不同类型沉淀的特点，选择适宜的沉淀条件和相应的后处理。

7.5.1　晶形沉淀的沉淀条件

对于晶形沉淀，在沉淀过程中应主要考虑如何控制较小的过饱和程度，获得纯净的、易于过滤和洗涤的大颗粒沉淀，并减少沉淀溶解损失和杂质的包藏。晶形沉淀的沉淀条件是“稀、热、慢、搅、陈”，具体描述如下：

(1) 沉淀操作应在适当稀的溶液中进行。稀溶液的相对过饱和程度较小，均相成核作用不明显，更容易得到大颗粒的晶形沉淀。大颗粒沉淀比表面积小，吸附杂质的量也少，易于过滤和洗涤，最后可得较纯净的沉淀。另外，稀溶液中，杂质的浓度减小，共沉淀现象也相应减少。但溶液也不宜过分稀释，否则沉淀溶解损失可能增大。

(2) 沉淀应在热溶液中进行。加热溶液可以增大沉淀的溶解度，降低溶液的相对过饱和度，有利于生成大颗粒结晶。另外，升高温度可以减少杂质的吸附量，能得到较纯净的沉淀。但是，为了防止沉淀在热溶液中的溶解损失，过滤操作应在冷却至室温后进行。

(3) 应在不断搅拌下，缓慢地滴加沉淀剂。这样做主要是为了减小过饱和度，防止沉淀剂在溶液中发生局部过浓的现象。

(4) 陈化。沉淀完毕后，将生成的沉淀在母液中放置一段时间，这个过程称为陈化。陈化过程一般在室温下需数小时，加热和搅拌有助于缩短陈化时间。由于小颗粒结晶的溶解度比大颗粒结晶大，在陈化过程中，特别是在加热情况下，小颗粒结晶会溶解，溶解后的构晶离子又会在大颗粒结晶表面析出，使得大颗粒结晶更大。同时，小颗粒的溶解使其吸附和吸留的杂质释放出来，有利于提高沉淀的纯度。另外，陈化过程促进了更大颗粒沉淀的生成，降低了沉淀的总表面积，杂质吸附也会减少。但是，对于因混晶和后沉淀作用引入杂质的沉淀，陈化过程不仅不能提高其纯度，有时反而会降低纯度。

7.5.2　无定形沉淀的沉淀条件

无定形沉淀一般溶解度非常小，很难控制其过饱和度，所以结晶颗粒微小，结构疏松，总表面积大，吸附的杂质较多，不易过滤和洗涤。对于无定形沉淀，在沉淀过程中应主要考虑如何加快沉淀微粒的凝聚速度，获得致密的沉淀，同时尽量减少杂质的吸附和防止胶体溶液的生成。无定形沉淀的沉淀条件是“浓、热、快、稀、再”，具体描述如下：

(1) 沉淀操作应在较浓的溶液中进行，加入沉淀剂的速度可适当加快。在浓溶液中，离子的水化程度较小，聚沉速度加快，容易得到含水量少、体积较小的致密沉淀。但是在浓溶液中，杂质浓度也增大，更容易被沉淀吸附。因此，沉淀结束后，需用热水稀释并充分搅拌，使吸附的杂质解吸到溶液中。

(2) 沉淀应在热溶液中进行。加热溶液可以减少离子的水化程度，有利于得到结构致密的沉淀，还可以促进沉淀微粒的凝聚，防止形成胶体溶液。另外，热溶液可以减少沉淀表面对杂质的吸附，有利于提高沉淀纯度。

(3) 沉淀时加入挥发性电解质或某些能使沉淀微粒凝聚的胶体。电解质能中和胶体微粒的电荷，降低其水化程度，使胶体微粒凝聚、沉降。一般选择易挥发的铵盐，如 NH_4Cl、NH_4NO_3 等，这样可同时减少沉淀对其他杂质的吸附。在过滤洗涤操作时，由于电解质浓度降低，已凝聚的胶体粒子又重获电荷而相互排斥，使无定形沉淀变成胶体而穿过滤纸，这种现象称为胶溶作用(peptization)。为了防止胶溶现象的发生，洗涤液也应加入适量电解质。

(4) 不需要陈化。沉淀完毕后，应趁热过滤和洗涤，不必陈化，因为无定形沉淀表面积大，陈化吸附杂质量增加，而且放置后会逐渐失水而更紧密，使杂质难以洗净，不利于过滤和洗涤。

(5) 再沉淀。再沉淀或重结晶时，溶液中杂质组分浓度很小，沉淀纯度进一步提高。

7.5.3　均匀沉淀法

在一般的沉淀操作中，沉淀剂是在不断搅拌下缓慢地加入，当沉淀剂加入的瞬间，难免发生沉淀剂局部过浓的现象。若沉淀剂是通过化学反应由溶液中缓慢、均匀地产生，这样在形成沉淀时就可以避免出现局部过浓现象，可使沉淀在整个溶液中缓慢、均匀地析出，这就是均匀沉淀或均相沉淀(homogeneous precipitation)。只要控制好沉淀剂产生的速度，就可以在过饱和度很低的条件下生成沉淀，得到非常完整的大颗粒晶体。

例如，用重量法测定 Ca^{2+}时，可以采用均匀沉淀法。在含有 Ca^{2+}的酸性溶液中加入$(NH_4)_2C_2O_4$，由于酸效应而不能析出 CaC_2O_4 沉淀。接着向溶液中加入尿素，加热至 90℃左右时，尿素发生水解：

$$CO(NH_2)_2 + 3H_2O \rightleftharpoons CO_2\uparrow + 2NH_3 \cdot H_2O$$

水解产生的 $NH_3 \cdot H_2O$ 均匀地分布在溶液中。随着 $NH_3 \cdot H_2O$ 的不断产生，溶液的酸度逐渐降低，$C_2O_4^{2-}$ 的浓度则不断增大，CaC_2O_4 沉淀均匀、缓慢地析出。在沉淀过程中，因为溶液的相对过饱和度始终较小，所以能得到大颗粒的 CaC_2O_4 晶形沉淀。

用均匀沉淀法得到的沉淀结晶颗粒大，表面吸附杂质少，容易过滤洗涤，但是仍无法避免混晶共沉淀和后沉淀现象。

均匀沉淀法中的沉淀剂可通过水解反应、配位反应或氧化还原反应等，由相应的有机酯类化合物或其他化合物的水解产生，部分应用实例见表 7-3。

表 7-3　部分均匀沉淀法的应用示例

沉淀剂	加入试剂	产生沉淀剂的反应	待测组分
OH^-	尿素	$CO(NH_2)_2 + 3H_2O = CO_2\uparrow + 2NH_3 \cdot H_2O$	Al^{3+}、Fe^{3+}、Th^{4+}等
	六亚甲基四胺	$(CH_2)_6N_4 + H_2O = 6HCHO + 4NH_3$	Th^{4+}
$C_2O_4^{2-}$	草酸二甲酯	$(CH_3)_2C_2O_4 + 2H_2O = 2CH_3OH + H_2C_2O_4$	Ca^{2+}、Th^{4+}、稀土等
	尿素+草酸盐		Ca^{2+}
SO_4^{2-}	氨基磺酸	$NH_2SO_3H + H_2O = NH_4^+ + H^+ + SO_4^{2-}$	Ba^{2+}、Sr^{2+}、Pb^{2+}等
	硫酸二甲酯	$(CH_3)_2SO_4 + 2H_2O = 2CH_3OH + 2H^+ + SO_4^{2-}$	Ba^{2+}、Sr^{2+}、Pb^{2+}等
PO_4^{3-}	磷酸三甲酯	$(CH_3)_3PO_4 + 3H_2O = 3CH_3OH + H_3PO_4$	Zr^{4+}、Hf^{4+}等
	尿素+磷酸盐		Be^{2+}、Mg^{2+}等
S^{2-}	硫代乙酰胺	$CH_3CSNH_2 + H_2O = CH_3CONH_2 + H_2S$	多种硫化物沉淀
CO_3^{2-}	三氯乙酸	$Cl_3CCOOH + 2OH^- = CHCl_3 + CO_3^{2-} + H_2O$	Ca^{2+}等
Ba^{2+}	Ba-EDTA	$BaY^{2-} + 4H^+ = H_4Y + Ba^{2+}$	SO_4^{2-}
AsO_4^{3-}	亚砷酸盐+硝酸盐	$AsO_3^{3-} + NO_3^- = AsO_4^{3-} + NO_2^-$	ZrO^{2+}

另外，采用均匀沉淀法还可以制备纳米材料，方法简单、成本低廉。例如，制备纳米 ZnO 时，以尿素为沉淀剂，随着温度的升高，尿素在溶液中水解形成的构晶离子 OH^-、CO_3^{2-} 与 Zn^{2+} 反应，生成碱式碳酸锌水合物 $Zn_4CO_3(OH)_6$，煅烧后可得到纳米 ZnO。

7.6　称量形式的获得与重量分析法的计算

7.6.1　称量形式的获得

沉淀重量法中，沉淀需要过滤、洗涤、烘干或灼烧，使其转化成称量形式进行称量。沉淀的过滤和洗涤常采用倾泻法。根据沉淀性质的不同可以选用不同的过滤方式。对于需要烘干的沉淀，应采用适当孔径的玻璃砂芯坩埚或漏斗减压抽滤；对于需要高温灼烧的沉淀，应用无灰定量滤纸在玻璃漏斗中过滤。细晶形沉淀如 $BaSO_4$、CaC_2O_4 等，常采用致密的慢速滤纸；粗晶形沉淀如 $MgNH_4PO_4 \cdot 6H_2O$ 等，常用中速滤纸；无定形沉淀如 $Fe_2O_3 \cdot nH_2O$、$Al_2O_3 \cdot nH_2O$ 等，应采用快速滤纸。

过滤和洗涤的目的是使沉淀与母液中其他组分分离。对于溶解度足够小、不易形成胶体的沉淀，可以直接用水洗；对于易形成胶体的沉淀，则需用稀的、易挥发的电解质水溶液洗涤；对于溶解度较大的沉淀，可以先用稀沉淀剂洗，如 $BaSO_4$ 用稀硫酸洗，CaC_2O_4 用稀 $(NH_4)_2C_2O_4$ 溶液洗，再用少量水洗去残留的沉淀剂。

沉淀洗涤完成后，需要烘干或灼烧，以获得合适的称量形式。对于具有固定组成的沉淀物，在 105～120℃烘干至恒量，即可得到称量形式；如果沉淀是含固定结晶水的化合物，如 $CaC_2O_4 \cdot H_2O$、$Mg(C_9H_6NO)_2 \cdot 2H_2O$，需在 105～110℃烘干，仍以上述化学式作为称量形式；如果沉淀内部含有包藏水或固体表面有吸附水，必须高温灼烧至恒量。例如，$BaSO_4$ 沉淀内部含有以固溶液形式存在的包藏水，必须灼烧至 850℃以上，使晶粒爆裂后除去。对于没有固定组成或组成不稳定的沉淀，如 $Fe_2O_3 \cdot nH_2O$、$Al_2O_3 \cdot nH_2O$、$MgNH_4PO_4 \cdot 6H_2O$、铜铁试剂等，需在高温(1100～1200℃)下灼烧使其转变成适当的称量形式。高温灼烧必须进行坩埚和样品的恒量操作，非常耗时。近年来，微波炉干燥法用于干燥 $BaSO_4$，获得了理想的结果，可以缩短重量分析法的时间。

7.6.2　重量分析法的计算

沉淀经过滤、洗涤、烘干或灼烧后，即可用分析天平准确称量其质量。如果沉淀的称量形式 P 与待测组分 X 的形式相同，则其质量相等，由称量形式的质量 m_P 与试样的质量 m_s 可直接计算待测组分的质量分数：

$$w = \frac{m_X}{m_s} \times 100\% = \frac{m_P}{m_s} \times 100\%$$

如果沉淀的称量形式 P 与待测组分 X 的形式不同，则需要进行质量换算后再计算，计算式为

$$w = \frac{F m_P}{m_s} \times 100\%$$

式中，F 为待测组分的摩尔质量与相当的称量形式的摩尔质量之比，称为换算因数(stoichiometric factor)，或称重量分析因数。当待测组分 X 与称量形式 P 的化学计量关系为

$$a\text{X} \sim b\text{P}$$

则

$$F = \frac{a}{b}\frac{M_X}{M_P}$$

式中，M_X 和 M_P 分别为 X 和 P 的摩尔质量。因此，沉淀称量形式的质量乘以换算因数就可以得到待测组分的质量，即 $m_X = F m_P$。

通常，只要正确写出换算因数的表达式，就很容易求出重量分析的结果。另外，对于多种元素的共同测定，可以通过解联立方程的方法求出最后的结果。

例 7-6　将某铁矿试样 0.6235 g 溶解后，使 Fe^{3+}沉淀为 $Fe(OH)_3$，最后灼烧为 Fe_2O_3，称得 Fe_2O_3的质量为 0.2052 g，求此铁矿中分别以 Fe 和 Fe_3O_4表示测定结果的质量分数。

解　由化学计量关系 $2Fe \sim Fe_2O_3$，$2Fe_3O_4 \sim 3Fe_2O_3$ 得，以 Fe 表示测定结果的换算因数为

$$F = \frac{2M_{Fe}}{M_{Fe_2O_3}} = \frac{2 \times 55.845}{159.69} = 0.6994$$

则 Fe 的质量分数为

$$w = \frac{0.6994 \times 0.2052}{0.6235} \times 100\% = 23.02\%$$

以 Fe_3O_4表示测定结果的换算因数为

$$F = \frac{2M_{Fe_3O_4}}{3M_{Fe_2O_3}} = \frac{2 \times 231.54}{3 \times 159.69} = 0.9666$$

则 Fe_3O_4的质量分数为

$$w = \frac{0.9666 \times 0.2052}{0.6235} \times 100\% = 31.81\%$$

例 7-7　称取不纯的 NaCl 和 NaBr 混合物 0.5000 g，溶解后，加入 $AgNO_3$沉淀剂，得到 AgCl 和 AgBr 沉淀的质量为 0.5260 g。将此沉淀在氯气流中加热，使 AgBr 转化为 AgCl，再称其质量为 0.4260 g。求试样中 NaCl 和 NaBr 的质量分数。

解　设沉淀混合物中 AgCl 的质量为 x g，AgBr 的质量为 y g，依题意得

$$\begin{cases} x + y = 0.5260 \\ x + y\dfrac{M_{AgCl}}{M_{AgBr}} = x + y\dfrac{143.32}{187.78} = 0.4260 \end{cases}$$

解得 $x = 0.1041$ g，$y = 0.4219$ g。

$$w_{NaCl} = \frac{\dfrac{M_{NaCl}}{M_{AgCl}}x}{0.5000} \times 100\% = \frac{\dfrac{58.44}{143.32} \times 0.1041}{0.5000} \times 100\% = 8.491\%$$

$$w_{NaBr} = \frac{\dfrac{M_{NaBr}}{M_{AgBr}}y}{0.5000} \times 100\% = \frac{\dfrac{102.90}{187.78} \times 0.4219}{0.5000} \times 100\% = 46.23\%$$

思考题和习题

1. 解释下列现象：

(1) CaF_2 在 pH 2.0 溶液中的溶解度比在 pH 6.0 溶液中的溶解度大。

(2) Ag_2CrO_4 在 1.0 mmol · L^{-1} K_2CrO_4溶液中的溶解度比在 1.0 mmol · L^{-1} $AgNO_3$ 溶液中的溶解度大。

(3) CaC_2O_4 沉淀要用水洗涤，而 AgCl 沉淀要用稀 HNO_3 溶液洗涤。

(4) $MgNH_4PO_4$ 沉淀要陈化，而 $Fe_2O_3 \cdot nH_2O$ 沉淀不要陈化。

(5) AgCl 和 $BaSO_4$ 的 K_{sp} 值差不多，但控制条件可以得到 $BaSO_4$ 晶形沉淀，而 AgCl 只能得到无定形沉淀。

(6) ZnS 在 CuS 沉淀表面而不在 $BaSO_4$ 沉淀表面上后沉淀。

2. 均匀沉淀法有何优点？试举例说明。

3. AgCl 在 HCl 溶液中的溶解度随着 HCl 浓度的增大先减小，然后又逐渐增大，最后超过其在纯水中的溶解度，这是为什么？

4. 已知下列化合物在水中的溶解度，计算其溶度积常数：

(1) $Mg(OH)_2$　　4.26 mg·$(500\ mL)^{-1}$

(2) $Pb(IO_3)_2$　　3.9×10^{-5} mol · L^{-1}

(3) Ag_3AsO_4　　3.5×10^{-3} g · L^{-1}

(4) TlCl　　0.32 g · $(100\ mL)^{-1}$

5. 计算 $CaCO_3$ 在纯水中的溶解度和平衡时溶液的 pH。

(8.0×10^{-5} mol · L^{-1}；9.90)

6. 已知某金属氢氧化物 $M(OH)_2$ 的 $K_{sp}=4\times10^{-15}$，向 0.10 mol · L^{-1} M^{2+}溶液中加入 NaOH，忽略体积变化和各种羟基配位化合物，计算下列不同情况生成沉淀时的 pH：

(1) M^{2+}有 1%沉淀。

(2) M^{2+}有 99%沉淀。

(7.3；8.3)

7. 将固体 AgBr 和 AgCl 加入 100 mL 纯水中，不断搅拌使其达到平衡。计算溶液中 Ag^+的浓度。

(1.34×10^{-5} mol · L^{-1})

8. 计算下列微溶化合物的溶解度：

(1) $BaSO_4$ 在 0.10 mol · L^{-1} NaCl 溶液中(考虑盐效应)。

(2) $PbSO_4$ 在 0.10 mol · L^{-1} HNO_3 溶液中(考虑酸效应)。

(3) CuS 在 pH=0.5 的饱和 H_2S 溶液中($[H_2S]\approx0.1$ mol · L^{-1}，考虑酸效应)。

(4) CuS 在纯水中(考虑 S^{2-}的水解)。

(2.9×10^{-5} mol · L^{-1}；0.42 mol · L^{-1}；6.5×10^{-15} mol · L^{-1}；1.2×10^{-14} mol · L^{-1})

9. 计算 CaC_2O_4 在下列溶液中的溶解度：

(1) 在 pH=4.0 的 HCl 溶液中。

(2) 在 pH=3.0 含草酸总浓度为 0.010 mol · L^{-1} 的溶液中。

(7.2×10^{-5} mol · L^{-1}；3.4×10^{-6} mol · L^{-1})

10. 考虑配位效应，计算下列微溶物的溶解度：

(1) AgBr 在 1.0 mol · L^{-1} NH_3 溶液中。

(2) $BaSO_4$ 在 pH=7.0 的 0.010 mol · L^{-1} EDTA 中。

(2.4×10^{-3} mol · L^{-1}；1.9×10^{-4} mol · L^{-1})

11. 为防止 AgCl 从含有 0.010 mol · L^{-1} $AgNO_3$ 和 0.010 mol · L^{-1} NaCl 的溶液中析出，应加入氨的总浓度为多少(忽略溶液体积变化)?

(0.24 mol · L^{-1})

12. 今有 pH=3.0，含有 0.010 mol · L^{-1} EDTA、0.010 mol · L^{-1} HF 和 0.010 mol · L^{-1} $CaCl_2$ 的溶液。

(1) EDTA 对沉淀的配位效应是否可以忽略？

(2) 能否生成 CaF_2 沉淀？

(可以忽略；能)

13. 下列情况下有无沉淀生成？

(1) 0.001 mol · L^{-1} $Ca(NO_3)_2$ 溶液与 0.010 mol · L^{-1} NH_4HF_2 溶液等体积混合。

(2) 0.1 mol · L^{-1} $[Ag(NH_3)_2]^+$的 1 mol · L^{-1} NH_3 溶液与 1 mol · L^{-1} KCl 溶液等体积混合。

(3) 0.010 mol · L^{-1} $MgCl_2$溶液与 0.1 mol · L^{-1} NH_3-1 mol · L^{-1} NH_4Cl 溶液等体积混合。

(有；有；无)

14. 计算 CdS 在 pH=9.0、NH_3- NH_4^+ 总浓度为 0.2 mol · L^{-1} 的缓冲溶液中的溶解度(忽略离子强度和 Cd^{2+} 的羟基配位化合物的影响)。

(3.5×10^{-8} mol · L^{-1})

15. 考虑生成羟基配位化合物的影响，计算 $Zn(OH)_2$ 在 pH=9 的溶液中的溶解度。此时溶液中 Zn^{2+}的主要存在形式是什么？

(2.4×10^{-7} mol · L^{-1}；$[Zn(OH)_3]^-$、$Zn(OH)_2$)

16. Ag^+与 Cl^-生成 AgCl 沉淀和 $AgCl_{水}$、$[AgCl_2]^-$配位化合物。

(1) 计算$[Cl^-]$=0.1 mol · L^{-1} 时 AgCl 沉淀的溶解度。

(2) $[Cl^-]$多大时，AgCl 沉淀的溶解度最小？

(2.2×10^{-6} mol · L^{-1}；3.0×10^{-3} mol · L^{-1})

17. 计算下列换算因数：

(1) 根据 $BaSO_4$ 测定 $K_2SO_4 \cdot Al_2(SO_4)_3 \cdot 24H_2O$。

(2) 根据 $Mg_2P_2O_7$ 测定 $MgSO_4 \cdot 7H_2O$。

(3) 根据$(NH_4)_3PO_4 \cdot 12MoO_3$ 测定 P_2O_5。

(4) 根据 $Al(C_9H_6ON)_3$ 测定 Al_2O_3。

(5) 根据$(UO_2)_2P_2O_7$ 测定 U_3O_8。

18. 称取纯 NaCl 0.5805 g，溶于水后用 $AgNO_3$ 溶液处理，定量转化后得到 AgCl 沉淀 1.4236 g。已知 Cl 和 Ag 的相对原子质量分别为 35.453 和 107.868，计算 Na 的相对原子质量。

(22.990)

19. 称取含硫的纯有机化合物 1.0000 g，首先用 Na_2O_2 熔融，使其中的硫定量转化为 Na_2SO_4，然后溶解于水，用 $BaCl_2$ 溶液处理，定量转化为 $BaSO_4$ 沉淀 1.0890 g。计算有机化合物中硫的质量分数；若有机化合物的摩尔质量为 214.33 g · mol^{-1}，求该有机化合物化学式中硫原子的个数。

(14.96%；1)

第 8 章　分光光度法

分光光度法(spectrophotometry)是基于待测物质的分子对光具有选择吸收的特性而建立的分析方法。与化学分析方法相比，分光光度法灵敏度高，适合于微量和痕量组分分析，准确度高，选择性和重现性好，操作简便快速，应用范围广泛。研究物质在紫外、可见光区的分子吸收光谱的分析方法称为紫外-可见分光光度法。本章主要介绍可见光区的分光光度法。

分光光度法属于仪器分析方法，但是该方法通常是以配位反应为基础进行待测离子的显色测定，所以很多化学分析教材中加入了分光光度法。当然，在学习化学分析方法之后，学习以分光光度法为代表的一种仪器分析方法，可以直接进行两类方法的比较，加深对两类方法的理解。

本章内容主要有分光光度法的原理、仪器和应用三个部分：

(1) 原理：介绍分光光度法定性分析和定量分析的理论依据，理解物质对光具有选择性吸收的特性和朗伯-比尔定律中吸光度与浓度之间的定量关系。

(2) 仪器：介绍分光光度计的基本构成。

(3) 应用：介绍几种常见分光光度法及其应用。

8.1　物质对光的选择性吸收和光吸收基本定律

8.1.1　物质对光的选择性吸收

光是一种电磁波，可见光的波长范围为 400～750 nm。单一波长的光称为单色光，由不同波长的光组合而成的光称为复合光。例如，太阳光即日光，也称为白光，是由不同波长的单色光按一定的比例混合而成。若两种特定颜色的单色光按一定的比例混合得到白光，那么两种单色光就称为互补光，这种现象称为光的互补。例如，将一定比例的蓝光与黄光混合就可以得到白光，所以蓝光和黄光就是互补光。不同颜色的可见光波长及其互补光列于表 8-1。当用白光照射某物质上，如果溶液吸收了某种颜色的光，透过光就是其对应的互补光，物质呈现的也就是这种互补光的颜色。

表 8-1　不同颜色的可见光波长及其互补光

λ/nm	颜色	互补光
400～450	紫	黄绿
450～480	蓝	黄
480～490	绿蓝	橙
490～500	蓝绿	红
500～560	绿	红紫
560～580	黄绿	紫
580～610	黄	蓝

续表

λ/nm	颜色	互补光
610～650	橙	绿蓝
650～760	红	蓝绿

光具有波粒二象性，光的波动性表现为光有波长或频率，能发生干涉和衍射；光的粒子性表现为光是以光速运动的粒子(也称光子)，可以发生光电效应。普朗克(Planck)公式揭示了光的波粒二象性之间的关系：

$$E = h\nu = \frac{hc}{\lambda}$$

式中，E 为光子的能量(J，焦耳)；ν 为光子的频率(Hz，赫兹)；c 为光速(2.998×10^{10} cm · s^{-1})；λ 为光子的波长(cm)；h 为普朗克常量(6.626×10^{-34} J · s)。可见，光子的能量与光子的频率成正比，与光子的波长成反比，即光子的频率越高或者光子的波长越短，则光子的能量越高。

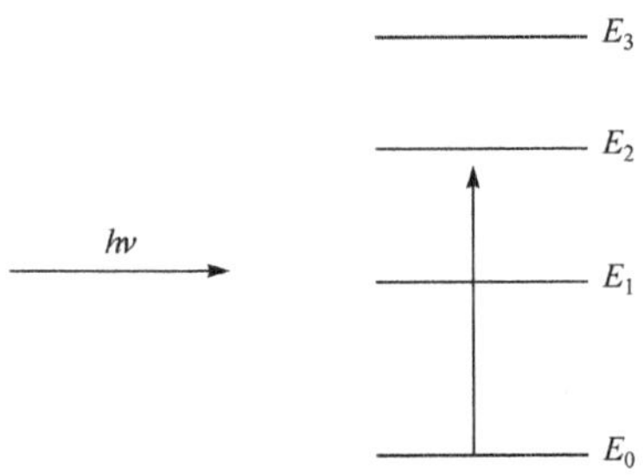

图 8-1　分子能级示意图

分子对光的吸收过程非常复杂，这源于分子结构的复杂性。物质的分子具有特征的电子能级，如图 8-1 所示，E_0 为能级最低的基态，E_1、E_2 和 E_3 分别代表第一、第二和第三激发态，通常分子处于基态。每一个电子能级中又包括很多振动能级，每一振动能级中又包括很多转动能级。当一束光照射物质时，物质的分子可能吸收光子的能量而发生电子能级的跃迁，同时伴随着振动和转动能级的改变，这就是分子对光的吸收。由光量子理论可知，光的能量是不连续的，只有当某波长光的能量恰好与物质分子的两个能级差相等时，物质才会选择性吸收这一波长的光而产生能级的跃迁。不同物质的电子结构不同，物质选择性吸收光的波长也不同，这就构成了物质对光选择吸收的基础，也就是分光光度法定性分析的理论基础。

例如，A 物质的基态和激发态能级差 $E_1 - E_0 = 2.500$ eV，根据普朗克公式，可以计算相应的吸收光波长为

$$\lambda_A = \frac{hc}{\Delta E} = \frac{6.626\times10^{-34}\times2.998\times10^{10}}{2.500\times1.6\times10^{-19}}$$
$$= 4.774\times10^{-5}(\text{cm}) = 477.4(\text{nm})$$

B 物质的基态和激发态能级差 $E_1 - E_0 = 2.000$ eV，同理，得到吸收光的波长为

$$\lambda_B = \frac{hc}{\Delta E} = 620.6\ \text{nm}$$

即 A 物质与 B 物质的电子结构不同，吸收光的波长也不同。因此，不同的物质对光的吸收具有选择性。

物质对光的选择性吸收可以用谱图直观描述。即用连续改变波长的单色光照射物质，测定每一波长处的吸光度(物质对光吸收程度的度量数据)，以波长为横坐标，吸光度为纵坐标作图，可以得到吸光度随波长改变而改变的曲线，即称为吸收光谱或吸收曲线，其中吸光度 A 最大处的波长称为最大吸收波长，用 λ_{max} 表示。如图 8-2 所示，物质 A 与 B 的吸收曲线形状

不同，最大吸收波长也不同，由此构成了物质 A 和 B 定性分析的基础。

例如，图 8-3 是苯和甲苯在环己烷溶液中的吸收光谱。其中，苯在环己烷溶液中的最大吸收波长 λ_{max}= 254 nm，而甲苯在环己烷溶液中的最大吸收波长 λ_{max}= 262 nm。显然，苯和甲苯的吸收光谱形状不同，最大吸收波长也不同，据此可以对苯和甲苯进行定性分析。

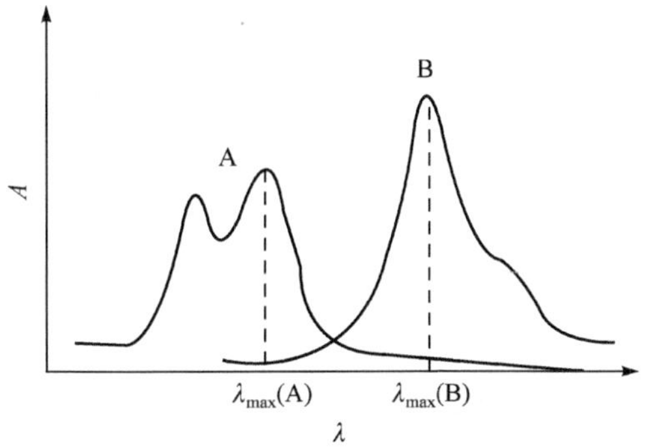

图 8-2　物质 A 与 B 的吸收光谱

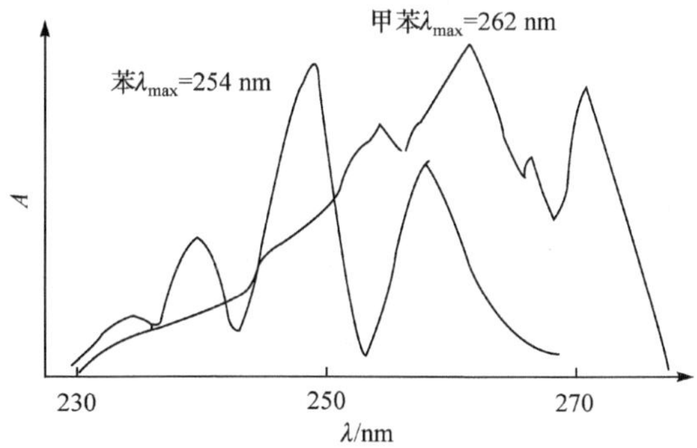

图 8-3　苯和甲苯在环己烷溶液中的吸收光谱

分子电子能级跃迁的同时会伴随着振动能级和转动能级的跃迁，由此产生具有一定波长范围的电子-振动-转动光谱，即分子吸收光谱是较宽的吸收带。

8.1.2　光吸收基本定律

1. 吸光度与透光率

当一束平行光通过厚度为 b 的均匀介质时，一部分光被吸收，另一部分光透过溶液，还有一部分光被器皿表面反射，如图 8-4 所示。

设入射光强度为 I_0，吸收光强度为 I_a，透过光强度为 I_t，反射光强度为 I_r，则

$$I_0 = I_a + I_t + I_r$$

通常，反射光较弱，而且反射光的影响可以利用参比溶液进行消除，所以

$$I_0 = I_a + I_t$$

透射光光强与入射光光强的比值称为透光率(transmittance，T)，又称为透射比或透光度。

$$T = \frac{I_t}{I_0} \tag{8-1}$$

T 的取值范围为 0.0%～100.0%，入射光被全部吸收时，T = 0.0%；入射光被全部透射时，T = 100.0%。T 越大，表示物质对光的吸收越弱；T 越小，表示物质对光的吸收越强。

为了更直观地表示物质对光的吸光程度，将透光率的负对数定义为吸光度(absorbance，A)，即

$$A = \lg\frac{I_0}{I_t} = -\lg T \tag{8-2}$$

A 有意义的取值范围为 0～∞，即 T=100%或 T=1 时，A=0，表示物质对光完全没有吸收，入射光全部透过；当 T=0 时，A=∞，表示入射光全部被吸光物质吸收。A 越小，说明物质对光的吸收越弱；A 越大，说明物质对光的吸收越强。

图 8-5 直观显示出吸光度和透光率与浓度的关系，吸光物质浓度越大，A 值越大，T 值越小，说明吸收程度越大，透射光程度越小。

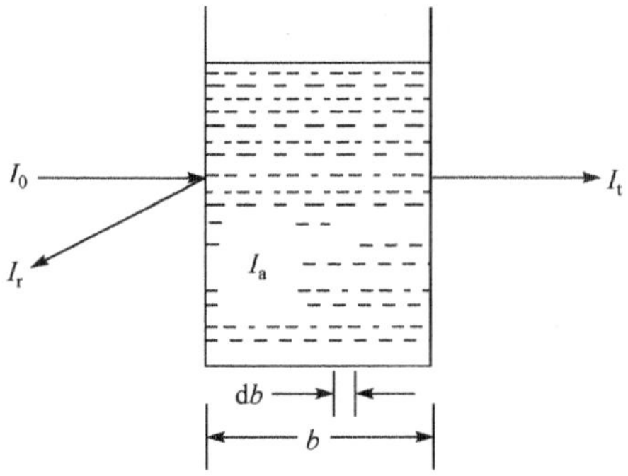

图 8-4　光通过吸光物质示意图

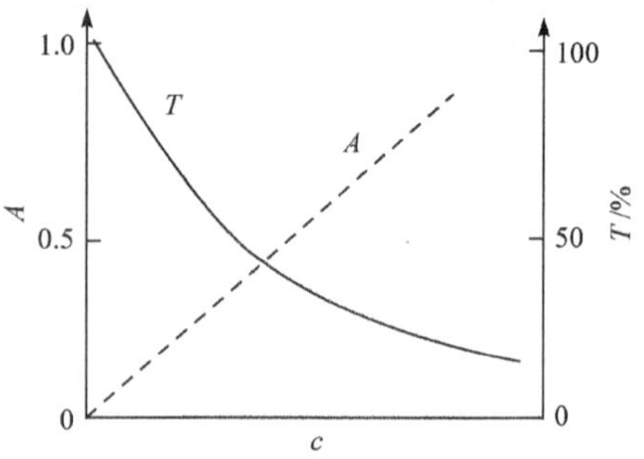

图 8-5　吸光度 A 和透光率 T 对浓度的关系曲线

2. 光吸收的基本定律

光吸收的基本定律，即朗伯-比尔定律，是分光光度法的定量依据。

1760 年，朗伯发现，当用适当波长的单色光照射固定浓度的溶液时，随着液层厚度的增加，吸光度成倍数增加，其吸光度与光透过的液层厚度成正比，称为朗伯定律。1852 年，比尔提出了液层厚度一定时，其吸光度与溶液浓度成正比，即比尔定律。由于溶液的浓度和液层厚度均会影响吸光度的数值，因此将朗伯和比尔定律合并，得到光吸收的基本定律，即朗伯-比尔定律，其数学表达式为

$$A = Kbc \tag{8-3}$$

式中，b 为液层厚度，又称为光程；c 为吸光物质的浓度；K 为比例常数，与入射光的波长、物质的性质、溶剂及温度等因素有关。

朗伯-比尔定律的物理意义是当一束平行单色光垂直照射到样品溶液时，溶液的吸光度与溶液的浓度及光程成正比。该定律应用的条件是入射光必须是垂直照射溶液的平行单色光，并且吸光质点均匀且形式不变，不发生聚合、解离、配位等反应，且溶液应为稀溶液。

在朗伯-比尔定律的表达式中，比例系数 K 的数值及单位与溶液的浓度和液层厚度单位有关，液层厚度的单位一般用 cm 表示，因此 K 的单位主要取决于浓度 c 的单位：

(1) 浓度单位为 $g \cdot L^{-1}$ 时，K 称为(质量)吸光系数，用 a 表示，单位是 $L \cdot g^{-1} \cdot cm^{-1}$。

(2) 浓度单位为 $mol \cdot L^{-1}$ 时，K 称为摩尔吸光系数，用 ε 表示，单位是 $L \cdot mol^{-1} \cdot cm^{-1}$。

摩尔吸光系数比(质量)吸光系数更常用，其物理意义是吸光物质的浓度为 1 $mol \cdot L^{-1}$、液层厚度为 1 cm 时，溶液中吸光物质对特定波长光的吸光度。

当溶液中有多种物质对入射光有吸收时，如果各吸光物质之间没有相互作用、不发生化学反应，则总吸光度即为各吸光物质的吸光度之和，称为吸光度的加和性：

$$A = A_1 + A_2 + \cdots + A_n$$

根据吸光度的加和性可以对溶液中多种吸光物质进行多组分定量分析，或者进行某些化学反应平衡常数的测定。

3. 灵敏度表示方法

1) 摩尔吸光系数

摩尔吸光系数 ε 反映了物质对光的吸收能力，其数值大小与吸光物质本身的性质有关，还与温度、入射光波长和溶剂等因素有关。

不同的吸光物质对光的吸收能力不同，因此不同物质的摩尔吸光系数不同。同一吸光物

质在不同波长下的摩尔吸光系数不同，最大吸收波长 λ_{max} 处的摩尔吸光系数 ε_{max} 最大，表明了物质最大限度的吸光能力，也反映了光度法测定该物质能够达到的最大灵敏度。

通常认为，$\varepsilon_{max}>10^5\ L\cdot mol^{-1}\cdot cm^{-1}$ 时，用分光光度法测定该物质的灵敏度高；$\varepsilon_{max}<10^4\ L\cdot mol^{-1}\cdot cm^{-1}$ 时，灵敏度较低；ε_{max} 为 $10^4\sim10^5\ L\cdot mol^{-1}\cdot cm^{-1}$ 时，灵敏度中等。

摩尔吸光系数是测定较稀溶液的吸光度后，再用朗伯-比尔定律计算得到，而不是测定 $1\ mol\cdot L^{-1}$ 高浓度溶液的吸光度获得，因为分光光度法不适合测定浓度过高或过低组分。

例如，邻菲咯啉(邻二氮菲)显色法测定铁含量时，$\varepsilon_{510}=1.1\times10^4\ L\cdot mol^{-1}\cdot cm^{-1}$，显示出较高的灵敏度。

对于同一待测物质，不同的分光光度法具有不同的 ε_{max}，表明不同方法的灵敏度不同。例如，铜试剂显色法测定铜，$\varepsilon_{426}=1.28\times10^4\ L\cdot mol^{-1}\cdot cm^{-1}$；双硫腙显色法测定铜，$\varepsilon_{495}=1.58\times10^5\ L\cdot mol^{-1}\cdot cm^{-1}$，即双硫腙显色法测定铜具有更高的灵敏度。

例 8-1　某有色物质在波长为 510 nm 处的摩尔吸光系数为 $9.29\times10^4\ L\cdot mol^{-1}\cdot cm^{-1}$，用 1.00 cm 的比色皿测定其吸光度为 0.890，求此有色物质的浓度。

解　根据朗伯-比尔定律

$$A=\varepsilon bc$$

$$c=\frac{A}{b\varepsilon}=\frac{0.890}{1.00\times9.29\times10^4}=9.58\times10^{-6}(mol\cdot L^{-1})$$

2) 桑德尔灵敏度

分光光度法的灵敏度也常用桑德尔(Sandell)灵敏度 S 表示，其定义是当产生 0.001 吸光度时，单位截面积光程内所能检测到的吸光物质的量，单位为 $\mu g\cdot cm^{-2}$。S 越小，说明方法的灵敏度越高。

通过朗伯-比尔定律可以推导出桑德尔灵敏度与摩尔吸光系数的关系：

$$S=\frac{M}{\varepsilon} \tag{8-4}$$

例 8-2　用双硫腙比色法测定镉，已知含 Cd^{2+}浓度 $140\ \mu g\cdot L^{-1}$，比色皿厚度为 2 cm，在 $\lambda=520$ nm 处测得透光率为 60.3%，求吸光度、金属离子的摩尔吸光系数、金属离子的桑德尔灵敏度($M_{Cd}=112.4\ g\cdot mol^{-1}$)。

解

$$c_{Cd^{2+}}=\frac{140\times10^{-6}}{112.4}=1.25\times10^{-6}(mol\cdot L^{-1})$$

$$A=\lg\frac{1}{T}=-\lg T=-\lg 0.603=0.220$$

$$A=\varepsilon bc$$

$$\varepsilon=\frac{A}{bc}=\frac{0.220}{2\times1.25\times10^{-6}}=8.80\times10^4(L\cdot mol^{-1}\cdot cm^{-1})$$

$$S=\frac{M}{\varepsilon}=\frac{112.4}{8.80\times10^4}=1.28\times10^{-3}(\mu g\cdot cm^{-2})$$

例 8-3　用氯磺酚 S 测定钢中的铌，50 mL 容量瓶中含有 30 μg Nb，用 2 cm 比色池，在 650 nm 处测定吸光度 A=0.43，求桑德尔灵敏度(Nb 的相对原子质量为 92.91)。

解

$$A=\varepsilon bc$$

$$\varepsilon=\frac{A}{bc}=\frac{0.43}{2\times\dfrac{1000\times\dfrac{30}{50}\times10^{-6}}{92.91}}=3.3\times10^4\ (L\cdot mol^{-1}\cdot cm^{-1})$$

$$S = \frac{M}{\varepsilon} = \frac{92.91}{3.3 \times 10^4} = 2.8 \times 10^{-3} (\mu g \cdot cm^{-2})$$

8.2 分光光度计

各种分光光度计构造相同，基本部件一样，主要由光源、单色器、吸收池和检测器及数据处理系统组成。

8.2.1 光源

分光光度计对光源的基本要求是发光稳定、强度高、能量分布均匀，能够提供可覆盖广泛波长的复合光。

通常，分光光度计的可见光源用钨灯或卤钨灯，发出的连续光谱波长范围为 320～2500 nm。而紫外光源用氢灯或氘灯，波长范围为 165～350 nm。

8.2.2 单色器

单色器的作用是将光源发出的复合光分解为单色光。色散元件是单色器的核心，常用的是棱镜和光栅。

棱镜是根据光的折射原理将复合光色散为不同波长的单色光，再通过一个很窄的狭缝照射到吸收池上。玻璃会吸收紫外光，所以玻璃棱镜只用于可见光范围，石英棱镜则在紫外光和可见光范围均可使用。

光栅是由平行、等宽、等间隔的多个狭缝组成，是根据光的衍射和干涉原理将复合光色散为不同波长的单色光，再让所需波长的光通过狭缝照射到吸收池上。常用的光栅有平面透射光栅、反射光栅和衍射光栅。

与棱镜相比，光栅的优点有适用波长范围广、色散几乎不随波长改变，即同样大小的色散元件，光栅具有更好的色散和分辨能力。

8.2.3 吸收池

吸收池是指盛放试液的容器，也称为比色皿，由无色透明、耐腐蚀、化学性质相同、厚度相等的玻璃或石英制成，按其厚度分为 0.5 cm、1 cm、2 cm 和 3 cm 等规格。同样，玻璃会吸收紫外光，所以光学玻璃比色皿主要用于可见光区吸光度的测量，而石英材料制作的比色皿既可用于可见光区，也可用于紫外光区的吸光度测量。比色皿在使用中要注意保持清洁、透明，特别是要避免磨损透光面，所以使用时只能手持毛面。同时，要求盛装参比溶液和样品溶液的比色皿是匹配适用的。

8.2.4 检测器及数据处理系统

检测器的作用是将接收的光转换成电流信号进行测量，也称光电转换器。检测器包括硒光电池、光电管、光电倍增管和光电二极管阵列等多种类型，其中光电倍增管因灵敏度较高而被广泛使用。光电倍增管中有若干个称为倍增极的附加电极，可使微弱的光电流得以放大，1 个光子可产生 10^6～10^7 个电子。光电倍增管的灵敏度比光电管高 200 多倍，适用波长范围为 160～700 nm，在现代分光光度计中广泛应用。光电二极管阵列通常具有 316 个硅二极管，能同时测量 200～820 nm 的光谱，比单个检测器快 316 倍。

表头、记录仪、屏幕、数字显示等常用于信号输出装置。简易的可见分光光度计是指针式灵敏检流计，如 722 型等则是表头数字显示。而配置计算机终端的紫外-可见分光光度计是计算机屏幕显示数据，并且计算机软件可以直接将标准溶液的实验测定数据根据朗伯-比尔定律拟合成线性方程，并直接计算出待测溶液浓度。

虽然分光光度计的种类型号繁多，但是其类型主要有单波长单光束、单波长双光束和双波长三类。这里主要介绍单波长单光束和单波长双光束仪器。图 8-6 是单波长单光束分光光度计的光路示意图，由光源发出的复合光经单色器分光后的一束平行光轮流通过参比溶液和样品溶液，进行吸光度的测定。单波长单光束分光光度计结构简单，价格便宜，适合在给定波长处测量吸光度或透光率，一般不能做全波段光谱扫描。单波长单光束分光光度计上的拉杆通过往复推拉实现光束轮流通过参比和样品溶液，时间长了，容易造成光源和检测器的稳定性下降，可能会产生重复性差的问题，这是单波长单光束仪器使用过程中较明显的缺点，即测量结果易受光源波动性的影响，误差较大；使用时来回拉动吸收池易产生误差。

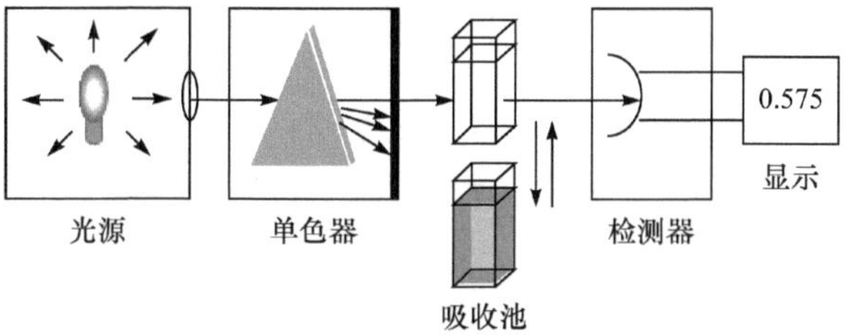

图 8-6　单波长单光束分光光度计

单波长双光束分光光度计可以解决单波长单光束分光光度计存在的光源不稳定而导致测试结果重现性差，且不能作全波段扫描的问题(图 8-7)。光源发出的复合光经单色器分光后，由斩光器将单色光分解为波长相同、强度相等的两束光，分别通过参比和样品溶液，由此可以消除光源不稳定性所带来的影响。单波长双光束分光光度计的特点是能够自动比较两束透过光的强度并将其转换为吸光度，并且可在短时间内获得全波段的扫描吸收光谱，适合结构分析。但是，该仪器构成较复杂，价格较高。

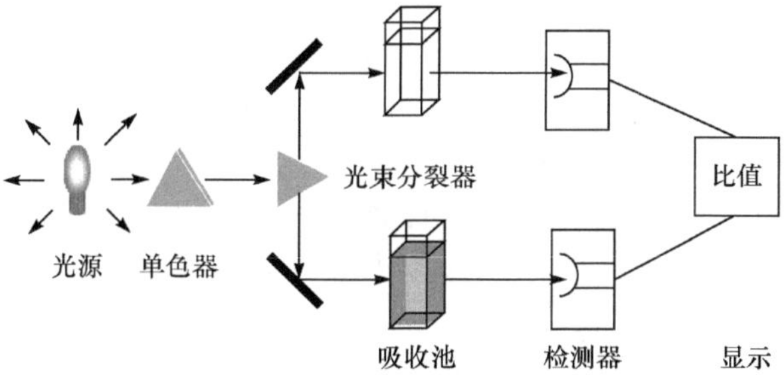

图 8-7　单波长双光束分光光度计

8.3　分光光度法的误差控制

8.3.1　仪器的测量误差

分光光度计中的电子元件自身性能的不稳定性会导致任何光度计都有一定的测量误差。

通常把仪器偶然因素而导致的误差称为噪声。对于一台特定的分光光度计，其测量误差主要来源于透光率 T 的读数误差，这种噪声引起的透光率的读数波动基本为一定值，一般为 0.002～0.01，该数据与 T 值无关，是由分光光度计决定。由于透光率 T 与浓度 c 的非线性关系，故相同的仪器读数误差 ΔT 引起的浓度测量误差 $\Delta c/c$ 并不相同。吸光度 A、透光率 T 及浓度的测量误差 $\Delta c/c$ 之间的关系推导如下：

当测定溶液吸光度时，其测定的绝对误差为 $\mathrm{d}A$，则测量的相对误差 E_r 为

$$E_r = \frac{\mathrm{d}A}{A}$$

根据朗伯-比尔定律

$$A = \varepsilon bc$$

当 b 为定值时，两边微分得

$$\mathrm{d}A = \varepsilon b\mathrm{d}c$$

两式相除得

$$\frac{\mathrm{d}A}{A} = \frac{\mathrm{d}c}{c}$$

即 A 与 c 测定的相对误差相等。吸光度 A 与透光率 T 的关系为

$$A = -\lg T = -0.434\ln T$$

两边微分得

$$\mathrm{d}A = \frac{-0.434\mathrm{d}T}{T}$$

$$\frac{\mathrm{d}A}{A} = \frac{\mathrm{d}T}{T\ln T}$$

因此，由仪器的读数误差引起的测量浓度 c 的相对误差 E_r 为

$$E_r = \frac{\mathrm{d}c}{c}\times 100\% = \frac{\mathrm{d}A}{A}\times 100\% = \frac{\mathrm{d}T}{T\ln T}\times 100\% \qquad (8\text{-}5)$$

可见，浓度的相对误差不仅与透光率的读数误差有关，也与透光度的大小有关。仪器一定时，透光率的读数误差是定值，则浓度的相对误差是透光率的函数。

若测定 T 的绝对误差为 $\mathrm{d}T = \Delta T = \pm 0.01$，则

$$E_r = \frac{\Delta T}{T\ln T}\times 100\% = \pm\frac{1}{T\ln T}\%$$

计算不同 T 值对应的相对误差绝对值 $|E_r|$，可以作出 $|E_r|$-T 关系曲线，见图 8-8。可见，当透光率 T = 15%～65%，即相应吸光度值 A = 0.8～0.2 时，测量的相对误差 $|E_r|$ ≤4%，这个读数范围内，由吸光度或透光率引起的待测物质浓度的相对误差较小，即为透光率或吸光度的最佳读数范围。在实际测定中，可以通过调节溶液的浓度或比色皿的厚度，将吸光度的读数控制在 0.2～0.8。对浓度相对误差的表达式求极值，可以得到浓度相对误差最小时透光率为 36.8%，相应的吸光度为 0.434，此时的浓度相对误差最小。

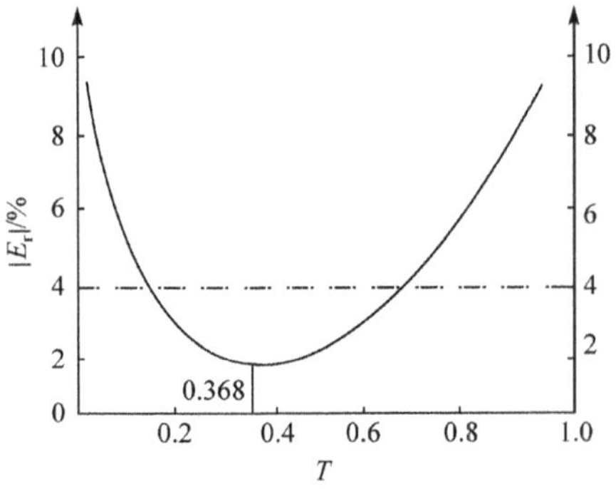

图 8-8　$|E_r|$-T 关系曲线

8.3.2　对朗伯-比尔定律的偏离

在光度法测定中，根据朗伯-比尔定律，吸光度与吸光物质的浓度成正比，由此可以制作标准曲线，即在一定的测定波长和其他固定条件下，测定一系列不同浓度的标准溶液的吸光度，以标准溶液的浓度为横坐标，相应的吸光度为纵坐标进行作图，得到一条通过原点的直线，即标准曲线或校准曲线，如图 8-9 所示的直线。测定未知液的吸光度后，在标准曲线上就可以查得相应的未知物含量。

在实际分析中，经常出现标准曲线不成直线的情况，即产生了对朗伯-比尔定律的偏离。特别是当吸光物质浓度较高时，明显看到通过原点向浓度轴弯曲的现象(个别情况会向吸光度轴弯曲)。如果在曲线弯曲部分进行定量分析，将会引起较大误差。

引起偏离的原因主要是溶液或仪器条件不满足朗伯-比尔定律的理想条件。具体可以描述为以下三类。

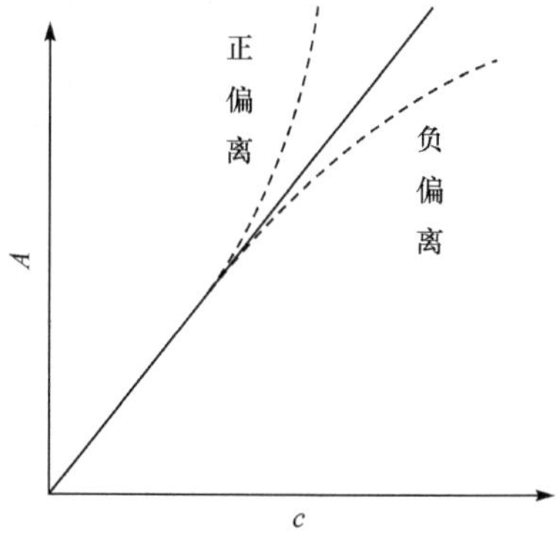

图 8-9　标准曲线对朗伯-比尔定律的偏离

1. 非单色光引起的偏离

朗伯-比尔定律应用的前提是单色光，而实际工作中，单色器的色散能力有限，并且分光系统的出口狭缝总有一定的宽度，造成各种分光光度计照射到样品的入射光都是具有一定波长范围的复合光。由于波长一定时，ε 值一定，而波长不同时，ε 值不同，因此非单色光将导致对朗伯-比尔定律的偏离，非单色光会引起正偏离或负偏离。

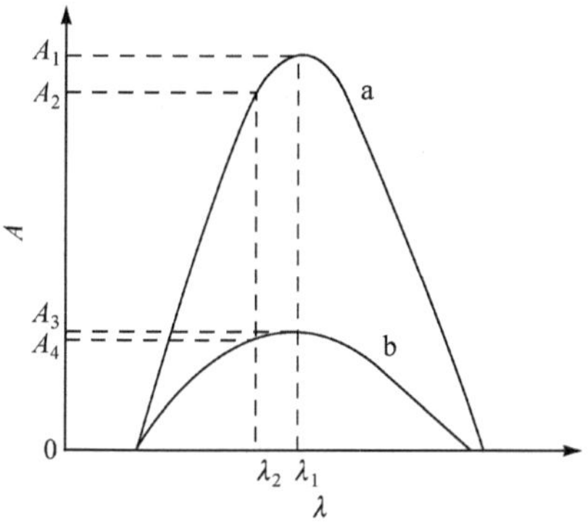

图 8-10　非单色光对朗伯-比尔定律的偏离

如图 8-10 所示，如果复合光由 λ_1 和 λ_2 组成，对于不同浓度的 a 溶液和 b 溶液，引起的吸光度的偏差不一样，浓度大的 a 溶液复合光引起的误差比 b 溶液大。因此，为了减少非单色光带来的影响，应尽量使用较好的单色器，并且选用峰值波长 λ_{max} 进行测定。因为 λ_{max} 附近小范围内吸收曲线较平坦，λ_{max} 附近各波长的 ε 大体相等，所以在 λ_{max} 处非单色光引起的偏离比在其他波长处小得多。并且选用峰值波长 λ_{max}，也可以得到较高的灵敏度。

2. 介质不均匀引起的偏离

朗伯-比尔定律要求待测溶液均匀、对入射光无散射。如果待测液是胶体、悬浮液、乳浊液等非均匀介质，就会对光产生散射，使实测吸光度增加，导致标准曲线偏离直线而向吸光度轴弯曲，产生正偏差。因此，光度法测定中，样品溶液必须是均匀、对光无散射的溶液。

3. 化学反应引起的偏离

吸光物质的化学反应如解离、聚合、互变异构和配合物的形成等会造成吸光物质浓度的变化，吸光度随之改变，也会引起对朗伯-比尔定律的偏离。

例如，$K_2Cr_2O_7$溶液存在如下平衡：

$$Cr_2O_7^{2-} + H_2O \rightleftharpoons 2H^+ + 2CrO_4^{2-}$$

若将溶液稀释或使溶液酸度降低，则平衡向右移动，溶液中主要存在形式为CrO_4^{2-}，则吸光质点$Cr_2O_7^{2-}$浓度较低，因此$Cr_2O_7^{2-}$最大吸收波长处的吸光度值随之降低，从而引起标准曲线弯曲，即引起标准曲线对朗伯-比尔定律的偏离。稀释倍数越大，或酸度越低，$Cr_2O_7^{2-}$浓度就会降低越多，标准曲线弯曲越严重。因此，不对溶液进行稀释并控制溶液的酸度就可以避免这种偏离。

又如，KSCN 与 Fe^{3+}形成的红色配合物 $Fe(SCN)_3$，在溶液中存在解离平衡：

$$Fe(SCN)_3 \rightleftharpoons 3SCN^- + Fe^{3+}$$

将溶液稀释后，平衡向右移动，解离度增大，当溶液体积增大一倍时，配合物 $Fe(SCN)_3$的浓度降低一半以上，故吸光度降低一半以上，导致偏离朗伯-比尔定律。

8.4　显色反应及其影响因素

8.4.1　显色反应

在可见分光光度法中，如果待测组分本身有较深的特征颜色，就可以直接进行定性、定量分析。而无色或浅色组分需要与合适的试剂进行反应，定量生成有色化合物，再进行光度法测定，这是分光光度法测定无机离子最常用的方法。这种将无色或浅色的无机离子转变为有色离子或配合物的反应称为显色反应，所用的试剂称为显色剂。

1. 对显色反应的基本要求

(1) 灵敏度高：显色产物的摩尔吸光系数 $\varepsilon > 10^4\ L \cdot mol^{-1} \cdot cm^{-1}$。

(2) 选择性好：显色剂只与待测物发生显色反应，与其他物质不发生反应。

(3) 产物的化学组成稳定：即显色产物符合一定的化学式。

(4) 化学性质稳定：即显色产物不受外界环境因素影响，如日照、空气中的氧及二氧化碳不影响其稳定性，而且没有其他化学反应。

(5) 显色产物与显色剂颜色差异明显：即显色剂的 λ_{max}和显色产物的 λ_{max}差别大，其吸收峰波长差 $\Delta\lambda > 60$ nm($\Delta\lambda$ 称为对比度)，这样显色试剂造成的干扰小。

(6) 显色条件易于控制：保证重现性好。

2. 显色反应的类型

常见的显色反应有氧化还原反应和配位反应等。

1) 氧化还原显色反应

氧化还原显色反应是指加入氧化剂或还原剂而生成有色氧化产物或还原产物进行定量分析。例如，Mn^{2+}和 Cr^{3+}的测定中，可以经氧化后生成紫红色的MnO_4^-和橙色的$Cr_2O_7^{2-}$进行分光光度法定量分析。

2) 配位显色反应

配位反应具有更广泛的适用性，几乎所有的金属离子都有相应的显色反应。其本质是金属离子与配位显色剂形成配合物，产生电荷转移跃迁产生很强的吸收，实现金属离子的高灵敏度检测。

常用的无机显色剂有过氧化氢、硫氰酸铵和碘化钾等。由于多数无机显色剂与待测物质生成的配合物较不稳定，且灵敏度不高，选择性较差，所以无机显色剂在显色反应中应用较少。

大多数有机显色剂与待测物生成稳定的具有特征颜色的配合物，灵敏度高，选择性好。有机显色剂的种类较多，常见的有机显色剂有：

(1) 偶氮类显色剂：偶氮类显色剂能与许多金属离子生成具有特征颜色的螯合物，反应前后颜色发生明显变化，应用广泛。

例如，偶氮胂Ⅲ适用于测定 Zr(Ⅳ)、Th(Ⅳ)、U(Ⅳ)和稀土元素等。

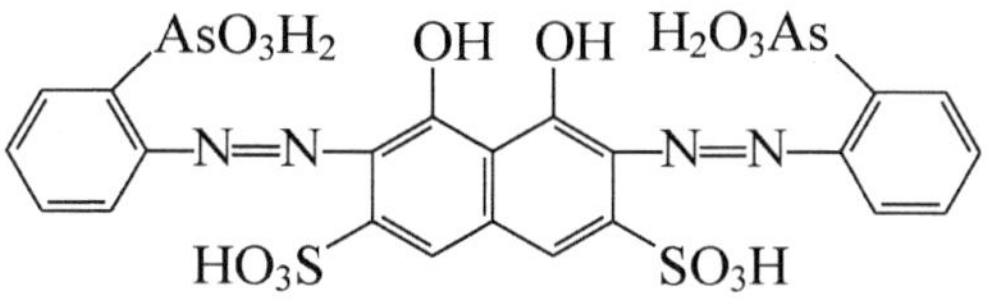

偶氮胂Ⅲ

(2) 三苯甲烷类显色剂：常用的三苯甲烷类显色剂有铬天菁 S、结晶紫和罗丹明 B 等。例如，铬天菁 S 测定 Al^{3+}的灵敏度高，重现性好，常应用于光度法测定。

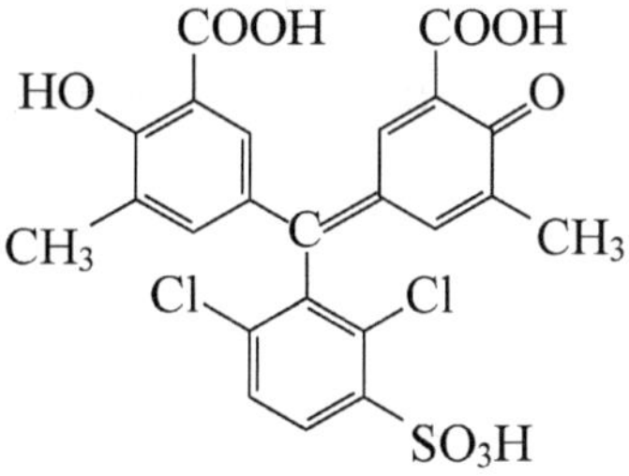

铬天菁 S

(3) 肟类显色剂：丁二酮肟常应用于光度法测定 Ni^{2+}和 Pd^{2+}。

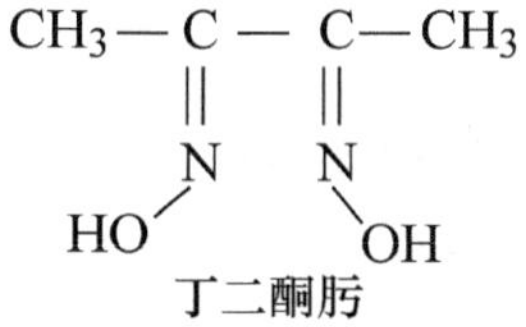

丁二酮肟

此外，还有卟啉类显色剂和磺基水杨酸、二苯硫腙、1，10-邻二氮菲等。其中，1，10-邻二氮菲是目前测定微量 Fe^{2+}的常用显色剂，通常是先用还原剂将 Fe^{3+}还原为 Fe^{2+}，控制溶液 pH 5～6，1, 10-邻二氮菲与 Fe^{2+}生成橘红色螯合物，该螯合物在 510 nm 处的摩尔吸光系数为 $1.1\times10^4\ L\cdot mol^{-1}\cdot cm^{-1}$。该显色反应如下：

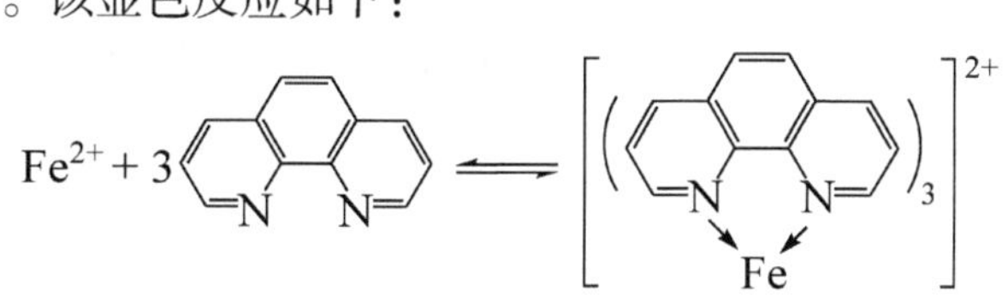

3. 多元配位化合物

三元配合物的形成或加入表面活性剂可以有效提高光度法的灵敏度，因为三元配合物的形成往往改善了吸光性质，而表面活性剂对一些显色剂有胶束增溶作用。

例如，铬天菁 S 测定 Al^{3+}的螯合物摩尔吸光系数 $\varepsilon_{545}=4\times10^4$ L · mol^{-1} · cm^{-1}，当加入表面活性剂 OP10(乳化剂烷基酚聚氧乙烯醚)后，形成的三元配合物的摩尔吸光系数 $\varepsilon_{638}=1.3\times10^5$ L · mol^{-1} · cm^{-1}，显然灵敏度提高，并且表面活性剂的加入使吸收峰向长波移动，称为红移。

常见的多元配合物有混配化合物，如 Nb-5-Br-PADAP-酒石酸；离子缔合物，如 $AuCl_4^-$-罗丹明 B；金属离子-配体-表面活性剂体系，如 Mo-水杨基荧光酮-CTMAB 等。

8.4.2　显色反应的影响因素

显色反应进行的程度除了与显色剂性质有关，还受反应条件影响，如溶液酸度、显色剂用量、反应温度及时间、共存离子干扰等。因此，在光度法测定中，需要对这些反应条件进行选择和控制。

进行显色反应条件选择时，主要是单因素试验法，即固定其他因素不变，改变其中一个因素，测定吸光度，绘制吸光度随该因素改变而改变的响应曲线，选择最佳的实验条件。

1. 溶液酸度

溶液的酸度是影响显色反应的重要条件。

许多有机显色剂是有机弱酸，酸度的改变直接影响显色剂的平衡浓度，从而影响其显色反应的程度。例如，金属离子 M^+和显色剂 HR 的配位显色反应：

$$M^+ + HR \rightleftharpoons MR + H^+$$

显然，酸度增加会使配位显色反应平衡向左位移，而酸度降低可能会引起金属离子的水解副反应，均不利于显色反应的进行。

同时，一些有机显色剂具有酸碱指示剂的性质，酸度的改变直接改变显色剂的颜色。例如，1-(2-吡啶偶氮)间苯二酚(PAR)在溶液的酸度 pH＜6 时，主要存在形式 H_2R 呈现黄色；pH 7～12 时，主要存在形式 HR^-呈现橙色；pH＞13 时，主要存在形式 R^{2-}为红色。通常，金属离子和 PAR 的螯合物为红色，所以 PAR 的显色反应只能在酸性或弱酸性溶液中进行，否则酸度过低，显色剂本身的红色对光度法测定影响较大。

另外，有些显色反应随着酸度改变直接影响其配位比，配位比不同的产物，颜色不同。例如，用磺基水杨酸对 Fe^{3+}进行显色测定时，pH 7～12 时，生成配位比 1∶1 的紫红色产物；pH 4～7 时，生成配位比 1∶2 的棕褐色产物；pH 8～10 时，生成配位比 1∶3 的黄色产物。因此，需要严格控制适当的酸度。

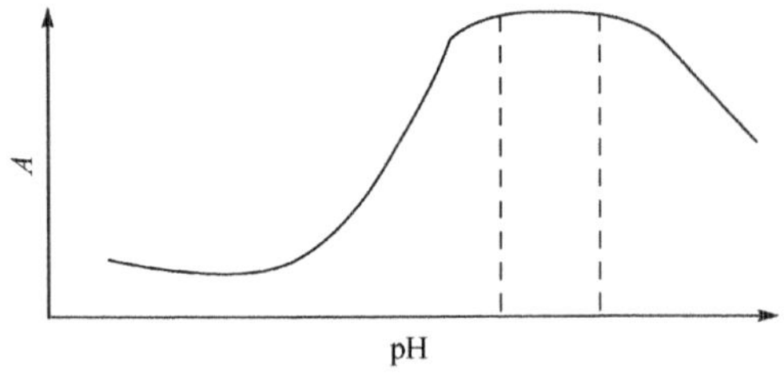

图 8-11　溶液酸度对吸光度的影响

显色反应的适宜酸度是通过实验进行选择。固定其他反应条件，改变溶液酸度配制一系列溶液，测定其吸光度，制作吸光度 A-pH 曲线，如图 8-11 所示。曲线中 A 值最大且恒定的平台区对应的 pH 即为适宜酸度范围。

2. 显色剂的用量

通常，显色反应都具有可逆性，过量的显色

剂能够使显色反应更完全。但是，过量太多的显色剂可能又会引起配位比改变等副反应，影响测定。

同样，可以通过单因素试验法选择显色剂的用量。固定其他条件不变，改变显色剂用量测定吸光度，以吸光度 A 对显色剂用量作图，获得吸光度-显色剂用量曲线，如图 8-12 所示。通常，显色剂用量较小时，显色不完全，吸光度随着显色剂用量的增大而增大，当显色剂用量达到一定值时，曲线趋于平坦，即 A 值趋于最大且稳定不变，一般选择平台区稍微过量的用量，如图 8-12(a)所示。图 8-12(b)中，显色剂用量过多，吸光度下降，吸光度最大的平台区是选择显色剂用量的依据。图 8-12(c)中，吸光度随着显色剂用量增加一直在增加，此时需要严格控制显色剂用量才能保证测量的准确度。

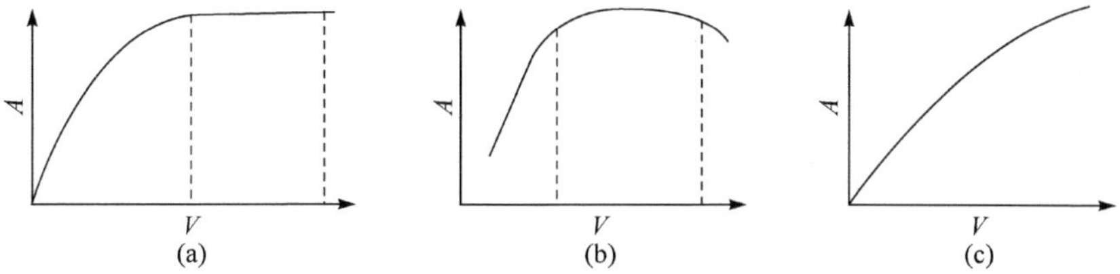

图 8-12　显色剂用量对吸光度的影响

3. 显色反应温度

显色反应温度也是通过实验制作吸光度 A 随温度 T 变化而变化的曲线进行选择。

显色反应温度曲线可能有多种表现类型，加热可提高显色反应进行的程度，如图 8-13(a)和(b)所示；有的反应随温度增加，反应程度变化不大，如图 8-13(c)所示；有的显色反应随着温度的升高，吸光度增加，然后降低，如图 8-13(d)所示；图 8-13(e)显示温度升高时，吸光度一直下降。实际应用时，吸光度最大的平台区是选择最佳温度条件的依据，如果没有平台区，就需要根据具体的实验现象确定合适的温度。

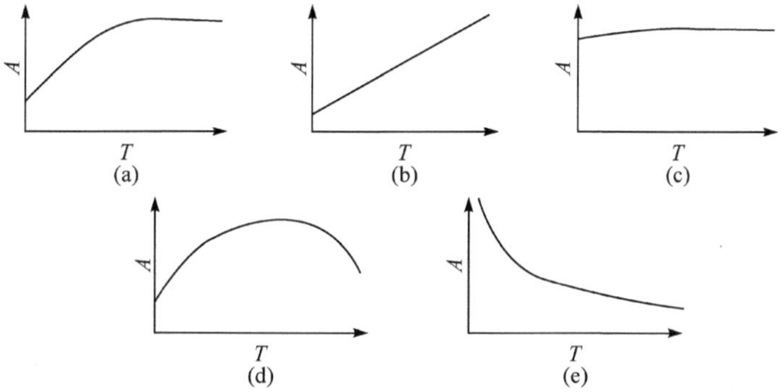

图 8-13　显色反应温度对吸光度的影响

4. 显色反应时间

不同的显色反应，其反应速度不同，显色产物的稳定性也不同。有的显色反应瞬间完成，产物稳定性很高；有的反应进行得很快，但产物不稳定，溶液很快褪色；有的反应进行缓慢，甚至需要加热，提高反应速度。因此，需要根据实验确定不同显色反应的最佳显示时间，即制作吸光度-反应时间曲线。

通常，对于显色反应快且显色产物很稳定的体系，显色时间可长可短；当显色反应速度快但是产物不稳定时，显色反应后，应尽快测定吸光度；当显色反应很慢时，需要等反应完全后，即吸光度稳定不变才能测定；如果显色反应慢并且产物不稳定，此类显色反应就不适合光度法分析。

5. 其他条件

其他条件包括溶剂和共存组分干扰等。

有机溶剂通常可以提高显色反应的灵敏度和反应速率。例如，适量的丙酮可以降低$Fe(SCN)_3$水溶液的解离度而使颜色加深，提高测定的灵敏度。适量的丙酮也可以使偶氮氯膦(Ⅲ)和铌(Ⅴ)的显色反应从几个小时加速为 30 min 内完成。

显色反应的选择性往往是有限的，所以需要选择不同的方式消除共存组分的干扰。在光度法测定中，首先可以考虑选择适当的波长或合适的参比溶液消除干扰。若这种方法无法有效除去干扰，可以应用控制酸度法，以提高显色反应选择性。因为许多显色剂是有机弱酸，控制溶液酸度，使待测离子与显色剂发生反应，而干扰离子不与显色剂发生反应，从而消除干扰。加入掩蔽剂也是消除共存离子干扰的有效措施。例如，SCN^-与Co^{2+}的显色反应会受到Fe^{3+}的干扰，可以加入 NaF 掩蔽Fe^{3+}。如果上述方法都无法消除干扰，可以选择通过分离来消除干扰。例如，应用沉淀法、萃取法、色谱法和吸附法等除去干扰离子。

8.5 分光光度法分析

与滴定分析法及重量分析法的绝对定量法不同，分光光度法分析是采用相对定量法，即在优化的显色条件和仪器测量条件下制作标准曲线，根据未知样的吸光度和标准曲线而获得待测组分的含量。8.4 节介绍了溶液显色条件的选择方法，本节首先介绍仪器测量条件的优化，再介绍标准曲线的制作。

8.5.1 分光光度法测量条件的选择

光度分析中，除了需从试样角度选择合适的显色反应及显色条件等，还需要从仪器角度选择最佳的测定条件，如测定波长、参比溶液和吸光度读数范围等，以保证测定结果的准确度，这也是设计合理的光度分析方法的重要因素。

1. 测定波长

测定波长即入射光波长。通常，分光光度法以最大吸收波长为测定波长测定待测物，以保证测定的灵敏度高、选择性好，还可以减少非单色光对朗伯-比尔定律的偏离，这就是“最大吸收原则”。如图 8-14 所示，待测物质的吸收无干扰，选择最大吸收波长进行测定。

如果最大吸收波长处有其他吸光物质的干扰，则以“吸收最大，干扰最小”的原则选择测量波长。例如，丁二酮肟光度法测镍时，配合物丁二酮肟镍的最大吸收波长为 470 nm，试样中共存的Fe^{3+}通常用酒石酸钾钠掩蔽产生酒石酸铁。如图 8-15 所示，如果在λ_{max}=470 nm 处测定丁二酮肟镍，酒石酸铁对测定有干扰。此时，在 520 nm 处测定丁二酮肟镍，虽然灵敏度相对较低，但是没有酒石酸铁的干扰，提高了丁二酮肟镍测定的准确度。

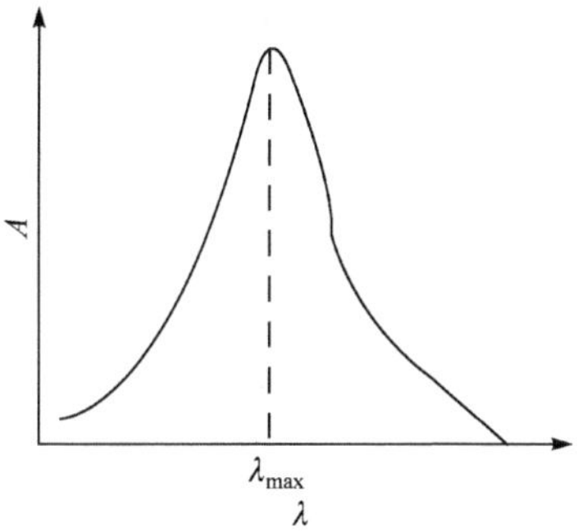

图 8-14　待测物无干扰时的吸收曲线

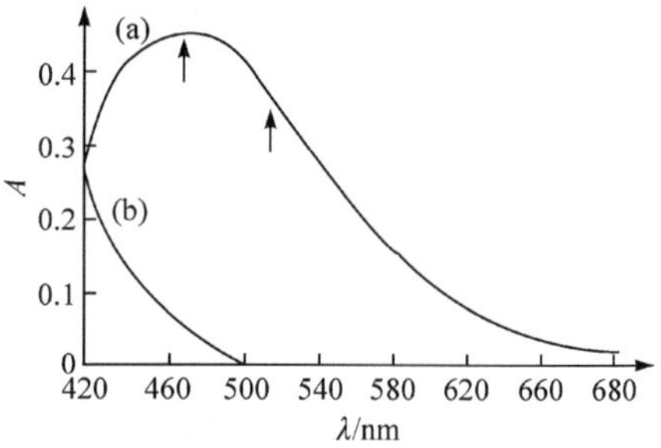

图 8-15　丁二酮肟镍和酒石酸铁的吸收曲线

(a) 丁二酮肟镍；(b) 酒石酸铁

2. 参比溶液

参比溶液是指包含试液中除待测组分或待测组分和显色剂生成的有色化合物以外的其他所有吸光物质的溶液。参比溶液的作用是调节仪器的零点，以消除试液中其他组分及溶剂的吸收、比色皿及溶剂对光反射和吸收所带来的误差。

选择参比溶液的原则是扣除待测组分吸收光以外的所有光损耗。根据不同的试液组成，参比溶液的选择可以分为以下几种情况：

(1) 溶剂参比：在测定波长下，只有待测组分或待测组分和显色剂生成的有色化合物有吸收，其他共存组分很少且无吸收，即试样溶液组成简单，采用溶剂作参比溶液，消除试剂、比色皿等因素影响。

(2) 试剂参比：在测定波长下，显色剂或其他所加试剂也有吸收，采用不加试样、与显色反应相同条件配制的试液作参比溶液，以消除试剂中的吸光组分产生吸收的影响。

(3) 试样参比：在测定波长下，显色剂无吸收，试样基体中其他共存离子有吸收且与显色剂不起反应，采用不加显色剂、与显色反应相同条件配制的试样基体溶液作参比溶液。

(4) 褪色参比：在测定波长下，显色剂和试液中其他组分均有吸收，可加入掩蔽剂掩蔽待测组分，按与显色反应完全相同条件配制得到的试液作参比溶液。

3. 吸光度读数范围

吸光度或透光率的测定存在读数误差，已知透光率 $T = 15\%\sim65\%$，即吸光度 $A = 0.8\sim0.2$ 时，测量结果的相对误差较小。因此，在实际分析过程中，可以通过调节比色皿的厚度或待测溶液的浓度，将吸光度的读数控制在 0.2～0.8，以减少测量误差。

8.5.2　标准曲线

朗伯-比尔定律描述了吸光度与吸光物质浓度成正比的关系，这是分光光度法定量分析的理论基础。在最佳的显色反应条件和测试条件下，配制一系列不同浓度的标准溶液，进行吸光度的测定，以浓度为横坐标，吸光度为纵坐标，在一定的浓度范围内，获得一条通过原点的直线，称为标准曲线(standard curve)或校准曲线，如图 8-16 所示。相同测定条

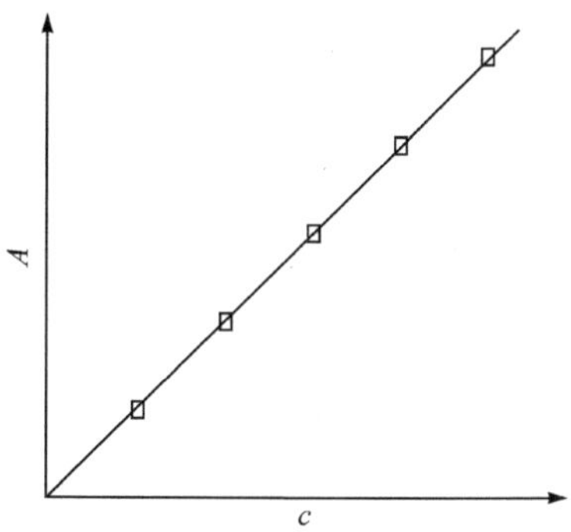

图 8-16　标准曲线

件下，测定未知样品溶液的吸光度值，可以通过标准曲线获得未知样品溶液中待测组分的浓度，即相对定量法。

实际测定时，标准曲线有时不通过原点，这可能是参比溶液选择不当、比色皿厚度不等或污染等原因造成。同时，也可能出现显色反应产物解离度较大，低浓度下反应不完全等问题。遇到这些问题，可以具体分析原因并加以避免。

8.6 其他分光光度法

8.6.1 示差分光光度法

普通分光光度法一般仅适合测定微量或痕量组分，不适合测定过低或过高浓度的待测溶液，因为超出吸光度的准确读数范围 0.2～0.8，读数误差大，也会偏离朗伯-比尔定律。此时，可以采用示差分光光度法(differential spectrophotometry)。

示差分光光度法可分为高浓度示差光度法、低浓度示差光度法和使用两个参比溶液的精密示差光度法，其原理相同，而以高浓度示差光度法应用最多，下面主要介绍该方法。

高浓度示差分光光度法是 1949 年希斯基(Hiskey)提出的测定高浓度组分的光度法。与普通分光光度法使用的参比溶液不同，高浓度示差分光光度法不是以不含待测组分的空白溶液为参比溶液，而是以比待测溶液浓度稍低的标准溶液为参比溶液测定待测溶液的吸光度，据此求出待测物的浓度，目的是有效提高测定准确度。

1. 示差分光光度法的原理

假设示差光度法中的参比溶液浓度为 c_s，待测试样的浓度为 c_x，并且 $c_x > c_s$。普通光度法测定时，若透过参比的光强为 I_0，则

$$A_x = \varepsilon b c_x = \lg\frac{I_0}{I_x}$$

高浓度示差分光光度法以浓度为 c_s 的标准溶液为参比，则

$$A_{相对} = A'_x = \lg\frac{I_s}{I_x}$$

$$A'_x = \lg\left(\frac{I_s}{I_x}\times\frac{I_0}{I_0}\right) = \lg\frac{I_0}{I_x} - \lg\frac{I_0}{I_s} = A_x - A_s$$

即

$$A'_x = A_x - A_s = \varepsilon b(c_x - c_s) = \varepsilon b\Delta c \qquad (8-6)$$

可见，示差分光光度法中的吸光度 A'(相当于普通分光光度法的吸光度差值)与浓度差 Δc 成正比。同样，以 A' 对 Δc 作图，绘制标准曲线，如图 8-17 所示。根据待测样品的吸光度 A'_x，由 $\Delta c = c_x - c_s$ 就可以求出未知样含量 $c_x = \Delta c + c_s$。这是示差分光光度法的基本原理。

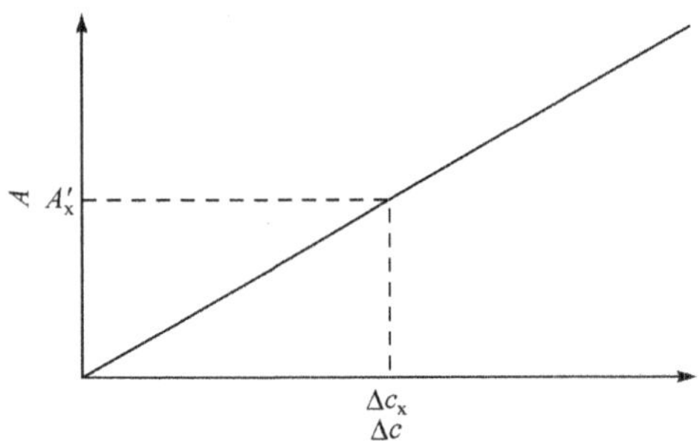

图 8-17 示差分光光度法标准曲线

2. 示差分光光度法的误差

示差分光光度法是提高浓度过高或过低试液光度测量准确度的有效方法。如图 8-18 所示，在普通分光光度法中，如果某一高浓度的样品透光率 $T_x = 5\%$，显然读数误差较大。使用透光率 $T_s = 10\%$的相同物质标准溶液为参比溶液，即示差法测定时，相当于将普通光度法 $T_s = 10\%$调为 $T_s = 100\%$，把检流计上的标尺扩展至原来的 10 倍，则样品的透光率从 5%变成 50%，落在了测量误差较小的范围内，提高了测量的准确度。

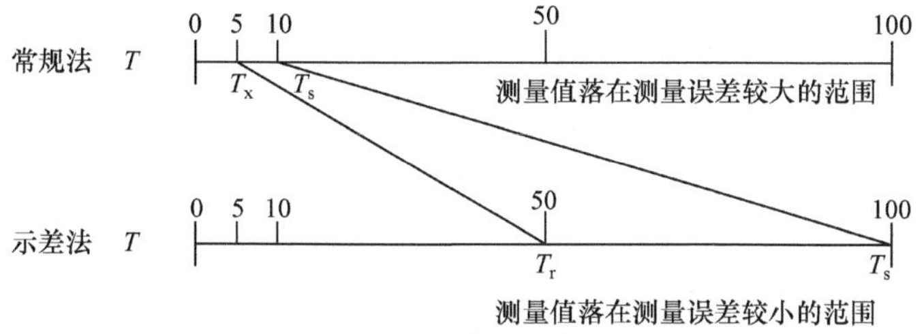

图 8-18　吸光度示差法标尺扩展

普通分光光度法中，浓度测量的相对误差为

$$A_x = \varepsilon b c_x = -\lg T_x \qquad T_x = \frac{I_x}{I_0} \qquad \frac{\mathrm{d}c_x}{c_x} = \frac{\mathrm{d}T}{T_x \ln T_x}$$

示差分光光度法中，浓度测量的相对误差为

$$A_{\Delta c} = \varepsilon b \Delta c_x = -\lg T_r \qquad T_r = \frac{I_x}{I_s} \qquad \frac{\mathrm{d}\Delta c_x}{c_x} = \frac{\mathrm{d}T}{T_r \ln T_x}$$

因为 $I_0 > I_s$，所以 $T_r > T_x$。因此

$$\frac{\mathrm{d}\Delta c_x}{c_x} < \frac{\mathrm{d}c_x}{c_x}$$

即示差法的相对误差比常规法小，提高了测量的准确度。显然，c_s 越接近 c_x，Δc_x 越小，测定的相对误差越小，准确度提高得越显著。

例 8-4　已知 $\mathrm{d}T = 0.01$，样品 $T_x = 2.00\%$，标准 $T_s = 10.0\%$，比较常规法和示差法的测定误差。

解　示差法中的透光率

$$T_r = \frac{I_x}{I_s} = \frac{T_x}{T_s} = \frac{2.00\%}{10.0\%} = 20.0\%$$

常规法的测定误差

$$\frac{\mathrm{d}c_x}{c_x} = \frac{\mathrm{d}T}{T_x \ln T_x} = \frac{0.01 \times 0.434}{0.02 \times \lg 0.02} = -12.8\%$$

示差法的测定误差

$$\frac{\mathrm{d}\Delta c_x}{c_x} = \frac{\mathrm{d}T}{T_r \ln T_x} = \frac{0.01 \times 0.434}{0.20 \times \lg 0.02} = -1.28\%$$

例 8-5　已知 $\mathrm{d}T = 0.01$，样品 $T_x = 2.00\%$，标准 $T_s = 5.00\%$，求示差法的测定误差。

解　示差法的透光率为

$$T_r = \frac{I_x}{I_s} = \frac{2.00\%}{5.00\%} = 40.0\%$$

其测定误差为

$$\frac{\mathrm{d}\Delta c_{\mathrm{x}}}{c_{\mathrm{x}}}=\frac{\mathrm{d}T}{T_{\mathrm{r}}\ln T_{\mathrm{x}}}=\frac{0.01\times0.434}{0.40\times\lg0.02}=-0.64\%$$

例 8-4 和例 8-5 的计算结果表明，样品的透光率 T_{x} 与标准溶液的透光率 T_{s} 越接近，示差法的测定误差越小。

8.6.2 双波长分光光度法

共存组分干扰及入射光受溶剂、胶体、悬浮体等散射或吸收的背景干扰问题是单波长分光光度法经常遇到的难题。双波长分光光度法是解决这些问题的有效方法。

单波长分光光度法中，无论是单光束还是双光束光路，参比和样品池的位置、液池常数，以及溶液的组成、浑浊度等差异都会产生读数误差而影响结果的准确度。双波长分光光度法只使用一个样品池，如图 8-19 所示。光源发射出的光等分为两束光，分别经过两个单色器，获得两个波长的单色光，用斩光器让这两束单色光以一定的频率交替照射样品池，检测器直接显示两个波长的吸光度差。

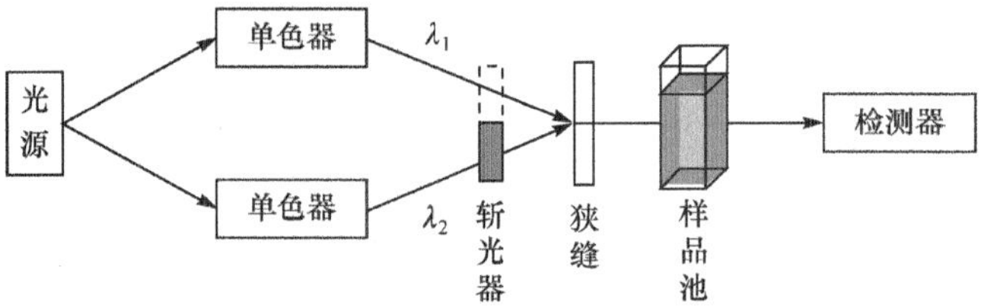

图 8-19　双波长分光光度法原理示意图

如果波长 λ_1 和 λ_2 的两束单色光强度相等，则

$$A_{\lambda_1}=\varepsilon_{\lambda_1}bc+A_{\mathrm{b}_1}$$

$$A_{\lambda_2}=\varepsilon_{\lambda_2}bc+A_{\mathrm{b}_2}$$

式中，A_{b_1} 和 A_{b_2} 分别为背景对两波长 λ_1 和 λ_2 光的吸收和散射。若两波长 λ_1 和 λ_2 很接近，则 $A_{\mathrm{b}_1}\approx A_{\mathrm{b}_2}$，那么通过样品池的两束光的吸光度差为

$$\Delta A=A_{\lambda_1}-A_{\lambda_2}=(\varepsilon_{\lambda_1}-\varepsilon_{\lambda_2})bc$$

可见，在双波长分光光度法中，扣除了背景干扰后，ΔA 与样品中待测物的浓度 c 成正比。这是双波长分光光度法的理论基础。

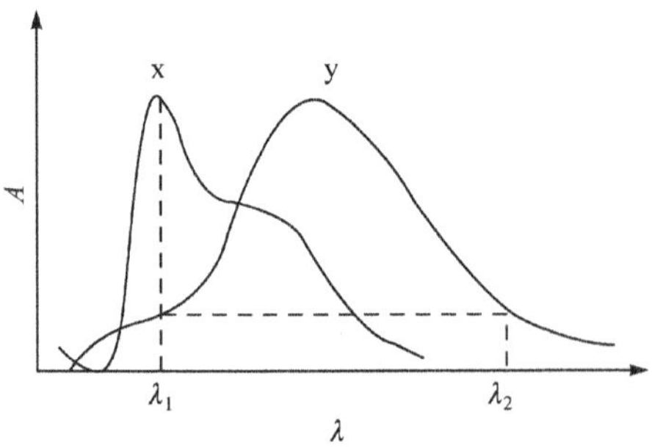

图 8-20　双波长分光光度法示意图

对于吸收曲线有共存组分重叠干扰的情况，可以采用等吸收点法进行双波长分光光度法测定。如图 8-20 所示，共存组分 y 和待测组分 x 的吸收曲线有重叠，y 在 x 的最大吸收波长 λ_1 处有吸收，干扰测定。在 x 最大吸收波长 λ_1 处找出组分 y 的吸光度，然后以水平线作图，寻找和该处吸光度相等的波长 λ_2。显然，无论 y 的浓度如何改变，两波长 λ_1 和 λ_2 处，y

的吸光度总是相等。

$$\Delta A = A_{\lambda_1} - A_{\lambda_2} = (A_{\lambda_1}^{x} + A_{\lambda_1}^{y}) - (A_{\lambda_2}^{x} + A_{\lambda_2}^{y})$$

其中

$$A_{\lambda_1}^{y} = A_{\lambda_2}^{y}$$

因此

$$\Delta A = A_{\lambda_1}^{x} - A_{\lambda_2}^{x} = (\varepsilon_{\lambda_1}^{x} - \varepsilon_{\lambda_2}^{x}) b c_{x} \tag{8-7}$$

同样，配制一系列 x 标准溶液，用双波长分光光度法测定各溶液的 ΔA，以 ΔA 对 c_x 作图，绘制标准曲线，如图 8-21 所示。测定未知样的 ΔA，根据标准曲线求出 x 含量。如此，y 的存在不干扰 x 的测定，消除了共存组分 y 的干扰。

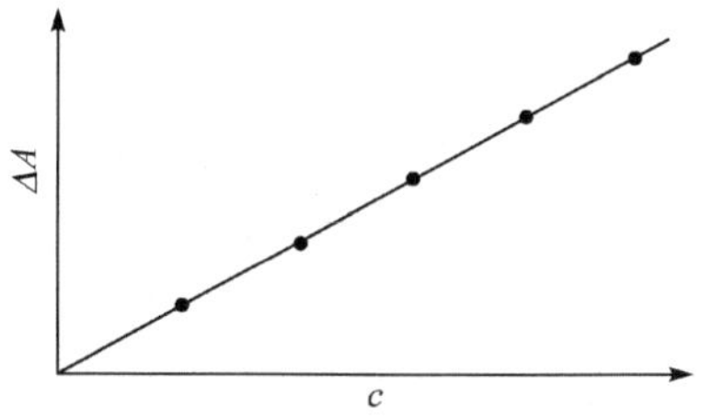

图 8-21　双波长分光光度法的标准曲线

双波长分光光度法中，选择双波长的基本原则是：

(1) 在选定的两个波长下，干扰组分具有等吸收点。

(2) 在选定的两个波长下，待测物的吸光度差值 ΔA 应足够大，以获得较高的灵敏度。

8.7　分光光度法的应用

分光光度法具有操作简便、灵敏度高和重现性好等优点，广泛应用于药物、环境、食品、化工、生物和材料等领域。

8.7.1　痕量组分分析

分光光度法的检出限可以达到 10^{-6}～10^{-5} mol · L^{-1}，因此痕量组分分析是分光光度法的重要应用领域。分光光度法已广泛应用于药物、环境、食品、材料和化工等领域的痕量组分分析。

单组分分析可以根据实际情况采用单波长或双波长分光光度法测定。例如，用邻二氮菲显色法测定样品中的痕量铁；用茚三酮法测定氨基酸；用考马斯亮蓝法测定蛋白质和用磷钼蓝法测定总磷等。

多组分分析可以根据样品实际组成采用单波长、双波长或解联立方程的方法进行分析。如图 8-22(a)所示，待测组分 x 和 y 的吸收曲线没有重叠或各自最大吸收波长处没有重叠，x 和 y 互不干扰，可以在各自最大吸收波长处分别用单波长分光光度法测定。如图 8-22(b)所示，待测组分 x 和 y 的吸收曲线重叠，x 和 y 相互干扰，可根据吸光度的加和性，解联立方程：

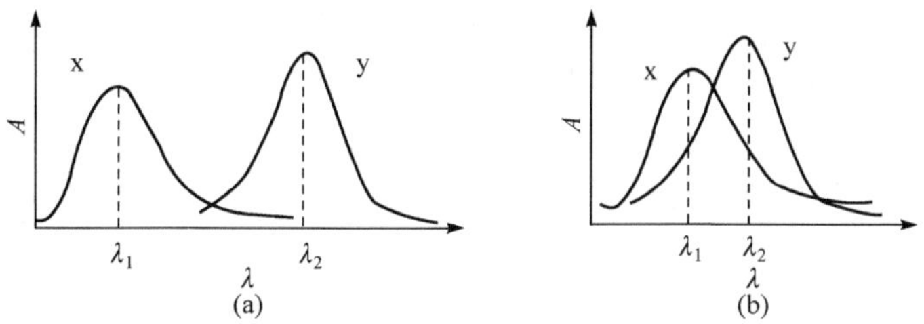

图 8-22　两组分混合溶液的吸收曲线

$$A_{\lambda_1} = A_{\lambda_1}^{x} + A_{\lambda_1}^{y} = \varepsilon_{\lambda_1}^{x} bc_x + \varepsilon_{\lambda_1}^{y} bc_y$$

$$A_{\lambda_2} = A_{\lambda_2}^{x} + A_{\lambda_2}^{y} = \varepsilon_{\lambda_2}^{x} bc_x + \varepsilon_{\lambda_2}^{y} bc_y$$

式中的 ε 均为物质的特征参数，可通过配制单一组分的标准溶液测得后代入方程，从而求出各组分的含量 c_x 和 c_y。

1. 痕量无机物分析

几乎所有的金属离子都能与特定的显色剂反应，生成有色化合物，实现定量分析。

例如，在弱酸缓冲溶液中，以十二烷基磺酸钠或 TritonX-100 增溶，金属离子 Pd^{2+}与显色剂 4, 4′-双-(二甲胺基)硫代二苯甲酮反应，在 530 nm 处测定吸光度，实现对 Pd^{2+}的定量分析。

非金属无机组分也可以用显色法进行分光光度法分析。例如，大气中的 NO_2 被无水乙酸、对氨基苯磺酸和盐酸萘乙二胺配制成的吸收液采样吸收，首先转化为 HNO_2 和 HNO_3，HNO_2 与对氨基苯磺酸发生重氮化反应，再与盐酸萘乙二胺偶合生成玫瑰红色偶氮产物，测定该有色产物的吸光度，从而实现对大气中 NO_2 的定量分析。

2. 痕量有机物分析

分光光度法是痕量有机物分析的常用方法。

例如，在硫酸溶液中，对乙酰氨基酚药物可以定量还原磷钼杂多酸，生成最大吸收波长为 717 nm 的磷钼蓝，测定磷钼蓝的吸光度可以定量分析对乙酰氨基酚。

又如，用酶联免疫法可以在 450 nm 处进行分光光度法分析，以测定食品中抗菌药氯霉的残留。

8.7.2 其他应用

分光光度法既可以定性定量分析，也可以测定物质的物理及化学参数，如相对分子质量、配合物的组成及稳定常数、弱酸和弱碱的解离常数、氢键强度等。这里主要介绍配合物组成及弱酸和弱碱解离常数的测定。

1. 配合物组成的测定

配位显色反应是分光光度法测定金属离子常用的显色反应类型，也可以利用配合物形成过程，用分光光度法测定配合物的组成。测定配合物组成的方法有饱和法、等摩尔连续变化法、斜率比法和平衡移动法等。下面主要介绍饱和法和等摩尔连续变化法。

1) 饱和法

饱和法又称为摩尔比法，是指固定金属离子浓度 c_M，从 0 开始改变配位剂浓度 c_R，配制一系列溶液，在配合物的最大吸收波长处测定各溶液的吸光度，以吸光度对 c_R/c_M 作图，如图 8-23 所示。配位剂用量不足，溶液中金属离子显色不完全，所以吸光度逐渐上升；配位剂过量，金属离子配位反应完全，曲线出现了平台。因为配合物形成后存在解离平衡，所以图中曲线转折点不敏锐，可以利用直线外推法得到交点，交点对应的横坐标 n 值即为配位比。配位反应式如下：

$$M + nR \rightleftharpoons MR_n$$

饱和法测定配合物的配位比时，简便、快速，适用于解离度小的配合物。

2) 等摩尔连续变化法

金属离子和配位剂的总浓度固定不变，即 $c_M + c_R = c$(常数)，改变 c_M 和 c_R 的相对值，配制一系列溶液，在配合物的最大吸收波长处测定吸光度。当溶液中 MR_n 浓度最大时，c_R/c_M 的值为 n，以吸光度值为纵坐标，c_M/c 为横坐标，绘制等摩尔连续变化曲线。由图中两曲线外推交点对应的横坐标 c_M/c 可以推算出配位比。同时，等摩尔连续变化曲线也可以用于测定配合物的稳定常数和解离常数。

如图 8-24 所示，当 $c_M/c = 0.33$ 时，M∶R 的值为 1∶2；当 $c_M/c =0.5$ 时，M∶R 的值为 1∶1。

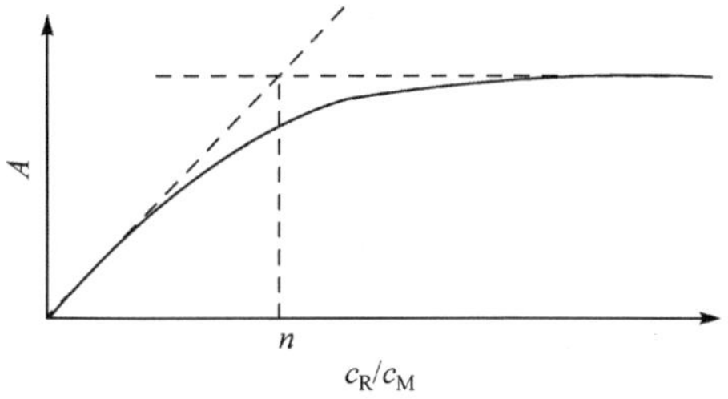

图 8-23　饱和法测配合物的配位比

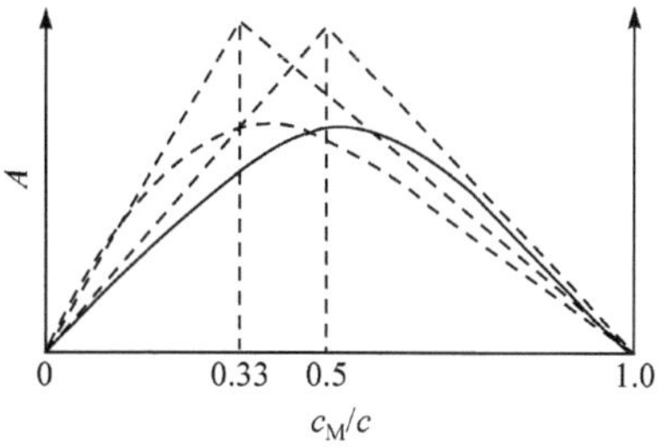

图 8-24　等摩尔连续变化法测定配位比

等摩尔连续变化法仅适合测定只形成一种组成且不易解离的稳定配合物。例如，用等摩尔连续变化法可以测定 Co(Ⅲ)与 3, 5-二氯-PADAT 配合物的配位比 1∶2。

2. 弱酸和弱碱解离常数的测定

解离常数是弱酸和弱碱的基本化学性质参数。目前测定弱酸和弱碱解离常数的方法主要有电位法和分光光度法。分光光度法灵敏度高，适合测定溶解度较小的有色弱酸和弱碱的解离常数。

下面介绍分光光度法测定一元弱酸解离常数的方法。

对于浓度为 c_{HB} 的一元有机弱酸 HB 溶液，存在下列解离平衡：

$$HB \rightleftharpoons H^+ + B^-$$

其解离常数为

$$K_a = \frac{[H^+][B^-]}{[HB]}$$

$$\lg\frac{[HB]}{[B^-]} = -pH + pK_a$$

溶液中两种有色成分 HB 和 B^-的吸收曲线可以相互重叠，如图 8-25 所示。

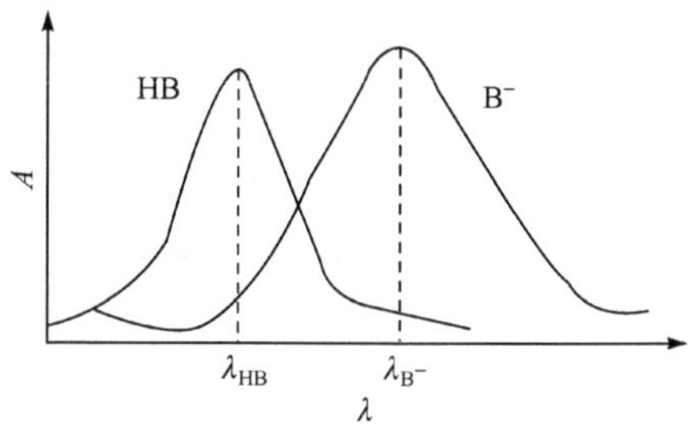

图 8-25　弱酸 HB 解离常数的测定

根据吸光度的加和性，某一酸度下

$$A_i = \varepsilon_{HR}[HB] + \varepsilon_R[B^-]$$

$pH < pK_a-1$ 时，$[HB]=c$，$A_{HB} = \varepsilon_{HB}bc$，$\varepsilon_{HB} = \dfrac{A_{HB}}{bc}$。

pH＞pK_a+1 时，$[B^-]=c$，$A_{B^-}=\varepsilon_{B^-}bc$，$\varepsilon_{B^-}=\dfrac{A_{B^-}}{bc}$。

代入 $A_i=\varepsilon_{HB}[HB]+\varepsilon_{B^-}[B^-]$，得

$$A_i=\frac{A_{HB}}{c}[HB]+\frac{A_{B^-}}{c}[B^-]$$

结合 $[HB]+[B^-]=c$，整理得

$$\frac{[HB]}{[B^-]}=\frac{A_{B^-}-A_i}{A_i-A_{HB}}$$

即

$$\lg\frac{A_{B^-}-A_i}{A_i-A_{HB}}=-pH+pK_a \tag{8-8}$$

改变溶液酸度，测量溶液的吸光度，以 $\lg\dfrac{A_{B^-}-A_i}{A_i-A_{HB}}$ 对溶液的 pH 作图，直线截距为 pK_a。

思考题和习题

1. 透光率、吸光度和朗伯-比尔定律的物理意义是什么？透光率与吸光度之间有什么关系？

2. 分别描述吸收曲线与标准曲线的制作方法，并阐述各自主要解决什么问题。

3. 描述摩尔吸光系数的物理意义，并说明摩尔吸光系数与桑德尔灵敏度之间的关系。

4. 符合朗伯-比尔定律的溶液被稀释时，其最大吸收峰的波长如何变化？为什么？

5. 分光光度法的定量分析中，吸光度的读数在什么范围内测定较准确？

6. 分光光度计由哪几部分组成？写出每一部分的名称及各部分所用的元件。

7. 光度法测定铁，如果要求其标准曲线的相关系数 $R\geqslant0.999$，其目的是什么？

8. 用 2 cm 吸收池，以光度法测量某溶液得到透光率为 60%，则其吸光度为多少？若改用 1 cm 和 3 cm 的吸收池测定，则其吸光度分别是多少？

(0.222；0.111；0.333)

9. 某化合物的浓度为 1.0×10^{-5} mol · L^{-1}，用 1.0 cm 比色皿，在最大吸收波长处测定得到透光率为 50%，则在该波长处的摩尔吸光系数是多少？

(3.0×10^4 L · mol^{-1} · cm^{-1})

10. 按常规光度法用空白溶液作参比溶液，测得某试液的透光率为 10%，如果更改参比溶液，用常规分光光度法测得透光率为 20%的标准溶液作参比溶液，则试液的透光率应等于多少？

(50%)

11. 物质 A 和物质 B 分光光度法参数如下：

物质	λ_1 时的摩尔吸光系数/(L · mol^{-1} · cm^{-1})	λ_2 时的摩尔吸光系数/(L · mol^{-1} · cm^{-1})
A	4120	0.00
B	3610	300

若含 A 和 B 物质的溶液在波长 λ_1 处用 1.0 cm 吸收池进行测定，A=0.754，在波长 λ_2 处用 10.0 cm 吸收池测得 A=0.240，则 B 的浓度是多少？物质 A 的浓度可以求得吗？若物质 A 的浓度可求，指出求解方法。

(8.0×10^{-5} mol · L^{-1}；可求，解联立方程的方法)

第 9 章　分析化学中常用的分离和富集方法

实际样品分析时，基质组成往往比较复杂，对某一组分或某些组分的分析可能产生干扰而影响准确度，甚至无法顺利完成分析任务，因此，在样品制备后和分析测定前，需要选择适当的方法减少或消除干扰，如控制实验条件、使用掩蔽剂或进行样品分离，提高分析方法的选择性。一般来说，可以通过控制实验条件和使用掩蔽剂消除干扰的情况较少，更多的样品需要分离以提高选择性。如果待测组分含量很低，所选择的分析方法灵敏度有限，就需要对样品进行富集，以提高分析方法的灵敏度。富集也是一种实现待测组分浓度提高的分离过程。而且，尽管有些分析仪器或分析方法具有很高的灵敏度和选择性，也会存在基质效应等各种干扰，从而影响准确度。因此，大多数实际样品的分析工作中都需要分离和富集过程。

在定量分析中，分离的主要作用是：

(1) 将待测组分从复杂基质中分离出来，以除去基质干扰组分。

(2) 将性质相近的组分相互分离。

(3) 对低含量组分，在分离的过程中可以实现富集。

在分析化学中，对分离过程的要求是：

(1) 待测组分有效回收，损失少。

(2) 干扰组分减少至不干扰测定。

通常以回收率 R 来衡量组分 A 的分离效率：

$$R_{\mathrm{A}} = \frac{\text{分离后A的质量}}{\text{试样中A质量}} \times 100\%$$

回收率越高，说明分离效率越好。实际样品分离时，待测组分含量不同，对 R 的要求不同：

(1) 对含量＞1%的常量组分，要求回收率 R＞99.9%。

(2) 对含量为 0.01%～1%的微量组分，要求回收率 R＞99%。

(3) 对含量＜0.01%的痕量组分，要求回收率 R 为 90%～95%或更高，但重现性一定要好。

回收率的测定通常使用标准加入法或标准样品法。

以分离因子 $S_{\mathrm{A,B}}$ 表达待测组分 A 和干扰组分 B 的分离程度：

$$S_{\mathrm{A,B}} = \frac{R_{\mathrm{A}}}{R_{\mathrm{B}}} \times 100\%$$

$S_{\mathrm{A,B}}$ 越大，通常 R_{A} 接近 100%，即说明干扰物 B 的回收率越低，分离效率越高。

在分析化学中，常用的分离方法有沉淀分离法、结晶与重结晶法、挥发和蒸馏分离法、萃取分析法、离子交换分离法、经典色谱分离法、电泳分离法和膜分离法等。

9.1 沉淀分离法

沉淀分离法是利用沉淀反应将待测组分和干扰组分分离的方法。该方法的原理是依据化合物溶解度的不同，通过控制溶液的条件而实现分离。因此，对沉淀反应的要求是沉淀产物的溶解度小且稳定、纯度高。

沉淀分离法的特点是操作简单，适合于大批试样分离，应用广泛，但有些组分分离效率不高，沉淀剂可能会影响后续分析，而且费时。

对于金属离子的分离，根据沉淀剂的不同，沉淀分离法分为无机沉淀剂分离法、有机沉淀剂分离法和共沉淀分离富集法。

9.1.1 无机沉淀剂分离法

典型的无机沉淀剂有 NaOH、NH_3 和 H_2S 等。一般来说，金属离子与无机沉淀剂形成的是颗粒较小的非晶形沉淀物，不易过滤和洗涤，而且易吸附杂质。

1. 氢氧化物沉淀分离

除了碱金属和碱土金属离子外，大多数金属离子都能形成氢氧化物沉淀，但沉淀物的溶解度差别较大，所以可通过控制溶液的酸度实现分离。能够形成氢氧化物沉淀的沉淀剂常用的是氢氧化钠和氨水。

1) 氢氧化钠

氢氧化钠可以使两性元素和非两性元素分离，其中两性元素以含氧酸根阴离子形式溶解在溶液中，而非两性元素形成氢氧化物沉淀。

能够用 NaOH 定量沉淀的金属离子有 Fe^{3+}、Cu^{2+}、Mg^{2+}、Ag^{+}、Cd^{2+}、Hg^{2+}、Bi^{3+}、Mn^{2+}、Co^{2+}、Ni^{2+}和 Ti^{4+}等。只能部分沉淀的金属离子有 Ca^{2+}、Sr^{2+}、Ba^{2+}等。

2) 氨性缓冲溶液

在 pH 为 8～9 的氨性缓冲溶液中，高价金属离子沉淀而与部分低价金属离子分离。而且，Cu^{2+}、Zn^{2+}、Ag^{+}、Ni^{2+}、Cd^{2+}、Co^{2+}生成配离子而溶解在溶液中，Ca^{2+}、Mg^{2+}、Ba^{2+}等氢氧化物溶解度大，也留在溶液中。氨性缓冲溶液中沉淀分离的特点是氢氧化物胶体因为大量电解质的存在而凝聚沉降，铵盐在较低温度下易挥发除去，而且 NH_4^+可以减少沉淀物对其他金属离子的吸附。

能够用氨性缓冲溶液定量沉淀的金属离子有 Fe^{3+}、Be^{2+}、Cr^{3+}、Bi^{3+}、Hg^{2+}和 Al^{3+}等。只能部分沉淀的金属离子有 Mn^{2+}、Fe^{2+}和 Pb^{2+}等。

2. 硫化物沉淀分离

40 多种金属离子可以生成硫化物沉淀，而金属离子硫化物沉淀的溶解度相差较大，可以通过控制溶液的酸度，即控制硫离子的浓度实现金属离子的分离。

为了更好地实现分离，通常使用缓冲溶液控制溶液的酸度。例如，在一氯乙酸缓冲溶液中(pH≈2)通入 H_2S，Zn^{2+}生成 ZnS 沉淀，从而与 Fe^{3+}、Co^{2+}、Ni^{2+}、Mn^{2+}分离。

硫化物沉淀为胶体，共沉淀和后沉淀严重，分离效率不理想。而且，H_2S 气体具有恶臭气味且有毒，所以硫化物沉淀分离法的应用越来越少。

此外，利用硫酸盐沉淀、卤化物沉淀和磷酸盐沉淀也可以实现不同金属离子的有效分离。

9.1.2　有机沉淀剂分离法

与无机沉淀剂相比，有机沉淀剂的选择性和灵敏度高，而且沉淀物晶形好，溶解度较小，易于过滤和洗涤，很少有共沉淀和后沉淀现象。因此，有机沉淀剂应用广泛。

按照沉淀反应机理不同，有机沉淀剂分为螯合物沉淀剂、离子缔合物沉淀剂和三元配合物沉淀剂。有机沉淀剂的沉淀物不溶于水，易溶于有机溶剂，适用于萃取分离。其中，三元配合物沉淀反应的选择性和灵敏度更高，组成稳定，相对分子质量大，特别适合于重量分析，应用广泛。

螯合物沉淀剂能与金属离子在水溶液中形成难溶于水的螯合物。例如，氨性溶液中，丁二酮肟在酒石酸的存在下与 Ni^{2+}生成鲜红色的螯合产物，选择性很高。

离子缔合物沉淀剂在水溶液中以阳离子或阴离子形式存在，能与带相反电荷的离子反应生成难溶于水的中性离子缔合物沉淀。例如，氯化四苯砷在水溶液中以阳离子$(C_6H_5)As^+$形式存在，与含氧酸根 MnO_4^- 或金属配阴离子$[HgCl_4]^{2-}$反应生成离子缔合物沉淀。

三元配合物沉淀剂是指金属离子与两种不同的配位剂形成的配合物。三元混合配位反应灵敏度高、选择性好、组成稳定、摩尔质量大。例如，Pd^{2+}与 Cl^-及 1,10-邻二氮菲生成三元配合物沉淀。

9.1.3　共沉淀分离富集法

共沉淀是指目标物沉淀的同时，溶液中其他组分也一同沉淀的现象。共沉淀往往是影响沉淀纯度的干扰因素，或者造成微量组分或痕量组分的吸附损失。但是，利用共沉淀的选择性，可以实现微量或痕量组分的分离和富集，即共沉淀分离。

共沉淀分离分为两步：首先在待测溶液中加入某种试剂，与沉淀剂生成共沉淀物(载体)，同时待测组分发生共沉淀而定量析出，然后将沉淀分离，溶解在少量溶剂中，实现分离和富集。对载体的要求是溶解度小、沉淀速度快、能够定量将待测微量组分共沉淀、不干扰待测组分的分析，而且易溶于酸或其他溶剂。通常使用的共沉淀剂有无机共沉淀剂和有机共沉淀剂。

无机共沉淀剂主要是利用载体对微量或痕量组分的表面吸附(氢氧化物或硫化物)或形成混晶(硫酸盐或氯化物)而实现分离富集。例如，以 CuS 为载体共沉淀分离富集环境水样中的 Hg^{2+}，利用 $BaSO_4$-$PbSO_4$共沉淀分离富集水溶液中的 Pb^{2+}等。

有机共沉淀剂是利用胶体凝聚作用、离子缔合或惰性共沉淀实现分离富集。与无机共沉淀剂相比，有机共沉淀剂种类较多、选择性高、易于灼烧除去、大体积有利于微量或痕量组分的共沉淀，因此分离效果更好。例如，在钨酸胶体溶液中，带正电荷的辛可宁与带负电荷的钨酸胶体凝聚而沉淀；甲基紫在酸性溶液中带正电荷，可以将与 Cl^-形成配阴离子的 Hg^{2+}形成离子缔合物而被共沉淀，实现 Hg^{2+}的分离富集；丁二酮肟与痕量 Ni^{2+}螯合物不能沉淀下来，加入不溶于水的丁二酮肟二烷酯，在水溶液中析出时，就可以将痕量 Ni^{2+}-丁二酮肟螯合物共沉淀，同时丁二酮肟二烷酯与 Ni^{2+}或 Ni^{2+}-丁二酮肟螯合物不存在化学反应，称为“惰性共沉淀剂”。

此外，大分子蛋白质的沉淀分离也可以根据实验要求选择不同的方法，主要有酸沉淀、重金属盐沉淀、盐诱导沉淀和有机溶剂沉淀等，其沉淀机理是破坏水化膜或中和蛋白质电荷。

9.2 结晶与重结晶法

结晶是指溶液中的溶质形成晶体的过程，是一种传统的分离技术，其分离原理是利用同一溶剂中不同物质溶解度的不同而实现物质的分离纯化。结晶的方法有蒸发结晶和降温结晶，前者是通过蒸发或气化减少溶剂，使溶质达到饱和而析出晶体，适用于溶解度随温度变化不大的物质，如海水制盐；后者是先蒸发浓缩，后降低温度而析出晶体，适用于溶解度随温度下降而明显减小的物质，如 KNO_3 的分离纯化。

重结晶是指再结晶，即经过结晶产生的晶体重新溶解于适当的溶剂中，再次加热蒸发和冷却后，又获得晶体。重结晶主要是依据结晶物质和杂质在不同溶剂和不同温度下的溶解度不同而实现二次结晶，以获得更高纯度的晶体。重结晶是纯化固体物质常用的重要方法，适用于溶解度随温度变化较大的化合物。

9.3 挥发和蒸馏分离法

挥发法是利用化合物挥发性差异进行分离的方法。可以定量将待测组分挥发分离出来，也可以通过挥发而除去干扰组分。挥发法既可以分离主要组分，也可以分离痕量组分。

挥发法是指将气体或挥发性组分从固体或液体样品中转变为气相的过程，包括蒸发、蒸馏、升华、气体的发生和驱气等，又称为气态分离法。其中，蒸馏法主要用于组分的分离提纯或制备，其他挥发法主要应用于基质分离或痕量组分分离等。

(1) 无机物的挥发分离。

易挥发的无机物不多，一般是经过化学反应将目标物转化为易挥发的化合物，再挥发分离，因此该分离方法的选择性高。例如，测定水样中 F^-时，为了消除水样中 Fe^{3+}和 Al^{3+}的干扰，可加入浓 H_2SO_4，并加热至 180℃，待测组分 F^-以 HF 的形式挥发后，用水吸收测定。土壤样品中铵态氮的测定，首先加入 NaOH 溶液并加热，使 NH_3 挥发，再用硼酸吸收 NH_3 后进行测定，如此消除样品基质干扰。

(2) 有机物的蒸馏分离。

挥发和蒸馏是有机分析常用的分离方法。常用的蒸馏法有普通蒸馏法、水蒸气蒸馏法、减压和真空蒸馏法、亚沸蒸馏法等。当化合物挥发性或热稳定性不够理想时，可以通过化学反应使目标物生成具有挥发性和热稳定性的衍生物，实现挥发和蒸馏分离。

另外，升华法是指在物质熔点以下加热时，化合物不经过液态而直接从固态转变为气态的过程，之后遇冷又会凝华，主要是利用固体混合物的蒸气压不同实现分离，是纯化固体物质的方法，如碘和萘的纯化等。升华分离法操作简便，产品纯度高，但应用局限性大，化合物损失大。

此外，冷冻干燥法或冻干法是指在真空中冷冻样品，使水分升华而实现分离。该方法主要应用于生物组织中水分和水中痕量杂质的分离分析。

9.4　萃取分离法

传统的萃取分离法是指液液溶剂萃取分离法，简称液液萃取分离法、溶剂萃取分离法或萃取分离法。该方法因为使用大量易挥发的有机溶剂而造成环境污染，而且有机溶剂价格贵，成本高。为了克服这些缺点，液相微萃取、固相萃取和固相微萃取等新型萃取技术不断产生和应用。

9.4.1　液液萃取分离法

液液萃取(liquid-liquid extraction, LLE)分离法主要利用溶质在水和与水互不相溶的有机溶剂中的溶解性差异而进行分离。该方法既可以用于常量组分分离，也可以用于微量组分的分离富集，既可以进行少量试样分离，也适用于工业上大量样品的分离纯化。萃取分离法操作简便、快速，对有些化合物的分离效果比较好，已经成为许多样品的标准方法和样品前处理技术。特别是将萃取分离法和分光光度法结合，产生了萃取光度法，具有较高的灵敏度和选择性，得到广泛应用。

1. 萃取分离法的基本原理

将水溶液(水相)和与水互不相溶的有机溶剂(有机相)一起混合振摇时，疏水性组分从水相进入有机相，亲水性组分留在水相中，实现水溶液中不同组分的分离。有时需要将有机相的物质再萃取到水相，这个过程称为反萃取。萃取和反萃取相互配合应用，可以有效提高分离的选择性和萃取效率。

事实上，很早之前人们就已经发现物质在不同溶液之间的分配现象。1872 年，贝特洛(Berthelot)和容弗莱施(Jungfleisch)根据经验提出了液液分配的定量关系，1891 年，能斯特用热力学观点阐明了液液分配定律。1892 年，罗思(Rothe)和汉罗(Hanroit)用二乙醚萃取分离了盐酸溶液中的铁。

1) 分配系数和分配定律

在萃取过程中，物质 A 在水相和有机相中进行分配，达到分配平衡时，A 在有机相和水相中的活度比(低浓度下，可以近似用浓度比表示)称为分配系数(partition coefficient，K_D)。在给定温度下，K_D是常数。

$$\mathrm{A(w)} \rightleftharpoons \mathrm{A(o)}$$

$$K_D = \frac{[\mathrm{A}]_o}{[\mathrm{A}]_w}$$

式中，$[\mathrm{A}]_o$和$[\mathrm{A}]_w$分别为溶质 A 在有机相和水相中的浓度。

该表达式称为分配定律(distribution law)，即溶剂萃取的基本原理。该定律适合的应用体系条件是：

(1) 低浓度溶液萃取。

(2) A 在水相和有机相中存在形式相同，而且都是单一组分存在，不存在缔合、解离和配位等化学过程。K_D越大，代表 A 更容易被萃取到有机相。

2) 分配比

实际的萃取过程中，往往面对的是一个复杂的体系，溶质 A 可能存在多种形式。为了更好地阐述萃取效率，将溶质 A 在两相中各形态浓度加和的比值定义为分配比(distribution ratio，D)：

$$D=\frac{c_o}{c_w}$$

式中，c_o 和 c_w 分别为溶质 A 在有机相和水相中的总浓度。

显然，溶质 A 在两相中都是单一组分存在，存在的形式相同，而且浓度较稀时，$K_D=D$，是与有机溶剂种类及温度有关的常数。而对于实际复杂体系，D 不是常数，往往与萃取条件有关，如浓度、酸度、副反应等。

3) 萃取率

作为一种分离方法，萃取率(extraction rate)就是分离回收率，是指溶质被萃取后，在有机相中的量除以其总物质的量，以表示溶质被萃取到有机相中的完全程度。通常用 E 表示：

$$E=\frac{被萃取物质在有机相中的量}{溶质的总量}\times100\%$$

$$=\frac{c_oV_o}{c_oV_o+c_w V_w}\times100\%$$

式中，V_o 和 V_w 分别为有机相和水相的体积。

将该表达式的分子和分母同除以 c_wV_o，可以得到

$$E=\frac{c_o/c_w}{c_o/c_w+V_w/V_o}\times100\%=\frac{D}{D+V_w/V_o}\times100\%$$

式中，V_w/V_o 称为相比。可见，影响萃取率 E 的因素主要是分配比 D 和相比 V_w/V_o。增加有机相体积，可以提高萃取率，但是成本高、毒性大、污染大，而且稀释严重，一般采用等体积萃取，即 $V_w=V_o$，相比为 1 时

$$E=\frac{D}{D+1}\times100\%$$

显然，当等体积萃取时，只有 D 影响 E 的大小。可以计算出 $D=1$ 时，$E=50\%$；$D>9$ 时，$E>90\%$；$D>100$ 时，$E>99\%$。当要求萃取率大于 90%时，则 D 值必须大于 9。而当 D 值不高时，一次萃取不能满足分离和测定的要求，就需要多次萃取或连续萃取，以有效提高萃取率。

如果用 V_o mL 有机溶剂萃取 V_w mL 水相中质量为 m_0 g 的溶质 A，一次萃取后，水相中残留 A 的质量为 m_1 g，萃取进入有机相中的 A 的质量为(m_0-m_1)g，则分配比 D 为

$$D=\frac{c_o}{c_w}=\frac{(m_0-m_1)/V_o}{m_1/V_w}$$

$$m_1=m_0\frac{V_w}{DV_o+V_w}$$

萃取两次后，水相中剩余溶质 A 的质量为 m_2 g

$$m_2=m_0\left(\frac{V_w}{DV_o+V_w}\right)^2$$

萃取 n 次后，水相中剩余溶质 A 的质量为 m_n g

$$m_n=m_0\left(\frac{V_w}{DV_o+V_w}\right)^n$$

因此，多次萃取可以提高萃取率。一般两三次萃取就可以实现定量分离和测定。过多增加萃取次数，反而会增加工作量，使萃取过程过于烦琐，影响分离分析的工作效率。

2. 萃取体系和萃取条件

金属离子分离是溶剂萃取的重要应用内容之一。金属离子水溶性好，要萃取无机离子进入有机溶剂，需要加入辅助试剂，与金属离子形成难溶于水而易溶于有机溶剂的物质，即疏水性物质，才能达到有效萃取的目的。这种辅助试剂称为萃取剂，用于萃取的有机溶剂称为萃取溶剂。当然，反萃取过程就需要将有机溶剂中的疏水性物质转变为亲水性物质，从而实现有效反萃取，这就是萃取和反萃取过程的本质。

1) 萃取体系

根据萃取方式的不同，金属离子或其他萃取组分的萃取分为以下几种体系。

a. 螯合萃取体系

螯合萃取是金属离子萃取的常用方式，是指以有机弱酸或弱碱类螯合剂与金属离子发生配位反应，生成中性螯合物，易溶于有机溶剂，从而实现有效萃取。

螯合萃取中常用的螯合剂有 8-羟基喹啉、双硫腙、铜铁试剂(铜铁灵)、乙酰基丙酮、铜试剂和丁二酮肟等。例如，在 pH 9.0 的氨性缓冲溶液中，铜试剂与 Cu^{2+}生成疏水性的螯合物，用 $CHCl_3$ 进行萃取，实现 Cu^{2+}与其他金属离子的有效萃取分离。同样，在 pH 9.0 的氨性缓冲溶液中，丁二酮肟与 Ni^{2+}生成疏水性的中性螯合物，用有机溶剂 $CHCl_3$ 萃取，实现 Ni^{2+}与其他金属离子的有效分离。

b. 离子缔合萃取体系

阳离子和阴离子通过静电引力的作用，互相结合形成电中性的大体积疏水性离子缔合物或离子对化合物，从而被有机溶剂萃取。主要有以下几种类型：

(1) 金属配阴离子的离子缔合物。

许多金属阳离子与 Cl^-、F^-等阴离子形成配阴离子，再与大体积的有机阳离子结合，形成离子缔合物，可以被氯仿、甲苯和苯等有机溶剂萃取。

例如，在浓盐酸中，Sb(Ⅴ)生成$[SbCl_6]^-$，然后与结晶紫阳离子结合，生成离子缔合物，可以用甲苯萃取，然后用光度法测定微量 Sb 含量。

(2) 锌盐缔合物。

醚类、醇类和酮类等含氧有机溶剂与 H^+或其他阳离子结合，形成溶剂锌盐正离子，能与金属配阴离子结合，形成易溶于有机溶剂的锌盐，从而被有机溶剂萃取。此时的有机溶剂既是萃取溶剂，又参与了缔合物的形成，也是萃取剂。

例如，在盐酸溶液中，Fe^{3+}和 Cl^-配位生成配阴离子$[FeCl_4]^-$，作为有机溶剂的乙醚与 H^+结合而质子化，生成锌盐阳离子$[(CH_3CH_2)_2OH]^+$，与阴离子$[FeCl_4]^-$结合，形成易溶于乙醚的离子缔合物$[(CH_3CH_2)_2OH]^+ \cdot [FeCl_4]^-$，从而用乙醚萃取水溶液中的 Fe^{3+}。

(3) 溶剂化萃取体系。

有些中性有机溶剂分子以其配位原子与无机化合物中的金属离子键合，生成溶剂化合物，进而被该有机溶剂萃取，称为溶剂化萃取体系。

例如，在盐酸溶液中，用磷酸三丁酯(TBP)萃取 Fe^{3+}时，萃取形式就是 $FeCl_3 \cdot 3TBP$。

c. 简单分子萃取体系

一些稳定的共价化合物不带电荷，如 I_2、Cl_2、Br_2、$GeCl_4$ 和 OsO_4 等，在水溶液以中性分子的形式存在，可以直接被 CCl_4、$CHCl_3$ 和苯等惰性有机溶剂有效萃取，称为简单分子萃取或共价化合物萃取。

2) 萃取条件

为了实现有效萃取，萃取条件的选择非常重要，主要包括以下几点。

a. 萃取剂的选择

萃取剂的作用主要是与金属离子形成疏水性的螯合物，该螯合物越稳定，萃取率越高。同时，螯合剂疏水基团越多，亲水基团越少，萃取效率越高。

b. 溶液酸度的选择

对于螯合剂，酸度越高，螯合剂存在酸效应，影响与金属离子的配位反应效率，所以萃取体系的酸度不能太高。同样，碱度过高，金属离子可能水解，或发生其他干扰反应而影响萃取。因此，酸度的选择和控制是萃取过程的重要条件。

萃取过程酸度的选择通常是通过制作酸度曲线进行优化选择。例如，用二苯硫腙-CCl_4 萃取 Zn^{2+} 时，通过改变酸度制作酸度曲线优化，确定适宜萃取酸度为 pH 6.5～10.0，酸度过高，不发生螯合反应或反应不完全，酸度过低，生成 ZnO_2^{2-}，都会影响萃取效率。

c. 萃取溶剂的选择

萃取溶剂的选择原则是金属螯合物溶解度很大，而干扰组分溶解度较小。一般是根据“相似相溶”的原则，选择与配位化合物结构类似的有机溶剂。例如，对于含有烷基的配位化合物，可选择卤代烷烃类萃取溶剂，如氯仿等，即极性物质易溶于极性溶剂，弱极性物质易溶于弱极性溶剂，而碱性化合物易溶于酸性溶剂，酸性化合物易溶于碱性溶剂。

另外的要求是萃取溶剂与水溶液的密度相差大、黏度小、易分层，有机萃取溶剂的毒性小、不易挥发、不易燃等。

d. 干扰离子的消除

萃取本就是分离的过程，如果溶液中成分比较复杂，分离的选择性不好，或者有多种金属离子都会发生螯合反应，就要从各个方面想办法消除干扰。

首先是控制溶液的酸度以提高选择性。例如，在 Hg^{2+}、Bi^{3+}、Pb^{2+} 和 Cd^{2+} 等共存溶液中，用二苯硫腙-CCl_4 萃取 Hg^{2+}，当 pH=1 时，Bi^{3+}、Pb^{2+} 和 Cd^{2+} 不被萃取。

其次是采用掩蔽剂消除干扰。加入掩蔽剂的目的是让干扰离子与掩蔽剂生成水溶性化合物，避免干扰组分与螯合剂反应，提高萃取选择性。例如，用二苯硫腙-CCl_4 萃取 Ag^+，当 pH=2 时，加入 EDTA，可以掩蔽许多金属离子，除 Hg^{2+}、Au^{3+} 外，其他金属离子均不被萃取。

此外，温度、离子强度和振摇时间等萃取条件也需要优化，以获得最佳的萃取效率。

9.4.2　液相微萃取

传统的液液萃取法具有操作简便、回收率高、选择性好等优点，在环境、食品、生物、药物、材料和地矿等领域应用广泛，已经有很多液液萃取方法写入各类标准。但因为大量使用有机溶剂，造成严重的毒性和环境污染，限制了液液萃取法的应用和发展。

20 世纪 90 年代中期，Dasgupta 和 Cantwell 两个课题组提出了一种新型样品前处理技术——液相微萃取(liquid phase microextraction，LPME)。LPME 是在 LLE 的基础上产生的，其基本原理是采用微升级的萃取溶剂对样品溶液中的目标物进行萃取，达到萃取分配平衡后，实现微萃取。该方法克服了 LLE 的缺点，其优点是消耗溶剂少(微升级)、富集倍数大、萃取效率高、操作简便，易于实现自动化，特别是集采样、分离、纯化、萃取、浓缩和进样于一体，是环境友好的样品前处理新技术，适用于环境、食品、生物等实际复杂样品中痕量、超痕量污染物的分离分析。

LPME 的萃取模式主要有以下几种。

1. 单滴液相微萃取

将萃取溶剂悬挂在微量注射器针头或 Teflon 棒端，对溶液进行萃取，称为单滴液相微萃取(single drop microextraction，SDME)。萃取过程可以是顶空或浸入方式。

2. 中空纤维液相微萃取

1999 年，Bjergaard 提出了以中空纤维为载体的液相微萃取模式(hollow fiber-based liquid-phase microextraction，HF-LPME)。该方法主要解决单滴液相微萃取中有机溶剂的液滴易脱落或挥发、溶解损失的问题。同时，中空纤维的孔腔直接过滤生物大分子等，净化性能优良。

3. 分散液相微萃取

2006 年，Rezaee 等提出了基于由样品溶液、与水互不相溶的萃取剂和与水相及萃取剂混溶的分散剂等组成的三重溶液系统——分散液相微萃取(dispersive liquid liquid micro-extraction，DLLME)技术。DLLME 是用注射器将萃取剂与分散剂的混合物快速注入样品溶液中，使萃取剂以非常小的液滴形式完全分散到样品水溶液中，形成由萃取剂、分散剂和样品溶液组成的乳浊液萃取体系。萃取剂小液滴与样品溶液之间存在极大的接触面积，使疏水性目标物能够迅速在两相之间达到萃取平衡，实现快速富集。萃取平衡后，离心分离，萃取剂聚集分层，沉淀到离心管底部，用微量注射器收集后，可直接进行色谱分析。

DLLME 操作简单、分析成本低，最大的优点就是富集倍数高、萃取快速，克服了 LLE 毒性大和污染严重、SDME 中悬挂液滴脱落损失和 HF-LPME 中气泡影响重现性等问题。因此，DLLME 在食品农药残留、环境污染物分离检测等领域得到广泛应用。

9.4.3　固相萃取

为了彻底解决 LLE 方法中使用毒性有机溶剂、萃取过程中的乳化现象和萃取效率不高、操作烦琐等问题，1977 年 Waters 公司结合液固萃取和柱液相色谱技术建立了固相萃取(solid-phase extraction，SPE)技术。SPE 主要是基于液固相色谱理论，采用选择性吸附、选择性洗脱的方式对样品进行分离、富集、净化，相当于一个色谱分离过程(图 9-1)。

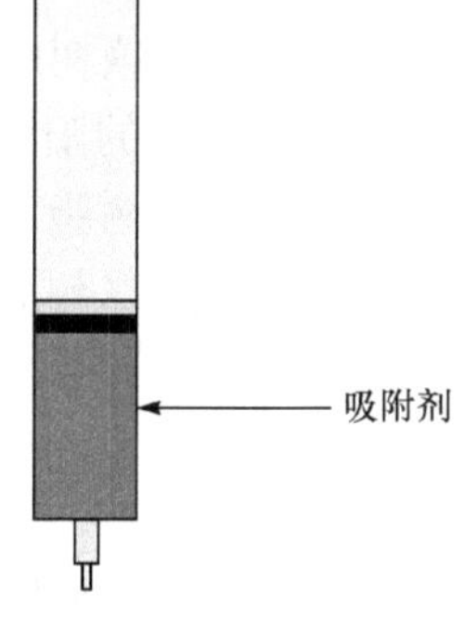

图 9-1　固相萃取柱

SPE 技术的特点是使用有机溶剂少、分离富集效率和回收率高、操作简单、省时省力，易于自动化。该技术已经逐步取代 LLE 成为可靠而有效的样品前处理方法，在食品、环境、生物、医药和化工等领域有着广泛的应用。

SPE 小柱有键合硅胶柱、苯乙烯-二乙烯基苯共聚物、石墨碳、离子交换树脂和金属配合物等，以及混合材料柱等。其操作过程包括小柱活化、上样、清洗和洗脱等。

9.4.4 固相微萃取

在固相萃取的基础上，1992 年加拿大的 Pawliszyn 建立了固相微萃取(solid-phase micro-extraction，SPME)技术。SPME 保留了 SPE 的优点，并且克服了 SPE 柱易堵塞的缺点，是一种完全非溶剂萃取方法，选择性高、重现性好，特别是易与后续的分析方法联用，直接采样、分离富集和进样分析，简便快速。SPME 有直接 SPME 法和顶空 SPME 法等方式，适用于挥发性或非挥发性化合物的分离分析，广泛应用于环境、食品、医药、生物和临床化学等领域。

9.5 离子交换分离法

离子交换分离法是利用固相的离子交换剂与溶液中的离子发生交换反应而进行分离的方法，是一种固液分离方法。

离子交换分离法的特点是：

(1) 分离效率高：设备简单，可以分离带相反电荷离子，也可以分离带相同电荷及性质的离子。

(2) 应用广泛：广泛应用于微量组分的分离和富集，也可以制备高纯化合物，以及纯化蛋白质和核酸等生物大分子等。

(3) 耗时：操作烦琐，分离周期长，在分析化学中主要用于难分离组分的分离。

9.5.1 离子交换剂的种类

离子交换剂是离子交换分离法的主要分离介质，种类较多，主要有无机离子交换剂和有机离子交换剂两种。

无机离子交换剂主要有天然的黏土、沸石和合成的分子筛、杂多酸盐和水合金属氧化物等。天然无机交换剂交换容量小、机械强度差，应用少，合成的无机离子交换剂的机械性能和交换容量有所改进，但依然不能满足广泛的应用。

相对而言，有机离子交换剂应用广泛。这是一类具有网状的高分子聚合物结构特征的离子交换树脂，难溶于水、酸和碱，对热、氧化物、还原剂、有机溶剂和其他化学试剂有较好的稳定性。有机离子交换剂按照离子交换基团的不同分类如下。

1. 阳离子交换树脂

阳离子交换树脂的离子交换基团是强酸型的磺酸基、弱酸型的羧基和酚羟基等酸性基团。其中，强酸型的阳离子交换树脂应用广泛，在酸性、中性和碱性溶液中均可使用。而弱酸型的阳离子交换树脂对 H^+亲和力强，不适合在酸性溶液中使用，即 R—COOH 树脂要求溶液的 pH＞4，R—OH 树脂要求溶液的 pH＞9.5。弱酸型阳离子交换树脂选择性高，容易用酸洗脱，常用于分离不同强度的有机碱。

2. 阴离子交换树脂

阴离子交换树脂的离子交换基团是强碱型的季铵基 $R_4N^+Cl^-$(R=CH_3—、CH_3CH_2—)和弱碱型的伯胺(—NH_2)、仲胺(—NHR)和叔胺(—NR_2)等碱性基团。其中，强碱型阴离子交换树脂在酸性、中性和碱性溶液中均可使用，应用广泛。而弱碱性阴离子交换树脂对 OH^-的亲和力很强，不适合在碱性溶液中使用。

3. 螯合型离子交换树脂

螯合型离子交换树脂中引入了能与金属离子螯合的活性配位基团，离子交换的同时伴随着螯合反应，分离的选择性更高，对无机离子的分离和富集效率高。例如，国产 401 号型树脂就属于螯合树脂。该类树脂的缺点是制备难、成本高和交换容量不理想等。

4. 纤维交换树脂

纤维交换树脂是对天然纤维素进行羟基酯化、磷酸化、羧基化改性后制备的阳离子交换剂，或者胺化改性制备的阴离子交换剂。其主要结构特征是开放式长链化合物，表面积大、空隙宽松、交换速度快、稳定性好、易于洗脱、分离效率高，主要应用于分离提纯蛋白质、多肽、氨基酸和激素等，也用于分离汞、铅、锌和镉等无机离子。

此外，离子交换树脂还有氧化还原树脂、大孔树脂和萃取树脂等特殊树脂。

9.5.2　离子交换剂的性质

离子交换树脂是由碳链和苯环构成的骨架并连接成网状高分子结构，起离子交换作用的活性基团位于网络空隙中。描述离子交换树脂性质的参数有交联度和交换容量等。

1. 交联度

离子交换树脂的制备过程中，将链状分子相互联结形成网络结构的过程称为交联。例如，以二乙烯苯制备长链聚苯乙烯立体网状结构树脂时，二乙烯苯称为交联剂，交联剂在树脂总量中的质量百分数称为交联度。

交联度是离子交换树脂的重要性质之一，直接影响网状结构的紧密度、孔径大小、交换速度和选择性。交联度小，则离子交换树脂的水溶胀性好、网眼大、交换反应速度快，但机械强度和分离选择性差。相反，交联度大，则离子交换树脂的网眼小、离子交换的选择性好、机械强度高，但水溶胀性差、离子交换速度慢。一般来说，离子交换树脂的交联度选择 4%～14%为宜。

2. 交换容量

离子交换树脂的交换容量是指每克干树脂能交换的离子的物质的量(mmol)，其大小主要取决于树脂网状结构上活性基团的数目，其数据可以用实验方法测定，一般离子交换树脂的交换容量为 3～6 $mmol \cdot g^{-1}$。

9.5.3　离子交换亲和力

离子在离子交换树脂上的交换能力称为这种离子交换树脂对该离子的亲和力，体现了离子交换过程中的快慢和难易程度。在离子交换的过程中，主要的分离机理是带异性电荷的粒子之间的静电作用，所以离子交换亲和力与水合离子半径、电荷及离子的极化程度等因素有关。水合离子半径越小、电荷越高、离子的极化程度越大，其亲和力就越大，这就体现出离子交换树脂的选择性。

实验证明，常温下的稀溶液中，离子交换树脂对不同离子的亲和力存在如下规律。

1. 阳离子交换树脂

强酸型阳离子交换树脂对于不同离子的亲和力大小顺序如下：

(1) 不同价态离子，价态越高，亲和力越大。例如：

$$Na^+ < Ca^{2+} < Al^{3+} < Th^{4+}$$

(2) 相同价态离子，水合离子半径越小，亲和力越大。例如：

$$Li^+ < H^+ < Na^+ < NH_4^+ < K^+ < Rb^+ < Cs^+ < Ag^+ < Tl^+$$

$$UO_2^{2+} < Mg^{2+} < Zn^{2+} < Co^{2+} < Cu^{2+} < Cd^{2+} < Ni^{2+} < Ca^{2+} < Sr^{2+} < Pb^{2+} < Ba^{2+}$$

对于弱酸型阳离子交换树脂，H^+的亲和力大于其他阳离子，而其他阳离子的亲和力顺序与强酸型阳离子交换树脂相似。

2. 阴离子交换树脂

强碱型阴离子交换树脂对于常见阴离子亲和力的大小顺序如下：

$$F^- < OH^- < CH_3COO^- < HCOO^- < Cl^- < NO_2^- < CN^- < Br^- < C_2O_4^{2-} < NO_3^- < HSO_4^- < I^- < CrO_4^{2-} < SO_4^{2-} < \text{柠檬酸根}$$

弱碱型阴离子交换树脂对于常见阴离子亲和力的大小顺序如下：

$$F^- < Cl^- < Br^- < I^- < CH_3COO^- < MoO_4^{2-} < PO_4^{3-} < AsO_4^{3-} < NO_3^- < \text{酒石酸根} < CrO_4^{2-} < SO_4^{2-} < OH^-$$

实际上，影响亲和力大小及顺序的因素有很多，如温度、离子浓度、辅助配体、溶剂和离子交换树脂的型号等。

9.5.4 离子交换分离的操作方法

1. 树脂的选择与处理

(1) 树脂的选择：根据实际分离对象和共存情况，选择适当类型和粒度的树脂。如果测定某些阴离子，而共存阳离子有干扰，需要选用强酸型阳离子交换树脂，将共存的阳离子交换除去，待测阴离子留在溶液中，再进行测定。如果共存阳离子对待测阳离子有干扰，可以先将待测阳离子转化为配阴离子，再用离子交换法进行分离。

在分离的过程中，可以根据待分离的离子含量范围选择合适粒度的树脂。常规制备分离，通常选用 10～100 目；用于一般分析的离子交换分离，选用 80～100 目；分离常量组分时选用 100～200 目；分离微量组分时选用 200～400 目。

(2) 树脂的处理：装柱前，需要对商品树脂进行研磨、过筛、浸泡和净化，除去杂质，防止树脂吸收水分溶胀而堵塞分离柱。

一般的树脂处理过程是先用水浸泡 12 h，让树脂溶胀，避免干燥的树脂在交换柱内吸收水分溶胀而堵塞柱子。然后是树脂的转型，如强酸型阳离子交换树脂需要用 4 $mol \cdot L^{-1}$ HCl 溶液浸泡 1～2 d，溶解各类杂质，再用蒸馏水洗至中性，交换基团转化为 RSO_3H(H^+型)。对于强碱型阴离子交换树脂，需要用 NaOH 浸泡 1～2 d，再用蒸馏水洗至中性，交换基团转化为 $RN^+(CH_3)_3OH^-$(OH^-型)。

2. 装柱

离子交换柱通常是玻璃柱。首先在离子交换柱的下端均匀铺上一层玻璃纤维，防止树脂流出。加入少量蒸馏水后，倒入带水的树脂，使树脂均匀下沉形成交换层，高度约为交换柱高的 90%，在柱子的上端也均匀铺上一层玻璃纤维，放置添加试液时，树脂被冲起。离子交换柱装柱完成后，可以用蒸馏水冲洗，关闭活塞，备用。

需要注意的是，在装柱和离子交换过程中，一定要让树脂一直浸泡在溶液的液面下，避免空气混入而发生“沟流”现象，造成离子交换及洗脱不完全，严重影响分离效果。

3. 交换

将待分离试液从上端缓慢注入离子交换柱中，并以一定的流速自上而下流经柱子进行离子的交换。当上层树脂被交换，下层树脂未被交换时，中间的树脂部分被交换，称为“交界层”，如图 9-2(a)所示。随着交换的进行，交换了的树脂层越来越厚，交界层逐渐下移，直至到达交换柱底部为止，如图 9-2(b)所示。此时，如果从交换柱上端继续添加试液，流出液中开始出现未被交换的离子，称为交换过程的“始漏点”，被交换到交换柱上离子的量(mmol)称为该条件下的“始漏量”或“流穿点”，即上样超过始漏量时，该离子就会从交换柱中流出。

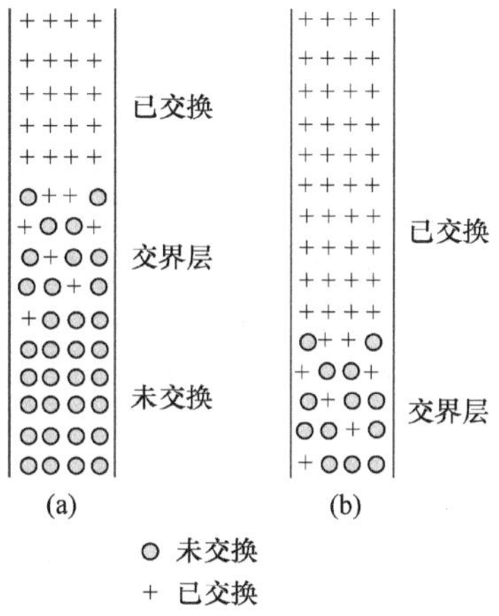

图 9-2　离子交换过程

离子交换柱的总交换容量是指交换柱中树脂的质量(g)乘以树脂的交换容量。当达到始漏点时，离子交换柱上还存在交界层，还有未被交换的树脂，所以交换柱的总交换容量大于始漏量。

为了提高离子交换树脂的利用率，即获得较大的始漏量，往往选择小颗粒树脂、细长交换柱，以及慢流速和较高温度等。但是，太细小的颗粒会造成流速太慢，从而影响分离速度。

待交换完成后，用洗涤液(一般用水作为洗涤液)清洗交换柱，除去上层残留的试液和交换柱中的离子。

4. 洗脱

离子交换分离过程完成后，需要用洗脱剂或淋洗剂再把离子从树脂中置换下来，称为洗脱或淋洗，是离子交换过程的逆过程。

通常用 HCl 溶液淋洗阳离子交换树脂，用 H^+逐步置换待分离的离子。随着 HCl 溶液的不断加入，流出液中待分离的离子浓度从小到大再减小，直至全部流出。此时，树脂转换为 H^+型。

对于阴离子交换树脂，通常用 NaOH 或 NaCl 溶液进行洗脱，树脂转换为 OH^-型或 Cl^-型。

以流出液中待分离离子浓度(纵坐标)对洗脱液体积(横坐标)作图，得到洗脱曲线(淋洗曲线)。在洗脱过程中，收集从待分离离子的出现至全部流出这一段的流出液，就可以进行待分离离子的分析测定。

当多种离子同时交换保留在离子交换分离柱上时，洗脱过程也就是一种分离过程。与树脂亲和力小的离子先被洗脱出来，亲和力大的离子洗脱慢，后被洗脱下来，从而实现多种离子的分离。

5. 树脂再生

将经过离子交换和洗脱过程后的树脂恢复到离子交换前的形式称为树脂的再生。有时洗脱过程就是树脂的再生过程。

通常，阳离子交换树脂使用 3 $mol \cdot L^{-1}$ HCl 溶液处理为 H^+型。而阴离子交换树脂使用 NaOH 溶液进行处理，转化为 OH^-型。

9.5.5 离子交换分离法的应用

离子交换分离法具有树脂可选、分离效率高和树脂可以再生反复使用等特点，因而广泛应用于物质的分离和富集，以及高纯物质制备等领域。

1. 去离子水的制备

自来水中多种阴、阳离子共存，离子交换分离是制备去离子水的有效方法。通常将强酸型阳离子交换树脂处理为 H^+型，强碱型阴离子交换树脂处理为 OH^-型，并将两种交换柱进行串联，即复柱法。自来水依次通过两种分离柱，就得到去离子水。复柱法纯化水时，会发生交换产物的逆反应，使得水纯度不高。如果在串联的阴、阳离子交换柱后再串联一个混合柱(阴、阳离子交换树脂按交换容量 1∶1 混合装柱)，实现阴、阳离子交换树脂的多级串联，即混合柱法，可以得到纯度更高的去离子水。混合柱法消除了逆反应，但是树脂的再生操作比较复杂。

2. 离子的分离

离子交换分离法可以用于干扰离子的分离、不同价态离子的分离、性质相近元素的分离和阴、阳离子的分离等。

例如，重量法测定 SO_4^{2-} 时，通常以 $BaSO_4$ 为沉淀形式，此时 Fe^{3+}和 Ca^{2+}等阳离子发生共沉淀，产生分析误差。可以在加沉淀剂之前，先用阳离子交换树脂除去试液中的 Fe^{3+}和 Ca^{2+}等干扰离子，即干扰离子吸附保留在阳离子交换树脂上，然后在流出液中加入沉淀剂，进行 SO_4^{2-} 的测定。

3. 微量组分的富集

分离富集是提高分析方法灵敏度的有效措施。离子交换分离法是分离富集微量组分的有效方法。例如，用阳离子交换柱对数升水样中微量 K^+、Na^+、Ca^{2+}、Mg^{2+}、Cl^-和 SO_4^{2-} 等进行吸附，再用数毫升或数十毫升稀盐酸洗脱阳离子，用数毫升或数十毫升稀氨水洗脱阴离子，富集倍数可以达到数十或上百倍，就可以很方便地在流出液中进行待测离子的直接分析。

9.6 经典色谱分离法

色谱分离法简称色谱法(chromatography)，是指混合物中各组分因为结构不同，从而在流动相和固定相中分配能力(溶解分配、吸附、离子交换或体积排阻等)有差异，即分配系数不同，当流动相推动组分进入固定相并不断前行时，组分在固定相和流动相中进行连续的多次分配，相当于多级分离，使得各组分以不同的速度移动，即混合物中的各组分在固定相中的保留时间不同，在柱尾实现分离。因此，色谱法又称为层析法或色层分析法，是一种物理化学分离法。

依据方法的发展历程，色谱法分为经典色谱法(或常规色谱法)和现代色谱法。经典色谱法是指气相色谱法和高效液相色谱法等现代色谱法产生之前的常压液相色谱技术，包括柱色谱法、纸色谱法和薄层色谱法等。

9.6.1 柱色谱法

1. 柱色谱法的基本原理

柱色谱法(column chromatography)是指把固定相填充在柱状玻璃管中，制成色谱柱，试液从色谱柱上端加入，用流动相进行淋洗，各组分因为结构不同而与固定相、流动相的作用力不同(吸附、分配、离子交换或体积排阻作用等)，在经过色谱柱的过程中，与固定相作用力弱的组分先被淋洗出来，作用力强的组分后被淋洗出来，从而实现混合物的分离。

柱色谱的主要原理是吸附、分配、离子交换或体积排阻作用。例如，硅胶、活性炭或氧化铝为固定相时，主要是基于吸附作用进行组分的分离。改性硅胶或键合相硅胶为固定相时，主要作用机理是分配。而离子交换树脂为固定相时，分离过程主要是基于离子交换作用。凝胶为固定相时，主要依托体积排阻作用。

柱色谱分为常压、加压和减压等模式。其中，常压柱色谱分离效率高，但分离时间长。加压柱色谱分离快速，适用于有机化合物的色谱分离。

2. 柱色谱实验过程

(1) 装柱：根据样品组成和性质，选择一定粒径的固定相和一定规格的色谱柱(玻璃或不锈钢柱)，干法或湿法装柱。

(2) 上样及洗脱：用少量溶剂溶解样品，上样，常压或加压柱色谱，用合适的洗脱剂进行洗脱分离，收集各组分。

(3) 浓缩：洗脱液用旋转蒸发仪进行浓缩。

9.6.2 纸色谱法

1. 纸色谱法的基本原理

纸色谱法(paper chromatography，PC)是指在层析纸上进行分离的色谱分离方法。

纸色谱分离主要是基于液液分配的原理。层析纸中的纤维素吸着 20%～25%水分，其中约 6%的水分是以氢键与纤维素上的羟基结合，不会随着有机溶剂展开而流动，这部分水分就是纸色谱的固定相。流动相是与水互不相溶或丙醇、丙酮或甲醇等与水混溶的有机溶剂的展开剂。

如图 9-3 所示，当在层析纸一端量取的恰当位置上点样后，放入层析筒或展开槽中(注意：样品斑点不能浸入展开剂)，利用毛细作用，展开剂自下而上不断上升，经过试样点时，被分离组分在固定相和流动相中进行分配和再分配，各组分的分子结构不同，分配比大小不同，上升展开的速度就不同。当展开剂到达一定高度时，即停止分离，各组分就被分离。取出层析纸，有色化合物会直接呈现出组分的色斑，如图 9-4 中的 A 和 B。对于无色化合物，可以用氨熏、碘蒸气熏，也可以喷雾显色剂溶液而呈现出组分的色斑，常用的显色剂有 $FeCl_3$ 水溶液、茚三酮正丁醇溶液等。如果组分具有荧光性质，也可以在紫外灯下观察组分的荧光斑点，进行定性分析。

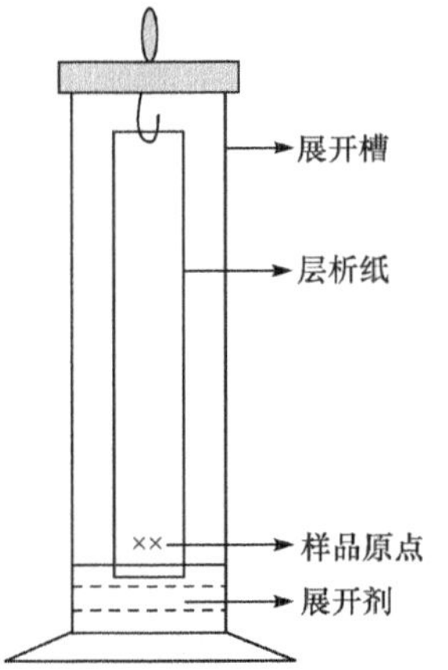

图 9-3　纸色谱示意图

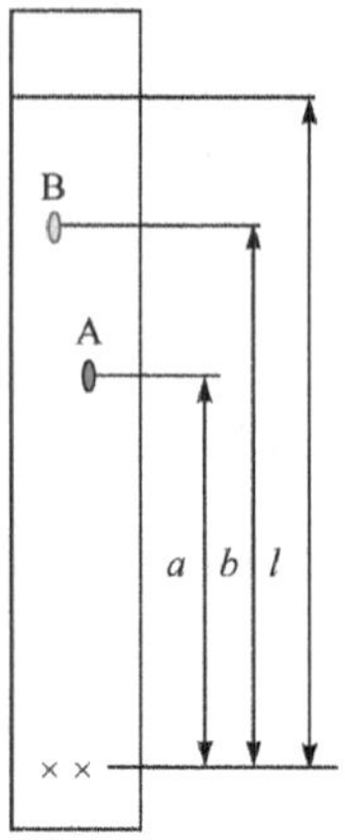

图 9-4　比移值的计算

纸色谱法中，通常用比移值 R_f 进行定性分析，其定义是组分迁移距离与展开剂迁移距离的比值：

$$R_f = \frac{\text{原点至组分斑点中心的距离}}{\text{原点至展开剂前沿的距离}}$$

如图 9-4 所示，组分 A 的比移值 $R_f = \frac{a}{l}$，组分 B 的比移值 $R_f = \frac{b}{l}$。

比移值与温度、展开剂组成和组分的结构、性质等很多因素有关。分离条件一定时，组分的 R_f 一定，与标准溶液对照，就可以对样品进行定性分析。一般来说，R_f 相差 0.02 以上的组分之间就可以有效分离分析。

2. 纸色谱法的应用

纸色谱法是一种操作简单、消耗样品量少的传统色谱方法，在无机物和有机物的分离和定性分析中应用广泛，如有色金属离子定性分析、氨基酸混合物分离分析，以及葡萄糖、麦芽糖和木糖混合糖类分离分析等。

例如，以正丁醇∶冰醋酸∶水=4∶1∶2(体积比)为展开剂对甘氨酸、丙氨酸和谷氨酸混合物进行纸色谱分离分析；以正丁醇∶冰醋酸∶水=4∶1∶5(体积比)为展开剂对葡萄糖、麦芽糖和木糖混合物进行纸色谱分离分析等。

9.6.3　薄层色谱法

薄层色谱法(thin layer chromatography，TLC)和纸色谱法的固定相都是平面形状，又称为平面色谱法(planar chromatography)。与纸色谱法一样，薄层色谱法操作简便，应用广泛，可以同时分析多个样品，成本低。而相对于纸色谱法，薄层色谱法分析时间更短，常使用硅胶固定相而耐腐蚀好，组分斑点不易扩散而灵敏度更高，适用于微克级的少量样品或毫克级的大量样品。所以，薄层色谱法应用更加广泛。

1. 薄层色谱法的基本原理

薄层色谱是将固定相吸附剂均匀涂敷在玻璃或塑料等薄层板上，试样溶液点样后，置于密闭的容器中(图 9-5)，薄层板下端浸入展开剂溶液中，基于固定相的毛细作用，展开剂从下方向上缓慢移动，试样中的各组分在固定相和流动相之间发生溶解、吸附和再溶解、再吸附的分配过程，固定相吸附能力强的组分前行速度慢，反之，则前行速度快。当展开一段时间后，不同的组分相互分离，形成不同位置的斑点。

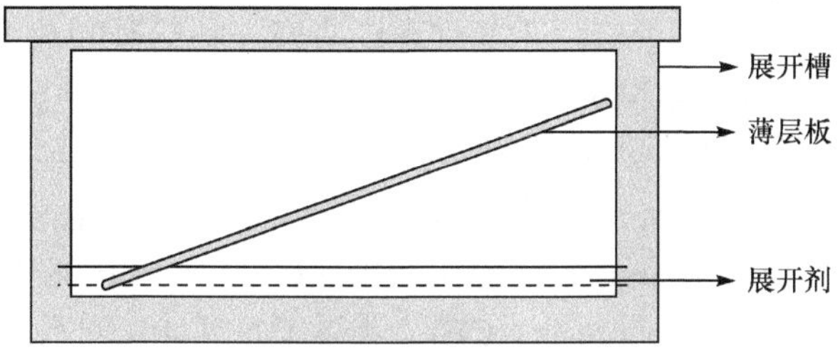

图 9-5　薄层色谱示意图

2. 固定相和展开剂的选择

固定相的选择在薄层色谱法中十分重要。一般选用粒度为 100～250 目的固定相吸附剂，如硅胶、氧化铝、硅藻土、聚酰胺和纤维素等。先将适量的蒸馏水和吸附剂一起研磨，调制成稀糊状，均匀涂布在表面光滑平整的玻璃或塑料板面上，厚度为 0.15～2.0 mm，然后固化 0.5 h。对于分配色谱，不需要干燥，其中的固定相吸附剂中的水用作固定相；而对于吸附色谱，需要 110℃加热活化数小时。

薄层色谱展开剂的选择依据是“相似相溶”原则，即综合考虑组分的极性、吸附剂的活性和展开剂的极性等。因此，分离极性大的组分，选择极性强的展开剂；分离极性小的组分，需要使用极性小的溶剂为展开剂。常用溶剂极性顺序为：石油醚＜环己烷＜四氯化碳＜苯＜甲苯＜乙醚＜氯仿＜乙酸乙酯＜正丁醇＜丙酮＜正丙醇＜乙醇＜甲醇＜水。

3. 薄层色谱法的应用

薄层色谱法应用于天然产物和有机合成化合物的分离和鉴定。其定性分析方法同纸色谱法，即相同的色谱条件下，比移值 R_f是定性分析的依据。分离过程中，影响 R_f的因素较多，所以通常也是与已知标准溶液的 R_f对照进行定性分析。

薄层色谱法也可以进行组分的分离富集和定量测定。例如，植物中维生素 B_1、B_2 和 B_6 的分离检测，用水饱和的正丁醇+6%TritonX-100 乙醇溶液(体积比 23：2)进行提取，使用硅胶 G+0.5%羧甲基纤维素与水(1 g：3 mL)为固定相，氯仿+乙醇+丙酮+氨水(体积比 20：20：20：10)为展开剂，用薄层双波长扫描仪进行测定。

9.7　电泳分离法

电化学分离法是依据电场中各组分的电化学性质不同而进行分离的一类分离方法，包括自发电沉积法、电解分离法、电泳分离法、电渗析分离法、溶出伏安法和控制电位库仑分离法等。这里主要介绍电泳分离法。

9.7.1 电泳分离原理

在电场中，电解质溶液中的带电离子在电场力的作用下，以不同的速度向相反电极方向迁移的现象称为电泳(electrophoresis)。不同的离子所带电荷及性质不同，迁移速率不同，可实现分离。电泳技术的特点是适用于带电荷化合物的分离及定性定量分析，样品量极少，设备简单，操作方便，分辨率高，广泛应用于基础理论研究、临床研究及工业生产等领域。

电泳技术起源于1809年，俄国莫斯科大学物理学家Reuss最早发现了电泳现象。1909年Michaelis首次将胶体离子在电场中的移动称为电泳。1937年瑞典学者Tiselius成功地应用电泳技术分离了人血清中的蛋白质，由此获得了1948年诺贝尔化学奖。1984年美国学者Jorgenson和Lukacs在内径为75 μm石英毛细管内，以30 kV高电压建立了自由溶液电泳的高效毛细管电泳法(capillary electrophoresis，CE)，获得了每米40万理论塔板数的分离柱效，并从理论上阐述了分离机理。CE以其快速、高效和低成本的特点而成为20世纪分析化学领域最有影响的进展之一，迅速成为分离科学研究的热点和前沿领域，广泛应用于无机离子、中性分子、药物、多肽、蛋白质、DNA及糖等物质的分离分析。

当带电离子以速度 v 在电场中移动时，受到大小相等、方向相反的电场推动力 F_E 和平动摩擦阻力 F 的作用。已知电场力 $F_E = qE$，摩擦阻力 $F = fv$，即

$$qE = fv$$

式中，q 为离子所带的有效电荷；E 为电场强度；v 为离子在电场中的迁移速度；f 为平动摩擦系数，其大小与带电离子大小、形状和介质黏度等有关，对于球形粒子 $f=6\pi\gamma\eta$，γ 为离子的表观液态动力学半径，η 为介质的黏度。

迁移速度为

$$v = \frac{qE}{f} = \frac{q}{6\pi\gamma\eta}E$$

即带电离子的电泳速度与其电荷数、电场强度成正比，与其表观液态动力学半径、介质黏度成反比。不同带电离子的有效半径、形状和大小不同，在电场中的迁移速度不同，即存在差速迁移，这是电泳分离的基础。

迁移率 μ 是指单位电场强度下离子的平均电泳速度

$$\mu = \frac{v}{E} = \frac{q}{6\pi\gamma\eta}$$

实验条件一定时，带电离子的迁移率是定值。

由离子迁移率定义得

$$\mu = \frac{v}{E} = \frac{S/t}{U/L} = \frac{SL}{Ut}$$

式中，S 为带电粒子在时间 t 内迁移的距离；U 为外加电压；L 为两电极之间的距离。

可见，带电粒子在时间 t 内迁移的距离为

$$S = \mu t\frac{U}{L}$$

则 A、B 两带电粒子在时间 t 内迁移后分离的距离为

$$\Delta S = S_A - S_B = \mu_A t\frac{U}{L} - \mu_B t\frac{U}{L} = (\mu_A - \mu_B)t\frac{U}{L} = \Delta\mu t\frac{U}{L}$$

这就是电泳分离的基本表达式。可见，$\Delta\mu$、t、U/L 越大，分离越完全，即影响电泳分离的主要因素有：

(1) 带电粒子的迁移率：具体来说，阴、阳离子迁移方向相反，最易分离；二价离子的迁移率是一价离子的两倍；迁移率与离子半径成反比。因此，半径和电荷相差越大的离子之间越易分离。

(2) 电解质溶液的组成：直接影响溶液的黏度，导致粒子迁移率不同，也会改变带电粒子的电荷、半径等，化合物的电离度也与溶液的组成有关。

(3) 外加电位梯度：外加电压越大，U/L 增加，则电泳分离越完全。

(4) 电泳时间 t：电泳时间越长，分离越完全，但电泳带会展宽，影响分离度。因此，对于性质相似的元素，不能通过增加 t 改善分离。

9.7.2　电泳分离分类

电泳分离法按照分离原理不同，分为区带电泳、移动界面电泳、等速电泳和等电聚焦电泳等；按照支持电解质的不同，分为纸电泳、醋酸纤维薄膜电泳、琼脂凝胶电泳和聚丙烯酰胺凝胶电泳等；按照有无固体支持物分为自由电泳和固体支持物电泳等；按照支持介质形状不同分为薄层电泳、板电泳和柱电泳等；按照用途不同分为分析电泳、制备电泳、定量免疫电泳和连续制备电泳等；按照所用电压不同分为低压电泳(100～500 V)和高压电泳(1000～5000 V)。

在电泳分离法中，最常用的是聚丙烯酰胺凝胶电泳和毛细管电泳。

9.7.3　电泳分离法的应用

电泳分离法是化学、医学和药学等领域的重要研究技术。电泳分离法主要用于分离氨基酸、多肽、蛋白质、脂类、核苷酸和核酸等各种有机物和无机盐，以及定量分析和相对分子质量测定等。同时，电泳分离法和色谱法等分离技术联用，可以分析蛋白质的结构，电泳分离法结合酶学技术应用于酶催化和调节功能研究领域。

9.8　膜 分 离 法

膜分离是指基于被分离的化合物从全透或半透膜的一边选择性转移或迁移到膜的另一边的分离、纯化或浓缩的过程。膜分离技术出现于 20 世纪初，20 世纪 60 年代以后迅速发展。该技术高效简便、环保节能、选择性好，因而广泛应用于环境、食品、生物、化工、石油和能源等领域，是现代分离科学中的重要方法，在现代化工业生产中起着十分重要的作用。

膜分离中的薄膜是指两相之间的一个不连续区间，可以是固态、液态或气态，可以是天然或人工合成材料，种类繁多，应用最多的是有机聚合物固体膜。膜分离过程只是一个物理过程，不需要助剂，也没有相变，可以对双组分或多组分体系进行分离、纯化或浓缩。

根据材料的不同可以将膜分为无机膜和有机膜。其中，无机膜主要是陶瓷膜和金属膜，

有机膜主要是高分子材料。根据膜孔径大小可以将膜分为孔径为 0.05～10 μm 的微滤膜(MF)、孔径为 0.002～0.05 μm 的超滤膜(UF)、孔径为 0.001～0.005 μm 的纳滤膜(NF)和孔径为 0.0001～0.005 μm 的反渗透膜(RO)等。由此，膜分离方法分为微滤、超滤、纳滤和反渗透，以及电驱动的电渗析等。下面简单介绍透析法和液膜分离法。

透析是利用浓度梯度的差异，让小分子或离子经过半透膜扩散到水(或缓冲液)中而除去，从而实现小分子与生物大分子分离的纯化技术。透析法在医学中应用广泛，主要有血液透析、腹膜透析和结肠透析等。

液膜是由膜溶剂、表面活性剂、流动载体和膜增强剂组成的薄膜，与被分离的液体互不相溶，有油包水型和水包油型。液膜分离法高效、选择性好、操作简便，广泛应用于大气中微量有机胺和水体中酸性农药等环境试样的分离分析。

思考题和习题

1. 在分析化学中，为什么要进行样品的分离和富集?
2. 传统的分离富集方法有哪些?
3. 对不同含量的组分进行分离时的回收率有什么要求?
4. 沉淀分离法主要有哪些类型? 各有什么优缺点?
5. 描述分配系数、分配比和萃取率的概念及其相互关系。
6. 溶剂萃取法的特点有哪些? 液相微萃取和固相萃取、固相微萃取的优点分别有哪些?
7. 描述离子交换分离法的原理、类型和主要应用对象，并阐述什么是离子交换树脂的交联度和交换容量。
8. 简述柱色谱、纸色谱和薄层色谱的固定相和分离原理的异同点。
9. 描述离子的迁移率在电泳分离法中的意义。
10. 对于解离常数为 1.0×10^{-5} 的弱酸 HA，在水和甲苯中的分配系数为 30。当 pH=1.0 时，将 10 mL HB 溶液和等体积的甲苯进行混合萃取，计算 HA 的萃取率。

(97%)

11. 对于环境水样中的痕量氯仿，用 100 mL 水样与 10 mL 戊烷混合萃取，萃取率达到 55%，计算 10 mL 水样与 10 mL 戊烷混合萃取的萃取率。

(92%)

12. 薄层色谱法分离混合样品时，如果组分 A 和组分 B 的比移值分别为 0.5 和 0.8，在 20 cm 的薄板上进行分离，A 和 B 两组分在该薄板上分离后的斑点中心最大距离是多少?

(6 cm)

参 考 文 献

柴逸峰, 邸欣. 2016. 分析化学. 8 版. 北京: 人民卫生出版社

戴维 S. 哈格(David S. Hage), 詹姆斯 D. 卡尔(James D. Carr). 2016. 分析化学和定量分析(中文改编版)(上册). 王莹, 于湛, 朱永春, 等编译. 北京: 机械工业出版社

华东理工大学分析化学教研组, 四川大学工科化学基础课程教学基地. 2016. 分析化学学习指导. 北京: 高等教育出版社

华中师范大学, 东北师范大学, 陕西师范大学, 等. 2004. 分析化学(上、下册). 3 版. 北京: 高等教育出版社

李克安. 2005. 分析化学教程. 北京: 北京大学出版社

李龙泉, 林长山, 朱玉瑞, 等. 2002. 定量化学分析. 合肥: 中国科学技术大学出版社

林树昌, 胡乃非, 曾泳淮. 2004. 分析化学(化学分析部分). 北京: 高等教育出版社

刘捷, 司学芝. 2015. 分析化学. 2 版. 北京: 化学工业出版社

刘金龙. 2012. 分析化学. 北京: 化学工业出版社

王玉枝, 张正奇. 2016. 分析化学. 3 版. 北京: 科学出版社

吴性良, 孔继烈. 2010. 分析化学原理. 2 版. 北京: 化学工业出版社

武汉大学. 2016. 分析化学(上册). 6 版. 北京: 高等教育出版社

张云. 2015. 分析化学. 北京: 化学工业出版社

郑用熙. 1986. 分析化学中的数理统计方法. 北京: 科学出版社

附　　录

附录 1　相对原子质量(2005 年)

元素		相对原子质量	元素		相对原子质量	元素		相对原子质量
符号	名称		符号	名称		符号	名称	
Ag	银	107.8682	Hf	铪	178.49	Rb	铷	85.4678
Al	铝	26.9815386	Hg	汞	200.59	Re	铼	186.207
Ar	氩	39.948	Ho	钬	164.93032	Rh	铑	102.90550
As	砷	74.92160	I	碘	126.90447	Ru	钌	101.07
Au	金	196.966569	In	铟	114.818	S	硫	32.065
B	硼	10.811	Ir	铱	192.217	Sb	锑	121.760
Ba	钡	137.327	K	钾	39.0983	Sc	钪	44.955912
Be	铍	9.012182	Kr	氪	83.798	Se	硒	78.96
C	碳	12.017	La	镧	138.90547	Si	硅	28.0855
Ca	钙	40.078	Li	锂	6.941	Sm	钐	150.36
Cd	镉	112.411	Lu	镥	174.967	Sn	锡	118.710
Ce	铈	140.116	Mg	镁	24.3050	Sr	锶	87.62
Cl	氯	35.453	Mn	锰	54.938045	Ta	钽	180.94788
Co	钴	58.933195	Mo	钼	95.94	Tb	铽	158.92535
Cr	铬	51.9961	N	氮	14.0067	Te	碲	127.60
Cs	铯	132.9054519	Na	钠	22.98976928	Th	钍	232.03806
Cu	铜	63.546	Nb	铌	92.90638	Ti	钛	47.867
Dy	镝	162.500	Nd	钕	144.242	Tl	铊	204.3833
Er	铒	167.259	Ne	氖	20.1797	Tm	铥	168.93421
Eu	铕	151.964	Ni	镍	58.6934	U	铀	238.02891
F	氟	18.998403	O	氧	15.9994	V	钒	50.9415
Fe	铁	55.845	Os	锇	190.23	W	钨	183.85
Ga	镓	69.723	P	磷	30.973762	Xe	氙	131.293
Ge	锗	72.64	Pb	铅	207.2	Y	钇	88.90585
Gd	钆	157.25	Pd	钯	106.42	Yb	镱	173.04
H	氢	1.00794	Pr	镨	140.90765	Zn	锌	65.409
He	氦	4.002602	Pt	铂	195.084	Zr	锆	91.224

附录 2　常用化合物的相对分子质量

分子式	相对分子质量	分子式	相对分子质量
AgBr	187.78	$FeNH_4(SO_4)_2 \cdot 12H_2O$	482.19
AgCl	143.32	HCHO	30.03
AgI	234.77	HCOOH	46.03
AgCN	133.84	$H_2C_2O_4$	90.04
$AgNO_3$	169.87	$H_2C_2O_4 \cdot 2H_2O$	126.07
Al_2O_3	101.96	HCl	36.46
$Al_2(SO_4)_3$	342.15	$HClO_4$	100.46
As_2O_3	197.84	HCN	27.03
$BaCl_2$	208.25	HF	20.01
$BaCl_2 \cdot 2H_2O$	244.28	HNO_2	47.01
$BaCO_3$	197.35	HNO_3	63.01
BaO	153.34	H_2O	18.02
$Ba(OH)_2$	171.36	H_2O_2	34.02
$BaSO_4$	233.40	H_3PO_4	98.00
$CaCO_3$	100.09	H_2S	34.08
CaC_2O_4	128.10	H_2SO_4	98.08
CaO	56.08	$HgCl_2$	271.50
$Ca(OH)_2$	74.09	KBr	119.01
$CaSO_4$	136.14	$KBrO_3$	167.01
$Ce(SO_4)_2$	333.25	KCl	74.56
$Ce(SO_4)_2 \cdot (NH_4)_2SO_4 \cdot 2H_2O$	632.56	K_2CO_3	138.21
CO_2	44.01	KCN	65.12
CH_3COOH	60.05	K_2CrO_4	194.20
$C_6H_8O_7 \cdot H_2O$(柠檬酸)	210.14	$K_2Cr_2O_7$	294.19
$C_4H_8O_6$(酒石酸)	150.09	$KHC_8H_4O_4$	204.23
CH_3COCH_3	58.08	KI	166.01
C_6H_5OH	94.11	KIO_3	214.00
$C_2H_2(COOH)_2$(丁烯二酸)	116.07	$KMnO_4$	158.04
CuO	79.54	KNO_2	85.10
CuSCN	121.62	K_2O	94.20
$CuSO_4$	159.60	KOH	56.11
$CuSO_4 \cdot 5H_2O$	249.68	KSCN	97.18
FeO	71.85	K_2SO_4	174.26
Fe_2O_3	159.69	$KAl(SO_4)_2 \cdot 12H_2O$	474.39
Fe_3O_4	231.54	$K_4Fe(CN)_6$	368.36
$FeSO_4 \cdot 7H_2O$	278.02	$K_3Fe(CN)_6$	329.26
$Fe_2(SO_4)_3$	399.87	$MgCl_2 \cdot 6H_2O$	203.23
$FeSO_4 \cdot (NH_4)_2SO_4 \cdot 6H_2O$	392.14	$MgCO_3$	84.32

续表

分子式	相对分子质量	分子式	相对分子质量
MgO	40.31	Na_2SO_3	126.04
$MgNH_4PO_4$	137.33	NH_4Cl	53.49
$Mg_2P_2O_7$	222.56	NH_3	17.03
MnO_2	86.94	$NH_3 \cdot H_2O$	35.05
$Na_2B_4O_7 \cdot 10H_2O$	381.37	$(NH_4)_2SO_4$	132.14
$NaBr$	102.90	P_2O_5	141.95
$NaCl$	58.44	$PbCrO_4$	323.18
$NaCN$	49.01	PbO_2	239.19
Na_2CO_3	105.99	SiF_4	104.08
$Na_2C_2O_4$	134.00	SiO_2	60.08
$Na_2C_{10}O_8N_2 \cdot 2H_2O$	372.09	SO_2	64.06
Na_2O	61.98	SO_3	80.06
$NaOH$	40.01	$SnCl_2$	189.60
Na_2SO_4	142.04	TiO_2	79.90
$Na_2S_2O_3 \cdot 5H_2O$	248.18	ZnO	81.37
Na_2SiF_6	188.06	$ZnSO_4 \cdot 7H_2O$	287.54
Na_2S	78.04		

附录 3　弱酸及其共轭碱在水中的解离常数(25℃，I=0)

弱酸	分子式	K_a	pK_a	共轭碱	
				pK_b	K_b
亚砷酸	H_3AsO_3	6.0×10^{-10}	9.22	4.78	1.7×10^{-5}
砷酸	H_3AsO_4	K_{a_1} 6.3×10^{-3}	2.20	11.80	K_{b_3} 1.6×10^{-12}
		K_{a_2} 1.0×10^{-7}	7.00	7.00	K_{b_2} 1.0×10^{-7}
		K_{a_3} 3.2×10^{-12}	11.49	2.51	K_{b_1} 3.1×10^{-3}
硼酸	H_3BO_3	5.8×10^{-10}	9.24	4.76	1.7×10^{-5}
焦硼酸	$H_2B_4O_7$	K_{a_1} 1.0×10^{-4}	4.00	10.00	K_{b_2} 1.0×10^{-10}
		K_{a_2} 1.0×10^{-9}	9.00	5.00	K_{b_1} 1.0×10^{-5}
碳酸	H_2CO_3(包括水合 CO_2)	K_{a_1} 4.2×10^{-7}	6.38	7.62	K_{b_2} 2.4×10^{-8}
		K_{a_2} 5.6×10^{-11}	10.25	3.75	K_{b_1} 1.8×10^{-4}
氢氰酸	HCN	6.2×10^{-10}	9.21	4.79	1.6×10^{-5}
铬酸	H_2CrO_4	K_{a_1} 1.8×10^{-1}	0.74	13.26	K_{b_2} 5.5×10^{-14}
		K_{a_2} 3.2×10^{-7}	6.49	7.51	K_{b_1} 3.1×10^{-8}
氢氟酸	HF	6.6×10^{-4}	3.18	10.82	1.5×10^{-11}

续表

弱酸	分子式	K_a	pK_a	共轭碱	
				pK_b	K_b
亚硝酸	HNO_2	5.1×10^{-4}	3.29	10.71	1.9×10^{-11}
过氧化氢	H_2O_2	1.8×10^{-12}	11.74	2.26	5.5×10^{-3}
亚磷酸	H_3PO_3	K_{a_1} 5.0×10^{-2}	1.30	12.70	K_{b_2} 2.0×10^{-13}
		K_{a_2} 2.5×10^{-7}	6.60	7.40	K_{b_1} 4.0×10^{-8}
磷酸	H_3PO_4	K_{a_1} 7.6×10^{-3}	2.12	11.88	K_{b_3} 1.3×10^{-12}
		K_{a_2} 6.3×10^{-8}	7.20	6.80	K_{b_2} 1.6×10^{-7}
		K_{a_3} 4.4×10^{-13}	12.36	1.64	K_{b_1} 2.3×10^{-2}
焦磷酸	$H_4P_2O_7$	K_{a_1} 3.0×10^{-2}	1.52	12.48	K_{b_4} 3.3×10^{-13}
		K_{a_2} 4.4×10^{-3}	2.36	11.64	K_{b_3} 2.3×10^{-12}
		K_{a_3} 2.5×10^{-7}	6.60	7.40	K_{b_2} 4.0×10^{-8}
		K_{a_4} 5.6×10^{-10}	9.25	4.75	K_{b_1} 1.8×10^{-5}
氢硫酸	H_2S	K_{a_1} 8.9×10^{-8}	7.05	6.95	K_{b_2} 1.1×10^{-7}
		K_{a_2} 1.2×10^{-13}	12.92	1.08	K_{b_1} 8.0×10^{-2}
硫氰酸	HSCN	1.4×10^{-1}	0.85	13.15	7.1×10^{-14}
亚硫酸	H_2SO_3	K_{a_1} 1.3×10^{-2}	1.89	12.11	K_{b_2} 7.8×10^{-13}
		K_{a_2} 6.3×10^{-8}	7.20	6.80	K_{b_1} 1.6×10^{-7}
硫酸	H_2SO_4	K_{a_2} 1.0×10^{-2}	2.00	12.00	K_{b_2} 1.0×10^{-12}
硫代硫酸	$H_2S_2O_3$	K_{a_1} 2.5×10^{-1}	0.60	13.40	K_{b_2} 4.0×10^{-14}
		K_{a_2} 1.9×10^{-2}	1.72	12.28	K_{b_1} 5.2×10^{-13}
偏硅酸	H_2SiO_3	K_{a_1} 1.7×10^{-10}	9.77	4.23	K_{b_2} 5.9×10^{-5}
		K_{a_2} 1.6×10^{-12}	11.80	2.20	K_{b_1} 6.3×10^{-3}
甲酸	HCOOH	1.8×10^{-4}	3.74	10.26	5.5×10^{-11}
乙酸	CH_3COOH	1.8×10^{-5}	4.74	9.26	5.5×10^{-10}
丙酸	C_2H_5COOH	1.4×10^{-5}	4.85	9.15	7.1×10^{-10}
一氯乙酸	$ClCH_2COOH$	1.4×10^{-3}	2.85	11.15	7.1×10^{-12}
二氯乙酸	$Cl_2CHCOOH$	5.0×10^{-2}	1.30	12.70	2.0×10^{-13}
三氯乙酸	Cl_3CCOOH	0.23	0.64	13.36	4.3×10^{-14}
氨基乙酸盐	$^{+}NH_3CH_2COOH$	K_{a_1} 4.5×10^{-3}	2.35	11.65	K_{b_3} 2.2×10^{-12}
		K_{a_2} 2.5×10^{-10}	9.60	4.40	K_{b_2} 4.0×10^{-5}

续表

弱酸	分子式	K_a	pK_a	共轭碱	
				pK_b	K_b
乳酸	$CH_3CH(OH)COOH$	1.4×10^{-4}	3.85	10.15	7.1×10^{-11}
苯甲酸	C_6H_5COOH	6.2×10^{-5}	4.21	9.79	1.6×10^{-10}
苯酚	C_6H_5OH	1.1×10^{-10}	9.96	4.04	9.1×10^{-5}
草酸	$H_2C_2O_4$	K_{a_1} 5.9×10^{-2}	1.23	12.77	K_{b_2} 1.7×10^{-13}
		K_{a_2} 6.4×10^{-5}	4.19	9.81	K_{b_1} 1.5×10^{-10}
氰酸	HCNO	2.2×10^{-4}	3.66	10.34	4.6×10^{-11}
邻苯二甲酸	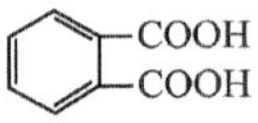	K_{a_1} 1.1×10^{-3}	2.96	11.04	K_{b_2} 9.1×10^{-12}
		K_{a_2} 3.9×10^{-6}	5.41	8.59	K_{b_1} 2.6×10^{-9}
d-酒石酸	CH(OH)COOH | CH(OH)COOH	K_{a_1} 9.1×10^{-4}	3.04	10.96	K_{b_2} 1.1×10^{-11}
		K_{a_2} 4.3×10^{-5}	4.37	9.63	K_{b_1} 2.3×10^{-10}
柠檬酸	CH_2COOH | C(OH)COOH | CH_2COOH	K_{a_1} 7.4×10^{-4}	3.13	10.87	K_{b_3} 1.4×10^{-11}
		K_{a_2} 1.7×10^{-5}	4.77	9.23	K_{b_2} 5.9×10^{-10}
		K_{a_3} 4.0×10^{-7}	6.40	7.60	K_{b_1} 2.5×10^{-8}
抗坏血酸	$H_6C_8O_6$	K_{a_1} 6.8×10^{-5}	4.17	9.83	K_{b_2} 1.5×10^{-10}
		K_{a_2} 2.8×10^{-12}	11.56	2.44	K_{b_1} 3.6×10^{-3}
乙二胺四乙酸	H_6Y^{2+}	K_{a_1} 0.13	0.89	13.11	K_{b_6} 7.8×10^{-14}
		K_{a_2} 3.0×10^{-2}	1.52	12.48	K_{b_5} 3.3×10^{-13}
		K_{a_3} 1.0×10^{-2}	2.00	12.00	K_{b_4} 1.0×10^{-12}
		K_{a_4} 2.1×10^{-3}	2.68	11.32	K_{b_3} 4.8×10^{-12}
		K_{a_5} 6.9×10^{-7}	6.16	7.84	K_{b_2} 1.4×10^{-8}
		K_{a_6} 5.5×10^{-11}	10.26	3.74	K_{b_1} 1.8×10^{-4}
水杨酸	$C_6H_5(OH)COOH$	K_{a_1} 1.0×10^{-3}	3.00	11.00	K_{b_2} 1.0×10^{-11}
		K_{a_2} 4.2×10^{-13}	12.38	1.62	K_{b_1} 2.4×10^{-2}
铵离子	NH_4^+	5.6×10^{-10}	9.26	4.74	1.8×10^{-5}
羟胺离子	NH_3^+OH	9.1×10^{-9}	8.04	5.96	1.1×10^{-6}
苯胺离子	$C_6H_5NH_3^+$	2.4×10^{-5}	4.62	9.38	4.2×10^{-10}
甲胺离子	$CH_3NH_3^+$	2.4×10^{-11}	10.62	3.38	4.2×10^{-4}
乙胺离子	$C_2H_5NH_3^+$	1.8×10^{-11}	10.75	3.25	5.6×10^{-4}
六亚甲基四胺离子	$(CH_2)_6N_4H^+$	7.1×10^{-6}	5.15	8.85	1.4×10^{-9}

续表

弱酸	分子式	K_a	pK_a	共轭碱	
				pK_b	K_b
乙二胺离子	$^{+}H_3NCH_2CH_2NH_3^{+}$	K_{a_1} 1.4×10^{-7}	6.85	7.15	K_{b_2} 7.1×10^{-8}
		K_{a_2} 1.2×10^{-10}	9.93	4.07	K_{b_1} 8.5×10^{-5}
吡啶离子		5.9×10^{-6}	5.23	8.77	1.7×10^{-9}
尿素	$(NH_2)_2CO$	2.5×10^{-13}	12.60	1.40	4.0×10^{-2}

附录 4　常用浓酸、浓碱的浓度和密度

试剂	浓度/(mol · L^{-1})	含量/%	密度/(g · mL^{-1})
盐酸	11.6～12.4	36～38	1.18～1.19
硝酸	14.4～15.2	65.0～68.0	1.39～1.40
硫酸	17.8～18.4	95～98	1.83～1.84
高氯酸	11.7～12.0	70.0～72.0	1.68
冰醋酸	17.4	99.0～99.8	1.05
磷酸	14.6	85	1.69
氢氟酸	22.5	40	1.13
氢溴酸	8.6	47.1	1.49
氯水	13.3～14.8	25～28	0.88～0.90
氨水	13～15	25～28	0.89～0.91
氢氧化钠	1.25～10.7	4.5～41.8	1.05～1.35
氢氧化钾	1.0～8.5	5.5～35.5	1.05～1.35

附录 5　离子的 $\mathring{a}$ 值

$\mathring{a}$ /pm	一价离子
900	H^+
600	Li^+
500	$CHCl_2COO^-$，CCl_3COO^-
400	Na^+，ClO_2^-，IO_3^-，HCO_3^-，$H_2PO_4^-$，HSO_3^-，$H_2AsO_4^-$，CH_3COO^-，CH_2ClCOO^-
300	OH^-，F^-，SCN^-，HS^-，ClO_3^-，ClO_4^-，BrO_3^-，IO_4^-，MnO_4^-，K^+，Cl^-，Br^-，I^-，CN^-，NO_2^-，NO_3^-，Rb^+，Cs^+，NH_4^+，Tl^+，Ag^+，$HCOO^-$，H_2Cit^-

续表

$\mathring{a}$/pm	二价离子
800	Mg^{2+}，Be^{2+}
600	Ca^{2+}，Cu^{2+}，Zn^{2+}，Sn^{2+}，Mn^{2+}，Fe^{2+}，Ni^{2+}，Co^{2+}
500	Sr^{2+}，Ba^{2+}，Cd^{2+}，Hg^{2+}，S^{2-}，$S_2O_4^{2-}$，WO_4^{2-}，Pb^{2+}，CO_3^{2-}，SO_3^{2-}，MoO_4^{2-}，$C_2O_4^{2-}$，$HCit^{2-}$
400	Hg_2^{2+}，SO_4^{2-}，$S_2O_3^{2-}$，SeO_4^{2-}，CrO_4^{2-}，HPO_4^{2-}
$\mathring{a}$/pm	三价离子
900	Al^{3+}，Fe^{3+}，Cr^{3+}，Sc^{3+}，Y^{3+}，La^{3+}，In^{3+}，Cr^{3+}，Pr^{3+}，Nd^{3+}，Sm^{3+}
500	Cit^{3-}
400	PO_4^{3-}，$[Fe(CN)_6]^{3-}$
$\mathring{a}$/pm	四价离子
1100	Th^{4+}，Zr^{4+}，Ce^{4+}，Sn^{4+}
500	$[Fe(CN)_6]^{4-}$

附录 6　离子的活度系数

$\mathring{a}$/pm	离子强度 $I/(mol \cdot L^{-1})$						
	0.001	0.0025	0.005	0.01	0.025	0.05	0.1
一价离子							
900	0.967	0.950	0.933	0.914	0.88	0.86	0.83
800	0.966	0.949	0.931	0.912	0.88	0.85	0.82
700	0.965	0.948	0.930	0.909	0.875	0.845	0.81
500	0.965	0.948	0.929	0.907	0.87	0.835	0.80
500	0.964	0.947	0.928	0.904	0.865	0.83	0.79
400	0.964	0.947	0.927	0.901	0.855	0.815	0.77
300	0.964	0.945	0.925	0.899	0.85	0.805	0.755
二价离子							
800	0.872	0.813	0.755	0.69	0.595	0.52	0.45
700	0.872	0.812	0.753	0.685	0.58	0.50	0.425
600	0.870	0.809	0.749	0.675	0.57	0.485	0.405
500	0.868	0.805	0.744	0.67	0.555	0.465	0.38
400	0.867	0.803	0.740	0.660	0.545	0.445	0.355

续表

$\mathring{a}$/pm	离子强度 $I/(mol \cdot L^{-1})$						
	0.001	0.0025	0.005	0.01	0.025	0.05	0.1
三价离子							
900	0.738	0.632	0.54	0.445	0.325	0.245	0.18
600	0.731	0.620	0.52	0.415	0.28	0.195	0.13
500	0.728	0.616	0.51	0.405	0.27	0.18	0.115
400	0.725	0.612	0.505	0.395	0.25	0.16	0.095
四价离子							
1100	0.588	0.455	0.35	0.255	0.155	0.10	0.065
600	0.575	0.43	0.315	0.21	0.105	0.055	0.027
500	0.57	0.425	0.31	0.20	0.10	0.048	0.021

附录 7　常用缓冲溶液

缓冲溶液	酸	共轭碱	pK_a
氨基乙酸-HCl	$^{+}NH_3CH_2COOH$	$^{+}NH_3CH_2COO^-$	2.35(pK_{a_1})
一氯乙酸-NaOH	$CH_2ClCOOH$	CH_2ClCOO^-	2.85
邻苯二甲酸氢钾-HCl	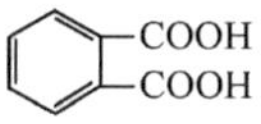	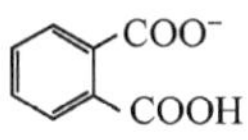	2.96(pK_{a_1})
甲酸-NaOH	HCOOH	$HCOO^-$	3.74
HAc-NaAc	HAc	Ac^-	4.74
六亚甲基四胺-HCl	$(CH_2)_6N_4H^+$	$(CH_2)_6N_4$	5.15
NaH_2PO_4-Na_2HPO_4	$H_2PO_4^-$	HPO_4^{2-}	7.20(pK_{a_2})
三乙醇胺-HCl	$^{+}HN(CH_2CH_2OH)_3$	$N(CH_2CH_2OH)_3$	7.76
三(羟甲基)氨基甲烷(Tris)-HCl	$^{+}NH_3C(CH_2OH)_3$	$NH_2C(CH_2OH)_3$	8.21
$Na_2B_4O_7$-HCl	H_3BO_3	$H_2BO_3^-$	9.24(pK_{a_1})
$Na_2B_4O_7$-NaOH	H_3BO_3	$H_2BO_3^-$	9.24(pK_{a_1})
NH_3-NH_4Cl	NH_4^+	NH_3	9.26
乙醇胺-HCl	$^{+}NH_3CH_2CH_2OH$	$NH_2CH_2CH_2OH$	9.50
氨基乙酸-NaOH	$^{+}NH_3CH_2COO^-$	$NH_2CH_2COO^-$	9.60(pK_{a_2})
$NaHCO_3$-Na_2CO_3	HCO_3^-	CO_3^{2-}	10.25(pK_{a_2})

附录 8 酸碱指示剂

指示剂	变色范围 pH	酸色	碱色	pH_{HIn}	浓度及溶剂
百里酚蓝(第一次颜色变化)	1.2～2.8	红	黄	1.6	0.1%(20%乙醇溶液)
甲基黄	2.9～4.0	红	黄	3.3	0.1%(90%乙醇溶液)
甲基橙	3.1～4.4	红	黄	3.4	0.05%水溶液
溴酚蓝	3.1～4.6	黄	紫	4.1	0.1%(20%乙醇溶液)或溴酚蓝钠盐 0.1%水溶液
溴甲酚绿	3.8～5.4	黄	蓝	4.9	0.1%水溶液(100 mL 中加 2.9 mL 0.05 $mol \cdot L^{-1}$ NaOH)
甲基红	4.4～6.2	红	黄	5.2	0.1%(60%乙醇溶液)或甲基红钠盐 0.1%水溶液
溴百里酚蓝	6.0～7.6	黄	蓝	7.3	0.1%(20%乙醇溶液)或溴百里酚蓝钠盐 0.1%水溶液
中性红	6.8～8.0	红	黄橙	7.4	0.1%(60%乙醇溶液)
酚红	6.7～8.4	黄	红	8.0	0.1%(60%乙醇溶液)或酚红钠盐 0.1%水溶液
百里酚蓝(第二次颜色变化)	8.0～9.6	黄	蓝	9.1	0.1%(20%乙醇溶液)
酚酞	8.0～9.6	无	红	9.0	0.1%(90%乙醇溶液)
百里酚酞	9.4～10.6	无	蓝	10.0	0.1%(90%乙醇溶液)

附录 9 混合酸碱指示剂

混合指示剂	变色点 pH	酸色	碱色	说明
0.1%甲基黄乙醇溶液-0.1%亚甲基蓝乙醇溶液(1 : 1)	3.25	蓝紫	绿	pH 3.4 绿，pH 3.2 蓝紫
0.1%甲基橙水溶液-0.25%靛蓝二磺酸钠溶液(1 : 1)	4.1	紫	黄绿	
0.1%溴甲酚绿乙醇溶液-0.2%甲基红乙醇溶液(3 : 1)	5.1	酒红	绿	
0.1%溴甲酚绿钠盐水溶液-0.1%氯酚红钠盐水溶液(1 : 1)	6.1	黄绿	蓝紫	pH 5.4 蓝紫，pH 5.8 蓝，pH 6.0 蓝紫，pH 6.2 蓝紫
0.1%中性红乙醇溶液-0.1%亚甲基蓝乙醇溶液(1 : 1)	7.0	蓝紫	绿	pH 7.0 紫蓝
0.1%甲酚红钠盐水溶液-0.1%亚甲基蓝钠盐水溶液(1 : 3)	8.3	黄	紫	pH 8.2 玫瑰红，pH 8.4 紫
0.1%百里酚蓝 50%乙醇溶液-0.1%酚酞 50%乙醇溶液(1 : 3)	9.0	黄	紫	
0.1%百里酚酞乙醇溶液-0.1%茜素黄乙醇溶液(2 : 1)	10.2	黄	紫	

附录 10 配合物的累积稳定常数(18～25℃)

金属离子	n	$\lg\beta_n$
氨配位化合物		
Ag^+	1, 2	3.24, 7.05
Cu^+	1, 2	5.93, 10.86

续表

金属离子	n	$\lg\beta_n$
氨配位化合物		
Cd^{2+}	1, …, 6	2.65, 4.75, 6.19, 7.12, 6.80, 5.14
Co^{2+}	1, …, 6	2.11, 3.74, 4.79, 5.55, 5.73, 5.11
Cu^{2+}	1, …, 5	4.31, 7.98, 11.02, 13.32, 12.86
Ni^{2+}	1, …, 6	2.80, 5.04, 6.77, 7.96, 8.71, 8.74
Zn^{2+}	1, …, 4	2.27, 4.61, 7.01, 9.06
Co^{3+}	1, …, 6	6.7, 14.0, 20.1, 25.7, 30.8, 35.2
溴配位化合物		
Ag^{+}	1, …, 4	4.38, 7.33, 8.00, 8.73
Cu^{+}	2	5.89
Cd^{2+}	1, …, 4	1.75, 2.34, 3.32, 3.70
Hg^{2+}	1, …, 4	9.05, 17.32, 19.74, 21.00
Bi^{3+}	1, …, 6	4.30, 5.55, 5.89, 7.82, —, 9.70
氯配位化合物		
Ag^{+}	1, …, 4	3.04, 5.04, 5.04, 5.30
Hg^{2+}	1, …, 4	6.74, 13.22, 14.07, 15.07
Sn^{2+}	1, …, 4	1.51, 2.24, 2.03, 1.48
Sb^{3+}	1, …, 6	2.26, 3.49, 4.18, 4.72, 4.72, 4.11
氰配位化合物		
Ag^{+}	1, …, 4	—, 21.1, 21.7, 20.6
Cu^{+}	1, …, 4	—, 24.0, 28.59, 30.3
Cd^{2+}	1, …, 4	5.48, 10.60, 15.23, 18.78
Co^{2+}	6	19.09
Fe^{2+}	6	35
Hg^{2+}	4	41.4
Ni^{2+}	4	31.3
Zn^{2+}	4	16.7
Fe^{3+}	6	42
氟配位化合物		
Al^{3+}	1, …, 6	6.15, 11.15, 15.00, 17.75, 19.36, 19.84
Fe^{3+}	1, …, 6	5.28, 9.30, 12.06, —, 15.77, —
乙二胺配位化合物		
Ag^{+}	1, 2	4.70, 7.70
Cu^{+}	2	10.8

续表

金属离子	n	$\lg\beta_n$
乙二胺配位化合物		
Cd^{2+}	1, 2, 3	5.47, 10.09, 12.09
Co^{2+}	1, 2, 3	5.91, 10.64, 13.94
Cu^{2+}	1, 2, 3	10.67, 20.00, 21.0
Fe^{2+}	1, 2, 3	4.34, 7.65, 9.70
Hg^{2+}	1,2	14.30, 23.3
Mn^{2+}	1, 2, 3	2.73, 4.79, 5.67
Ni^{2+}	1, 2, 3	7.52, 13.80, 18.06
Zn^{2+}	1, 2, 3	5.77, 10.83, 14.11
Co^{3+}	1, 2, 3	18.70, 34.90, 48.69
羟基配位化合物		
Cd^{2+}	1, …, 4	4.3, 7.7, 10.3, 12.0
Co^{2+}	1, 2, 3	5.1, —, 10.2
Fe^{2+}	1	4.5
Hg^{2+}	2	21.7
Mg^{2+}	1	2.6
Mn^{2+}	1	3.4
Ni^{2+}	1	4.6
Pb^{2+}	1, 2, 3	6.2, 10.3, 13.3
Sn^{2+}	1	10.1
Al^{3+}	4	33.3
Bi^{3+}	1	12.4
Cr^{3+}	1, 2	10.2, 18.3
Fe^{3+}	1, 2	11.0, 21.7
Th^{4+}	1	9.7

附录 11　氨羧配位剂配合物的稳定常数(18～25℃，I=0.1 mol · L^{-1})

金属离子	$\lg K_{稳}$						
	EDTA	DCTA	ETPA	EGTA	HEDTA	NTA	
						$\lg\beta_1$	$\lg\beta_2$
Ag^{+}	7.32			6.88	6.71	5.16	
Al^{3+}	16.3	19.5	18.6	13.9	14.3	11.4	

续表

金属离子	lgK稳						
	EDTA	DCTA	ETPA	EGTA	HEDTA	NTA	
						$\lg\beta_1$	$\lg\beta_2$
Ba^{2+}	7.86	8.69	8.87	8.41	6.3	4.82	
Be^{2+}	9.2	11.51				7.11	
Bi^{3+}	27.94	32.3	35.6		22.3	17.5	
Ca^{2+}	10.69	13.20	10.83	10.97	8.3	6.41	
Cd^{2+}	16.46	19.93	19.2	16.7	13.3	9.83	14.61
Co^{2+}	16.31	19.62	19.27	12.39	14.6	10.38	14.39
Co^{3+}	36				37.4	6.84	
Cr^{3+}	23.4					6.23	
Cu^{2+}	18.80	22.00	21.55	17.71	17.6	12.96	
Fe^{2+}	14.32	19.0	16.5	11.87	12.3	8.33	
Fe^{3+}	25.1	30.1	28.0	20.5	19.8	15.9	
Ga^{3+}	20.3	23.2	25.54		16.9	13.6	
Hg^{2+}	21.7	25.00	26.70	23.2	20.30	14.6	
In^{3+}	25.0	28.8	29.0		20.2	16.9	
K^{+}	0.80						
Li^{+}	2.79					2.51	
Mg^{2+}	8.7	11.02	9.30	5.21	7.0	5.41	
Mn^{2+}	13.87	17.48	15.60	12.28	10.9	7.44	
Mo(V)	~28						
Na^{+}	1.66						1.22
Ni^{2+}	18.62	20.3	20.32	13.55	17.3	11.53	16.42
Pb^{2+}	18.04	20.38	18.80	14.71	15.7	11.39	
Pd^{2+}	18.5						
Sc^{3+}	23.1	26.1	24.5	18.2			24.1
Sn^{2+}	22.11						
Sr^{2+}	8.73	10.59	9.77	8.50	6.9	4.98	
Th^{4+}	23.2	25.6	28.78				
TiO^{2+}	17.3						
Tl^{3+}	37.8	38.3				20.9	12.5
U^{4+}	25.8	27.6	7.69				
VO^{2+}	18.8	20.1					
Y^{3+}	18.09	19.85	22.13	17.16	14.78	11.41	20.43
Zn^{2+}	16.50	19.37	18.40	12.7	14.7	10.67	14.29
Zr^{4+}	29.5		35.8			20.8	
稀土元素	16~20	17~22	19		13~16	10~12	

附录 12　EDTA 的 $\lg\alpha_{Y(H)}$

pH	$\lg\alpha_{Y(H)}$	pH	$\lg\alpha_{Y(H)}$	pH	$\lg\alpha_{Y(H)}$	pH	$\lg\alpha_{Y(H)}$	pH	$\lg\alpha_{Y(H)}$
0.0	23.64	2.5	11.90	5.0	6.26	7.5	2.78	10.0	0.45
0.1	23.06	2.6	11.62	5.1	6.07	7.6	2.68	10.1	0.39
0.2	22.47	2.7	11.35	5.2	5.88	7.7	2.57	10.2	0.33
0.3	21.89	2.8	11.09	5.3	5.69	7.8	2.47	10.3	0.28
0.4	21.32	2.9	10.84	5.4	6.33	7.9	2.37	10.4	0.24
0.5	20.75	3.0	10.60	5.5	5.51	8.0	2.27	10.5	0.20
0.6	20.18	3.1	10.37	5.6	5.33	8.1	2.17	10.6	0.16
0.7	19.62	3.2	10.14	5.7	5.15	8.2	2.07	10.7	0.13
0.8	19.08	3.3	9.92	5.8	4.98	8.3	1.97	10.8	0.11
0.9	18.54	3.4	9.70	5.9	4.81	8.4	1.87	10.9	0.09
1.0	18.01	3.5	9.48	6.0	4.65	8.5	1.77	11.0	0.07
1.1	17.49	3.6	9.27	6.1	4.49	8.6	1.67	11.1	0.06
1.2	16.98	3.7	9.06	6.2	4.34	8.7	1.57	11.2	0.05
1.3	16.49	3.8	8.85	6.3	4.20	8.8	1.48	11.3	0.04
1.4	16.02	3.9	8.65	6.4	4.06	8.9	1.38	11.4	0.03
1.5	15.55	4.0	8.44	6.5	3.92	9.0	1.28	11.5	0.02
1.6	15.11	4.1	8.04	6.6	3.79	9.1	1.19	11.6	0.02
1.7	14.68	4.2	7.84	6.7	3.67	9.2	1.10	11.7	0.02
1.8	14.27	4.3	7.64	6.8	3.55	9.3	1.01	11.8	0.01
1.9	13.88	4.4	7.44	6.9	3.43	9.4	0.92	11.9	0.01
2.0	13.51	4.5	7.24	7.0	3.32	9.5	0.83	12.0	0.01
2.1	13.16	4.6	7.04	7.1	3.21	9.6	0.75	12.1	0.01
2.2	12.82	4.7	6.84	7.2	3.10	9.7	0.67	12.2	0.005
2.3	12.50	4.8	6.65	7.3	2.99	9.8	0.59	13.0	0.0008
2.4	12.19	4.9	6.45	7.4	2.88	9.9	0.52	13.9	0.0001

附录 13　常见金属离子的水解效应副反应系数 $\lg\alpha_{M(OH)}$

金属离子	pH												
	1	2	3	4	5	6	7	8	9	10	11	12	13
Ag(Ⅰ)											0.1	0.5	2.3
Al(Ⅲ)					0.4	1.3	5.3	9.3	13.3	17.3	21.3	25.3	29.3
Ba(Ⅱ)													0.1
Bi(Ⅲ)	0.1	0.5	1.4	2.4	3.4	5.4							
Ca(Ⅱ)													0.3
Cd(Ⅱ)									0.1	0.5	2.0	4.5	8.1

续表

金属离子	pH												
	1	2	3	4	5	6	7	8	9	10	11	12	13
Ce(Ⅳ)	1.2	3.1	5.1	7.1	9.1	11.1	13.1						
Cu(Ⅱ)								0.2	0.8	1.7	2.7	3.7	4.7
Fe(Ⅱ)									0.1	0.6	1.5	2.5	3.5
Fe(Ⅲ)			0.4	1.8	3.7	5.7	7.7	9.7	11.7	13.7	15.7	17.7	19.7
Hg(Ⅱ)			0.5	1.9	3.9	5.9	7.9	9.9	11.9	13.9	15.9	17.9	19.9
La(Ⅲ)										0.3	1.0	1.9	2.9
Mg(Ⅱ)											0.1	0.5	1.3
Ni(Ⅱ)									0.1	0.7	1.6		
Pb(Ⅱ)							0.1	0.5	1.4	2.7	4.7	7.4	10.4
Th(Ⅳ)				0.2	0.8	1.7	2.7	3.7	4.7	5.7	6.7	7.7	8.7
Zn(Ⅱ)									0.2	2.4	5.4	8.5	11.8

附录 14　铬黑 T 和二甲酚橙的 $\lg\alpha_{In(H)}$ 及 pM_t

1. 铬黑 T

pH	6.0	7.0	8.0	9.0	10.0	11.0	12.0	$\lg K_{MIn}$
$\lg\alpha_{In(H)}$	6.0	4.6	3.6	2.6	1.6	0.7	0.1	
pCa_t			1.8	2.8	3.8	4.7	5.3	5.4
pMg_t	1.0	2.4	3.4	4.4	5.4	6.3	6.9	7.0
pMn_t	3.6	5.0	6.2	7.8	9.7	11.5		9.6
pZn_t	6.9	8.3	9.3	10.5	12.2	13.9		12.9

2. 二甲酚橙

pH	0	1.0	2.0	3.0	4.0	4.5	5.0	5.5	6.0
$\lg\alpha_{In(H)}$	35.0	30.0	25.1	20.7	17.3	15.7	14.2	12.8	11.3
pBi_t		4.0	5.4	6.8					
pCd_t						4.0	4.5	5.0	5.5
pHg_t							7.4	8.2	9.0
pLa_t						4.0	4.5	5.0	5.6
pPb_t				4.2	4.8	6.2	7.0	7.6	8.2
pTh_t		3.6	4.9	6.3					
pZn_t						4.1	4.8	5.7	6.5

附录 15　标准电极电位(18～25℃)

半反应			$\varphi^{\ominus}$/V
$F_2(g) + 2H^+ + 2e^-$	══	$2HF$	3.06
$O_3 + 2H^+ + 2e^-$	══	$O_2 + H_2O$	2.07
$S_2O_8^{2-} + 2e^-$	══	$2SO_4^{2-}$	2.01
$Ag^{2+} + e^-$	══	Ag^+	1.98
$H_2O_2 + 2H^+ + 2e^-$	══	$2H_2O$	1.77
$MnO_4^- + 4H^+ + 3e^-$	══	$MnO_2(s) + 2H_2O$	1.695
$PbO_2(s) + SO_4^{2-} + 4H^+ + 2e^-$	══	$PbSO_4(s) + 2H_2O$	1.685
$HClO_2 + 2H^+ + 2e^-$	══	$HClO + H_2O$	1.64
$2HClO + 2H^+ + 2e^-$	══	$Cl_2 + 2H_2O$	1.63
$Ce^{4+} + e^-$	══	Ce^{3+}	1.61
$H_5IO_6 + H^+ + 2e^-$	══	$IO_3^- + 3H_2O$	1.60
$2HBrO + 2H^+ + 2e^-$	══	$Br_2 + 2H_2O$	1.59
$2BrO_3^- + 12H^+ + 10e^-$	══	$Br_2 + 6H_2O$	1.52
$MnO_4^- + 8H^+ + 5e^-$	══	$Mn^{2+} + 4H_2O$	1.51
$Mn^{3+} + e^-$	══	Mn^{2+}	1.51
Au(Ⅲ) $+ 3e^-$	══	Au	1.50
$HClO + H^+ + 2e^-$	══	$Cl^- + H_2O$	1.49
$2ClO_3^- + 12H^+ + 10e^-$	══	$Cl_2 + 6H_2O$	1.47
$PbO_2(s) + 4H^+ + 2e^-$	══	$Pb^{2+} + 2H_2O$	1.455
$ClO_3^- + 6H^+ + 6e^-$	══	$Cl^- + 3H_2O$	1.45
$2HIO + 2H^+ + 2e^-$	══	$I_2 + 2H_2O$	1.45
$BrO_3^- + 6H^+ + 6e^-$	══	$Br^- + 3H_2O$	1.44
Au(Ⅲ) $+ 2e^-$	══	Au(Ⅰ)	1.41
$Cl_2(g) + 2e^-$	══	$2Cl^-$	1.3595
$2ClO_4^- + 16H^+ + 14e^-$	══	$Cl_2 + 8H_2O$	1.34
$Cr_2O_7^{2-} + 14H^+ + 6e^-$	══	$2Cr^{3+} + 7H_2O$	1.33
$MnO_2(s) + 4H^+ + 2e^-$	══	$Mn^{2+} + 2H_2O$	1.23
$O_2(g) + 4H^+ + 4e^-$	══	$2H_2O$	1.229
$2IO_3^- + 12H^+ + 10e^-$	══	$I_2 + 6H_2O$	1.20
$ClO_4^- + 2H^+ + 2e^-$	══	$ClO_3^- + H_2O$	1.19
Br_2(水) $+ 2e^-$	══	$2Br^-$	1.087

续表

半反应	$\varphi^{\ominus}$/V
$NO_2 + H^+ + e^- \rightleftharpoons HNO_2$	1.07
$2ICl_2^- + 2e^- \rightleftharpoons I_2 + 4Cl^-$	1.06
$VO_2^+ + 2H^+ + e^- \rightleftharpoons VO^{2+} + H_2O$	0.999
$HIO + H^+ + 2e^- \rightleftharpoons I^- + H_2O$	0.99
$HNO_2 + H^+ + e^- \rightleftharpoons NO + H_2O$	0.98
$NO_3^- + 3H^+ + 2e^- \rightleftharpoons HNO_2 + H_2O$	0.94
$2Hg^{2+} + 2e^- \rightleftharpoons Hg_2^{2+}$	0.907
$ClO^- + H_2O + 2e^- \rightleftharpoons Cl^- + 2OH^-$	0.89
$H_2O_2 + 2e^- \rightleftharpoons 2OH^-$	0.88
$Cu^{2+} + I^- + e^- \rightleftharpoons CuI$	0.86
$Hg^{2+} + 2e^- \rightleftharpoons Hg$	0.845
$NO_3^- + 2H^+ + e^- \rightleftharpoons NO_2 + H_2O$	0.80
$Ag^+ + e^- \rightleftharpoons Ag$	0.7995
$Hg_2^{2+} + 2e^- \rightleftharpoons 2Hg$	0.793
$Fe^{3+} + e^- \rightleftharpoons Fe^{2+}$	0.771
$BrO^- + H_2O + 2e^- \rightleftharpoons Br^- + 2OH^-$	0.76
$O_2(g) + 2H^+ + 2e^- \rightleftharpoons H_2O_2$	0.682
$AsO_2^- + 2H_2O + 3e^- \rightleftharpoons As + 4OH^-$	0.68
$2HgCl_2 + 2e^- \rightleftharpoons Hg_2Cl_2(s) + 2Cl^-$	0.63
$I_2(l) + 2e^- \rightleftharpoons 2I^-$	0.621
$Hg_2SO_4 + 2e^- \rightleftharpoons 2Hg + SO_4^{2-}$	0.6151
$MnO_4^- + 2H_2O + 3e^- \rightleftharpoons MnO_2 + 4OH^-$	0.588
$MnO_4^- + e^- \rightleftharpoons MnO_4^{2-}$	0.564
$H_3AsO_4 + 2H^+ + 2e^- \rightleftharpoons HAsO_2 + 2H_2O$	0.559
$I_3^- + 2e^- \rightleftharpoons 3I^-$	0.545
$I_2(s) + 2e^- \rightleftharpoons 2I^-$	0.5345
$Mo(Ⅵ) + e^- \rightleftharpoons Mo(Ⅴ)$	0.53
$Cu^+ + e^- \rightleftharpoons Cu$	0.52
$4SO_2(水) + 4H^+ + 6e^- \rightleftharpoons S_4O_6^{2-} + 2H_2O$	0.51
$[HgCl_4]^{2-} + 2e^- \rightleftharpoons Hg + 4Cl^-$	0.48
$H_2SO_3 + 4H^+ + 4e^- \rightleftharpoons S + 3H_2O$	0.45
$O_2 + 2H_2O + 4e^- \rightleftharpoons 4OH^-$	0.401
$2H_2SO_3 + 2H^+ + 4e^- \rightleftharpoons S_2O_3^{2-} + 3H_2O$	0.40

续表

半反应	$\varphi^{\ominus}$/V
$[Fe(CN)_6]^{3-} + e^- \rightleftharpoons [Fe(CN)_6]^{4-}$	0.36
$Cu^{2+} + 2e^- \rightleftharpoons Cu$	0.337
$VO^{2+} + 2H^+ + e^- \rightleftharpoons V^{3+} + H_2O$	0.337
$UO_2^{2+} + 4H^+ + 2e^- \rightleftharpoons U^{4+} + 2H_2O$	0.33
$BiO^+ + 2H^+ + 3e^- \rightleftharpoons Bi + H_2O$	0.32
$Hg_2Cl_2(s) + 2e^- \rightleftharpoons 2Hg + 2Cl^-$	0.2676
$HAsO_2 + 3H^+ + 3e^- \rightleftharpoons As + 2H_2O$	0.248
$AgCl(s) + e^- \rightleftharpoons Ag + Cl^-$	0.2223
$SbO^+ + 2H^+ + 3e^- \rightleftharpoons Sb + H_2O$	0.212
$SO_4^{2-} + 4H^+ + 2e^- \rightleftharpoons SO_2$(水) $+ 2H_2O$	0.17
$Cu^{2+} + e^- \rightleftharpoons Cu^+$	0.159
$Sn^{4+} + 2e^- \rightleftharpoons Sn^{2+}$	0.154
$S + 2H^+ + 2e^- \rightleftharpoons H_2S(g)$	0.141
$Hg_2Br_2 + 2e^- \rightleftharpoons 2Hg + 2Br^-$	0.1395
$TiO^{2+} + 2H^+ + e^- \rightleftharpoons Ti^{3+} + H_2O$	0.1
$S_4O_6^{2-} + 2e^- \rightleftharpoons 2S_2O_3^{2-}$	0.08
$AgBr(s) + e^- \rightleftharpoons Ag + Br^-$	0.071
$2H^+ + 2e^- \rightleftharpoons H_2$	0.000
$O_2 + H_2O + 2e^- \rightleftharpoons HO_2^- + OH^-$	−0.067
$TiOCl^+ + 2H^+ + 3Cl^- + e^- \rightleftharpoons [TiCl_4]^- + H_2O$	−0.09
$Pb^{2+} + 2e^- \rightleftharpoons Pb$	−0.126
$Sn^{2+} + 2e^- \rightleftharpoons Sn$	−0.136
$O_2 + 2H_2O + 2e^- \rightleftharpoons H_2O_2 + 2OH^-$	−0.146
$AgI(s) + e^- \rightleftharpoons Ag + I^-$	−0.152
$Ni^{2+} + 2e^- \rightleftharpoons Ni$	−0.246
$V^{3+} + e^- \rightleftharpoons V^{2+}$	−0.255
$H_3PO_4 + 2H^+ + 2e^- \rightleftharpoons H_3PO_3 + H_2O$	−0.276
$Co^{2+} + 2e^- \rightleftharpoons Co$	−0.277
$Tl^+ + e^- \rightleftharpoons Tl$	−0.336
$In^{3+} + 3e^- \rightleftharpoons In$	−0.345
$PbSO_4(s) + 2e^- \rightleftharpoons Pb + SO_4^{2-}$	−0.3553
$SeO_3^{2-} + 3H_2O + 4e^- \rightleftharpoons Se + 6OH^-$	−0.366
$As + 3H^+ + 3e^- \rightleftharpoons AsH_3$	−0.38
$Se + 2H^+ + 2e^- \rightleftharpoons H_2Se$	−0.40

续表

半反应	$\varphi^{\ominus}$/V
$Cd^{2+} + 2e^- = Cd$	−0.403
$Cr^{3+} + e^- = Cr^{2+}$	−0.41
$Fe^{2+} + 2e^- = Fe$	−0.44
$S + 2e^- = S^{2-}$	−0.48
$2CO_2 + 2H^+ + 2e^- = H_2C_2O_4$	−0.49
$H_3PO_3 + 2H^+ + 2e^- = H_3PO_2 + H_2O$	−0.50
$Sb + 3H^+ + 3e^- = SbH_3$	−0.51
$HPbO_2^- + H_2O + 2e^- = Pb + 3OH^-$	−0.54
$Ga^{3+} + 3e^- = Ga$	−0.56
$TeO_3^{2-} + 3H_2O + 4e^- = Te + 6OH^-$	−0.57
$2SO_3^{2-} + 3H_2O + 4e^- = S_2O_3^{2-} + 6OH^-$	−0.58
$U^{4+} + e^- = U^{3+}$	−0.63
$SO_3^{2-} + 3H_2O + 4e^- = S + 6OH^-$	−0.66
$AsO_4^{3-} + 2H_2O + 2e^- = AsO_2^- + 4OH^-$	−0.67
$Ag_2S(s) + 2e^- = 2Ag + S^{2-}$	−0.69
$Zn^{2+} + 2e^- = Zn$	−0.763
$2H_2O + 2e^- = H_2 + 2OH^-$	−0.828
$Cr^{2+} + 2e^- = Cr$	−0.91
$HSnO_2^- + H_2O + 2e^- = Sn + 3OH^-$	−0.91
$Se + 2e^- = Se^{2-}$	−0.92
$[Sn(OH)_6]^{2-} + 2e^- = HSnO_2^- + H_2O + 3OH^-$	−0.93
$CNO^- + H_2O + 2e^- = CN^- + 2OH^-$	−0.97
$Mn^{2+} + 2e^- = Mn$	−1.182
$ZnO_2^{2-} + 2H_2O + 2e^- = Zn + 4OH^-$	−1.216
$Al^{3+} + 3e^- = Al$	−1.66
$H_2AlO_3^- + H_2O + 3e^- = Al + 4OH^-$	−2.35
$Mg^{2+} + 2e^- = Mg$	−2.37
$Na^+ + e^- = Na$	−2.714
$Ca^{2+} + 2e^- = Ca$	−2.87
$Sr^{2+} + 2e^- = Sr$	−2.89
$Ba^{2+} + 2e^- = Ba$	−2.90
$K^+ + e^- = K$	−2.925
$Li^+ + e^- = Li$	−3.042

附录 16　一些氧化还原电对的条件电极电位

半反应	$\varphi^{\ominus\prime}$/V	介质
$Ag(Ⅱ) + e^- \rightleftharpoons Ag^+$	1.927	$4\ mol \cdot L^{-1}\ HNO_3$
$Ce(Ⅳ) + e^- \rightleftharpoons Ce(Ⅲ)$	1.74	$1\ mol \cdot L^{-1}\ HClO_4$
	1.44	$0.5\ mol \cdot L^{-1}\ H_2SO_4$
	1.28	$1\ mol \cdot L^{-1}\ HCl$
$Co^{3+} + e^- \rightleftharpoons Co^{2+}$	1.84	$3\ mol \cdot L^{-1}\ HNO_3$
[Co(乙二胺)$_3$]$^{3+}$ + e^- ═ [Co(乙二胺)$_3$]$^{2+}$	−0.2	$0.1\ mol \cdot L^{-1}\ KNO_3 + 0.1\ mol \cdot L^{-1}$ 乙二胺
$Cr(Ⅲ) + e^- \rightleftharpoons Cr(Ⅱ)$	−0.40	$5\ mol \cdot L^{-1}\ HCl$
$Cr_2O_7^{2-} + 14H^+ + 6e^- \rightleftharpoons 2Cr^{3+} + 7H_2O$	1.08	$3\ mol \cdot L^{-1}\ HCl$
	1.15	$4\ mol \cdot L^{-1}\ H_2SO_4$
	1.025	$1\ mol \cdot L^{-1}\ HClO_4$
$CrO_4^{2-} + 2H_2O + 3e^- \rightleftharpoons CrO_2^- + 4OH^-$	−0.12	$1\ mol \cdot L^{-1}\ NaOH$
$Fe(Ⅲ) + e^- \rightleftharpoons Fe^{2+}$	0.767	$1\ mol \cdot L^{-1}\ HClO_4$
	0.71	$0.5\ mol \cdot L^{-1}\ HCl$
$Fe(Ⅲ) + e^- \rightleftharpoons Fe^{2+}$	0.68	$1\ mol \cdot L^{-1}\ H_2SO_4$
	0.68	$1\ mol \cdot L^{-1}\ HCl$
	0.46	$2\ mol \cdot L^{-1}\ H_3PO_4$
	0.51	$1\ mol \cdot L^{-1}\ HCl\text{-}0.25\ mol \cdot L^{-1}\ H_3PO_4$
$[Fe(EDTA)]^- + e^- \rightleftharpoons [Fe(EDTA)]^{2-}$	0.12	$0.1\ mol \cdot L^{-1}$ EDTA(pH = 4～6)
$[Fe(CN)_6]^{3-} + e^- \rightleftharpoons [Fe(CN)_6]^{4-}$	0.56	$0.1\ mol \cdot L^{-1}\ HCl$
$FeO_4^{2-} + 2H_2O + 3e^- \rightleftharpoons FeO_2^- + 4OH^-$	0.55	$10\ mol \cdot L^{-1}\ NaOH$
$I_3^- + 2e^- \rightleftharpoons 3I^-$	0.5446	$0.5\ mol \cdot L^{-1}\ H_2SO_4$
I_2(水) + $2e^-$ ═ $2I^-$	0.6276	$0.5\ mol \cdot L^{-1}\ H_2SO_4$
$MnO_4^- + 8H^+ + 5e^- \rightleftharpoons Mn^{2+} + 4H_2O$	1.45	$1\ mol \cdot L^{-1}\ HClO_4$
$[SnCl_6]^{2-} + 2e^- \rightleftharpoons [SnCl_4]^{2-} + 2Cl^-$	0.14	$1\ mol \cdot L^{-1}\ HCl$
$Sb(Ⅴ) + 2e^- \rightleftharpoons Sb(Ⅲ)$	0.75	$3.5\ mol \cdot L^{-1}\ HCl$
$[Sb(OH)_6]^- + 2e^- \rightleftharpoons SbO_2^- + 2OH^- + 2H_2O$	−0.428	$3\ mol \cdot L^{-1}\ NaOH$
$SbO_2^- + 2H_2O + 3e^- \rightleftharpoons Sb + 4OH^-$	−0.675	$10\ mol \cdot L^{-1}\ KOH$
$Ti(Ⅳ) + e^- \rightleftharpoons Ti(Ⅲ)$	−0.01	$0.2\ mol \cdot L^{-1}\ H_2SO_4$
	0.12	$2\ mol \cdot L^{-1}\ H_2SO_4$
	−0.04	$1\ mol \cdot L^{-1}\ HCl$
	−0.05	$1\ mol \cdot L^{-1}\ H_3PO_4$
$Pb(Ⅱ) + 2e^- \rightleftharpoons Pb$	−0.32	$1\ mol \cdot L^{-1}\ NaAc$

附录 17　微溶化合物的溶度积常数(18～25℃，I=0)

微溶化合物	K_{sp}	pK_{sp}	微溶化合物	K_{sp}	pK_{sp}
AgAc	2×10^{-3}	2.7	$Cd(OH)_2$(新沉淀物)	2.5×10^{-14}	13.60
Ag_3AsO_4	1×10^{-22}	22.0	$CdC_2O_4\cdot3H_2O$	9.1×10^{-8}	7.04
AgBr	5.0×10^{-13}	12.3	CdS	8×10^{-27}	26.1
Ag_2CO_3	8.1×10^{-12}	11.09	$CoCO_3$	1.4×10^{-13}	12.84
AgCl	1.8×10^{-10}	9.75	$Co_2[Fe(CN)_6]$	1.8×10^{-15}	14.74
Ag_2CrO_4	2.0×10^{-12}	11.71	$Co(OH)_2$(新沉淀物)	2×10^{-15}	14.7
AgCN	1.2×10^{-16}	15.92	$Co(OH)_3$	2×10^{-44}	43.7
AgOH	2.0×10^{-8}	7.71	$Co[Hg(CN)_4]$	1.5×10^{-6}	5.82
AgI	9.3×10^{-17}	16.03	α-CoS	4×10^{-21}	20.4
$Ag_2C_2O_4$	3.5×10^{-11}	10.46	β-CoS	2×10^{-25}	24.7
Ag_3PO_4	1.4×10^{-16}	15.84	$Co_3(PO_4)_2$	2×10^{-35}	34.7
Ag_2SO_4	1.4×10^{-5}	4.84	$Cr(OH)_3$	6×10^{-31}	30.2
Ag_2S	2×10^{-49}	48.7	CuBr	5.2×10^{-9}	8.28
AgSCN	1.0×10^{-12}	12.00	CuCl	1.2×10^{-6}	5.92
$Al(OH)_3$(非晶形)	1.3×10^{-33}	32.9	CuCN	3.2×10^{-20}	19.49
As_2S_3	2.1×10^{-22}	21.68	CuI	1.1×10^{-12}	11.96
$BaCO_3$	5.1×10^{-9}	8.29	CuOH	1×10^{-15}	14.0
$BaCrO_4$	1.2×10^{-10}	9.93	Cu_2S	2×10^{-48}	47.7
BaF_2	1×10^{-6}	6.0	CuSCN	4.8×10^{-15}	14.32
$BaC_2O_4\cdot H_2O$	2.3×10^{-8}	7.64	$CuCO_3$	1.4×10^{-10}	9.86
$BaSO_4$	1.1×10^{-10}	9.96	$Cu(OH)_2$	2.2×10^{-20}	19.66
$Bi(OH)_3$	4×10^{-31}	30.4	CuS	6×10^{-36}	35.2
BiOOH	4×10^{-10}	9.4	$FeCO_3$	3.2×10^{-11}	10.50
BiI_3	8.1×10^{-19}	18.09	$Fe(OH)_2$	8×10^{-16}	15.1
BiOCl	1.8×10^{-31}	30.75	FeS	6×10^{-18}	17.2
$BiPO_4$	1.3×10^{-23}	22.89	$Fe(OH)_3$	4×10^{-38}	37.4
Bi_2S_3	1×10^{-97}	97.0	$FePO_3$	1.3×10^{-22}	21.89
$CaCO_3$	2.9×10^{-9}	8.54	Hg_2Br_2	5.8×10^{-23}	22.24
CaF_2	2.7×10^{-11}	10.57	Hg_2CO_3	8.9×10^{-17}	16.05
$CaC_2O_4\cdot H_2O$	2.0×10^{-9}	8.70	Hg_2Cl_2	1.3×10^{-18}	17.88
$Ca_3(PO_4)_2$	2.0×10^{-29}	28.70	$Hg_2(OH)_2$	2×10^{-24}	23.7
$CaSO_4$	9.1×10^{-6}	5.04	Hg_2I_2	4.5×10^{-29}	28.35
$CaWO_4$	8.7×10^{-9}	8.06	Hg_2SO_4	7.4×10^{-7}	6.13
$CdCO_3$	5.2×10^{-12}	11.28	Hg_2S	1×10^{-48}	47.0
$Cd_2[Fe(CN)_6]$	3.2×10^{-17}	16.49	$Hg(OH)_2$	3.0×10^{-26}	25.52

续表

微溶化合物	K_{sp}	pK_{sp}	微溶化合物	K_{sp}	pK_{sp}
HgS(红色)	4×10^{-53}	52.4	$Pb_3(PO_4)_2$	8.0×10^{-43}	42.10
HgS(黑色)	2×10^{-52}	51.7	$PbSO_4$	1.6×10^{-8}	7.79
$MgNH_4PO_4$	2×10^{-13}	12.7	PbS	8×10^{-28}	27.9
$MgCO_3$	3.5×10^{-8}	7.46	$Pb(OH)_4$	3×10^{-66}	65.5
MgF_2	6.4×10^{-9}	8.10	$Sb(OH)_3$	4×10^{-42}	41.4
$Mg(OH)_2$	1.8×10^{-11}	10.74	Sb_2S_3	2×10^{-93}	92.8
$MnCO_3$	1.8×10^{-11}	10.74	$Sn(OH)_2$	1.4×10^{-28}	27.85
$Mn(OH)_2$	1.9×10^{-13}	12.72	SnS	1×10^{-26}	25.0
MnS(非晶形)	2×10^{-10}	9.7	$Sn(OH)_4$	1×10^{-57}	56.0
MnS(晶形)	2×10^{-13}	12.7	SnS_2	2×10^{-27}	26.7
$NiCO_3$	6.6×10^{-9}	8.18	$SrCO_3$	1.1×10^{-10}	9.96
$Ni(OH)_3$(新沉淀物)	2×10^{-15}	14.7	$SrCrO_4$	2.2×10^{-5}	4.65
$Ni_3(PO_4)_2$	5×10^{-31}	30.3	SrF_2	2.4×10^{-9}	8.61
α-NiS	3×10^{-19}	18.5	$SrC_2O_4\cdot H_2O$	1.6×10^{-7}	6.80
β-NiS	1×10^{-25}	24.0	$Sr_3(PO_4)_2$	4.1×10^{-28}	27.39
γ-NiS	2×10^{-26}	25.7	$SrSO_4$	3.2×10^{-7}	6.49
$PbCO_3$	7.4×10^{-14}	13.13	$Ti(OH)_3$	1×10^{-40}	40.0
$PbCl_2$	1.6×10^{-5}	4.79	$TiO(OH)_2$	1×10^{-29}	29.0
PbClF	2.4×10^{-9}	8.62	$ZnCO_3$	1.4×10^{-11}	10.84
$PbCrO_4$	2.8×10^{-13}	12.55	$Zn_2[Fe(CN)_6]$	4.1×10^{-16}	15.89
PbF_2	2.7×10^{-8}	7.57	$Zn(OH)_2$	1.2×10^{-17}	16.92
$Pb(OH)_2$	1.2×10^{-15}	14.93	$Zn_3(PO_4)_2$	9.1×10^{-33}	32.04
PbI_2	7.1×10^{-9}	8.15	ZnS	2×10^{-22}	21.7
$PbMnO_4$	1×10^{-14}	13.0			